宁夏哲学社会科学规划项目（引才专项）

"清代宁夏满营治理研究"（20NXRCB02）阶段性研究成果。

宁夏大学民族学一流学科建设经费资助出版（NXYLXK2017A02）

清代宁夏
驻防八旗研究

QINGDAI NINGXIA
ZHUFANG BAQI YANJIU

张 航/著

人民出版社

目　　录

绪　　论

一、研究背景

（一）有关界说

1. 关于时间段。文献记载，清代宁夏驻防八旗最早设于康熙十五年（1676），1916 年北洋政府实施"化旗为民"，解散宁夏满营，共历时 240 年。由于康熙年间宁夏驻防未兴筑满城，根据西北局势，八旗驻军因势而设、因势而撤，具有鲜明的临时性特征，故不作为研究的核心时段。2. 关于研究主体。研究的主体是清代宁夏驻防八旗，通过对驻防八旗的源流、居住空间、社会生活、满营吏治及军事力量变迁等五个方面的研究，力求还原清代宁夏驻防八旗史实，进而探索其社会历史变迁规律。清代宁夏驻防八旗主要是由满洲八旗和蒙古八旗组成，为了保证表述的准确性，文中许多地方仍然使用了"旗人""民人"这些历史概念。3. 关于地理范围。研究的地理范围是清代宁夏驻防八旗的驻防地——今银川市，这与今天宁夏的地理范畴显然不同。

（二）研究背景

1. 清代宁夏八旗驻防时间长、地位重要。清代宁夏八旗驻防历经 240

年，近两个半世纪。这两个半世纪，中国社会经历了乱——盛——衰，再到改朝换代。同时，这一时期也是我国从古代社会向近现代社会艰难迈进的关键时期，宁夏驻防八旗在宁夏的历史发展过程中扮演了非常重要的角色。加之，清代宁夏驻防八旗设将军统率，并兴建满城，从驻防规模和兵力配备来看，宁夏驻防是全国20处直省驻防中，10个设有"将军"的重要驻防之一①。

2.清代宁夏驻防八旗的历史文化遗存是今天银川本土文化的重要组成部分。至今，银川市辖区许多地名与清代宁夏驻防八旗密切相关，如"满城""新城""西花园""满春""望远"等。

（1）新满城历史文化遗存。银川市居民习惯于把清代宁夏满城及其"旗地""茔地"等周边区域——今银川市金凤区通达北街至满城北街这一区域称为"新城"["新城"因新满城而得名，"旧"满城于乾隆三年（1738）宁夏大地震时震毁]。这一区域内许多住宅小区仍冠以"满城"二字，如"满城熙园""满城怡园""满城嘉苑""君临满城"等。银川市金凤区的"满城街""西门巷"这些街道名称亦源于清代宁夏满城。在西门巷和通达北街交会处，有一处很小的公园，名为"满春园"，这个名称同样源于清代宁夏满城。同时，常年居住在这一区域内的居民，说话时带有较为独特的口音，银川人习惯上称其为"新城话"。"新城话"其实就是清代宁夏驻防八旗在驻防期间，既传承了满洲人特有的东北、北京口音风格，又兼容并蓄了宁夏方言特点，形成了"以北京官话为基本特征的'方言岛'"②。此外，"新城"这种称呼导致"旧城"的所指有两处，一是"旧满城"，一是宁夏"府城"。"旧满城"，即相对于地震后新建满城而言，地震前的满城即被称为"旧满城""旧城""老城"，但是地震彻底毁灭了这座满城的城池。久而久之，"旧满城"日渐被人们淡

---

① 据《钦定八旗通志》卷三五《兵志四》，钦定四库全书本，第1页a—第37页b。所载"八旗驻防兵制"统计。

② 潘洪钢：《清代驻防八旗的"方言岛"现象》，《中南民族大学学报（人文社会科学版）》2014年第5期。

忘，"旧城""老城"渐渐地被人们用来指称宁夏府城。至今银川市居民仍旧习惯于将银川市兴庆区称为"老城"。

（2）将军楼历史文化遗存。银川市西夏区火车站向西，沿怀远路约 500

图 0-1　迁建后的将军楼外貌

米处的西花园，就是当时满城将军给自己建的后花园，"西花园"这一名称至今仍在沿用。同时，银川市西夏区仍然有以"西花园"命名的"西花园小区""西花园社区""西花园巷""西花园派出所""西花园邮政所""西花园大卖场"等。西花园附近有一座"将军楼"，是当时西花园的核心建筑，2016 年被拆除，迁建于银川市西夏区北京西路与金波南街交会处的"流芳园"内。

（3）"旧"满城历史文化遗存。银川市兴庆区还有许多冠以"满春"二字的住宅小区、学校、市场、酒店、银行等。如"满春家园""满春宜居苑""满

图 0-2　迁建后的将军楼内部"一览楼"

3

图 0-3 将军楼旧址

春新村"等住宅小区，还有"满春中学"（现更名为银川市第二十一中学）、"满春幼儿园"、"满春木材市场"、"满春再生资源集散市场"、"满春大酒店"等。实际上"满春"一词源于宁夏旧满城。长期以来，在旧满城城址上逐渐形成了新的居民村落，20 世纪 50 年代末被命名为"满春村""满春乡"，即"满城春意"之意。[①]（随着城市扩张，昔日满春村已经发展为兴庆区城市区域，更名为银川市兴庆区丽景街满春村村民委员会。）

（4）清代宁夏驻防八旗其他历史文化遗存。一如，银川市流传的民间故事，认为今银川市永宁县望远镇，"望远"二字是方言"王元"二字的谐音。望远镇就是当地百姓为了纪念清初因八旗兵侮辱汉人赵锐而起兵反清的名将"王元"而得名的（据传王元战死于该处一座桥上）。[②]二如，银川市西夏区北环高速公路与兴洲北街交会处附近，有一个村庄叫"同庄村"。这个村庄的名称实际上是由"屯庄"演化而来，"屯庄"因清代宁夏驻防八旗在此处

---

① 纳存福：《旧满城史话》，《银川市郊区文史资料》第一辑，2001 年，第 166 页。

② 姜自力：《王元反清的故事》，《银川晚报》2016 年 8 月 19 日，第 24 版。

开展"旗屯"而得名。[①]

　　当然，在 240 年历史中，宁夏驻防八旗在这里还留下了更多、影响更加深远的"看不见"的文化遗存，笔者在这里仅列举出一些能够"看得见"的历史文化遗存。这些"看得见"和"看不见"的历史文化遗存，共同构成了银川本土文化中不可或缺的部分。

　　3. 宁夏满族人口分布具有历史特征。历史上的宁夏驻防八旗在"化旗为民"后，大多数散居于今银川市及周边区域，在新中国成立后的民族识别中，驻防旗人及其后裔多数被识别为满族。当前，在宁夏满族是仅次于回族的第二大少数民族，并且主要集中于银川市辖区的兴庆区和金凤区。截至 2018 年底，宁夏回族自治区共有常住满族人口 33196 人，占全区人口总数的0.49%。总体比例并不高，但是分布却非常集中。仅银川市满族人口就占全区满族人口总数的 71.05%，达 23586 人。在银川市内满族人口分布也显现出明显的分布特征，银川市兴庆区的满族人口是 10697 人，占全区满族人口总数的 32.22%；金凤区满族人口是 6494 人，占金凤区总人口的 19.56%，[②]兴庆区、金凤区满族人口总数超过了全区满族人口的一半。这种满族人口分布状况，不是巧合，而是与清代宁夏驻防八旗有着必然的联系。清代宁夏满城即初建于今兴庆区境内，因乾隆三年（1738）地震而废弃，新建于今金凤区境内。

　　4. 相比清代宁夏驻防八旗在宁夏历史上的地位，以及清代宁夏驻防八旗历史文化遗存对银川本土文化的影响，清代宁夏驻防八旗研究还远远不够。一是，就宁夏而言，在宁夏每论及民族政策、少数民族状况、少数民族学术研究中，人们脑海里首先呈现的是回族相应的某种情景。这就像在宁夏谈及少数民族，大多数人想到的是回族一样。这种现象同时也或多或少地映射到宁夏民族史学研究中。宁夏不乏回族史、西夏史学术领域的专家学者和他们

---

① 　陆生淮：《同庄村村名的由来》，载政协宁夏银川市委员会文史和学习委员会编：《银川文史资料》第十二辑，2003 年，第 201—202 页。

② 　数据来自宁夏回族自治区有关户籍部门 2018 年底人口统计数据。

丰硕的研究成果，但是对于清代宁夏驻防八旗鲜有系统的、全面的研究。二是，就全国而言，清代宁夏驻防八旗研究与清代全国驻防八旗研究状况不对等。在全国清代驻防八旗研究日趋广泛、深入、系统、细致的背景下，清代宁夏驻防八旗研究进展缓慢，与国内八旗研究整体程度形成反差。

当然，造成清代宁夏驻防八旗研究不充分的另一个重要因素就是史籍文献资料匮乏。

二、研究现状与资料状况

（一）清代宁夏驻防八旗研究现状

1.从对清代宁夏驻防八旗研究的权威性来讲，当数中国科学院民族研究所、辽宁少数民族社会历史调查组1963年编写完成的《满族社会历史调查报告（上、下册）》中《宁夏回族自治区银川市满族人民的历史概况》一文。文章分两个部分，第一部分为"满族人民来银川的始末"；第二部分为"满族人民宗教信仰和风俗习惯"。主要关注了清代宁夏驻防八旗的"来龙去脉"、人数、饷项以及宗教和习俗等内容。因为这是一份调查报告，主要通过"调查"的方式来呈现以上内容的，可贵之处在于其大部分内容来源于鲜活的"田野调查"资料，但是其部分内容的可靠性值得商榷。比如，其认为清代宁夏驻防始于雍正初年[①]，忽略了康熙年间的宁夏驻防；对于民国初年马福祥兼宁夏满营将军的时间讹为1914年（《政府公报》记载为1913年[②]）；对于乾隆三年（1738）宁夏大地震中，满营死亡人数记载存在错误。文中称"共压毙官兵妇女老幼一一一八人，内中压死妇女老幼一〇四九人，压死官兵

---

① 中国社会科学院民族研究所、辽宁少数民族社会历史调查组：《满族社会历史调查报告（下册）》第七辑，1963年，第39页。

② （民国）《政府公报》1913年第641号。

一六九人"①，总数与分项之和相差 100 人。

2. 从对清代宁夏驻防八旗研究的系统性来讲，当数第一部宁夏满族研究专著——《宁夏满族述往》（李凝祥著，宁夏人民出版社 2002 年版）。该著作对宁夏满族源流、习俗、文化艺术、人物等进行了较为全面的介绍。难能可贵的是其作者李凝祥即满族人（河北辛集人，1945 年生），书中许多内容源自其年幼时"耳濡目染"②，其他部分内容来自采访宁夏满族老人。在宁夏满族史料缺乏的条件下，其学术价值不言而喻，但正像作者在其"后记"中所说，"本人阅读史料文献的范围有限，书中有许多不成熟之处，挂一漏万，在所难免。书的出版只能算是我本人学习满族区域历史文化的一点心得体会"③。该专著主要存在以下几方面的不足，一是，虽然该专著研究主体为"宁夏满族"，但其部分内容并不能体现出"宁夏"的地域特征，许多内容讲的是全国满族的有关情况。比如，其第三章"教育、科举与宗教"中"姓氏特征与取名"主要讲了全国满族这方面的特征，鲜有涉及宁夏的具体例证。二是，专著中也存在部分错误情况。一如，乾隆三年（1738）地震后，新建满城的竣工时间，讹为"乾隆六年（1741）六月"④（实为"乾隆五年闰六月初七日"⑤）。二如，第二章中第四节"历任宁夏驻防的将军都统"表述不准确，清代宁夏驻防仅设"将军"并未设"都统"（与将军同级，为一品官）。在将军之下设有"副都统"（二品官），在其第二章第二节中讹为"将军的下属军官为都统、协领……"⑥。三如，第二章中第四节"历任宁夏驻防的将军都统"正文中，6 处将宁夏将军"奕梁"讹为"栾梁"，同时存在"德宁阿"讹为"穆宁阿"，"椿"讹为"棒"，"恪"讹为"格"等情况。三是，专著中

① 中国社会科学院民族研究所、辽宁少数民族社会历史调查组：《满族社会历史调查报告（下册）》第 7 辑，1963 年，第 40 页。

② 李凝祥：《宁夏满族述往》，宁夏人民出版社 2002 年版，"后记"第 243 页。

③ 李凝祥：《宁夏满族述往》，宁夏人民出版社 2002 年版，"后记"第 244 页。

④ 李凝祥：《宁夏满族述往》，宁夏人民出版社 2002 年版，第 88 页。

⑤ （清）佚名：《事宜壹本》，光绪十五年（1889）手抄本，第 1 页。

⑥ 李凝祥：《宁夏满族述往》，宁夏人民出版社 2002 年版，第 33 页。

个别内容存在前后不一的现象。比如，专著中对于满城内"档子房"的记述，存在三处不一的现象，分别为"'弓房'（也称"档子房"）"①，"档子房（即营地）"②，"档子房（档子，满语，是兵营的意思）"③。

从以上两个典型个案来看，宁夏驻防八旗研究的准确性、系统性仍然不够，尚有进一步深入研究的需要。

（二）清代宁夏驻防八旗研究成果的特点

总体来看，清代宁夏驻防八旗的现有研究成果，主要集中在对满族源流、满城变迁、风俗习惯这三个方面。

1.关于宁夏满族源流研究。关于"源"，宁夏满族主要来源于驻防宁夏的八旗兵丁，学者们认识基本一致，但对于"汉城"旗人官员以及被朝廷处罚至此的旗人却未涉及。关于八旗兵何时驻防宁夏亦有不同的说法。主要有三种：一种认为最早驻宁夏旗人应当是顺治年间曾率兵打仗经过宁夏或者短暂驻扎宁夏的旗人。如李凝祥《宁夏满族述往》认为是顺治七年（1650），李自然《试谈宁夏八旗驻防的特点》（《满族研究》2005 年第 4 期）认为是顺治二年（1645），等；第二种根据《钦定八旗通志》等文献记载，"设宁夏驻防"应当是康熙十五年(1676)派旗兵驻守宁夏之时。如叶祖灏《宁夏纪要》（正论出版社 1947 年版）、索元《宁夏满营八旗述略》（宁夏回族自治区文史研究馆编：《宁夏文史》第三辑，1988 年）、李文寿《满族在宁夏》（《宁夏画报》1995 年第 1 期）等；第三种认为是雍正初年八旗兵驻防宁夏之时。主要理由是，此次八旗兵驻防宁夏是携家眷而来的，而且修筑了满城。如钮世贤《宁夏满族简介》（《宁夏日报》1980 年 4 月 14 日，第三版）、白研《宁夏旗人史话》（《宁夏社会科学》1984 年第 2 期）、钮世贤《宁夏满族的由来、风俗及名人》（《宁夏文史资料》第二十六辑，宁夏人民出版社 2002 年版）、滕绍

---

① 李凝祥：《宁夏满族述往》，宁夏人民出版社 2002 年版，第 38 页。

② 李凝祥：《宁夏满族述往》，宁夏人民出版社 2002 年版，第 43 页。

③ 李凝祥：《宁夏满族述往》，宁夏人民出版社 2002 年版，第 69 页。

篇《论清代宁夏八旗驻防及其历史贡献》（《北方文物》1997 年第 4 期）等。

关于"流"，学者们也有共识，认为民国初年满营解散"化旗为民"后，部分驻防旗人仍然集中居住在满城内，其他的迫于生计有的移居"汉城"。马鸿逵主政宁夏时，借口在满城建机场，拆除了满城，强迫城内居民迁出城外。从此，宁夏驻防旗人散居于银川"新城"及周边各地。

2. 关于宁夏满城变迁研究。许多论著早已关注宁夏满城变迁，但专门的研究成果甚少。目前笔者所见较早的当数贺吉德《银川市新满城探述》（《中国古都研究·第九辑——中国古都学会第九届年会论文集》，1994 年）。文章对银川市新旧满城的兴废、形制、官兵建制、俸饷、户籍等做了较为翔实的研究。尤为值得称道的是，文章对学界一直以来说法不一的新满城竣工时间，进行了推断确定，首次把新满城竣工时间确定为"乾隆五年闰六月初七日"。当然，这一论断得益于《事宜壹本》。《事宜壹本》是 20 世纪 80 年代银川市文物部门在文物普查中从民间获得的一本清代手抄本珍贵史料，目前藏于银川市文物管理处。封面有竖排满文，可转写为"bi tangga doro i towohoci aniya uwan biyai araha wajiha"（即，光绪十五年十月书毕之意①），也有"事宜壹本"四个汉字，作者不详，根据内容判断作者应当是非常熟悉宁夏满营的驻防八旗官员。

此外，纳存福《旧满城史话》（中国人民政治协商会议银川市郊区委员会编：《银川市郊区文史资料》第一辑，2001 年）、陡生淮《辛亥革命前宁夏满营的"设局垦荒"——芦花同庄村名的来历》（中国人民政治协商会议银川市郊区委员会编：《银川市郊区文史资料》第二辑，2002 年）以及赵生瑞主编《中国清代营房史料选辑》（军事科学出版社 2006 年版）等对于宁夏满城的变迁也有记述。

3. 关于宁夏满族习俗研究。罗述灿《宁俗琐记》（《西北论衡》1942 年十卷四期）、《宁俗一瞥——几种不同的婚嫁与丧葬》（《新西北》1944 年七卷十

---

① 承蒙中国社会科学院研究员聂鸿音先生识读，见告。

期、十一期）二文较早地对宁夏驻防八旗的婚丧习俗做了记述研究。二文对宁夏驻防八旗与汉族婚俗从"提亲"到"成亲"进行了比较，明确异同，对驻防八旗祭祖时仍然保留"祖先板""祖先袋"的做法进行了阐述，并得出结论，认为"其余年节时令，扫墓追远，都已随着汉俗了"。二文因研究的主体是"宁俗"，所以共同的优点是对驻防八旗和汉人的风俗进行了比较，不足之处是对于驻防八旗的风俗研究不够深入。索元《宁夏旗人的风俗习惯》（宁夏回族自治区文史研究馆编：《宁夏文史》第三辑，1988 年）一文率先对宁夏驻防旗人的衣饰、食俗、住房、婚娶、丧葬、祭祀等六方面进行了全面的记述研究，史料价值斐然。赵贵春《宁夏满族风俗习惯》（宁夏回族自治区文史研究馆编：《宁夏文史》第十三辑，1997 年）一文从"祭祖""婚娶""丧葬""养育与赡养""生活习惯""年节"等六个方面对宁夏满族风俗习惯做了详细的研究，不足之处是没有与汉族相关习俗进行比较。那英俊《银川新城满族饮食杂谈》《银川新城满族饮食杂谈二》（中国人民政治协商会议宁夏回族自治区银川市委员会文史资料委员会：《银川文史资料》第九辑、第十辑）对宁夏满族的饮食有颇为详尽的研究。此外，钮世贤《宁夏满族的由来、风俗及名人》一文对满族的发饰、姓名、祭祖、婚嫁习俗、丧礼等也有专门记述。

除上述三方面的著述外，白研《宁夏满族的变迁》（宁夏回族自治区文史研究馆编：《宁夏文史》第一辑，1985 年）、滕绍箴《论宁夏八旗驻防解体与民族文化融合》（《宁夏社会科学》1997 年第 1 期）、赵贵春《宁夏满族早期的文化教育、宗教信仰与生活习俗》（中国人民政治协商会议银川市委员会文史资料委员会：《银川文史资料》第九辑）、韩基奭《直省驻防八旗在辛亥革命时期的反应暨原因》（《满族研究》2014 年第 4 期）、方裕谨《道光十九年宁夏驻防旗营克扣兵饷案》（《历史档案》1999 年第 2 期）等文章对宁夏驻防八旗研究均有重要价值。

（三）清代宁夏驻防八旗研究可资史料状况

宁夏驻防八旗研究的相关史料并不多，加之宣统三年（1911），"宁夏将军衙署，不戒于火，所有令箭、旗牌、敕书等件，全行延烧"①，宁夏满营遗存文献资料更加奇缺。史料匮乏是开展本研究的难点之一。可用资料，除了《钦定八旗通志》《清实录》《清史稿》《上谕档》等"通史"性资料外，还有少部分地方性史料，如《(乾隆) 宁夏府志》、《(民国) 朔方道志》、《(乾隆) 银川小志》、《事宜壹本》(清光绪年间手抄本，佚名)、《宁夏满营稚子四孤承领生计银币花名清册》(甘肃巡按使署，民国四年手抄本)、《甘宁青史略》(清佚名撰，乾隆末年成书②) 等。其中《宁夏满营稚子四孤承领生计银币花名清册》较为珍贵，目前可见的宁夏驻防八旗、满族史等有关研究当中，尚无人使用该资料。该清册详细记载了满营解散时，"稚子孤寡孤女"357 人领取生计银情况。《事宜壹本》对于宁夏八旗驻防的城池、人数、粮饷、马干等均有详尽的记载，史料价值非同一般。当然，随着档案资料信息化水平的提高，可利用的零散文献资料越来越多，如通过"瀚堂典藏数据库""鼎秀古籍全文检索平台""读秀学术搜索引擎""中华经典古籍库"等数字化资源，可以收集到许多零散性文献资料。

三、研究意义、思路、方法

(一) 研究意义

1. 有其必要性。从目前学界前辈们的相关研究成果来看，这一领域部分历史文献和近人研究成果尚存记述不一、记述不清，研究不系统、不深入等问题。进一步深入研究宁夏驻防八旗，有助于宁夏黄河流域历史文化研究的整体性构筑。

2. 有其现实意义。20 世纪 90 年代以来，以美国学者罗友枝等人为代表

---

① 《清实录·大清宣统政纪》卷五四，中华书局 1987 年影印版，第 981 页，上栏。
② 王兆明、傅朗云主编：《中华古文献大辞典地理卷》，吉林文史出版社 1991 年版，第 75 页。

的西方学者在清史方面取得了诸多成就，但他们有意无意中形成的"新清史"学术氛围，力图把满族建立的清朝，同中国割裂，区别对待清朝与其他朝代，扩大民族分裂性。这对于我国历史研究造成一定扭曲。通过对清朝宁夏驻防八旗的研究，管窥满族作为中华民族大家庭中的一员，在"中华民族共同体"形成过程中的作用。

此外，宁夏驻防八旗与全国其他各直省驻防八旗的蜕变过程有所区别。辛亥革命爆发后，各直省驻防旗兵和起义军作战均以失败告终，有的直接"和平解决"，唯有宁夏驻防八旗与革命军对抗获得胜仗。驻防八旗守城获胜，应该是不利于"共和"的，但是在宁夏地方势力"马家军"的规劝下，仍然承认了共和。这一史实，使得历史上回民起义所追求政治目标的实现路径——"抚局"①，再次得到证实。同时，在宁夏汉、回、满、蒙古等群众组成民军，扛起推翻封建王朝的义旗时，在回族和驻防八旗上层的共同努力下，宁夏驻防八旗在获得胜仗的情况下，以"承认共和"的形式，顾全了大局，使得宁夏就此结束了封建统治。这一史实再次证明了宁夏区域内各民族珍视民族关系，维护大局的中华民族共同体意识。正如郝时远先生所谓"把握大势而不纠结于'琐事'，顺应主流而不为'末节'所惑"②。承认共和，满城得以保留，但20世纪30年代，满城还是被"马家军"拆除。在北洋政府民族歧视政策之下，满城拆除后，宁夏驻防旗人遭遇了沉重的打击，但是从目前人口数量来看，满族仍然为宁夏第二大少数民族。以上这些历史现象对于进一步阐释中华民族共同体意识颇有裨益。

3. 有其文献意义。文献法是本书使用的主要方法，在资料相对匮乏的情况下，在研究过程中，较为系统地收集、整理宁夏驻防、驻防八旗的文献资料。文献收集过程中，发现了与宁夏博物馆所藏《宁夏驻防满营事宜》相似，但并不相同的光绪年间手抄本文献——《事宜壹本》（见附录）。同时，还搜

---

① 霍维洮：《清代西北回民反清斗争中的抚局》，《回族研究》1998年第1期。
② 陈育宁：《中国民族史学理论新探索》，中国社会科学出版社2015年版，"序"第2页。

集到了 1915 年宁夏满营"化旗为民"前夕，向满营"稚子四孤"发放生计银的花名册——《宁夏满营稚子四孤承领生计银币花名清册》（见附录）。此外，通过仔细搜集国家第一历史档案馆藏清代宁夏满营历史档案索引见附录，以及《清实录》《清史稿》《钦定八旗通志》《大清一统志》等官修史籍，《侍卫琐言》《啸亭杂录》《清稗类钞》《听雨丛谈》等时人笔记手札，《申报》《东方杂志》《（民国）政治官报》等历史报纸杂志，《（乾隆）宁夏府志》《（民国）朔方道志》《甘宁青史略》《（乾隆）甘肃通志》等地方史志文献，较为全面地收集、梳理了宁夏驻防八旗史籍资料，为更加深入研究宁夏驻防八旗及宁夏满族史提供极大便利。

（二）研究思路、方法

1. 由于史料匮乏，研究宁夏驻防八旗无法面面俱到，但还要努力还原宁夏驻防八旗的历史面貌。鉴于此，本书抓住宁夏驻防八旗的源流、居住空间、社会生活、满营吏治、军事力量等五个主要方面，分别进行深入分析探讨。

2. 通过宁夏驻防八旗五个主要方面的深入研究，力图在勾勒出清代宁夏驻防八旗基本史实的基础上，洞察其变迁原因，分析其与中国历史发展主脉络之间的关系，进而总结宁夏驻防八旗社会历史变迁规律。

3. 在宁夏驻防八旗五个主要方面具体深入时，力图始终贯穿八旗制度的蜕变及宁夏驻防八旗"生计问题"这两条主线。八旗制度导致了驻防八旗"生计问题"，驻防八旗"生计问题"倒逼八旗制度变革。通过贯穿这两条相互作用的主线，宁夏驻防八旗的变迁便有规可循。

4. 文献法是本书使用的主要方法，本着"用资料说话"的研究态度，借助历史学、民族学、社会学、管理学乃至心理学有关理论，力求通过大量丰富的文献资料以及田野调查资料来支撑有关观点、论述。

第一章 清代宁夏驻防八旗的源流

第一节 清代宁夏驻防八旗由来的社会基础

一、创建八旗制度，完成组织化

满族兴起于我国东北地区，他们的军事首领努尔哈赤创建了八旗制度。八旗制度是一种强有力的组织形式，源于女真人渔猎活动中的"牛录"组织，因其有效组织起了分散的劳动力，劳动效率大大提高。努尔哈赤在此基础上逐步发展完善。随着人数的增多，将每牛录的人数扩充至300人，五牛录组为一甲喇，五甲喇组为一固山。初有四固山，别以四色旗，即四旗。在"太祖天命元年之前二载，适当明万历四十二年(1614)，始立八旗"①。牛录、甲喇、固山均设"额真"统率，努尔哈赤则为最高统领，从而构成一个"金字塔"式的权力组织形式。每个满洲人和归附的蒙古人、汉人都编在旗籍内，出则为兵，入则渔猎农耕。在这种一级统一级，层层统于将帅的制度下，满族的军事实力迅速壮大，活动范围随之扩大，直至踏破山海关入主中原。

---

① 《皇朝兵制考》，《申报》1892 年 2 月 29 日，第 6770 号。

二、创新八旗制度，分防各地

清"初之时，满汉不能相洽，故驻兵各省以防变"[1]。在明末农民起义余波、"反清复明"起义以及"三藩之乱"的惊扰下，清廷对地方军政力量有了新的认识，对八旗制度不断进行完善。除了严守京师外，还创制了"驻防"制度，将八旗兵派往全国各军事要地和战略要地，"以存京师者为禁旅，而分镇各省者为驻防"[2]。如果说这之前的八旗制度是把分散的人员组织起来，以构成一个战斗力更强、更加牢固的族群，那么八旗驻防制度就是将这个牢固族群中的一部分人以一种特殊的身份和团体分派于各军事要地，行使监督和弹压地方的权力。如此一来，这就与各省、府（州）、县共同构成了统治国家的两套体系，姑且称其为统治地方的"双轨制"。这似乎特别接近于清廷主张的"满汉共治"，但无论如何这种"双轨制"是为了进一步加强和维护大一统。八旗驻防体系，相比中原政权原有的省、府（州）、县制，有着更高的军事效率，也更加忠实于朝廷。

驻防八旗包括盛京驻防、吉林驻防、黑龙江驻防、直隶驻防、新疆驻防和各直省驻防，"合共各项驻防兵十万七千七百六十人"[3]。各驻防点长官设置不一，基本上是按照驻防人数多寡，设将军（都统）、副都统（总管、副都统衔总管）、城守尉、佐领等管辖。其中，直省驻防共20处（包含福州、广州两处水师营），约48000兵力。各直省驻防根据人数的多少，首领设将军、副都统、城守尉三种。一般来说驻防旗兵在2000人以上的设将军，包括宁夏、西安、成都、荆州、广州、福州、乍甫（1700余）、杭州、江宁、绥远；人数在1000—2000人的设副都统，包括凉州、京口、青州、归化城；人数在1000人以下设城守尉，包括庄浪、开封、太原、

---

① 《驻防旗兵亟宜变通说》，《申报》1880年12月1日，第2727号。

② 《皇朝兵制考》，《申报》1880年4月3日，第2485号。

③ 《皇朝兵制考》，《申报》1892年2月29日，第6770号。

右卫。

根据各直省驻防位置来看，大致呈五条线①，遍布大江南北。即长城一线（凉州、宁夏、绥远城、归化城、右卫、太原）、黄河一线（庄浪、宁夏、西安、开封、青州）、长江一线（成都、荆州、江宁）、运河一线（京口、杭州）和沿海一线（乍甫、福州、广州）。北方各驻防八旗的主要目的在于防御蒙古南下，所以伊犁和绥远两处的将军兼军政长官于一身。黑龙江、吉林、盛京驻防地处清朝"龙兴之地"，是其战略大后方，所以此三处的将军也同时兼任了地方行政长官。一般来说，将军是驻防地的军事长官，掌管当地军事大权。因其驻地往往与当地行政驻地同处一城，对当地的绿旗兵和行政权力也起到了重要监督作用。可见，京城皇权可通过驻防八旗的形式，贯彻到各个军事要地，就像一张大网罩住大江南北，每个驻防点则成为这张网上的重要节点。贯彻执行这种权力的载体就是各驻防的八旗官兵。满洲、蒙古、汉军旗人通过这种形式由东北分散于全国各地。宁夏驻防（宁夏府驻地，今银川市）地处农耕文明和游牧文明的交界线上，是北方少数民族和中原汉族频繁交往之地，有得天独厚的黄河水灌溉，水草肥美，沃野千里，历来为中原政权和北方少数民族政权相互争夺的战略要地。在清代的五条驻防线上，宁夏恰巧处于黄河驻防线和长城驻防线重合点上，军事位置不言而喻。

三、清初宁夏的局势尚不稳定

（一）明末农民起义的"余热"仍在。清初，受明末以来李自成起义的影响，清朝在宁夏及周边区域的统治并不稳固，反清起义不断发生。宁夏"抗清斗争的主要领导者是贺珍（李自成余部）的部将武大定"②。顺治二

---

① 索元：《宁夏满营八旗述略》，《宁夏文史》第三辑，1988年。

② 陈育宁主编：《宁夏通史·古代卷》，宁夏人民出版社1993年版，第287页。

年（1645），"固原总兵官何世元为逆贼武大定所杀。"① 顺治四年（1647），"陕西巡抚黄尔性疏言：固原武大定叛时，总兵官何世元遇害；副使吕鸣夏抗贼不屈，死；游击周存德、马应熊，守备赵文光、董师吉、魏尚忠俱死于敌。"② 起义军杀死如此多的清朝"命官"，可见此时反清的力量仍然非常强大。

（二）清朝统治力量在宁夏尚不稳固。一是，顺治三年（1646）宁夏发生了兵变。根据《清实录》记载，是年"宁夏总兵官刘芳名疏报：宁夏兵变，杀巡抚焦安民。随经抚定，擒斩首恶杨成名、白友大等"③。至今，银川市民间还流传着"王元反清的故事"。据说顺治三年，宁夏镇副将王元联合马德开展了宁夏反清起义。起义的原因就是八旗兵侮辱汉人士兵赵锐而引起的。义军杀死了巡抚焦安民，因总兵刘芳名在满营议事免于一难④。《钦定八旗通志》则更加清楚地记载了该事件。顺治"三年三月，副将王元、马德，以营兵赵锐等罪责入狱，乘衅统众，突入抚署，安民遇害"⑤。二是，康熙前期王辅臣兵变投靠吴三桂，加入"三藩之乱"。康熙十四年（1675），吴三桂"以银二十万两，付叛臣巴三纲，散给王辅臣，及经略标兵，以诱引之"⑥。王辅臣响应叛乱。康熙十四年十二月二十二日，在奉命剿办王辅臣叛乱时，因"宁夏提标兵变，提督陈福遇害"⑦。以上史料反映出清朝统治权力在此地并不稳固，客观上需要加强此地统治力量。

① 《清实录·世祖章皇帝实录（顺治实录）》卷二二，中华书局1985年影印版，第197页，下栏。

② 《清实录·世祖章皇帝实录（顺治实录）》卷三三，中华书局1985年影印版，第275页，上栏。

③ 《清实录·世祖章皇帝实录（顺治实录）》卷二五，中华书局1985年影印版，第214页，上栏。

④ 姜自力：《王元反清的故事》，《银川晚报》2016年8月19日，第24版。

⑤ 《钦定八旗通志》卷二○○《焦安民》，钦定四库全书本，第10页a—b。

⑥ 《清实录·圣祖仁皇帝实录（康熙实录）》卷五三，中华书局1985年影印版，第689页，下栏。

⑦ 《清实录·圣祖仁皇帝实录（康熙实录）》卷五九，中华书局1985年影印版，第762页，上栏。

四、厄鲁特蒙古准噶尔部兴起

康熙初期，在平定王辅臣叛乱的同时，厄鲁特蒙古准噶尔部在新疆日渐兴起壮大，开始向中原进犯。众所周知，清代统治者对于曾经横扫中亚乃至东欧的蒙古人始终有着强烈的戒备心理。厄鲁特蒙古准噶尔部在新疆日渐强大必然对刚刚建立的清朝造成巨大威胁。正如前文所述，当朝者也非常清楚仅仅依靠周边"归附"的力量来对付这股强敌，恐怕还不妥当，只有八旗"王师"进剿方可放心，但是又苦于路途遥远，如果从京城派"王师""千里持粮，士有饥色，抑恐缓不济急，徒疲士卒，而靡饷糈"①，"故国家驻防之兵，最为良制。"②加之，宁夏的军事地理位置尤为重要，历来为兵家必争之地，朝廷在此设八旗驻防的必然性显而易见。

第二节　清代宁夏驻防旗人的来源

一、宁夏驻防设立前，旗人在宁夏的活动

（一）部分文武官员为旗人。从史料来看，清初派八旗兵驻防宁夏之前，"巡抚都御使""镇守宁夏总兵官"等官员均有旗人担任的情况。比如，"宁夏巡抚：焦安民汉军正红旗人"（按：《钦定八旗通志》卷三四〇载，其为"汉军正黄旗人"③，卷二〇〇载，其为"汉军正红旗人"④）、"张尚汉军

---

① 《裁撤驻防旗兵议》，《申报》1901 年 8 月 4 日，第 10163 号。
② （清）昭梿：《啸亭杂录》《清代史料笔记丛刊本》卷一〇《驻防》，中华书局 1980 年版，第 338 页。
③ 《钦定八旗通志》卷三四〇《八旗大臣提名二·各省巡抚》，钦定四库全书本，第 1 页 b。
④ 《钦定八旗通志》卷二〇〇《焦安民》，钦定四库全书本，第 9 页 a。

正黄旗人"、"孙茂兰汉军正红旗人"、"刘秉政汉军镶蓝旗人"①。"西路同知"
高士铎为正白旗人，佟士祈为正蓝旗人。②再如，"镇守宁夏总兵官"桑格，
满洲人，康熙四年（1665）任。③"平罗营参将"大必兔，镶蓝旗人，康熙
十三年（1674）任。④"玉泉营游击"，蒲运际，镶黄旗人，雍正二年（1724）
任。⑤"宁夏各官裁缺中协副将"李逢茂，满洲人，顺治四年（1647）任；王
三元，满洲人，顺治九年（1652）任。⑥因为官员本身就具有较大的流动性，
官职越大的旗人流动性越强，反之，官职越小的旗人，因流动性小在宁夏居
住的时间就会越长。

（二）针对反清起义临时派来八旗兵。顺治、康熙初，由于平定反清起
义的需要朝廷多次派八旗兵"进剿"宁夏。据《钦定八旗通志》记载，顺治
二年（1645），焦安民任宁夏巡抚时报告朝廷，"三军枵腹待哺，请拨秦饷
三万两，以济饥兵"⑦。清"三军"即满洲八旗、蒙古八旗、汉军八旗。这也
与清初"满汉不能相洽"，朝廷在此增加兵力的记载相互印证。据此，我们
可推断顺治二年前，就已经有八旗兵在宁夏了，而且是和绿营兵共同驻扎，
只不过"间遣驻防，未为定制"⑧。这类八旗兵因为随着起义军的逃窜方向而
跟进，所以在宁夏的时间很不确定。

---

① 《钦定八旗通志》卷三四〇《八旗大臣提名二·各省巡抚》，钦定四库全书本。此外，（清）
　　杨浣雨纂：《（乾隆）宁夏府志》卷九记载，"焦安民，满洲人"，"刘秉政，奉天广宁人"，
　　并无"张尚"，均疑有误。
② （民国）王之臣纂：《朔方道志》卷一三《职官志二》历代职官表，1926年铅印本，第17页a。
③ （清）杨浣雨纂：《（乾隆）宁夏府志》卷一〇《职官》，清嘉庆刊本，第7页a。
④ （清）杨浣雨纂：《（乾隆）宁夏府志》卷一〇《职官》，清嘉庆刊本，第27页a。
⑤ （清）杨浣雨纂：《（乾隆）宁夏府志》卷一〇《职官》，清嘉庆刊本，第31页b。
⑥ （清）杨浣雨纂：《（乾隆）宁夏府志》卷一〇《职官》，清嘉庆刊本，第37页a。
⑦ 《钦定八旗通志》卷二〇〇《焦安民》，钦定四库全书本，第10页a。
⑧ （清）希元、祥亨等：《荆州驻防八旗志》，辽宁大学出版社1990年版，"序"第3页。

二、宁夏驻防旗人的由来

康熙十四年（1675），提督陈福遇害后，"朝廷认为宁夏已经全部归附王辅臣叛乱"[①]。康熙皇帝深知"宁夏三边要地，所关甚重"[②]，遂于康熙十五年（1676）初，采取了三项重要措施[③]以应对宁夏、陕西、平凉、固原一带的局势。一是调遣驻防黄河东岸灵州、定边等处的副都统恰塔驻防黄河西岸，以便宁夏有事及时"策应"；二是派遣提督赵良栋奔赴宁夏与恰塔等"共议而行"；三是当时"驻宁夏满洲、蒙古大兵，无人统辖"，命平逆将军[④]毕力克图"以所部前锋赴宁夏，统辖满洲、蒙古官兵，镇守地方。俟草青时，酌调鄂尔多斯兵，协力进取平固"。通过以上史料，可以印证康熙十五年宁夏已经设置了满洲、蒙古八旗兵驻防，只是"无人统辖"。另据《钦定八旗通志》记载，"陕西宁夏驻防，康熙十五年设"，共设马兵 2200 名，步兵 1200 名，弓匠铁匠 72 名[⑤]，合计派往宁夏八旗兵总数是 3472 名。亦未记载将军等官的配备情况。这与《清实录》"无人统辖"的记载相吻合。可见，此时确实在宁夏设八旗兵驻防，但是这些驻防八旗兵流动性非常强，仍然属于临时驻防部队。

康熙十五年（1676）朝廷在宁夏设置八旗驻防以后，平定了王辅臣叛乱，稳定了宁夏及周边区域的局势，但是此时清政府的心腹之患首先是尚未剿灭的"三藩"，其次是崛起于西北部的厄鲁特蒙古准噶尔部。康熙二十年（1681）清政府集中兵力平定"三藩之乱"后，噶尔丹为头领的厄鲁特蒙古准噶尔部

---

① 陈育宁主编：《宁夏通史·古代卷》，宁夏人民出版社 1993 年版，第 291 页。

② 《清实录·圣祖仁皇帝实录（康熙实录）》卷五九，中华书局 1985 年影印版，第 762 页。

③ 《清实录·圣祖仁皇帝实录（康熙实录）》卷五九，中华书局 1985 年影印版，第 770—771 页。

④ （清）昭梿：《啸亭杂录》（清代史料笔记丛刊本）卷一〇《将军》，中华书局 1980 年版，第 329 页，载："国初，四方未定，多有以重臣佩诸将军印，将劲旅屯戍者。后遂沿为《满人总兵》之名号。"

⑤ （清）鄂尔泰等撰，李洵、赵德贵点校：《八旗通志初集》卷二三《兵制三》，东北师范大学出版社 1985 年版，第 534 页。

兴起向东进犯，直逼清朝腹地。康熙二十七年（1688）蒙古准噶尔部噶尔丹统兵步步进逼，清朝在宁夏断断续续派兵驻防。据《（民国）朔方道志》记载，当时八旗"大兵驻防在城，民心惶惑"，故"割城中一隅，安置大兵，勿与民间杂处。严立教条，以免滋累。其后，大兵驻宁凡六次，悉如旧制，民兵相安"。① 康熙二十九年（1690）五月，西安将军尼雅翰、副都统巴赛、柏天郁率满洲兵 2000 人、汉军兵 1000 人屯宁夏②，八月"大败厄鲁特，此所备兵着撤回西安"③。可见，此时八旗兵先后 6 次进驻宁夏。康熙三十四年（1695）七月，为了加强八旗军事力量，首次设宁夏将军。由觉罗舒恕升任，并配备了副都统。因为战事吃紧，用兵紧张，康熙三十五年（1696）宁夏满城仅有满洲兵 1000 人④。康熙三十六年（1697）正月调拨西安满洲兵 700 人驻守宁夏⑤。康熙三十六年，皇帝亲征噶尔丹驻跸宁夏时，鉴于噶尔丹"困迫已极，灭在旦夕"的形势，上谕"应将宁夏兰州设防之兵停止"，驻防兵丁"各迁回故居"。⑥ 可见，这次驻兵就是针对噶尔丹势力进犯"调防"而来的，完成了平定噶尔丹的使命后即行撤回。

此时，宁夏驻防发挥了重要作用，既是中原腹地的屏障，又是进攻噶尔丹的后方军事基地。康熙三十六年（1697），噶尔丹势力被平定后撤销宁夏驻防，但准噶尔部的新首领变本加厉，在沙俄的支持下，公然继续率众"进犯"，西北军事形势更加严峻。清政府汲取教训，于雍正初年在宁夏兴筑满城，做长远打算。雍正帝说："本朝设立各省驻防兵丁，原以捍卫地方，申明武备。"⑦ 宁夏驻防就像清政府权力网中延伸到西北的一个重要节点，既能

---

① （民国）王之臣纂：《朔方道志》卷一五《职官四》，1926 年铅印本，第 2 页 a。
② 《清实录·圣祖仁皇帝实录（康熙实录）》卷一四六，中华书局 1985 年影印版，第 615 页。
③ 《清实录·圣祖仁皇帝实录（康熙实录）》卷一四八，中华书局 1985 年影印版，第 633 页。
④ 《清实录·圣祖仁皇帝实录（康熙实录）》卷一七○，中华书局 1985 年影印版，第 843 页。
⑤ 《清实录·圣祖仁皇帝实录（康熙实录）》卷一七九，中华书局 1985 年影印版，第 919 页。
⑥ 《古今图书集成·经济汇编·戎政典》卷二二五《兵略部汇考一二三》，中华书局 1934 年影印版，第 759 册，第 9 页上栏。
⑦ 《清实录·世宗宪皇帝实录（雍正实录）》卷一二一，中华书局 1985 年影印版，第 592—593 页。

威慑陕甘，又可屏障蒙古。

雍正二年（1724），年羹尧奏请"遇哈密有事，将满洲兵由内派往，路途遥远，甚属无益。宁夏贺兰山之外，离哈密不甚遥远，宜于宁夏令满洲兵驻防"。朝廷同意这一建议，[①] 于翌年（1725）"设镇守宁夏等处将军都统"[②]，并正式"由京移驻"[③]。共入驻八旗官、兵、坐甲、随丁3642人，包括3472名满洲、蒙古八旗兵，[④] 其中满族兵2592名，蒙古兵880名，[⑤]另外还包括85名各级官员和85名坐甲、随丁[⑥]。本次驻防与之前驻守的八旗兵有较大的区别，他们属于较为稳定的正式驻防部队。时至乾隆五年（1740）宁夏满营10岁至14岁的男丁人数已经达到465名。[⑦] 按照时间推算，这部分驻防旗人恰是雍正三年（1725）新设宁夏驻防后迁入的驻防八旗兵丁的"新生代"。可以说宁夏驻防八旗的"新生代"，也算是在宁夏出生的第一批旗人。以至于有人说雍正初年宁夏驻防八旗"为宁夏有满族之始"[⑧]。宁夏驻防八旗虽然偶尔有被临时调遣到别处征战的情况，如雍正九年（1731）二月，因调兵出征宁夏驻守满洲兵不过600名[⑨]，但是一般情况下，调往征战的宁夏驻防八旗兵，在战事结束后均回宁夏满城。如雍正九年（1731），将派往巴尔库尔的1000名宁夏满兵中的100名继续留下，其余900名被调回宁夏[⑩]。可以说，此时宁夏满城成了真正意义上的西北军事基地。

---

① 《清实录·世宗宪皇帝实录（雍正实录）》卷一七，中华书局1985年影印版，第293页。
② （民国）王之臣纂：《朔方道志》卷一一《防兵志》，1926年铅印本，第2页a。
③ （清）佚名：《事宜壹本》，光绪十五年（1889）抄本，第1页。
④ （民国）王之臣纂：《朔方道志》卷一一《防兵志》，1926年铅印本，第2页a。
⑤ 中国科学院民族研究所、辽宁少数民族社会历史调查组：《满族社会历史调查报告（下册）》第七辑，1963年，第39页。
⑥ 《钦定八旗通志》卷三五，钦定四库全书本，第29页b—第30页b。
⑦ 《清实录·高宗纯皇帝实录（乾隆实录）》卷一三〇，中华书局1985年影印版，第898页。
⑧ （民国）叶祖灏：《宁夏纪要》，正论出版社1947年版，第33页。
⑨ 《清实录·世宗宪皇帝实录（雍正实录）》卷一〇三，中华书局1985年影印版，第359页。
⑩ 《清实录·世宗宪皇帝实录（雍正实录）》卷一一三，中华书局1985年影印版，第503页。

从乾隆元年（1736）开始宁夏驻防八旗兵逐渐开始固定化，向"常驻"部队转化，直到不再换防。这一变化从乾隆元年九月将军阿鲁的奏折中可以得到体现。他说驻防兵丁如果因为祖父母、父母再无子嗣须调回赡养的，应当"准其退甲调回"。朝廷同意，并"永着为例"。① 也就是说，一般情况下派来的驻防旗人不再调回，常驻宁夏满城。"于是八旗官兵及家属一万多人开始长期定居宁夏。"② 乾隆五年（1740）新建满城后，驻防八旗又进行了调补。乾隆五年十一月，时任将军杜赍向皇帝奏称，"各省驻防满兵如有祖父母、父母及伯叔父母年力衰迈者，例准终养。惟宁夏为边疆要地，若将训练壮兵屡调回旗，势必令幼丁顶祖，不但缓急未能得力，且致兵力衰弱。请将终养之例，展限十年。俟幼丁长成，照旧遵行"。同时还提出了过渡时期的解决办法。他建议，确实无人赡养需要调回的话，就从"十五岁至四十岁闲散"和"十岁至十四岁余丁"中选派。如果宁夏驻防八旗兵的精壮力量无从挑补，他建议从西安驻防中选择补充。朝廷采纳了宁夏驻防将军的这些意见和建议③。

从以上文献可见，乾隆初年开始八旗兵不再换防，常驻宁夏。"乾隆十八年（1753）、三十五年（1770）两次从东北地区调遣数百人到宁夏新满营。"④ 到乾隆三十六年（1771）共有1898户10743人，其中包括官兵眷属7202人。⑤ 乾隆三十八年（1773）调往新疆巴里坤驻防574户3851人。后又从北京调入783户3357人。乾隆四十一年（1776）、五十一年（1786）两次调往凉州和庄浪驻防477户2410人。⑥ 道光十七年（1837），共有八旗

① 《清实录·高宗纯皇帝实录（乾隆实录）》卷二六，中华书局1985年影印版，第578页。
② 李文寿：《满族在宁夏》，《宁夏画报》1995年第1期。
③ 《清实录·高宗纯皇帝实录（乾隆实录）》卷一三〇，中华书局1985年影印版，第898页。
④ 钮世贤：《宁夏满族的由来、风俗及名人》，《宁夏史志》2002年第6期。
⑤ 中国科学院民族研究所、辽宁少数民族社会历史调查组：《满族社会历史调查报告（下册）》第七辑，1963年，第40页。
⑥ 中国科学院民族研究所、辽宁少数民族社会历史调查组：《满族社会历史调查报告（下册）》第七辑，1963年，第40页。

1525 户 13411 人。① 光绪初年宁夏满营"自遭兵燹，人数既减大半"②。宣统二年（1910）旗人 609 户③，三年（1911）607 户 4333 人。④ 其中，镶黄旗 91 户，正白旗 59 户，镶白旗 67 户，正红旗 69 户，镶红旗 89 户，镶蓝旗 80 户，正蓝旗 74 户，正黄旗 78 户⑤。辛亥革命期间共有 500 余户 4752 人。⑥

驻防旗人成为真正的"宁夏人"应当是乾隆二十一年（1756）以后。笼统地认为"满人均为清代驻防满族之后裔"⑦，不甚严谨。因为在这之前，雍正十年（1732）七月，雍正帝曾经在上谕中明确强调"弁兵驻防之地，不过出差之所，京师乃其乡土也"⑧。严厉斥责了奏请准许驻防兵丁死后在驻防地埋葬及其家眷留居驻防地的奏呈，而且要求"不得再行妄奏"。虽然乾隆初年驻防八旗从换防向常驻转化，但是驻防官兵终老、亡故后或者自行"装盛棺木送京"或者"贫乏不能自送，仍火化，官送"京城埋葬。其他"妇女、闲散人等骨殖亦于每年官送之便，附带至京"埋葬。总之"不许在彼置立坟茔"。⑨ 可以说，虽然在宁夏生活一生，但是死后还要"回旗"，在京埋葬，"根"还在京城。这就导致无论朝廷还是驻防旗人本身都有"回旗"的意识。通俗地讲就是，他们都有迟早要回京城的落叶归根意识。

这种规定和"回旗"的意识在乾隆二十一年（1756）彻底改变。由于社会经济发展，八旗人口增盛，有限的粮饷养活日渐增加的人口，"生计问题"日渐出现等一系列因素，朝廷一改"各省驻防兵丁不准在外私置田产。

① （清）佚名：《事宜壹本》，光绪十五年（1889）手抄本，第 32、33 页。

② （清）宁夏将军善庆、副都统谦禧：《奏为选派宁夏满营翻绎人员驰赴新疆军营听后差委缘由恭折》，《光绪六年十一月初九日京报全录》，《申报》1880 年 12 月 26 日，第 2752 号。

③ 神州编译社编辑部编：《民国二年世界年鉴》，神州编译社发行部 1913 年版，第 151 页。

④ ［日］锦织英夫：《中国人口论》，新民报社附设新民书局 1943 年版，第 10、4 页。

⑤ 中国第一历史档案馆：《宣统元年各省户数统计表册》，《历史档案》1988 年第 1 期。

⑥ 中国科学院民族研究所、辽宁少数民族社会历史调查组：《满族社会历史调查报告（下册）》第七辑，1963 年，第 40 页。

⑦ （民国）叶祖灏：《宁夏纪要》，正论出版社 1947 年版，第 33 页。

⑧ 《清实录·世宗宪皇帝实录（雍正实录）》卷一二二，中华书局 1985 年影印版，第 593 页。

⑨ 《钦定八旗则例》卷一二《节部》，乾隆七年（1742）武英殿刻本，国家图书馆复印本，第 368 页。

有物故者，其骸骨及寡妻仍令各回本旗"的规定，"准其在外置立产业"，病故、终老后准许在驻防地"埋葬"，"其寡妻，停其送京"。并规定"所有呈请回京之例，着停止，着为例"。乾隆皇帝彻底改变了其父雍正帝的规定，并且考虑到一般驻防士兵无力购买坟茔之地，要求"将军、都统等酌动公项，置买地亩，以为无力置地（的）穷兵，公葬之用"[①]。同年，宁夏驻防将军就按照要求将"宁夏驻防原有兵丁闲地九百六十亩""改为茔地"[②]。从此以后宁夏驻防八旗断了回京、"回旗"的"后路"。生，要在宁夏驻防履职生活；死，要在宁夏驻防的茔地埋葬。乾隆皇帝八十寿辰时，按要求进行统计，宁夏满城有 70 岁以上旗人兵丁 24 名，80 岁以上的 4 名。[③] 这正说明驻防旗人确实多终老宁夏，他们成为更加完全意义上的"宁夏人"。

三、朝廷发落至宁夏驻防满营的旗人

清代宁夏驻防旗人的另外一个来源就是朝廷发落至宁夏满营的旗人，包括文字狱盛行的乾隆年间，因文字狱而被发配至宁夏的旗人。主要有以下两种情况，一是旗人受处罚到宁夏"当差"；二是旗人受处罚到宁夏满营"为奴"。朝廷规定："八旗满洲蒙古奴仆，有犯罪，应军流者，依例发驻防为奴。"[④] 发配旗人有一个很重要的原则，就是地域交叉的原则。其中，东三省

---

① 《清实录·高宗纯皇帝实录（乾隆实录）》卷五〇六，中华书局 1985 年影印版，第 379 页。

② 《钦定八旗通志》卷七四，钦定四库全书本，第 9 页 a。

③ （清）阿桂、刘凤诰等纂修：《八旬万寿盛典》卷六四，钦定四库全书本，第 3 页 b。

④ （清）沈家本：《大清现行刑律案语》卷六，法律馆（原刑部律例馆）1909 年铅印本，第 8 页 b。另，（清）沈家本：《大清现行刑律案语》卷三九，法律馆（原刑部律例馆）1909 年铅印本，第 5 页 a，载"盛京旗下家奴，如为匪畏罪逃走，初次，枷号两个月；二次，改发各省驻防为奴"。（清）薛允升：《读例存疑点注》卷五三《督捕则例》上卷上，第 37 页 b，载："谨按：此条较京城及别处旗下家奴治罪为重，似不画一。旗下家奴，初次逃走，鞭一百；二次，枷号一个月；三次，发各省驻防为奴。此例，二次即发驻防为奴，同一家奴逃走，而独严于盛京一处，似嫌参差。"认为其他旗人家奴第三次逃走才"发驻防为奴"，对于盛京的家奴第二次逃走即"发驻防为奴"的做法"独严"。但是不管怎么样，可以见得清代确实存在"发驻防为奴"的律令。

的旗人发配到各驻防地，各地驻防旗人发配到东三省①；西北的新疆、甘肃（宁夏）等处的驻防旗人，发配云、贵二省"烟瘴"之地。②从史料来看宁夏驻防旗人发配东三省和新疆的较普遍。同时可见，宁夏也接受受到处罚的旗人。如乾隆年间协领明泰因"侵蚀兵丁钱粮，其罪本即应正法"，被"解送宁夏，永远枷号"。③另外，值得一提的是格图肯案。格图肯是乾隆年间京师人，因"强欲赎身"，受朝廷处罚，被发配宁夏给将军傅良"为奴"。乾隆四十年（1775）三月宁夏将军傅良调任西安将军时将格图肯带到西安。乾隆四十三年（1778）傅良又违规将"为奴"之格图肯带到北京。不幸的是格图肯进京后"携妻逃脱"④。朝廷本来就有明文规定："为奴之人，永禁伊主携带役使来京"。朝廷对于格图肯逃脱案非常震怒，并决定从此以后发配到各地驻防为奴的旗人，"其赏给将军、副都统之处，永行停止"，可以赏给有功之臣，也可以赏给其他官员，但是不能超过两人，甚至八旗兵丁可以"只给一名"。⑤从以上明泰和格图肯两个案例可以见得宁夏确实是接受发落旗人的地方。当然，根据所见文献资料和口碑史料来看，这类来宁旗人与前两类相比数量非常少。

总之，清代在宁夏设置驻防之前已经有少量旗人在宁夏活动。宁夏驻防设立后主要由满洲八旗和蒙古八旗驻守宁夏，并兴筑满城而居。这些驻防旗人有的是由京城派来，有的是由西安、太原驻防派来，所以宁夏驻防八旗的

---

① （清）薛允升著，胡星桥、邓又天主编，王庆西等编写：《读例存疑点注》，中国人民公安大学出版社 1994 年版，第 105 页。

② （清）薛允升著，胡星桥、邓又天主编，王庆西等编写：《读例存疑点注》，中国人民公安大学出版社 1994 年版，第 107 页。

③ 《清实录·高宗纯皇帝实录（乾隆实录）》卷四八五，中华书局 1985 年影印版，第 75—76 页。

④ 《清实录·高宗纯皇帝实录（乾隆实录）》卷一〇五七，中华书局 1985 年影印版，第 132 页。

⑤ （清）沈家本：《大清现行刑律案语》卷三，法律馆（原刑部律例馆）1909 年铅印本，第 80 页 b。另见《为发往宁夏给将军为奴之格图肯前任将军傅良由西安携带来京以致脱逃察议官员交部嗣后着赏将军等处永行禁止事》（乾隆四十三年五月二十六日），《军机处全宗满文档簿》，档案号：03-18-009-000043-0001-0149，中国第一历史档案馆藏。

构成成分比较复杂。

第三节　宁夏驻防八旗的解散

一、宁夏驻防八旗解散的原因

（一）生计所迫，冲破"牢笼"，积极求生。马协弟先生说，"如果说八旗制度是束缚八旗人丁的绳索，那么满城除其军事意义而外，既是驻防旗人生活的天地，又是困锁驻防旗人的牢笼"[①]。乾隆中期以后，在康乾盛世的背景下，主要受人口增长过快的影响，额定的兵饷养活大量增长的旗人，旗人的经济生活受到了明显的影响。在鸦片战争以后，主要受不平等条约及割地赔款的影响，本来就捉襟见肘的粮饷还要减折发放，欠发现象亦很普遍。在同治年间，宁夏回民起义的过程中，因为国库空虚和战争消耗，曾经出现"满城旗户，饷需不继，每月饿毙者，至二百余名之多"的惨象[②]。在这种内忧外患的状况下，驻防旗人的生活每况愈下，甚至生存都成了最大的问题。迫于生计他们只能铤而走险冲破"牢笼"。宁夏满营力图通过编练新操以及对旗人实施"放垦屯田"等变革，挽回奄奄一息的清王朝，但事实证明这些变革都无法从根本上解决驻防八旗"生计问题"，更无法阻止历史前进的步伐。

道光年间，就进一步放松了驻防旗人移居满城外的限制。时至光绪初年，人们对各地驻防的评价是"徒有驻防之名，反为闾阎之累，于国家有损

[①]　马协弟：《清代满城考》，《满族研究》1990 年第 1 期。

[②]　《清实录·穆宗毅皇帝实录（同治实录）》卷八六，中华书局 1987 年影印版，第 808—809 页。

无益"①，但是腐朽的八旗制度仍然依靠它建立起来的清朝延续着。驻防八旗"仍以营制束缚，不得从事耕商，即虽欲自谋生路，势颇不易"②。在生存威胁和腐朽的八旗制度束缚之间，驻防旗人自然会选择生存。实际上清末许多驻防旗人迫于生计已经有在"汉城"从事小商贩的现象。他们的"生意"最初主要是典当家产换取生活资料。

客观上来看，鸦片战争以来清政府财力日衰，减拨军饷和驻防旗营官员克扣粮饷的事情时有发生，驻防旗营中的腐败滋生日盛，底层驻防旗人受到的剥削愈加严重，八旗制度的弊端和清朝统治的腐朽暴露无遗。满城内的阶级矛盾在这种背景下逐步升级，被剥削的普通旗民百姓与手握权力的驻防八旗官员的阶层分化日渐清晰，加之受辛亥革命的影响驻防旗人离开满城有了强大的心理支撑。满城再也不是驻防旗人的安身立命之所。满城内底层旗民的内心里再也没有清中期以前那种效命疆场、拥护王朝的精神了，相反却被迫逐渐萌生了革命思想。最典型的表现就是部分驻防旗人加入了"哥老会"组织。至辛亥革命前夕，宁夏满城内已经发展起了170余名哥老会成员。③有的驻防旗人（如普子久④）甚至已经成长为"山主"。主观上讲，对于驻防旗人来说，清朝灭亡后，生计所仰赖的旗兵粮饷亦不复存在，驻防旗人走出满城也是求生的需要。以上两方面的原因只是驻防旗人离开满城的内在动因。这种动因下出满城的人数是有限的，进程是缓慢的，但是这种"有限"和"缓慢"在马福祥、马鸿逵父子统治宁夏时期被人为加速。

（二）"化旗为民"不再受八旗制度的约束，自然迁出。1916年对于宁夏驻防八旗来说是一个划时代的年份。虽然说没有强令旗人从满城中迁出，但是城内旗民百姓再也不受满城的限制。可以自由进出，也可以迁出满城外

---

① 《驻防旗兵亟宜变通说》，《申报》1880年12月1日，第2727号。

② 《要折·变通旗制处会奏遵议归化城副都统奏变通旗制应多立手工学校等折》，《申报》1910年3月1日，第13310号。

③ 黄光赟、陈金铭：《宁夏民军起义》，《辛亥革命回忆录》第五集，文史资料出版社1963年版，第502页。

④ 和龑：《宁夏哥老会与辛亥革命》，《中央民族学院学报》1981年第3期。

居住、生活。除了部分官宦人家，因为家底殷实、宅院宽阔，不愿意迁出满城外，其他普通旗人百姓为了开拓新生活迁出满城的更多。不过仍然会以曾经生活 200 余年的满城为中心，毕竟他们的先人许多都埋葬在了满城附近的茔地。

（三）满城被拆除，被迫迁出。1935 年马鸿逵出于种种目的，强令拆除满城，在满城旧址上修建飞机场。城内居住的旗人全部迁出满城，分散于今银川市及周边地区。

二、辛亥革命以后宁夏驻防八旗的解散

辛亥革命在宁夏虽然以失败告终，但清政府灭亡的事实已成。因满城将军赞成共和，满营并未立即解散，建制得以保留，但是粮饷已经断绝。驻防八旗的青壮年劳动力大多都到"旧城"（新满城俗称"新城"，宁夏府城俗称"府城""旧城"，也称"汉城"）去求生了。就连常连将军的儿子也在"旧城"安了家。留在满城内的除了部分八旗官员外，大多为年老、年幼和因吸食烟毒而意气消沉的"废人"，人数约为原满城驻防八旗总人数的"十分之三"。[1]1916 年主政宁夏的马福祥实行"化旗为民"。"旗人"的概念在宁夏的历史上不再延续，满营被迫解散，大多驻防旗人为了生计搬离满城另谋生路。据《宁夏回族自治区银川市满族人民的历史概况》调查，"迁居新城南关者三四十户，迁居内蒙古自治区和河东自治区者各十余户，散居于银川专区各地者二百余户，约人口共 1500 余人"[2]。据文献记载，1927 年邓小平从苏联回国经过宁夏时，在宁夏停留期间特意走访了新城和满春乡的满族

---

[1] 毓运：《记祖父端郡王载漪庚子被罪后的二十余年》，载中国人民政治协商会议全国委员会文史资料委员会：《文史资料选辑》第二十辑（总第一百二十辑），中国文史出版社 1990 年版，第 157 页。

[2] 中国科学院民族研究所、辽宁少数民族社会历史调查组：《满族社会历史调查报告（下册）》第七辑，1963 年，第 40 页。

群众①。可见，当时部分旗人也有留居在旧满城的情况。事实上，满城作为宁夏驻防八旗世代生息的地方已经成了驻防八旗难离的"故土"。尽管"化旗为民"后驻防旗人大批量迁出满城，但他们仍然以满城为中心散居。据文献记载，20世纪30年代"新城多满州人"②，"残留之少数满人，仍以新城为中心"，满城"内人口约三百户，满人占三分之二"③。宁夏驻防八旗聚落形态也经历了从以满城为中心居住到散布到宁夏各地乃至内蒙古等地的变迁过程。在宁夏形成了"汉、回、满、蒙四种，交错杂居"④的居住模式。

此外，受当时"排满"情绪的影响，还有外地满族人民背井离乡、投亲靠友来到宁夏的现象。比较典型的案例是1922年端王载漪移居银川。载漪的家人及长孙毓兰峰、重孙罗恒玉虽然都不是宁夏的驻防旗人，后来也都移居宁夏。清末驻防旗人和民人"在语言文字、风俗习惯、宗教信仰诸多方面的差异实在太少了，所以驻防旗人报民人、满人报汉人都很容易"⑤。为避免带来不必要的麻烦，"化旗为民"以后隐藏"旗人"身份，甚至隐姓埋名的现象也很普遍。自从宁夏实行"化旗为民"后，满族人口逐渐下降。从满营解散时的4600余人⑥，到1926年剩2000余人⑦，到新中国成立前剩1500余人⑧。

总之，宁夏驻防旗人从满城中迁出，散居于满城周边各地，因受"排满"情绪的影响，许多驻防旗人隐姓埋名，甚至隐瞒、改变民族成分，这就导致

---

① 李云桥：《小平同志活在宁夏各族人民心中》，载于中国人民政治协商会议银川市委员会文史资料委员会编：《银川文史资料》第八辑，1997年，第11页。

② 梁敬錞：《宁夏辎轩录》，《东方杂志》1934年第31卷第10号，第72页。

③ （民国）叶祖灏：《宁夏纪要》，正论出版社1947年版，第30页。

④ （民国）叶祖灏：《宁夏纪要》，正论出版社1947年版，第33页。

⑤ 瀛云萍：《八旗源流》，大连出版社1991年版，第154页。

⑥ 中国科学院民族研究所、辽宁少数民族社会历史调查组：《满族社会历史调查报告（下册）》第七辑，1963年，第40页，载"官兵共为2200余人。还有妇女老弱2400余人"。

⑦ 钮世贤：《宁夏满族的由来风俗及名人》，《宁夏史志》2002年第6期。

⑧ 中国科学院民族研究所、辽宁少数民族社会历史调查组：《满族社会历史调查报告（下册）》第七辑，1963年，第40页。

大量的驻防旗人变为"汉人"。这种现象显然是一个人为因素促成的民族"融合"，也是"我中有你，你中有我"[①]民族关系的另外一种体现形式。在此之前，驻防八旗内部民族交融的同时还有一个自然而然的民族交融过程，那就是驻防旗人聚居在满城内时，因为生活的需要和社会发展变化，驻防旗人与满城外土著民族的交流交融愈加强烈。驻防旗人的语言、文字、姓名、婚俗等与当地汉人日渐相同。这种趋同过程为辛亥革命后驻防旗人隐瞒和改变民族成分提供了保护和前提条件。

---

① 陈育宁：《中国民族史学理论新探索》，中国社会科学出版社 2015 年版，第 288 页。

第二章　宁夏驻防八旗居住空间的变迁

第一节　宁夏驻防八旗居住空间变迁概况

一、宁夏驻防八旗居住空间变迁脉络

宁夏驻防八旗的居住空间大体上经历了无满城到有满城再到无满城的历史过程。具体而言，一是寄居"汉城"阶段。康熙十五年（1676），朝廷在宁夏初设驻防，但并未修筑满城。驻防八旗官兵是在"汉城"中圈取一块较为固定的区域寄居，同时还在该区域内修筑少部分房屋以满足需要。二是满城驻防阶段。雍正初年，朝廷根据西北局势决定在宁夏兴建满城，派八旗兵正式驻防宁夏。从此，宁夏驻防进入相对稳定时期，但是仍然进行定期换防。乾隆初年开始，随着驻防八旗"生计问题"的逐步凸显，朝廷开始将换防变为"常驻"，到乾隆二十一年（1756）彻底完成了这一过程。三是"化旗为民"后的散居阶段。辛亥革命后，北洋政府实行了"化旗为民"政策，将宁夏驻防满营解散，许多驻防旗人迁出满城，形成以满城为中心的散居状况。

二、满城兴建前宁夏驻防八旗居住空间形态

清初，八旗兵断断续续在宁夏临时驻防，根据军事需要随派随撤，流动性极强，一般寄居于"汉城"——宁夏卫治所（雍正二年改为宁夏府）。史料记载，王辅臣叛乱后，康熙十五年（1676），朝廷派 3472 名八旗兵戍守宁夏，[①] 在"汉城"圈取民房居住。康熙二十九年（1690）六月，"西安将军尼雅翰，副都统巴赛、柏天郁，率满洲兵二千、汉军兵一千，屯宁夏"[②]。八月，"已大败厄鲁特，此所备兵，着撤回西安"[③]。康熙三十四年（1695）七月，因"宁夏地方紧要，宜设官兵驻防，可遣官往彼监造营房"[④]，遂在"汉城"内新建了部分营房。八月，提拔右卫左翼护军统领觉罗舒恕为首任宁夏驻防将军，并任命了副都统等官员，仍在"汉城"暂住。康熙三十五年（1696），"宁夏有满洲兵一千"[⑤]。康熙三十六年（1697）正月，"驻扎宁夏副都统阿兰台兵七百"[⑥]。同年，皇帝亲征噶尔丹驻跸宁夏时，鉴于噶尔丹"困迫已极，灭在旦夕"的形势，上谕"应将宁夏兰州设防之兵停止"。驻防兵丁"各迁回故居"，并将宁夏驻防兵丁所占用 5906 间民房"还于民"，新建的 1218 间官房"交地方官"。[⑦] 至此，清朝派八旗兵驻守宁夏告一段落。

三、宁夏满城兴筑原因

（一）"满营"与"满城"的概念。"满营"与"满城"略有不同，一是

---

① （清）鄂尔泰等撰，李洵、赵德贵点校：《八旗通志初集》卷二三《兵制三》，东北师范大学出版社 1985 年版，第 534 页。

② 《清实录·圣祖仁皇帝实录（康熙实录）》卷一四六，中华书局 1985 年影印版，第 615 页。

③ 《清实录·圣祖仁皇帝实录（康熙实录）》卷一四八，中华书局 1985 年影印版，第 633 页。

④ 《清实录·世宗宪皇帝实录（雍正实录）》卷一六七，中华书局 1985 年影印版，第 816 页。

⑤ 《清实录·圣祖仁皇帝实录（康熙实录）》卷一七〇，中华书局 1985 年影印版，第 843 页。

⑥ 《清实录·圣祖仁皇帝实录（康熙实录）》卷一七九，中华书局 1985 年影印版，第 919 页。

⑦ 《古今图书集成·经济汇编·戎政典》卷二二五《兵略部汇考一二三》，中华书局 1934 年影印版，第 759 册，第 9 页上栏。

"营"与"城"本身概念就有区别。"满营"是"营",可以是临时性的八旗兵营,也可以是相对固定的八旗兵营,其地点或在"汉城"内"圈占"一个相对独立的区域。如太原、德州、西安、开封、江宁、杭州、荆州、广州、成都满营均在"汉城"内;抑或在"汉城"外单独圈定的营地,如福州满营即在福州府城东门附近"只划范围,未筑城也"①。"满城"是"城",必然为一座固定的城池,其地点一般都在"汉城"外。马协弟先生在《清代满城考》一文中,考察了20处满营,其中12处满城在"汉城"外单独筑城②。二是许多文献中存在将"满营"与"满城"混用的现象。笔者认为,使用的场合不同运用"满城"或"满营"应有所区别。在强调"城池"的实体等"自然"性特征的时候,多用"满城"。比如,与兴建、迁建、竣工、修葺、攻打等相关时,应用"满城";在强调满营里的军事力量、装备、人员、饷项等"人文"性特征时,应用"满营"。例如,可以这样说,"满营消失了,但是满城却还在"。滕绍箴先生在《论清代宁夏八旗驻防》一文中,讲道:"民国初年,宁夏满营消失了"③,指的就是这个意思,并非满城这个"城池"不复存在。

(二)巩固统治政权。清政府兴建满城的目的从宏观的角度来讲是为巩固政权。一是,在驻防地兴筑满城可有效防止驻防地旗民冲突,主要发挥戒备汉族的作用。清初,"满汉不能相洽"④,派驻八旗兵到地方容易产生新的旗民矛盾。兴筑满城可以有效防止这种矛盾。二是,通过兴筑满城可以发挥一座"城"的最原始的"战斗堡垒"功能。三是,为巩固战果、推进战线完成"大一统",进而兴筑满城并派八旗兵长期驻防戍卫。四是,保护"末梢"统治权力。八旗兵是清朝仰赖建国的"王师",是"亲军",对统治者来说是最放心的一支军事力量,派他们去各地驻防无疑是对统治

---

① 马协弟:《清代满城考》,《满族研究》1990年第1期。
② 马协弟:《清代满城考》,《满族研究》1990年第1期。
③ 滕绍箴:《论清代宁夏八旗驻防》,《宁夏社会科学》1997年第1期。
④ 《驻防旗兵亟宜变通说》,《申报》1880年12月1日,第2727号。

权力的延伸。兴筑满城即可以达到保护这支延伸力量的作用。

（三）保持血统。从微观的角度来讲主要有以下几个方面原因：一是，朝廷企图通过筑城隔离驻防八旗与土著民族的接触、交流，防止驻防八旗"沾染汉习"以达到保持旗人血统纯净性的目的。二是，将驻防旗人限制在城内企图保持"国语骑射"之"根本"，使其操"国语"勤"骑射"，进而保存和增强这种"民族精神"，保持战斗力，以对地方势力起到足够的弹压作用。最终驻防八旗分散于全国各地，形成了星罗棋布的驻防格局，但也不难发现，实际上驻防八旗仍然处在一个相对封闭的环境中，亦可谓"大杂居、小聚居"。

第二节　宁夏满城的变迁

一、"旧"满城有关问题考辨

（一）兴建满城。雍正二年（1724）三月，年羹尧奏称"宁夏地阔田肥，原设总兵官驻扎。遇哈密有事，将满洲兵由内派往，路途遥远，甚属无益。宁夏贺兰山之外，离哈密不甚遥远。宜于宁夏令满洲兵驻防"[1]。朝廷同意后，遂在府城东北（今银川市兴庆区丽景街街道办事处满春社区）兴筑满城，并派驻八旗兵。雍正三年（1725），清廷派 3400 余八旗官兵带家眷驻防宁夏。此次旗兵携家眷驻防宁夏相对固定，但仍然属于换防部队，只不过"历届都未能如期调防"[2]，以至于雍正九年（1731）二月宁夏满洲兵只有 600 名。

---

[1] 《清实录·世宗宪皇帝实录（雍正实录）》卷一七，中华书局 1985 年影印版，第 293 页。

[2] 陈育宁主编：《宁夏通史·古代卷》，宁夏人民出版社 1993 年版，第 321 页。

关于满城形制《钦定八旗通志》作了详细记载，宁夏满城离"汉城""东北三里，周围六里三分，大城楼二十间、瓮城楼十二间、角楼十二间、铺楼八间。（雍正）五年（1727），设将军衙署一所，一百二十四间；副都统衙署二所，各六十四间；协领衙署六所，各四十间；佐领衙署二十四所，各三十间；防御衙署二十六所，各二十三间；骁骑校衙署二十四所，各十二间；笔帖式衙署三所，各十八间；理事厅衙署一所，六十五间；会府一所，十间；恩骑尉衙署二所；大街牌楼四座；马甲房四千四百八十间；步甲房六百间；大街廊房五百八十八间；官厅门军房五十间；演武厅二所，一所在城内，一所在城外，各五间"①。

（二）兴竣时间及八旗兵入驻时间厘正。关于宁夏满城的兴建和竣工时间及其距离"汉城"的方位距离，在清代文献中有多种记载，导致了学界对历史上宁夏满城的兴竣时间、距离"汉城"的方位等形成不同的说法。下文将有关文献进行归纳梳理，力求详明原委，贴近史实。

清代文献明确记载宁夏满城兴筑于雍正元年（1723）。《（乾隆）甘肃通志》卷七②、《（乾隆）宁夏府志》卷五③、《嘉庆重修一统志》卷二六四④ 均记载宁夏满城兴建于雍正元年（1723），甚至乾隆四年（1739）的奏折中也称"宁夏满城为雍正元年（1723）兴筑"⑤。据此，1926年《（民国）朔方道志》

---

① 《钦定八旗通志》卷一一七，钦定四库全书本，第 22 页 a、b。

② 胡玉冰等辑校：《陕甘地方志中宁夏史料辑校（上）》，上海古籍出版社 2015 年版，第 356 页，载："在宁夏府城东北二里，周六里三分，高三丈六尺，池深二丈，阔六丈，门四：东曰奉训，西曰严武，南曰秦安，北曰定边。雍正元年筑建。"

③ 载："满城旧在府城东北，雍正元年筑。"

④ 《钦定大清一统志》卷二○四，第 4 页 b，载："旧满在城东北二里，周六里有奇，雍正元年创筑。"

⑤ 《兵部右侍郎班第等录副奏折》乾隆四年正月十一日，邢永福主编，中国第一历史档案馆编：《明清档案与历史研究论文选（1994.10—2004.10）》（下册），新华出版社 2005 年版，第 1273 页。

卷四①、1936 年《甘宁青史略》副编卷三②、1947 年《宁夏纪要》均沿用雍正元年兴建的说法。③ 如果仅限于参考以上文献的话，自然会得出宁夏满城兴建于雍正元年的结论。事实上，关于宁夏满城兴建的时间还另有他说。比如：学界马协弟先生《清代满城考》一文④、吴忠礼先生《银川历史上的新城与旧城》⑤ 一文均认为在雍正二年（1724）兴建满营。当然两位先生的观点也是根据有关史料得出的。

清代文献也有宁夏满城兴筑于雍正二年（1724）的记载。《清实录》载：雍正二年（1724）三月，年羹尧给皇帝的奏折中建议说，宁夏离哈密不很遥远，如果哈密有事，内地派兵路途遥远不利于战，所以"宜于宁夏，令满洲兵驻防"⑥。此时没有驻防满洲兵，自然尚无满城，前文所述清代文献中雍正元年（1723）兴筑的记载自然不足为信。雍正二年（1724）七月九日年羹尧《奏请补运使府厅折》中说，李继泰"现在宁夏建造营房，将次告竣"⑦，九月"城角楼台、衙署、兵房、廊房、官厅并演武厅"完工，"城墙包砖"次年五月完工⑧，截至五月初十日全部完工⑨。奏折的可信度应当大于《清实录》，通过以上奏折可以确定宁夏满城开工于雍正二年（1724）三月后，完

---

① 载："清雍正元年（1723），旗兵驻防宁夏，于宁夏郡城外东北五里筑城曰满城。"
② 慕寿祺《史料五编·甘宁青史略（十）·副编》卷三，广文书局 1972 年版，第 7 页，载："宁夏省城西北二里旧满城在焉，清雍正元年（1723）筑，乾隆三年（1738）震废，五年移建府城西十五里平湖桥东南。"
③ （民国）叶祖灏：《宁夏纪要》，正论出版社 1947 年版，第 30 页，载："清雍正元年（1723），旗兵驻防宁夏，于郡城外东北五里，筑城以资屯守，名曰满城。"
④ 马协弟：《清代满城考》，《满族研究》1990 年第 1 期，载："宁夏满城雍正二年（1724）建。初建距原府城东北三里，城围六里三分，城内将军衙署以下房屋近六千间。"
⑤ 吴忠礼：《银川历史上的新城与旧城》，《共产党人》2007 第 14 期，载：雍正二年（1724）"十一月，在宁夏府城东北近郊选址建筑一座满州八旗部队的常驻固定军营，俗称'满营'或'满城'。地址在今银川市兴庆区红花乡满春村"。
⑥ 《清实录·世宗宪皇帝实录（雍正实录）》卷一七，中华书局 1985 年影印版，第 293 页。
⑦ 季永海等译编：《年羹尧满汉奏折译编》，天津古籍出版社 1995 年版，第 298 页。
⑧ 赵生瑞主编：《中国清代营房史料选辑》，军事科学出版社 2006 年版，第 563 页。
⑨ 赵生瑞主编：《中国清代营房史料选辑》，军事科学出版社 2006 年版，第 564 页《川陕总督岳钟琪请旨应否将承造宁夏满城营房各官发回赔修折》。

工于雍正三年（1725）五月，历时一年左右。也就是说前文中乾嘉时期记载宁夏满城的兴筑时间为雍正元年（1723）的方志、奏折等文献史料亦不足为信，雍正当朝的奏折更有说服力。

清代文献中关于宁夏满城兴竣时间为什么会有不同记载？据笔者比对有关文献史料，也许是因为部分学者把派驻八旗兵的时间与兴筑满城的时间混为一谈了。

《清史稿》载"甘肃驻防将军一人，雍正三年（1725）置，驻宁夏"①。这就容易导致人们错误地认为雍正三年（1725）设宁夏驻防。事实上，雍正二年（1724）十月年羹尧《奏请在宁夏驻满洲兵折》中说得很清楚："宁夏所造衙门，今虽可成，始夯城墙时，不可不牢上加牢。因此明年四月方可完工。为此，请将派驻宁夏之满洲、蒙古官兵、马甲二千二百、步甲六百，明年二月，编为二队，派驻宁夏。"②可见修筑满城和派兵驻防时间是不同的。同时，可以确定的是雍正二年（1724）满城已经在建。

关于兴建宁夏满城后八旗兵的入驻时间，清代文献中出现了不同记载，导致了对宁夏驻防八旗派驻宁夏时的出发时间和到达时间不能有一个准确的定论。上文雍正二年（1724）十月年羹尧《奏请在宁夏驻满洲兵折》中奏请，"明年二月，编为二队，派驻宁夏"。而《清实录》中记载，雍正二年（1724）十一月皇帝谕旨要求驻防官兵于"明年四月内，八旗分为八起，两日一起，起程"，"由杀虎口，过鄂尔多斯，进横城口前往。"③可见，年羹尧奏请在雍正三年（1725）二月出发，而雍正帝的谕旨中则要求雍正三年（1725）"四月内"出发。对"四月内"的理解有两种，一是四月这一个月内，二是四月份之前，但是如果将奏折和谕旨结合起来，即可以初步判断其出发时间应当

① （民国）赵尔巽等撰：《清史稿》，清史馆铅印本1928年版，《职官志四》，第15页a，该记载疑有误。《清实录·世宗宪皇帝实录（雍正实录）》卷二六，第400页，载：雍正二年（1724）十月"以正黄旗蒙古都统，署陕西西安将军苏丹，为陕西宁夏将军"。

② 季永海等译编：《年羹尧满汉奏折译编》，天津古籍出版社1995年版，第144页。

③ 《清实录·世宗宪皇帝实录（雍正实录）》卷二六，中华书局1985年影印版，第402页。

是雍正三年（1725）四月之前，即二月。这个判断结果与《钦定八旗通志》中的有关记载一致。《钦定八旗通志》记载，雍正"三年（1725）二月，特命锡伯为宁夏将军，领八旗兵由杀虎口，经鄂尔多斯部进横城口，六月抵宁夏任"[1]。尽管文献记载不一致，但是通过比较，可以判定宁夏驻防八旗派驻时，从京城出发的时间就是雍正三年（1725）二月。

关于宁夏驻防八旗到达宁夏满城的时间，文献中也无明确记载。上述《清实录》所载雍正二年（1724）十一月皇帝谕旨中说，宁夏驻防八旗派往路途中的"所用口粮，应用四十日。自京支给二十日，至大同时，再给二十日"[2]。可见谕旨要求预备40天的口粮，意味着派驻的路途用时是40天。二月出发，路途用时40天，至迟在四月应当到达，但实际上四月并未到达。《钦定八旗通志》记载，宁夏将军锡伯雍正三年（1725）"六月抵宁夏任。七月奏，八旗官兵陆续到齐。沿途水草丰盛，兵眷安妥"[3]。此外，通过雍正三年（1725）岳钟琪的《应否将承造宁夏满城营房各官发回赔修折》也可以印证七月"陆续到齐"的记载。奏折称，宁夏满营"经七月二十一二等日大雨淋漓，有上渗下漏，不堪居住者，以致兵丁另下帐房"[4]。综合以上文献记载，可以判定宁夏驻防八旗从京城出发，历时几个月才陆续到达宁夏满城，入驻完毕。

（三）与"汉城"的方位及距离。关于宁夏满城与府城的相对方位及距离史料记载不尽相同。《（乾隆）甘肃通志》《嘉庆重修一统志》载，在"汉城"东北二里[5]；《八旗通志初集》载，在"汉城"东北三里[6]，马协弟先生《清代满城考》秉承"东北三里"之说；《（民国）朔方道志》载，在"汉城"

---

① 《钦定八旗通志》卷一七七，钦定四库全书本，第2页a—b。
② 《清实录·世宗宪皇帝实录（雍正实录）》卷二六，中华书局1985年影印版，第402页。
③ 《钦定八旗通志》卷一七七，钦定四库全书本，第2页a—b。
④ 赵生瑞主编：《中国清代营房史料选辑》，军事科学出版社2006年版，第564页。
⑤ 见《（乾隆）甘肃通志》卷七和《嘉庆重修一统志》卷二六四《宁夏府·城池》。
⑥ （清）鄂尔泰等撰，李洵、赵德贵点校：《八旗通志初集》卷二四《营建志二》，东北师范大学出版社1985年版，第457页。

东北五里[①]；《甘宁青史略》载，在"汉城"西北二里[②]。此外，甚至还有"东北5公里处"[③]的说法。首先，相对方位应当是满城在府城的东北方向。原满春乡满春村(今兴庆区丽景街街道办事处满城社区)在银川府城东北方向。其次，今银川市兴庆区满春家园、满春康居、满春新村等小区均在满春村兴建而起，这一区域距今银川市南门城楼的距离都在3公里左右，史料记载宁夏府城"南北径三里一分"[④]，所以史料中满城距府城的距离3里最接近史实。也就是《钦定八旗通志》中满城在府城的"东北三里"是最为准确的记载。

二、新满城有关问题考辨

(一)新满城概况格局。乾隆三年(1738)十一月二十四日夜平罗大地震，宁夏满城被震毁，遂在今银川火车站广场以东区域再筑满城。该满城相对于原满城史称"新满城""新城"，宁夏驻防旗人也被称为"新城人"，他们所操的"方言"亦被称为"新城话"。新满城规模宏大，"东西三里七分半，南北亦如之，共延长七里五分。高二丈四尺，址厚二丈五尺，顶厚一丈五尺，垛墙五尺三寸，俱甃以砖"[⑤]。"重建衙门兵房俱如旧数"。乾隆六年(1741)，宁夏满城进行了扩张，"移教场于东门外，盖房十四间。筑围墙，南北七十丈，东西一百丈。建学舍二十五所，各三五间不等"。同时，将裁撤的衙署作为炮房、火器营，甚至还出赁取租。[⑥]所有"应修应建城工大小

---

① 载："清雍正元年(1723)，旗兵驻防宁夏，于宁夏郡城外东北五里筑城曰满城。"
② 慕寿祺：《史料五编·甘宁青史略(十)·副编》卷三，广文书局1972年版，第141页，载："宁夏省城西北二里旧满城在焉，清雍正元年(1723)筑，乾隆三年(1738)震废，乾隆五年(1740)移建府城西十五里平湖桥东南。"
③ 白研：《宁夏满族的变迁》，《宁夏文史》第一辑，1985年。
④ (清)杨浣雨纂：《(乾隆)宁夏府志》卷五，清嘉庆刊本，第2页a。
⑤ (清)杨浣雨纂：《(乾隆)宁夏府志》卷五，清嘉庆刊本，第3页a。
⑥ 《钦定八旗通志》卷一一七，钦定四库全书本，第23页a。

共二十四处，衙署兵房将及万间"①。《(乾隆)宁夏府志》记载其格局是"万寿宫在城东南街，将军署在城西大街，左翼副都统署在城东大街，右翼副都统署在城西大街，缺裁，今为公所。八旗官兵营房：镶黄、正白在城东北，正黄、正红在城西北，镶白、正蓝在城东南，镶红、镶蓝在城西南。协领、防御、骁骑校署各在本旗，笔帖式署在城东北，火药局在城北，军器库在各旗档子房"②。城内衙署兵房的布局、数量尽显满城的军事功能，同时满城作为"当地社会中一个相对独立的小社会"③，担负着许多社会功能。城内还建有关帝庙、文庙、城隍庙、马王庙、娘娘庙、学舍，并在四门均建有牌楼。

（二）兴竣时间及方位。新满城兴竣的具体时间史料记载不一。关于兴筑时间主要有乾隆四年（1739）和乾隆五年（1740）两种记载；关于告竣时间主要有乾隆五年（1740）六月和乾隆六年（1741）六月两种记载。如《钦定八旗通志》载"四年（1739），重建城垣"④，《嘉庆重修一统志》载"乾隆四年筑（1739）"⑤，《(乾隆)宁夏府志》《(民国)朔方道志》均载"乾隆五年（1740）五月兴工，乾隆六年（1741）六月告竣"⑥，《甘宁青史略》载"五年（1740）移建府城西十五里平湖桥东南……与府城同时工竣"⑦。官修史籍的不同记载导致了学界的不同说法。如：1985年发表的《宁夏满族的变迁》引用了"乾隆五年（1740）五月开始"的记载，竣工时间则记述为"历一年两月告竣"⑧。至20世纪90年代学者们记述为"乾隆五年（1740）五月兴工，

---

① 邢永福主编，中国第一历史档案馆编：《明清档案与历史研究论文选（1994.10—2004.10）》（下册），新华出版社2005年版，第1273页。

② （清）杨浣雨纂：《(乾隆)宁夏府志》卷五，清嘉庆刊本，第38页a。

③ 霍维洮：《宁夏民族与社会发展研究》，宁夏人民教育出版社2003年版，第234页。

④ 《钦定八旗通志》卷一一七，钦定四库全书本，第22页b。

⑤ 《嘉庆重修一统志》卷二六四《宁夏府·学校》，第4页a。

⑥ （清）杨浣雨纂：《(乾隆)宁夏府志》卷五，清嘉庆刊本，第3页b；(民国)王之臣纂：《朔方道志》卷四《建置制》，1926年铅印本，第4页a。

⑦ 慕寿祺：《史料五编·甘宁青史略（十）·副编》卷三，广文书局1972年版，第141页。

⑧ 白研：《宁夏满族的变迁》，《宁夏文史》第一辑，1985年。

历时 13 个月，至六年（1741）六月竣工"①。

关于新满城的兴筑时间，可以由当时的奏折来判定。乾隆三年（1738）大地震后，朝廷派兵部右侍郎班第来宁夏查看灾情。乾隆四年（1739）正月，班第给朝廷的奏折中讲，"宁夏满城旧址低洼，重建难期巩固"，并建议"移于'汉城'之西十里，平湖桥之东南。亟为改筑，其筑城所圈民地，按户给价"。朝廷同意，并要求"依议速行"。②朝廷要求迅速迁建，并明确了圈地补偿办法。这一奏折是乾隆四年（1739）正月，"依议速行"的话，在当年开工比较符合史实，也符合立即进行灾后重建的普遍规律。

关于新满城的竣工时间可以从《事宜壹本》中得到准确答案，其记载，"经将军阿鲁题奏：于乾隆五年（1740）闰六月初七日，所总理工程事务宁夏道阿炳安禀报，将新满城官员衙署、兵丁房间盖造完竣。经将军都（杜）赉奏闻，于本月二十日吉时作为八日，陆续挪往"③。据此可知，新满城兴建竣工时间当在乾隆五年(1740)闰六月初七日。前文所述《（乾隆）宁夏府志》《（民国）朔方道志》《甘宁青史略》关于新满城完竣时间的记载应为失当记载。

关于新满城距离府城的距离、方位，通过新满城的遗迹距离宁夏府城遗址的距离和方位，可以来判定。根据文献记载，乾隆宁夏新满城具体位置在今银川市金凤区新平巷、西门巷一线以东，满城北街以西，北京中路以北，周城巷一线以南区域。④ 这一区域在银川府城西北方向。其次，这一区域距今银川市南门城楼的距离在 9 公里左右，史料记载宁夏府城"东西径四里五分"⑤，所以史料中满城距府城的距离 15 里比较接近史实。可见，新满城距离府城应当是西北方向 15 里处。

（三）关于"档子房"。"档子房"从字面意思来看应当是与存储档案有

---

① 陈明猷：《贺兰集》，宁夏人民出版社 1994 年版，第 114 页。

② 《清实录·高宗纯皇帝实录（乾隆实录）》卷八五，中华书局 1985 年影印版，第 338 页。

③ （清）佚名：《事宜壹本》，光绪十五年（1889）手抄本，第 1 页。

④ 宁夏百科全书编纂委员会编：《宁夏百科全书》，宁夏人民出版社 1998 年版，第 106 页。

⑤ （清）杨浣雨纂：《（乾隆）宁夏府志》卷五，清嘉庆刊本，第 2 页 a。

关的房舍。关于"档子"的含义，《康熙柳边纪略》记载："边外文字，多书于木。往来传递者曰'牌子'，以削木片若牌故也。存贮年久者曰'档案'、曰'档子'，以积累多，贯皮条挂壁，若档，故也。然今文字之书于纸者，亦呼为'牌子'、'档子'。"①金启孮先生在《北京郊区的满族》一文中对其进行了直接引用，认为档子房就是"保存档子的地方……里面累积着许多满文和汉文的本营档案"②。通过一些史料记载也可以窥见"档子房"的功能。如《钦定大清会典》载："档子房（无定员，由堂官专派满洲、蒙古助教及笔帖式数员管理），掌清字奏折文移。"③《世宗宪皇帝朱批谕旨》载："军需文卷纷繁，俱贮档子房。"④《清实录》载："该司有应查档案之处，移文付档子房，会同查阅。"⑤从以上史料可以清楚地看出档子房就是存储档案的房舍，而且今人《档案馆概论》中明确："档子房"是官方衙署营房中才可以设立的官房，"从中央朝廷到地方衙署都设立了典籍厅、满本房、汉本房、副本房和档房（档案房、档子房）等机构"⑥。另外，史料记载朝廷在查抄和珅家产时，把和珅"私设"档子房作为他的一条罪证。从这件事还可以看出"档子房"不得私设。⑦

　　尽管如此，笔者在查阅文献的过程中发现，"档子房"的功能不仅限于存储、管理档案，还有许多其他方面的功能。主要包括以下几方面的功能，一是，"档子房"有出纳室的功能，是发饷银的地方。如《内阁小志》载"满、汉档子房皆附票签处，唯满档子房在后屋，资深者为之。满档管发钞，汉档

---

① （清）杨宾：《柳边纪略》（辽海丛书本）卷三，第9页a。

② 金启孮：《北京郊区的满族》，《满族研究》1985年创刊号；另，金启孮先生在《绥远城驻防志序》中介绍说："清代各驻防城以及北京四周的各营房都有'档子房'，保存文件和本营的沿革历史。"

③ 《钦定大清会典》卷七六，钦定四库全书本，第14页b。

④ （清）《世宗宪皇帝朱批谕旨》卷一三五，钦定四库全书本，第22页b。

⑤ （清）杨浣雨纂：《（乾隆）宁夏府志》卷九二，清嘉庆刊本，第412页a。

⑥ 施宣岑、王景高主编：《档案馆概论》，档案出版社1995年版，第51页。

⑦ （清）周寿昌：《思益堂日札》，清光绪十四年（1908）王先谦等刻本，卷四，第10页b，载和珅"私设档子房一所七百三十间"。

主记录上谕奏折"①;清人奕赓《侍卫琐言》载侍卫饷银"由亲军档房关领"②。二是,档子房有管理兵器的功能。如前文《(乾隆)宁夏府志》记载,宁夏满营"军器库在各旗档子房"。李凝祥在《宁夏满族述往》一书中,曾将"档子"一词直接注解为:"满语,是兵营的意思"③。三是,档子房有管理印章的功能。如《侍卫琐言》载"领侍卫内大臣亦分三旗,每旗二员,其印则一也,印存侍卫档房"④。四是,档子房具有教育引导旗人的功能。金启孮先生认为"档子房除了办公以外,在公馀之暇,也是办事人或官兵聊天的地方"⑤。聊天的内容大多是旗人如何"战死""阵亡""殉难"等非常具有教育引导意义的事情,所以旗人"想求上进,也多是到档子房听老人的聊天"⑥。此外,还可以通过在"档子房"惩罚违反纪律的旗人来发挥教育引导作用。如对于那些违反旗营规定,但不严重的,"传入档房,杖责若干"⑦。因此,部分文献中干脆认为"档子房"就是"办公室",如《民国铁岭县志》载,"后院即昔为四旗档房办公之所"⑧;金启孮先生在《北京郊区的满族》中亦认为,"'档子房'也就是营房的办公室"⑨。由于"档子房"功能较多,以至于部分文献还笼统的称八旗官房为"档子房",如《民国义县志》载"八旗各有官房,俗称档子房"⑩,再如《文史资料》载"营内设军政最高官员嘎仑达(翼长)一人……他的军政合一的衙门叫档房"⑪。

① (清)叶凤毛:《内阁小志》,清道光十八年(1838)钱氏守山阁刻指海本,第6页b。

② (清)奕赓:《侍卫琐言》,燕京大学图书馆1935年铅印版(佳梦轩丛著本),第3页a。

③ 李凝祥:《宁夏满族述往》,宁夏人民出版社2002年版,第69页。此外,其第38页注解为"弓房",第43页注解为"营地"。

④ (清)奕赓:《侍卫琐言补》,燕京大学图书馆1935年铅印版(佳梦轩丛著本),第5页a。

⑤ 金启孮:《北京郊区的满族》,《满族研究》1985年创刊号。

⑥ 李凝祥:《宁夏满族述往》,宁夏人民出版社2002年版,第55页。

⑦ 赵书:《清代对八旗营房中旗人的束缚》,《满族研究》1987年第4期。

⑧ (民国)陈艺修修、郑沛纶纂:《铁岭县志》,1917年铅印本,《官厅志》,第29页a。

⑨ 金启孮:《北京郊区的满族》,《满族研究》1985年创刊号。

⑩ 赵兴德等修、薛俊升等纂:《义县志》,1930年铅印本,上卷一,第9页a。

⑪ 中国人民政治协商会议北京市委员会文史资料研究委员会:《文史资料选编》第三十一辑,北京出版社1986年版,第206页。

纵观以上文献资料可见，内务府的"档子房"，因存储档案数量庞大，存储、管理档案的功能显得更加"专业"。禁旅八旗和驻防八旗的"档子房"的功能则更加宽泛，或因存储档案数量少，抑或房屋数量限制，就像今天的基层单位将几个功能相近的行政机构合而为一一样。所以，"档房管理军工厂和全营官兵的人口档案、册籍、饷银粮米、治安保卫和执行法律等事务"更加符合史实。①

三、民国时宁夏满城的命运

如前文所述，满城是清政府为了延伸中央的统治权力，通过把军事力量分散到各个军事要塞，以达到稳定边疆、弹压地方，形成足够的军事威慑的目的。这就决定了满城的命运与军事缓急密切相关。宁夏满城整体的兴衰与清朝的国力兴衰密不可分，但更加紧密关联的因素是宁夏军事地位的变化。也就是说，宁夏满城的重要性与宁夏的军事形势甚至西北的军事形势密不可分。

据文献记载，辛亥革命时，民军攻占府城前，由协领提拔为满城副都统的常连上任还不到2年②，他率领800余名骑兵③全副武装在宁夏府城内游行示威，继续履行"弹压地方"的使命。但仍无济于事，革命形势已成破竹之势。府城内百姓积极响应革命，民军在很短的时间内便攻占了府城。民军深知如不攻下距离府城西十五里的满城，革命成果恐难保持。遂挑选一名与副都统常连有旧交的人，赴满城说降，但被拒绝了。于是民军集结1000余人围攻满城，但因民军组织涣散、武器落后，遭到驻防八旗兵的重

---

① 中国人民政治协商会议北京市委员会文史资料研究委员会：《文史资料选编》第三十一辑，北京出版社1986年版，第206页。

② （民国）《政治官报》1910年第879号。

③ 一说，2000余人。见中国人民政治协商会议全国委员会文史资料研究委员会编：《辛亥革命回忆录》第五集，中华书局1963年版，第484页；另见于高树榆：《昔日宁夏漫谈》，宁夏人民出版社1979年版，第2页。

创。接着民军重整 3000 余人再度进攻满城,仍未能下。遂即使用云梯,采取夜间进攻的战略措施,苦战十日,革命军损失惨重,满城终未攻下。①而后陕甘总督长庚派西军援济宁夏,民军闻讯溃散,辛亥革命在宁夏以此告终。

清朝覆灭后,宁夏满城在革命中没有被战争的炮火摧毁。与府城被民军攻占相比,在汹涌澎湃的革命浪潮中能够把作为旗人统治权力象征的满城保存下来,以下两个因素非常重要。一是民军与八旗兵军事素质有较大悬殊。不管清中期以来,八旗驻防如何消沉,但驻防八旗官兵毕竟有非常强的军事性。加之满城八旗兵的军事实力在屡次战争中能够得到间歇性巩固增强,至少在思想上会提高警惕。史料记载,早在雍正年间,"宁夏驻防官员兵丁之严肃整理为各省驻防第一"②。道光二十七年(1747),"宁夏满洲营,演习阵式声势威壮,抬炮十中八九,枪箭中靶逾额,弓力甚硬,马上矫捷",八旗兵训练有素,将军舒伦保因此还得到皇帝的"加恩赏戴花翎"并"交部从优议叙"。③ 至咸丰六年(1856),皇帝谕令西安宁夏驻防旗营:"令该兵丁等一律操演秋围,练习马上技艺。"④ 光绪年间宁夏满营组建"宁字练军"严加训练,"大有成效"⑤。辛亥革命时,满城内"有经过训练的新军两千余人,德造神机炮四门、旧式炮五十余门、快枪五千余支,弹药充实"⑥。辛亥革命的炮火过后,受清端王载漪之请(时已定居宁夏府城),常连带领载漪参观满城时,介绍说:"八旗兵大都精于骑术,即使在酷寒的严冬,旗兵们也须

---

① 中国人民政治协商会议全国委员会文史资料研究委员会编:《辛亥革命回忆录·第五集》,中华书局 1963 年版,第 484、501 页。

② (清)《世宗宪皇帝朱批谕旨》卷七六,钦定四库全书本,第 26 页 b—第 27 页 a。

③ 《清实录·宣宗成皇帝实录(道光实录)》卷四四二,中华书局 1986 年影印版,第 531 页。

④ 《清实录·文宗显皇帝实录(咸丰实录)》卷二〇七,中华书局 1986 年影印版,第 268 页。

⑤ (清)宁夏将军色普征额:《奏为"宁字练军"常操已逾五年大有成效在队员弁著有微劳恳恩准择尤酌保以示鼓励折》,《光绪三十年六月京报》,《申报》1904 年 8 月 17 日,第 11255 号。

⑥ 中国人民政治协商会议全国委员会文史资料研究委员会编:《辛亥革命回忆录》第五集,中华书局 1963 年版,第 501 页。

穿着单薄的军衣在教练场内练习骑马，直到人和马都练出满身大汗为止。"①
勤于训练的新军配以精良的火器和充足的弹药，形成了较强的守城力量。而
民军则不同，宁夏辛亥革命的力量主要是以"哥老会"成员为主，组织不够
严密，军事技能不强，武器装备多为"自备"武器，杀伤力有限。当民军听
说朝廷派"西军"来进攻宁夏民军后，连夜撤退停止攻打满营。军心随即渐
涣，革命力量土崩瓦解。二是"汉城"和满城相比，城内响应革命的力量不
同。革命声起，府城内不仅"贫民约四五百人相随而起"，还有巡警局官员、
镇台衙门教官率领一百几十人持枪加入，② 革命形势即刻成迅雷不及掩耳之
势，攻占府城势如破竹；满城则不同，满城内居住的是驻防旗人，他们有着
较强的"抱团"意识。即便底层的部分驻防旗人因受到各种压迫，被迫渐渐
地萌生了革命自觉，加入帮会，视机起事，但这些情况已经被满城将军察
觉，在革命浪潮袭来时，满城将军台布做了充分的准备，将满城内170余名
加入帮会的驻防旗人的枪支收回，并对他们进行严密监视③。这就导致民军
攻城时，无法形成里应外合的攻势。三是受西安满城被屠城的影响，当时各
地传闻民军要将驻防旗人斩尽杀绝，宁夏满城之中的士兵都有与革命军拼死
一战，"与满城共存亡的念头。"④ 而民军的革命意志与满城八旗将士这种"念
头"形成了鲜明对比。革命军攻下府城，计划进攻满城时，驻防旗人普子久
（时为"山主"）、奇明山等因参加了革命军攻打满城计划的秘密会议，向满
城将军透露了民军攻城计划，使满城有了足够的防备。即使这样，满营副都

① 毓运：《记祖父端郡王载漪庚子被罪后的二十余年》，载中国人民政治协商会议全国委
　　员会文史资料委员会：《文史资料选辑》第二十辑（总第一百二十辑），中国文史出版社
　　1990 年版，第 155 页。
② 中国人民政治协商会议全国委员会文史资料研究委员会编：《辛亥革命回忆录》第五集，
　　中华书局 1963 年版，第 498 页。
③ 中国人民政治协商会议全国委员会文史资料研究委员会编：《辛亥革命回忆录》第五集，
　　中华书局 1963 年版，第 502 页。
④ 毓运：《记祖父端郡王载漪庚子被罪后的二十余年》，载中国人民政治协商会议全国委
　　员会文史资料委员会：《文史资料选辑》第二十辑（总第一百二十辑），中国文史出版社
　　1990 年版，第 153 页。

统绰哈太仍然捕杀了普子久。① 可见，民军中驻防旗人的革命意志远远不如八旗将士反革命的意志坚定。

1912 年，马福祥被北洋政府任命为宁夏镇总兵，满营副都统常连因"赞成共和"有功，于 1912 年 7 月升任为将军②，马福祥到任后不久，即与常连结为兄弟。因辛亥革命时满城未被民军攻下，加之马福祥与宁夏满营将军常连结为"兄弟"，宁夏满营得以"拥护共和，赞襄革命"为名保存下来，并称继续为驻防八旗发饷。实质上为 4600 余旗丁继续发饷很难做到。史料记载，宁夏满营 1912 年 3 月起断饷 8 个月③，1913 年 1 月起断饷 10 个月④，共计 18 个月断饷。同时，对满营副都统、协领、各旗佐领、骁骑校、防御等空缺仍进行了补缺。⑤1913 年 9 月，常连因"满洲末族，梼昧性成"，手握兵符两年"未展一筹"被免职，马福祥被任命为宁夏护军使兼宁夏满营将军。⑥1916 年，马福祥"化旗为民"，将宁夏满营解散，满城改为宁朔县署所在地。从此"满营"不再，但是"满城"作为一座"城"却仍然存在。虽不再是驻防旗人聚居之所，但因宁朔县治所在，加之部分驻防旗人因种种原因"反流"回城，满城仍有二三百户居民，⑦"城"的生机依然存在。1933 年马鸿逵主政宁夏后，把宁朔县政府从满城迁出至王洪堡(今永宁县望洪镇，后又先后迁至青铜峡市瞿靖镇、小坝镇)，满城日渐萧条。1935 年秋，中央红军长征到达陕北，马鸿逵负隅顽抗，为了抵御红军，决定修建一座机场，以方便物资运输及加强与国民政府的联系。他决定将这座机场就建在满城的城址上。如前文所述，满城是四方形城池，四面是城墙，城外有护城河，城

---

① 中国人民政治协商会议全国委员会文史资料研究委员会编：《辛亥革命回忆录》第五集，中华书局 1963 年版，第 501—502 页。

② 《命令·二十九日临时大总统令》，《申报》1912 年 7 月 31 日，第 14167 号。

③ (民国)《政府公报》1912 年第 204 号。

④ (民国)《政府公报》1913 年第 555 号。

⑤ 见 (民国)《政府公报》1912 年第 186 号、187 号、235 号，1913 年第 382 号、第 555 号等。

⑥ (民国)《政府公报》1913 年第 641 号。

⑦ 宁夏回族自治区政协文史资料委员会编：《宁夏文史资料》第一辑，宁夏人民出版社 1988 年版，第 196 页。

内房屋建筑林立，非常不适合建机场。但是马鸿逵作为宁夏省主席一意孤行决意在此建机场，并且要求立即动工。轰轰烈烈的"拆城"工作就这样开始了，驻防旗人被要求一律从满城迁出，但是每间房屋给予的补偿只有六元。满城从此被毁，旗人就此分崩离析。宁夏驻防旗人聚居状态到此结束。

第三节　宁夏驻防八旗居住空间变迁与民族交流交融

一、宁夏驻防八旗打破了民族隔绝

驻防八旗同宁夏土著各族的交流与驻防八旗内部的满洲旗人、蒙古旗人的交流交融同时进行。如前文所述，清初政权不稳定的情况下，清政府为了镇压各地反清起义和进一步巩固统治政权，顺治初年起至康熙中叶，即有在宁夏陆续派八旗兵驻扎的情况。宁夏卫在当时更多的是充当了战争后方保障基地的作用，可以说是一个后方休整、给养部队的"兵站"。因战争的需要，这类驻兵的流动性非常强，在宁夏留居的时间很不确定，但是毕竟在宁夏城内"寓居"。众所周知，清初"反清复明"的口号，更多的是民族因素，或者说横贯中国历史的"正统观"在其中发挥作用。此时，宁夏驻防八旗在"汉城"划地而居的形式，实际上有利于打破民族隔绝局面，增加清初汉族对旗人的深入了解，促进民族间的交流，客观上对民族交融起到一定积极作用。需要说明的是，此时，因为战争的规模较大，派来驻防的主要是蒙古八旗和汉军八旗，满洲八旗很少。所以，笔者认为，这时的民族交流交融不仅仅是驻防旗人和民人之间的打破隔阂增进了解的开始，更是蒙古旗人通过出生入死的军旅生活与满洲旗人交融的过程。二者相比，前者仅仅是交流交融的开始，其实是在反清起义的浪潮中，伴随着许多冲突和矛盾缓慢进行。可以说是一种通过"矛盾"走向"和平"的交流交融。"矛盾"如前文所述王元反清、王辅臣叛乱等事件;"和平"驻防旗人在"汉城"内居住与土著民族发生的所有语言、物质、习俗的交流交融。而后者则是蒙古旗人同满洲旗人的交流交融,这一过程可以说是通过"和平"中掺杂"矛盾"的形式进行。因为同为驻防旗人,共同的生活、共同的命运、共同出生入死都是在潜移默化中相互影响,但是汉军旗人毕竟因为来源于"归附"的汉人,在军营中难免会受到歧视,发生矛盾。总的来看,前者仅仅算是一个非常漫长交流交融过程的开始,后者比前者交融得更快、更加深入。

二、宁夏驻防八旗内部和外部的交流交融

(一)满营及八旗制度对驻防旗人的束缚。马协弟先生曾经讲,"如果说八旗制度是束缚八旗人丁的绳索,那么满城除其军事意义而外,既是驻防旗人生活的天地,又是困锁驻防旗人的牢笼"[1]。清政府为了确保驻防满营的军事性,确保类似于职业军人的发展目标,对于满城内的驻防旗人有着非常严格的限制,就连出满城都有非常严格的审批程序,更不允许驻防旗人经商及从事其他营生。《驻防旗人出境律》规定:凡驻防旗人,平时不得离驻防城20里。若因考试、袭爵、承荫、赴选、省亲等事赴京,该管官取具本人及三代年貌册,咨明本旗,并另具印文,注明本人年貌,由本人带投。在京事毕,仍回本处者,本旗行知该省,另具咨文给本人带呈该管官核验。如无咨私自往来或领咨私往他处,或该管官留难不给咨文,均分别议处。[2]

可以说,宁夏满城将驻防八旗与土著民族在形式上进行了"物理隔离",满城成为一个独立的"小社会"。驻防八旗与土著民族的交流交融被一堵堵

---

① 马协弟:《清代满城考》,《满族研究》1990 年第 1 期。

② 李治亭主编:《新编满族大辞典》,辽宁大学出版社 2014 年版,第 738 页。

城墙隔离，相互的交流交融会受到很大限制，但是这种隔离不是绝对的。因为"城"虽然是固定不变的，但是城中的"人"却是一个个鲜活的个体，有交往的必要和需要。

（二）交流交往交融。早在道光年间，因为"生计问题"日益突出，"曩时例禁早经解除"，"许旗人出境营生"，出现了"逃旗之案因而日少"的现象。①"逃旗"的驻防旗人自然而然地与土著其他民族融为一体。随着清朝统治的衰落，加之"生计问题"的困扰，驻防八旗的军事功能也在逐渐削弱，到了清末更加严重。时至光绪六年（1880），《申报》《驻防旗兵亟宜变通说》一文中对各省驻防的评价已经是"徒有驻防之名，反为闾阎之累，于国家有损无益"②。朝廷迫不得已再次重申"旗屯"和"出旗"办法，于1910年令"各驻防旗人，有愿移住民城及附近州县居住置业者，均听其便，该管官不得阻止"③。在宁夏则对驻防八旗形成了一句民谚，"先关银子后关钞，饿得旗人卖泥号"④。

根据文献资料记载，满城外有部分满汉民间社会交往。如八旗的旗地、旗屯、满城内多余的铺面房舍因"八旗生计"等原因租给民人，在租的过程中必然产生驻防旗人和民人的接触交往，同时满城多余铺面房舍租给民人，说明虽不许驻防旗人擅自出满城，但是民人却有在满城内从事经商等活动的情况。这必然也会加强旗民之间的交流与交融。前文所述，银川市西夏区西花园的"将军楼"是驻防宁夏将军的宅院，建在满城外，将军和随从仆人自然会在"将军楼"与满城之间奔走，这个过程必然会增加宁夏驻防旗人与民人交往的机会。另如，光绪六年（1880）《申报》《驻防旗兵亟宜变通说》一

① （清）沈家本：《大清现行刑律案语》卷三九，法律馆（原刑部律例馆）1909年铅印本，第1页a。

② 《驻防旗兵亟宜变通说》，《申报》1880年12月1日，第2727号。

③ 《要折·变通旗制处会奏·遵议归化城副都统奏变通旗制应多立手工学校等折》，《申报》1910年3月1日，第13310号。

④ 陡生淮：《同庄村村名的由来》，载政协银川市委员会文史和学习委员会编：《银川文史资料》第十二辑，2003年，第202页。

文记载，不准驻防旗人擅自出满城等规定"迨日久废弛，而旗丁滋事之案层见迭出，市肆之间，往往一见旗人，争相诧避"①，从另一侧面可见驻防旗人在"市肆"中与民人交往的现象已经很普遍。甚至还有因人口增加，旗人住房紧张，无奈移住到满城外划拨给旗人的坟地的情况。如道光年间"近日生齿日繁，有不得不移住坟茔之势。移者既多，例不能禁"②。这部分驻防旗人自然是脱离了满城，朝廷也无措可施，移住城外必然会与民人发生各种各样的联系。这种联系必然会对生活、习俗、语言等产生影响。笔者认为，清中期前旗人严格按照八旗制度规定，不得擅自出城，固定居住在满城内，旗民交流交融受到很大限制。但是，清中期以后，由于"生计问题"等诸多因素所致，驻防旗人脱离满城的现象逐渐增多，这部分驻防旗人与民人的社会交往乃至交融，成为历史的真实存在。

如果说，历史上许多民族的迁徙和流动"是被迫的，是被异民族强制进行的"③，那么旗人来到宁夏则是统治者在统治权力由"内"而"外"的过程中，④ 通过派往"驻防"的形式而主动"流动"到宁夏的。即便这样，同样打破了民族隔绝的状态实现了与土著民族的不断交流交融。

三、宁夏驻防八旗解散背景下的民族交流交融

清朝是满洲人建立的封建王朝，贯穿中国文明史的"正统观"始终在萦绕着中国历史，整个清代历史中始终交织着民族矛盾和阶级矛盾。正如郭沫若先生在《甲申三百年祭》中所讲的，在清朝统治的 260 余年间"抗清的民族解放斗争一直都没有停止过的"⑤。直到辛亥革命时期，仍不能否认这

---

① 《驻防旗兵亟宜变通说》，《申报》1880 年 12 月 1 日，第 2727 号。
② （清）奕赓：《管见所及》，燕京大学图书馆 1935 年铅印版（佳梦轩丛著本），第 17 页 a。
③ 陈育宁：《中国民族史学理论新探索》，中国社会科学出版社 2015 年版，第 309 页。
④ 陈育宁：《中国民族史学理论新探索》，中国社会科学出版社 2015 年版，第 188 页。
⑤ 郭沫若：《甲申三百年祭》，野草出版社 1946 年重版，第 3 页。

种"斗争"对于辛亥革命参与力量的贡献。或者说，辛亥革命的参与者，首先是出于改变困苦命运的驱动；其次，才是出于旗民之间的矛盾而参与革命的，但不能否认的是辛亥革命的领导者则有着明确的阶级斗争目标。所以，引发辛亥革命的因素不能单独认为是国内阶级矛盾不断上升、辛亥革命的力量日益壮大这一方面的因素。其实，某种意义上来讲，辛亥革命的引发还有很大一部分的旗民矛盾因素包含在其中。比如，当时成立的科学补习所，实质上就是"革命排满"。光复会的入会誓词就有"光复汉族，还我河山"的口号。"三民主义"的民族主义，"其核心就是反满，但反满并不是狭隘的种族复仇主义，而是政治革命的前提和条件。"①

满城中的驻防旗人因为阶级压迫萌生革命自觉是历史的必然。然而当年"驱除鞑虏，恢复中华"的革命口号，有意无意地将所有"旗人"划为"鞑虏"。这样更容易动员起来革命的力量，但却无意之中将矛头本来指向统治阶级悄然变成了指向所有旗人。也就是说，驻防满营中的旗人百姓和普通百姓一样，都是被剥削的阶层，渴望着推翻旧王朝，改变命运，但是当听说革命军要将旗人杀绝的谣言后，延续民族命脉的本能，使得驻防满营的旗人紧紧地团抱在一起，誓死与满城共存亡。延续民族命脉是普通旗民的共同心理，而作为满城的统治者则不见得有同样的认识，或者说满城官员甚至利用了普通旗人的这种延续民族血脉的心理，驱使他们继续为维系清朝"国运"而效命，进行守卫之战。换个角度来讲，驻防八旗兵死守满城很大意义上并不是为了挽回"月饷""年米"，抑或延续腐败的清王朝统治权威，而是为了坚决抵制民族屠杀，延续血脉。

宁夏满营"化旗为民"后，在宁夏逐步形成了"汉、回、满、蒙四种，交错杂居"②的散居模式。旗民百姓得以从统治阶级压迫中解脱出来，得到了新生。失去的却是历史上旗人的优越地位和"月饷""年米"，物质上由养

---

① 编写组：《中国革命史》，高等教育出版社 2016 年版，第 49 页。
② （民国）叶祖灏：《宁夏纪要》，正论出版社 1947 年版，第 33 页。

尊处优沦为窘迫度日。起初，旗民矛盾并没有因为旗人的没落，沦为贫苦阶层，而得到任何改善。致使出现了旗人迫于生存，"隐瞒民族成分""隐姓埋名"，迁居到其他周边地区的情况，但客观来看，这种隐瞒其实也是一种被迫的民族交融，旗人"隐身"于民人的茫茫人海中，不仅仅是民族"标识"的隐瞒，更多的是语言、生活习俗向民人的无限接近。这种无限接近实质上就是民族交融的一种形式。

当然，从封建阶级压迫中解脱出来是永远的解脱，而因革命需要而掀起的全国"反满"浪潮，并未因"五族共和"的提出，而立即在全国实现。反而这种民间一时不能平息的"反满"意识被反动军阀利用，实施民族歧视政策。这对辛亥革命后的普通旗人造成了极大的伤害。随着经济社会发展、时代进步，人们逐渐认清了旗民百姓和统治阶级的根本区别。感性狭隘的民族仇恨，日渐被理性的阶级矛盾所代替，不再把阶级矛盾和民族矛盾混为一谈。阶级矛盾与民族冲突交织在一起可以集中反映出旗人在辛亥革命前后的心理，这也是中华民族共同体意识形成过程的集中反映。

总而言之，宁夏满城兴筑前旗人与土著民族的交往交流已经开始，这只是民族交融迈出的第一步，但此时更加深入的民族交融则体现在来宁夏驻防的这部分八旗兵内部的蒙古八旗和汉军八旗的交融。在兴筑满城后，宁夏驻防八旗与土著民族交流交融的形式更多地体现为"城里"与"城外"的交流交往。实质上是旗人在不自觉中日渐接受、吸收土著文化。同时，旗人自己的文化对土著民族的影响也悄然进行着。随着经济社会的发展、时代的进步，这种交往有逐步扩大、深入之势，但是与完全融合还有很大差距，从清末的宁夏驻防旗人姓名特征可见一斑（后文专门论述）。当然，此时宁夏满城内部满洲八旗和蒙古八旗的深入交流交融也在进行。在满营解散乃至满城拆除后，宁夏驻防八旗与土著民族的交流交融更多地体现为驻防旗人被迫融入民人，向民人无限接近，以便在"排满"情绪中求得生存发展。事实也证明，宁夏满营解散后，在"革命排满"的"余波"和反动军阀及国民党的民族歧视政策中，旗人与民人的交融速度与融合程度是前所未有的。时至20

世纪 30 年代末，宁夏旗人与民人区别的"惟一之迹象"，"惟言语仍操流利之北平话"，旗人妇女"尚天足"，"仅此而已"。[①] 可见，辛亥革命以后，宁夏驻防八旗与民人的交融速度与程度。

---

① （民国）叶祖灏：《宁夏纪要》，正论出版社 1947 年版，第 33 页。

第三章　清代宁夏驻防八旗社会生活考察

清代，驻防八旗社会生活变迁基本脉络与清朝的国运兴衰正相关。国运昌盛时，驻防八旗官员养尊处优，驻防八旗百姓也可衣食无忧；国运衰败时，驻防八旗的社会生活随之衰落，驻防八旗百姓屡现食不饱腹甚至"饿毙"的惨状。对于一个兴起于东北地区进而依靠八旗制度"组织"起来的军事力量入主中原的少数民族政权而言，国运兴衰与军事密切相关。八旗兵类似于职业军人的身份特点，导致旗人的社会生活与军事活动有着更加紧密的关系。

第一节　清代宁夏驻防八旗经济生活来源

由于宁夏驻防八旗所有人的经济生活来源均仰赖于"粮饷"和朝廷的其他银两，故往往被认为拥有"铁杆庄稼"。事实上并非人人都有"铁杆庄稼"，普通驻防旗人只有被选为马甲、步甲、养育兵等才能够享有粮饷。某些八旗官兵战死或者去世后，他的家眷成为孤寡遗孀以后，方可得到该兵丁的"半粮半饷"。只有宗室旗人自出生后就享有粮饷，但是宗室一般都不会派往驻防地，往往都在京城生活、当差。可以说驻防八旗官兵的粮饷是该官兵一家人的生活来源。

一、清代宁夏驻防官兵编制

关于宁夏驻防官兵编制，雍正二年（1724）龚尧奏请宁夏满营的官兵设置如下，"设将军一员，副都统二员，满洲协领四员、蒙古协领二员，每旗满洲佐领各二员、蒙古佐领各一员，每佐领下防御各一员、骁骑校各一员。八旗共派驻防兵二千二百名，又八旗应添步兵一千二百名，左右两翼添放防御各一员，令其管辖步兵，看守城池仓库。于马甲内，择其汉仗好者，令为前锋。再宁夏既驻满洲兵丁，应设理事同知一员。"①朝廷同意该奏议，即派3400余名八旗官兵带家眷驻防宁夏，但学者们对于康熙十五年（1676）和雍正三年（1725）的额兵数都有不同的记述。

白研《宁夏"旗人"史话》（《宁夏社会科学》1984年第2期）和《宁夏满族的变迁》（《宁夏文史》第一辑，1985年）两篇文章中均记述，康熙十五年（1676）初设驻防时额兵3472人，雍正三年（1725）正式驻防时额兵3572人。贺吉德《银川市新满城探述》（《中国古都研究》第九辑，1994年）记述康熙十五年宁夏驻防八旗总人数为3720人，雍正三年宁夏驻防八旗总人数为3757人。为此，笔者整理了《（乾隆）甘肃通志》（下表称《甘志》）、《八旗通志初集》、《钦定八旗通志》（下表称《八旗通志》）、《（乾隆）宁夏府志》（下表称《府志》）以及清光绪年间手抄本《事宜壹本》中有关宁夏驻防编制的记载，现择其要者，成表于后。

文献记载宁夏驻防官兵人数对比

官兵	《甘志》	《八旗通志》	《府志》		《事宜壹本》
			原额	时额	
将军	1	1	1	1	1
副都统	2	1	2	1	1
协领	6	5	6	5	5

① 《清实录·世宗宪皇帝实录（雍正实录）》卷二五，中华书局1985年影印版，第395页。

续表

官兵	《甘志》	《八旗通志》	《府志》		《事宜壹本》
			原额	时额	
佐领	24	19	24	19	19
世职骑都尉		—	—	—	3
防御	28	26	28	28	26
骁骑校	24	24	24	24	24
世职恩骑尉		—	—	—	2
八品笔帖式	3	3	—	—	3
前锋校		16	16	16	16
领催		128	128	128	128
前锋		184	184	184	184
马甲（骁骑）	2200	1872	1872	1872	1872
炮手		—	—	16	16
弓、箭、铁匠头目		—	6	6	6
弓、箭、铁匠役	72	72	66	66	60
步甲头目		—	24	—	—
步甲（步军）	1200	600	576	584	584
养育兵		600	600	600	600
坐甲随丁	12	—	85	—	—
额兵总数	3472	3472	3472	3472	3466
驻防官员兵丁总数	3572	3551	3642	3550	3550

注：主要根据《钦定八旗通志》卷三五、《（乾隆）宁夏府志》卷一〇、卷一一以及《事宜壹本》有关记载统计。

通过比较不难发现，宁夏驻防八旗额兵应为 3472 名，主要兵力为马甲和步甲（含养育兵），马甲 2200 名，步甲 1200 名。因八旗官员、坐甲、随丁人数不固定，导致驻防宁夏官兵总数不同。比如，乾隆三十四年（1769）裁蒙古协领 2 员①、右翼副都统 1 员，三十六年（1771）裁左翼协领 1 员、

---

① 《清实录·高宗纯皇帝实录（乾隆实录）》卷八三三，中华书局 1985 年影印版，第 123 页。

佐领 5 员。① 再如《事宜壹本》中记载的"世职骑都尉""世职恩骑尉""八品笔帖式""炮手"等官职，其他两部文献中均无记载，而《（乾隆）宁夏府志》中记载的"步甲头目""坐甲、随丁"，另外两部文献中亦无记载。《钦定八旗通志》记载宁夏驻防八旗兵 3472 名，《（民国）朔方道志》记载雍正三年（1725）宁夏驻防八旗兵 3557 名，经过历次裁汰实际驻兵 3472 名。② 从表中可以见得雍正年间额兵 3472 名，加上 85 名坐甲、随丁，即 3557 名；乾隆年间额兵 3472 名；道光年间朝廷掌握的宁夏驻防旗兵数仍然为 3472 名，其中马甲 2200 名，步甲、养育兵、匠役 1272 名③，但实际驻兵数为 3466 名。道光年间宁夏驻防官兵总数与乾隆年间相同。经同治年间回民起义，时至光绪初年，宁夏满营的官兵损失一大半，仅剩 1704 名，含养育兵 353 名。④

总之，宁夏驻防八旗额兵 3472 名，其中满洲兵 2592 名，蒙古兵 880 名。⑤ 满洲和蒙古八旗的人数并非固定不变。乾隆三十四年（1769），因宁夏驻防满洲、蒙古各佐领所带领的兵数不同，"若不及时均齐，则挑甲派差，难得少壮"。经将军伟善奏请，朝廷同意将"满洲十六佐领下各匀给马兵一百三名；蒙古八佐领下各匀给马兵六十九名。步甲养育兵等，亦一体匀给"。"所有另户闲散余丁，满洲十六佐领下各匀给五十二三名；蒙古八佐领

---

① 《钦定八旗通志》卷一一七，钦定四库全书本，第 23 页 a；又（民国）王之臣纂：《朔方道志》卷一二《职官志二》，第 6 页 a，载："乾隆三十四年（1769），以兵丁无多，裁右翼副都统一员。三十五年（1770），又裁左翼蒙古协领一员，满洲佐领二员，右翼满洲佐领二员，蒙古佐领一员，其佐领事务令协领五员兼管"，同一页又记载"乾隆二十八年（1763）裁汰"右翼副都统一员；又《事宜壹本》记载全部为乾隆三十四年裁汰，后两种疑有误。

② （民国）王之臣纂：《朔方道志》卷一一《防兵志》，1926 年铅印本，第 2 页 a。

③ 《清实录·宣宗成皇帝实录（道光实录）》卷一三八，中华书局 1986 年影印版，第 130 页。

④ （清）宁夏将军克蒙额：《奏为宁夏满营幼丁渐多生齿日增请援案拔补空缺马甲事》（光绪四年七月初十日），《宫中全宗朱批奏折》，档案号：04-01-30-0146-005，中国第一历史档案馆藏。

⑤ 中国科学院民族研究所、辽宁少数民族社会历史调查组：《满族社会历史调查报告（下册）》第七辑，1963 年，第 39 页。

下各匀给四十八九名。"① 宁夏满营实际驻兵数量因为常年派出征战，挑补不及时、无从挑补等原因，往往并不足额。史料记载，雍正九年（1731）二月，宁夏满洲兵不过 600 名。② 宁夏作为西北乃至西部重要兵源地，清初地理学家刘献廷在其《广阳杂记》记载，噶尔丹在西北兴起"乏食甚窘"，向哈密"索食"时，因宁夏驻防"与边口甚近，应将宁夏驻防满兵，发往甘肃提督孙思克处预备"。③ 乾隆五年（1740），朝廷同意宁夏满营将军杜赍建议，如果宁夏驻防八旗兵的精壮力量无从挑补，他建议从西安驻防中挑补④。乾隆三十七年（1772），"西安、宁夏满洲兵，移驻巴里坤二千，由京派拨补额"⑤。同治八年（1869）三月，因战争需要，朝廷"拨吉林黑龙江官兵各二百五十员名"到宁夏满营，以平定回民起义⑥。类似的从宁夏调兵的史料记载并不鲜见。宁夏驻防旗兵主要是调往巴里坤、伊犁、乌鲁木齐、庄浪、凉州等驻防，但因为总的兵额是固定的，有调出，自然也有调入。根据史料来看，主要有从北京、西安、太原驻防调入的情况。总的来说，驻兵编制是额定的，但是因为驻防的军事性特征，实际驻兵数量并不稳定。

二、清代宁夏驻防八旗经济待遇

因驻防八旗官兵（包括养育兵）领到粮饷后，要养活一家人，所以驻防旗人待遇的核心就是驻防八旗官员兵丁的待遇。总的来说，宁夏驻防旗人待遇与其他直省驻防八旗的待遇相当。主要包括三个方面待遇，一是八旗官兵（包括养育兵）的俸饷、俸米、马匹料草、田地等额定待遇。其中，"宁夏

---

① 《清实录·高宗纯皇帝实录（乾隆实录）》卷八三三，中华书局 1985 年影印版，第 123 页。
② 《清实录·世宗宪皇帝实录（雍正实录）》卷一〇三，中华书局 1985 年影印版，第 359 页。
③ （清）刘献廷撰，汪北平、夏志和点校：《广阳杂记》卷三，中华书局 1957 年版，第 123 页。
④ 《清实录·高宗纯皇帝实录（乾隆实录）》卷一三〇，中华书局 1985 年影印版，第 898 页。
⑤ 《清实录·高宗纯皇帝实录（乾隆实录）》卷九二一，中华书局 1985 年影印版，第 352 页。
⑥ 《清实录·穆宗毅皇帝实录（同治实录）》卷二五四，中华书局 1987 年影印版，第 545 页。

满营兵饷，向由山西解拨"①，拨发到甘肃省府，再由甘肃省府拨发到宁夏满营；"俸粟米石并马匹料草等项，向在宁夏府属各州县征收粮内估拨"②。二是八旗兵丁和眷属的优恤。三是朝廷、皇帝的恩赏。当然前两项是长期坚持执行的常规待遇。相比之下，第一项为主。常规待遇俸饷、米石、马匹料草等与全国各直省驻防基本上是一致的，但是经济来源中，兵饷由山西解拨，俸米粮草由本地供给，使得其供给具有"单一性"特征。

（一）俸饷、俸米、马匹、旗地等额定待遇。笔者搜集整理了《（乾隆）宁夏府志》《事宜壹本》《（民国）朔方道志》下表分别简称：《府志》《事宜》《道志》中有关记载，按照"清代一两白银的购买力大致相当于现在的300元人民币"③来看，这些待遇在当时算是相当丰厚的。详见下表。

文献记载宁夏驻防八旗官兵俸饷、年米对比

官兵	待遇	《府志》	《事宜》	《道志》
将军	俸银	180 两	180 两	180 两
	养廉银	1500 两	1500 两	1500 两
	衙役工食银	680 两	680 两	688 两↑
	门炮火药银	120 两	120 两	120 两
	心红纸张银	80 两	80 两	80 两
	俸米、家口米	—	90 石	—
副都统	俸银	155 两	155 两	155 两
	养廉银	700 两	700 两	700 两
	衙役工食银	192 两	192 两	192 两
	俸米、家口米	—	45 石	—
协领	俸银	130 两	130 两	130 两
	俸米	75 石	36 石	75 石
佐领	俸银	105 两	105 两	105 两
	俸米	60 石	30 石↓	60 石

① 《清实录·穆宗毅皇帝实录（同治实录）》卷三六九，中华书局 1987 年影印版，第 882 页。
② 《清实录·德宗景皇帝实录（光绪实录）》卷四四，中华书局 1987 年影印版，第 625 页。
③ 于平主编，北京市文物局政策法规处编：《文物背后的法律故事》，北京燕山出版社 2016 年版，第 174 页。

续表

官兵	待遇	《府志》	《事宜》	《道志》
防御	俸银	80 两	80 两	80 两
	俸米	42 石	12 石↓	42 石
骁骑校	俸银	60 两	60 两	60 两
	俸米	36 石	6 石↓	36 石
笔帖式	俸银	21.114 两	21.114 两	21.114 两
	俸米	30 石	6 石↓	30 石
马甲	月饷银	3 两	2 两↓	
	月米	2.5 石	0.9375 石↓	
步甲头目（领催）	月饷银	1 两	1 两	
	月米	2.5 石	0.9375 石↓	
步甲	月饷银	1 两	1 两	
	月米	0.5 石	0.1875 石↓	
匠役头目	月饷银	1 两	1 两	
	月米	1.35 石	0.4687 石↓	
匠役	月饷银	1 两	1 两	
	月米	0.05 石①	0.1875 石↑	
养育兵	月饷银	1 两	1 两	
	月米	0.5 石	0.1875 石↓	

　　横向对比来看，从将军到士兵的待遇差别非常之大。按照《事宜壹本》的记载，将军的待遇包括养廉银、俸银、衙役工食银、门炮火药银、心红纸张银、俸米、家口米等项。将军一年总共可以享受银2598两，本色米90石；相比将军的待遇，每名旗兵只能享受数量很少的饷和米，一年能得到的饷银是16.5两，本色米是2.25石。将军的俸饷是士兵的157倍还要多，俸米是士兵的480倍。可见，虽然旗兵有粮饷，但是八旗官员和一般旗兵的"收入"差别还很大。这其实反映的是清朝阶级社会里，处在最底层的是普通"民人"百姓，次之就是八旗兵丁，最上面的是封建官僚体系中的各级官员。

　　在此，要特别说明的是两个方面的重要因素能够直接影响到旗兵的粮

---

① （清）杨浣雨：《（乾隆）宁夏府志》卷一一《职官·兵防》，清嘉庆刊本，第 3 页 a。根据《事宜壹本》记载匠役、步甲、养育兵三者合为一项记载，月饷和月米均一致，故《（乾隆）宁夏府志》此处匠役的月米疑应为"五斗"，此处"斗"与"升"书写有误。

饷，间接影响旗人经济生活。首先，就整个满营来讲驻防八旗的人口在增长，而额定的兵数仅 3472 名，对应的粮饷数也是固定的，这就导致有限的粮饷要养活这些不断增加的人口。这样来看，宁夏驻防旗人的生活只能是日渐下降。道光以后随着鸦片战争的爆发，不平等"条约时代"的到来，国库日益空虚，八旗家口食不果腹的情况日渐增加。到了同治初年，宁夏满营每年竟然有 200 余名驻防旗人被活活饿死。[①] 其次，宁夏驻防旗人的生活还受到战争的影响。这里并非强调因家里的八旗兵参加战争而影响日常生活，而是要强调八旗兵丁在战争时期需要自备许多战备物资，这对于一个依靠粮饷的普通家庭来说是一项巨大的开支。如《宁夏驻防修制军械定限》就规定："弓箭、撒袋、腰刀、纛旗、锣鼓、水桶、羊皮混沌、铁火筒、斧头、铁锹、铁镢、木橛、帐房、驮鞍、长枪、长矛、火药葫芦、烘药葫芦、九龙袋、海螺、云梯、皮药包、火绳、板木、榔头、炮车、炮盖、炮架、铁绊、铁穿针、龙衣、炮单系兵丁自备。"[②] 所以，不遇战事兵丁的钱粮需要养家糊口，一旦遇到战事或者战事频仍之时，驻防八旗兵丁的生活就会拮据不堪。

纵向比较来看，这些额定待遇的差别并不大，主要差别在于俸米、家口米。为了更加直观地进行对比，现将文献记载的官兵年度俸饷银、米折银、草折银、马料折银等总量，官兵年度年米（本色粮）总量、官兵年度马料（本色料）总量、官兵年度马草总量整理对比如下：

文献记载宁夏驻防官兵一年的俸饷、年米、马草、马料对比 [③]

项目	《府志》	《事宜》
官兵俸饷银、米折银、草折银、马料折银总数	187243.727 两	191590 两↑

---

① 《清实录·穆宗毅皇帝实录（同治实录）》卷八六，中华书局 1987 年影印版，第 808—809 页。

② （清）董诰：《军器则例》卷四《驻防》，清嘉庆兵部刻本，第 47 页。

③ （清）杨浣雨：《（乾隆）宁夏府志》卷一一《职官·兵防》，清嘉庆刊本，第 2 页 a—第 3 页 b；（清）佚名：《事宜壹本》不分卷。

续表

官兵年米（本色粮）数	19850.574 石	29250.75 石↑
官兵马料（本色料）数	26304 石	24926.04 石↓
官兵马草数	222045 束	222045 束

从表中可以看出变化最大的是"俸米"和"家口米"（亦称"家口粟米"），其所以变化较大是因为"家口米"是按照人口数量来核定的一种待遇。八旗人口增加了，"家口米"的数量随之增加。为进一步说明问题，现将文献记载部分官兵的本色"俸米"对比如下：

文献记载宁夏驻防八旗官兵本色俸米对比

（单位：石）

官兵	《府志》	《事宜》
将军		90
副都统		45
协领	75	36
佐领	60	30
防御	42	12
骁骑校	36	6
八品笔帖式	30	6
前锋校	2.5	0.9375
领催（步甲头目）	2.5	0.9375
前锋		0.9375
马甲（骁骑）	2.5	0.9375
炮手		0.9375
弓、箭、铁匠头目	1.25	0.4687
弓、箭、铁匠役	0.05	0.1875
步甲（步军）	0.5	0.1875
养育兵	0.5	0.1875

驻防八旗官员、兵丁的俸饷银、俸米、马料、马草等均为常规待遇，在驻防八旗官兵的日常生活中，这些看似"额定"的待遇实际上也往往不能全额发到八旗兵的手中。对于底层八旗士兵而言，"克扣"饷米乃至"欠饷"之事常有发生。对驻防八旗经济生活造成影响的往往正是这种现象。

　　朝廷对驻防八旗官兵优厚待遇的目的就在于使其专心军事为国效力，进而巩固统治政权。既然派出驻防意在戍守，马匹就显得格外重要，在西北干旱的戈壁荒漠地带，骆驼因其强大的拖运能力，在冷兵器时代的军事活动中亦有重要地位。实际上雍正二年（1724）十月，陕甘总督年羹尧在给皇帝的奏折中就已提到马、驼的配备。他说，"凡驻省城兵丁，各栓养马三匹。宁夏地近边口，驼甚适宜，请每马甲栓养马二匹，二人合栓养一驼"，"共需马四千四百，驼一千一百八十"①，皇帝朱批"依所奏"。根据《（乾隆）宁夏府志》记载，乾隆年间"原额马五千零一十七匹，驼八百只。经历年裁汰，今额实马四千五百九十六匹"②。时至乾隆四十年（1775）二月，已经出现了八旗兵因"不谙喂养，马多倒毙"的情况，为此朝廷同意"照西安、凉州例，令每兵各拴一马"③的奏议。根据《事宜壹本》记载，时至道光年间驻防八旗兵每人养马1匹，加上各级驻防八旗官员的官马，总数也不过2704匹。

　　除以上粮、饷、马干外，在满城外划定旗地也是驻防旗人的一项生计来源。雍正三年（1725），宁夏驻防新设时清政府按照有关规定向宁夏驻防八旗官兵拨旗地共2600亩④，其中将军1顷11亩，两翼副都统共2顷9亩，协领6名共1顷80亩，佐领24名共3顷60亩，防御26名共2顷60亩，骁骑校24名共1顷20亩，笔帖式3名共30亩，理事同知1名10亩，委署前锋校16名共16亩，委署骁骑校26名共26亩，将军印房贴写领催马甲4名共4亩，每旗满洲佐领2名、蒙古佐领1名，每佐领下分给马步兵丁地30亩，三佐领下兵丁地共90亩，八旗24佐领下马步兵丁共720亩。此外还有位于满城东门外的校场地135亩，关帝庙香火地99亩。⑤除以上分给

---

① 季永海等译编：《年羹尧满汉奏折译编》，天津古籍出版社1995年版，第144页。

② （清）杨浣雨：《（乾隆）宁夏府志》卷一一《职官·兵防》，清嘉庆刊本，第2页a。

③ 《清实录·高宗纯皇帝实录（乾隆实录）》卷九七六，中华书局1985年影印版，第29页。

④ （清）杨浣雨：《（乾隆）宁夏府志》卷一一《职官·兵防》，清嘉庆刊本，第2页a，载："将军副都统原分地二千八百九十亩"。

⑤ 《钦定八旗通志》卷七三，钦定四库全书本，第19页b—第20页a。

个人的旗地外，还有用于安葬驻防旗人的坟茔地960亩①，养赡孤寡地"七顷六十亩"。对于这时的驻防旗人来说份额粮饷已经衣食无忧了，所以他们很少耕种这些田地。乾隆年间旗人份地全部租给民人耕种，从中取租。同时由于人口的增长，道光十三年（1833）时就连保留的养赡孤寡地也全部划为坟茔地②。

（二）优恤。根据文献记载，八旗兵丁眷属还有其他方面许多优恤优待。在八旗制度下驻防旗人生、死大事均有恩赏，驻防旗人的红白事也能得到朝廷的恩赏银。分给驻防八旗官兵的旗地日渐沦落为"余地"。史料记载，乾隆三十三年（1768），宁夏将军就将1832.5亩"余地"，"租与民人耕种"，每年收租银869.66两，全部作为宁夏驻防旗人红白事恩赏银③。此外，驻防旗人还有很多情况下能够得到其他优恤。乾隆二十一年（1756），皇帝谕旨说陕甘两省自从驻防以来因满营需要购买的马匹较多，随之购买的草料也很多，大部分都是旗兵在满营借钱后垫付购买的。按照惯例这部分银两应当从他们的饷银中逐渐扣还，但是乾隆皇帝考虑到前一年这两省年成"歉薄"、粮价较贵的实际情况，为了不使驻防旗人的生活变得很拮据，他决定西安、宁夏、凉州、庄浪四地驻防满营旗人"宜加优恤"，他们借垫的这部分银两分作三年扣还。当然，这样做的目的在于"以纾兵力"④，保持驻防八旗的军事职能，以免他们因为生活困顿而不专心于军事。

关于驻防八旗的优恤，《事宜壹本》记载更加详细，现将其所载宁夏驻防八旗的部分优恤列于此，以管窥驻防八旗经济生活待遇。1.驻防兵丁曾经出兵打仗的，待到年过50岁告老退役时，每人每月可得到养赡银1两，这与服役期间的月饷相当。2.驻防旗人中的孤、寡每人每月可得到1.5两。3.驻防旗人中的孀妇在丈夫去世后的一年内可享受丈夫原有俸米饷银的"半俸半

---

① 《钦定八旗通志》卷七四，钦定四库全书本，第9页a。

② 《清实录·宣宗成皇帝实录（道光实录）》卷一七八，中华书局1986年影印版，第799页。

③ （清）杨浣雨：《（乾隆）宁夏府志》卷一一《职官·兵防》，清嘉庆刊本，第4页a。

④ 《清实录·高宗纯皇帝实录（乾隆实录）》卷五○八，中华书局1985年影印版，第419页。

饷"。4.驻防旗人中的孀妇从 30 岁以内就开始"守节"，年满 50 岁的一次性可得到 30 两，并且家族可以自行建贞节牌坊（在当时是一种优待）。5.驻防八旗文武举人赴京参加会试的每人可得到盘缠 5.524 两。6.驻防八旗兵丁每年的红白事恩赏银定额 2940 两。[①] 可见宁夏驻防八旗官员兵丁及眷属与民人百姓相比，生活有较好保障。

至于外敌入侵、割地赔款、团民捻军奋起、回民起义等内忧外患的局势下，国运衰落财政吃紧的状况下，八旗制度难以为继，驻防八旗经济生活呈现另一番景象，自然是另外一个问题。尽管清末驻防八旗生计维艰、粮饷不足、欠发现象严重，但在辛亥鼎革后，满营被遣散时，宁夏驻防旗人仍然得到了一定的优恤。史料记载："民国六年，酌给满营籽种银十八万余两，遣散归农，官营制一律取消。"[②] 对驻防八旗官兵的幼子、孤寡给予补贴。根据国家图书馆古籍馆所藏《宁夏满营稚子四孤承领生计银币花名清册》记载，1915 年甘肃巡按使署给予宁夏满城已故驻防官兵的幼子 178 人，寡妻、寡母 113 人，孤女 66 名，每人 45 元，357 人共领生计银"洋圆壹万陆千零陆拾伍圆"[③]。此外，还有文献记载按照满营解散协议，马福祥在政府领取 20 万两白银用于解散后的八旗官兵眷属安置，不论官兵每人给予 45 两白银，但马福祥将之置换为铜元，按照每人 45 元发放。[④]

优恤往往具有一定的政策性、强制性，虽然会受到国家财政状况的影响，但一般来说优恤制度一直生效。优恤制度对于驻防旗人生活上的帮助非常大。相比之下，这些"福利"对于民人来说是遥不可及的。当然，从另一个角度来讲，这种优恤制度作为粮饷的一种补充，越发有利于使得驻防旗人养尊处优，不事生产，长此以往会形成"养懒人"的被动局面。

---

① （清）佚名：《事宜壹本》，光绪十五年（1889）手抄本。
② （民国）王之臣纂：《朔方道志》卷一二《职官志》，1926 年铅印本，第 7 页 b。
③ （民国）甘肃巡按使署：《宁夏满营稚子四孤承领生计银币花名清册》，1915 年抄本，国家图书馆古籍馆藏。
④ 陡生淮：《同庄村村名的由来》，载政协银川市委员会文史和学习委员会编：《银川文史资料》第十二辑，2003 年，第 202 页。

（三）恩赏。朝廷在如上所述的粮饷基础上，给驻防旗人还有一些不确定的待遇，其中最主要的就是皇帝的恩赏，尤其是清初在巩固江山的过程中，皇帝对战功赫赫的在京八旗和驻防八旗都恩赏有加。正如时人昭梿在《啸亭杂录》中所说："国初……时加赏恤……凡'抚'字之术，无不备施。"① 宁夏驻防八旗因当时其重要的地位，就在驻防八旗派往宁夏的时候，雍正帝已经非常重视了。史料记载，雍正帝深知宁夏距离京城遥远，要将几千人的八旗官兵家眷派往宁夏，路途漫长，必须高度重视并给予相应的优待。所以雍正帝决定采取以下几项措施：一是将旧例每100里为一驿站，改为80里为一驿站，增加八旗官兵眷属的整休次数。二是将旧例驻防八旗兵丁每人喂养官马2匹及享受相应的养马待遇，改为每名兵丁实际喂养马2匹，另外再给1匹马的马干、草束折银待遇。三是因皇帝深知收拾物资"须得费用宽裕"，故再给每名马甲赏银30两，每名步甲赏银15两，② 这在当时是非常优厚的一种特殊待遇。

在日常生活中，皇帝甚至想到了给驻防旗人拨发恩赏银两，营运生息后，供驻防八旗兵丁解决一时之急。如：雍正七年（1729），皇帝先是给予在京八旗遇有"吉凶之事，需用之费无所取办，一时拮据"，拨给银两"运营生息，以备兵丁一时之用"。而后皇帝为使外省驻防八旗与在京八旗"一体加恩"，给予宁夏、江宁、杭州、西安、京口、荆州、广东、福建、右卫等九处，每处赏银2万两，天津、河南、潼关、下浦、城都等五处，每处赏银1万两，营运生息，并要求："如该处驻防兵丁，家有吉凶之事，将息银酌量赏给，以济其用。"③ 日常生活都能如此关怀备至，战争时期更是如此。

在八旗兵征战过程中，皇帝对于八旗兵的关怀，也可谓无微不至。因

---

① （清）昭梿：《啸亭杂录》（清代史料笔记丛刊本）卷一《爱惜满洲士卒》，中华书局1980年版，第6页。

② 《清实录·世宗宪皇帝实录（雍正实录）》卷二六，中华书局1985年影印版，第401—402页。

③ （清）《世宗宪皇帝上谕八旗》卷七，钦定四库全书本，第7页b。同时可见于《乾隆福建通志》卷首三、《光绪重修安徽通志》卷四、《雍正浙江通志》卷二、《江西通志》卷首三等文献。

为宁夏的重要军事地位，皇帝对宁夏驻防八旗官兵和眷属额外施恩次数很多，尤其是在西北战事吃紧时期，皇帝除了对包括宁夏在内的驻防八旗兵丁"一体加恩"的恩赏外，对宁夏还有额外的"恩赏"。史料记载，雍正十年（1732）五月，雍正帝给出战巴尔库尔的1000名宁夏满洲兵和3000名西安满洲兵，每人赏赐一套皮衣和皮帽。[①]光绪年间，因为战争受到重创的宁夏满营"元气未复"，驻防旗兵先后向满营借出共21000余两白银用于修盖房间，按照惯例应当从旗兵的月饷中逐步扣还，经将军钟泰奏明光绪帝，"免其扣还"[②]。众所周知，光绪年间朝廷财政状况已经非常紧张，即便如此朝廷对于驻防在宁夏的八旗兵仍然恩赏有加。仔细分析，这一现象也与宁夏的军事活动有密切关系，回民起义军围困满城时，八旗驻防官兵为渡过难关，曾将"衙署兵房拆以为薪"，所以修盖营房借出的银两得到豁免也是为军事作出贡献的一种补偿。

在遭受较大自然灾害后，皇帝对于八旗兵也有"格外之恩"。史料记载，乾隆三年（1738）十一月宁夏平罗大地震后的第二年，因为受灾较重、农田大量减产，导致周边粮价、米价、草料价格都"日觉昂贵"，朝廷原定的价格已经不能采买到原定数量的粮草。为避免这一现象"贻累小民"，乾隆四年（1739）十一月，皇帝下谕，对于宁夏驻防八旗兵丁"乾隆五年（1740）应支满兵粮草、白米每石加银一两，粟米每石加银五钱，每草一束加银一分。"其中白米和马草均达到了原定价格的两倍，粟米则比原定价格增加50%。宁夏满营每年需要的粮草"共计白米一千五百余石、粟米七千余石、草一十三万余束"，这一来，实际上是给予宁夏驻防八旗兵丁增加拨款6300余两。而且上谕中声明这次增加拨款"系格外之恩，后不为例"。[③]

---

① 《清实录·世宗宪皇帝实录（雍正实录）》卷一一八，中华书局1985年影印版，第564页。

② （清）宁夏将军钟泰：《钟泰片（奏）》，《光绪十五年三月京报全录》，《申报》1989年4月26日，第5752号。

③ 《钦定八旗通志》卷三六，钦定四库全书本，第39页b，亦见于（清）彭元瑞：《孚惠全书》卷一三，民国罗振玉石印本。

恩赏是建立在升平盛世、国库充盈基础之上的，康乾盛世社会上流通的白银数量充足，国家富裕，完全具备恩赏的条件。但是乾隆后期、嘉庆时期，尤其是道光以后，随着人口成倍增长，驻防八旗粮饷不增反减，升平日久形成的各种养尊处优现象不断滋长，再加上鸦片的侵蚀，大量白银外流，"衰世"气息慢慢笼罩了整个清朝，恩赏随之逐渐减少，直至连粮饷都要打折发放甚至停发数月。时至光绪末年，宁夏满营副都统志锐给皇帝的奏折中讲出了当时扣发饷银的窘迫状况。他奏称：宁夏满营的饷银变化，拿一两饷银来说，先是发八钱五分，后少至七钱九分，再后来仅发六钱一分，将近40%的饷银被扣发。[①] 这种扣发是从上而下的，也就是官方规定进行折扣发放，虽然对于驻防八旗的生活造成了很大的影响，但这种克扣是公开的，对于所有的驻防旗人都是一视同仁的。除此之外，还有各级官员从中克扣和侵蚀的现象。宁夏驻防旗人的生活状况可谓每况愈下。

总之，经济生活的来源虽然包括了粮饷、恩赏、优恤，但仍然以粮饷为主。粮饷中，俸米粮草仅靠当地供给，饷银主要从山西解拨，这种"单一性"供给，受人口增长、战争、自然灾害等因素的影响，必然伴生"脆弱性"。

第二节 "国语骑射"与清代宁夏驻防八旗教育

一、"国语骑射"与八旗制度相辅相成

（一）立"国语骑射"为本与构筑八旗制度相辅相成。如果说八旗制度是组织兵民的"形式"，发挥了组织力量，那么立"国语骑射"为本就是"精

---

① 《宁夏副都统志锐奏满营饷银悬恩照章八成五散放片》，（民国）《政治官报》1908 年 3 月 26 日，第 177 号。

神"，发挥精神力量。通过这种精神将八旗制度组织起来的八旗兵民的"民心"进一步凝聚起来。清朝以"国语骑射"为"根本"，"国语骑射""清语骑射""清语弓马"等词汇见诸清史籍者甚众。清朝为什么要以"国语骑射"为"根本"？其根本目的是维护政权。从统治者心理的角度来分析，应当是凝聚人心、汇聚力量的一种途径。八旗兵民虽然通过不断完善的八旗制度"组织"起来了，但是精神层面尚需凝聚力。对于一个正处于所向披靡、直指中原的"马上民族"来讲，需要继续培养和保持一种特有的、强烈的民族优越感，使其成为八旗兵民的共同心理，进而配合八旗制度，汇聚力量，开疆拓土。相比于发达的中原文化，对八旗兵民来说，形成这种共同心理莫过于强调其特有的民族语言和弓马骑射。

（二）关于立"国语"为本。天聪八年（1634），皇太极的一道关于职官名称的谕令中就有所显露。他认为，"国家，承天创业，各有制度，不相沿袭。未有弃其国语，反习他国之语者"，蒙元衰亡的原因就是"蒙古诸贝子，自弃蒙古之语、名号，俱学喇嘛"所导致的，所以只有"事不忘初，是以能垂之久远，永世弗替也"。[①] 可见，强调"国语"为本，恐灭国，旨在长久统治。

（三）关于立"骑射"为本。崇德元年（1636），皇太极的另外一道上谕中也有所体现。他认为金熙宗使国家衰败，是因为沾染"汉人之陋习"；金世宗再次强盛，是因为"无忘祖宗为训，衣服、语言，悉遵旧制，时时练习骑射，以备武功"；金哀宗亡国，则是因为"忘其骑射"。并总结道，"我国士卒，初有几何，因娴于骑射，所以野战则克，攻城则取"。并极具鼓舞力和号召力地声称，"天下人称我兵曰：'立则不动摇，进则不回顾'，威名震慑，莫与争锋"。[②] 作为帝王，发出这种"威名震慑，莫与争锋"的号召，对于八旗兵民无疑是一种精神上莫大的鼓舞。此后，皇太极明确强调"我国

① 《清实录·太宗文皇帝实录（太宗实录）》卷一八，中华书局1985年影印版，第237页。
② 《清实录·太宗文皇帝实录（太宗实录）》卷三二，中华书局1985年影印版，第404页。

家以骑射为业"①。可见，立"骑射"为本对于"马上民族"来讲最具有号召力。在皇太极看来，以此为号召就可以避免走向金国灭亡之路。皇太极在强调"国语"和"骑射"根本地位的时候，都意味深长地回顾了元朝灭亡的历史，尤其是其先祖金国兴衰的教训，在"历史"中汲取了无限的"营养"。这种"营养"正是八旗制度所组织起来的八旗兵民最需要的精神力量。

（四）在形式上来看，保持"国语骑射"就保持了其民族血统。清朝统治者不仅要凭其"打江山"，更要用之"守江山"。皇太极成功地将八旗制度和"国语骑射"有效结合后形成了强大的战斗力，在入关之初顺治、康熙两朝，因为征战频仍，如其所愿地发挥了"所向披靡"的作用。所以《清实录》顺治、康熙二帝实录中并不能找到大量的有关"国语骑射"的记载。随着"康乾盛世"的到来，满汉文化的进一步交融，这种被帝王将帅感召起来的"莫与争锋"的"劲头"，在相对和平的年代里显得"无用武之地"，并在不自觉地削弱。当统治者发现类似的端倪后，当然内心会非常不安。他们祖上皇太极时常以金国因"沾染汉习"废弛骑射导致亡国的"祖训"，再次提醒着他们还需不断强调"国语骑射"的根本地位。

二、宁夏满营书院的设立与"国语骑射"

（一）宁夏驻防始设书院。雍正年间，曾经通过设立学堂加强"国语骑射"，企图使得"国语骑射"之本得以与八旗制度进一步融合。雍正元年（1723）二月，参加"翻译"科考的总人数为472人，但是"能翻译者九人"②。遂于雍正元年九月，"命八旗各教场设学舍五间，每旗选择二人训诲，教场内居住兵丁、子弟操演骑射，并习清书清语"③。并规定"每旗前锋护军领催马甲内，择二人为师长"教授"清文清语"，"每甲喇派出或章京或骁骑校一

---

① 《清实录·太宗文皇帝实录（太宗实录）》卷三四，中华书局1985年影印版，第446页。

② 张书才主编：《雍正朝汉文朱批奏折汇编》第一册，江苏古籍出版社1989年版，第94页。

③ 《清实录·世宗宪皇帝实录（雍正实录）》卷一一，中华书局1985年影印版，第212页。

员，令其教导骑射。"而且要求"不时稽察，每年考试一次，分别勤惰，以示劝惩"[①]。就连汉军旗人中"年富力强者"也要学习"清语"，只有其中"六十岁以上者，能说清话与否，不必拘定"[②]。从此，"国语骑射"之本，不再是口头上的说教，而是实实在在地"镶嵌"进了八旗兵民的组织之中。据《(民国)朔方道志》记载，宁夏满城的维新书院，即始建于雍正年间。[③] 乾隆六年(1741)，宁夏满城进行扩张，"建学舍二十五所，各三五间不等"[④]，可见学舍的规模非常之大。"嘉庆四年(1799)，宁夏添设满营学校，以应试人数多寡定额"[⑤]，"光绪年间，全国一度提倡维新变法，宁夏满城书院随之改名为'维新书院'"[⑥]。

(二)通过学堂加强"国语骑射"收效甚微。在八旗组织中，朝廷通过专门设立学校来教授"国语"，训练"骑射"，并且"不时稽察"，每年考试，应当会收到很好的效果，但事实证明这只是统治者的一个美好愿望。与旗民文化的相互交流交融的趋势相比，逆流而上强调"国语骑射"似乎难以被历史发展的洪流所接纳。要实现它，希望似乎非常渺茫。乾隆六年(1741)，出现"满洲子弟，渐耽安逸，废弃本务。宗室章京侍卫等，不以骑射为事，亦不学习清语，公所俱说汉话"的现象[⑦]，就连素称"兵丁之标准"的"侍卫官员兵丁俱说汉话"[⑧]。对于这些变化，乾隆帝不得不再次强调："满洲素习，原以演习弓马骑射为要，而清语尤为本务，断不可废。"同时，还决定"倘仍不学习，以致射箭平常，不谙清语者，定从重治罪"。[⑨] 事实证明，乾

① 《清实录·世宗宪皇帝实录(雍正实录)》卷八七，中华书局1985年影印版，第65页。

② 《清实录·世宗宪皇帝实录(雍正实录)》卷一三八，中华书局1985年影印版，第757页。

③ (民国)王之臣纂:《朔方道志》卷一〇《学校志》，1926年铅印本，第2页a，载:"满城维新书院，系雍正年满营筹建，为宁夏驻防八旗子弟肄业之所"。

④ 《钦定八旗通志》卷一一七，钦定四库全书本，第23页a。

⑤ 《嘉庆重修一统志》卷二六四《宁夏府·学校》，第4页b。

⑥ 李凝祥:《宁夏满族述往》，宁夏人民出版社2002年版，第88页。

⑦ 《清实录·高宗纯皇帝实录(乾隆实录)》卷一三八，中华书局1985年影印版，第987页。

⑧ 《清实录·高宗纯皇帝实录(乾隆实录)》卷一七三，中华书局1985年影印版，第213页。

⑨ 《清实录·高宗纯皇帝实录(乾隆实录)》卷一三八，中华书局1985年影印版，第987页。

隆皇帝也确实对许多"不谙清语"的旗人进行了治罪。乾隆时期"文字狱"盛行，不得否认许多"案件"都与"不谙清语"有关。比如，乾隆二十五年（1760），满洲人鄂昌的"文案"中，乾隆帝就用"忘本"来说事，他说，"近来多效汉人习气，往往稍解章句，即妄为诗歌，动以浮夸相尚，遂致古风日远。"①

此外，从参加专门为旗人设置的"翻译"科考来看，参加的人越来越少。道光八年（1828），翻译科考结束后，道光帝看到翻译科考结果非常震惊。首先从参加翻译科考的人数来说，"乾隆年间，翻译乡试，满洲约五六百人，蒙古约五六十人。本年应试人数，计考满洲翻译者，仅一百三十余人，蒙古翻译者，仅二十余人。人数既较前多寡悬殊。"其次，从中试的情况来看，"满洲翻译举子八名，内即有文理欠通，错误太甚者四名"，并决定"罚令停科"。②至道光十五年（1835），"各省满洲营则生齿日繁，习尚日漓，往往竞繁文，而薄骑射，废弃本业，别图进身之阶"③。可见，翻译科的参加人数少了，转而全部参与到科举考试中了。道光时这个巨大的转变，无疑是对满营设立"学堂"企图加强"国语骑射"最大的否定。

（三）"国语"与"骑射"被区分对待。乾隆初年，在乾隆帝内心里其实对于"国语"和"骑射"已经产生了轻重不一的念头，宫廷中"清语"更加重要，而驻防"骑射"更加重要。其谕旨中"弓马骑射为要，而清语尤为本务"，即是针对宫廷满洲而言的，尤其还强调"行在处""行走齐集处"清语"尤属紧要"。④即便清末，仍然有这种类似的做法。如光绪三十三年（1907），"京师八旗各等学堂及各省驻防学堂特设国语满文为专科"，"以期襄庙堂之隆仪"。在这之前，已经在"宗室觉罗八旗小学堂内，特设翻译课程，于国

---

① 《清实录·高宗纯皇帝实录（乾隆实录）》卷四八五，中华书局 1985 年影印版，第 75 页。
② 《清实录·宣宗成皇帝实录（道光实录）》卷一四三，中华书局 1986 年影印版，第 199 页。
③ 《清实录·宣宗成皇帝实录（道光实录）》卷二七一，中华书局 1986 年影印版，第 177—178 页。
④ 《清实录·高宗纯皇帝实录（乾隆实录）》卷一三八，中华书局 1985 年影印版，第 987 页。

语满文极为注重，钟点加多，授课甚严"。① 光绪末年，这种企图回归"国语"的努力，更像是"国语"之本彻底覆灭的"回光返照"。当然，重视宗族宫廷"国语"，并非"骑射"不重要。乾隆皇帝曾说："周家以稼穑开基，我国家以弧矢定天下，又何可一日废武？"②"武功"在乾隆皇帝的心目中占据着重要的地位，只不过旗民文化交融太快，程度日深，无法兼顾"国语"和"骑射"，只能对驻防来强调"骑射"。如：乾隆五年（1740），皇帝叮嘱宁夏满营将军杜赍"满洲人员，骑射最为紧要，不可废弛"③。显然，对驻防更加强调"骑射"，也并非在京旗人的"骑射"不重要。

此外，乾隆皇帝对于"龙兴之地"却并未区分对待"国语"和"骑射"。因为东北地区作为清朝的"大后方"，在整个清代来看，一直都受到清政府的保护，"柳条边"即为明证。同时，乾隆帝对军机大臣等人的一道谕旨，也证明了这一观点。他说："满洲原以学习清语，专精骑射为要。近多借读书为名，转荒正业。所关甚重。""令其晓谕盛京人等，嗣后务念满洲根本，勤习清语骑射，断不可务虚名而舍正业。"④

（四）"国语""骑射"区分对待，是历史的选择。设立学堂企图维系"根本"的主观愿望并未抵挡得过民族文化交融的步伐。从皇太极时期"国语骑射"产生的背景来看，开国之初为了汇聚八旗兵民的精神力量，"国语""骑射"均是区别于中原各族的最鲜明特征之一，也最容易汇聚成八旗兵民的精神力量，但是随着清朝局势的稳定，社会经济不断发展，旗民文化进一步交融，"国语骑射"的历史使命已经完成。在被迫做出选择的时候，朝廷只能让步性选择，宫廷宗室系满洲族群之本，出现了"宗室贵胄至有不能语者"⑤

---

① 《学部奏议覆八旗及驻防学堂特设满文专科折》，《东方杂志》1907 年第 4 卷第 11 号，"教育"。
② （清）昭梿：《啸亭杂录》（清代史料笔记丛刊本）卷一《不忘本》，中华书局 1980 年版，第 16 页。
③ 《清实录·高宗纯皇帝实录（乾隆实录）》卷一二七，中华书局 1985 年影印版，第 868 页。
④ 《清实录·高宗纯皇帝实录（乾隆实录）》卷五五七，中华书局 1985 年影印版，第 47 页。
⑤ （清）昭梿：《啸亭杂录》（清代史料笔记丛刊本）卷七《宗室小考》，中华书局 1980 年版，第 205—206 页。

的现象，自然要先以"国语"为重，这也是朝廷的颜面所在。再说驻防八旗，因为与土著各族民间的交往交流，说"汉话"是"刚性"需求，不用教自然都能学会。可以说，因为"需要"，说"汉话"代替了"国语"。同时，也是因为和平年代"不需要"，日渐废弃了武备。但是，不管怎么样作为凭借八旗"武功"开国的清朝，无论如何也不能放弃"骑射"这个根本。所以，这种让步虽然违背了"祖训"，但实质上是历史的选择。客观地讲，民族交融势不可挡，"国语"被抛弃是历史的选择，和平年代不注重武备也是时代背景使然，但当遇到政局不稳之时，"骑射"也许比"国语"更加实用。

此后，待到政权受到影响再重提"国语骑射"显得更加苍白无力。正如，嘉庆年间，当政权受到白莲教起义影响之时，嘉庆帝感慨："此时，设尚有其人，区区教匪，早已殄除。是今日满洲风气实不如从前之务勤本业"，"朕方谆谆以国语骑射为满洲根本，屡经训饬，尚恐未能尽副朕望。"[1]鸦片战争前夕，道光十八年（1838），受列强干扰，道光帝自省"各省额设驻防，相沿已久，立意深远，自应以骑射清语为重"[2]，但这都无济于事。

三、"国语骑射"的没落与宁夏满营学堂教育的废弛

（一）宁夏满营"国语骑射"的没落。1."国语"的没落。如前文所述，乾隆皇帝的让步性选择，导致了两方面的结果。一是，各地驻防八旗"国语"废弛似乎多了一个"政策依据"。随着驻防地旗民文化的交流交融，"国语"本来就日渐被淡出，再加上乾隆皇帝的较为"明确"的选择，乾隆年间出现了"今各省驻防旗兵，其清语率皆生涩，然音律尚不致大错，设令其汉语，则与本地汉人无异"的现象[3]。乾隆十五年（1750），福州驻防将军新柱的一封奏折，清楚地说明了这一情况，他说："福州旗兵，驻闽年久，清书

---

① 《清实录·仁宗睿皇帝实录（嘉庆实录）》卷八一，中华书局 1986 年影印版，第 51 页。

② 《清实录·宣宗成皇帝实录（道光实录）》卷三〇〇，中华书局 1986 年影印版，第 836 页。

③ 《钦定八旗通志》卷首五，钦定四库全书本，第 29 页 b。

清话，日就生疏。雍正五年，设立官学教习，但教习之员。皆本驻防之人。翻译平常。"①光绪六年（1880）六月，左宗棠收复新疆的战争中，需要从宁夏满营选调两名熟悉满语的翻译人员，但是这件事让宁夏将军善庆很为难，因为"宁夏满营，昔年承平之时，深通满、蒙、汉文义之员尚多。自遭兵燹，人数既减大半，而后学者又在锋镝、饥馑之际，粮饷两竭，以致比户无力读书"，无法选派，只能将一位副都统和一名协领派往。②可见，宁夏驻防八旗的"国语"没落到何等地步。二是，宫廷满洲中保持"国语"之本，亦不乐观。乾隆二十六年（1761），理藩院专门负责办理满洲事务的官员，"内有四人，不但清语生疏，甚至有不能者。"③咸丰初年，某新任国子监满洲司业，名叫"苏勒布"，"该员于本人之名，既不知讲解"，"不晓清语。不识清字"。④乾隆年间的理藩院、咸丰年间的国子监尚且如此，全国整体的情况，更加不言而喻。2."骑射"的废弛。一是，"劲旅"的"骑射"废弛。时至光绪年间，就连"拱卫京师"的劲旅八旗，业已"马上技艺，闲有生疏，马匹亦多疲瘦"，"骑射渐就荒废"。⑤二是，驻防的"骑射"没落。主要受八旗人口不断增长，"生计问题"日益严重的影响，加之"承平既久"吏治的腐败、列强入侵财政恶化等种种原因，驻防的"骑射"也日渐没落。道光年间，宁夏满营在道光帝的心目中，已经形成了"打仗不甚得力"⑥的印象。时至，同治元年（1862），宁夏驻防八旗兵与回民起义军作战时，出现了见敌即溃的情形⑦。具体情况，后文将专门论述。

（二）重"本"逐"末"，学习汉文化，也是统治需要。俗话说"打江山

① 《清实录·高宗纯皇帝实录（乾隆实录）》卷三七五，中华书局1985年影印版，第1148页。
② （清）宁夏将军善庆、副都统谦禧：《奏为选派宁夏满营翻绎人员驰赴新疆军营听后差委缘由恭折》，《光绪六年十一月初九日京报全录》，《申报》1880年12月26日，第2752号。
③ 《清实录·高宗纯皇帝实录（乾隆实录）》卷六四七，中华书局1985年影印版，第243页。
④ 《清实录·文宗显皇帝实录（咸丰实录）》卷一二七，中华书局1986年影印版，第252页。
⑤ 《清实录·德宗景皇帝实录（光绪实录）》卷一二〇，中华书局1987年影印版，第745页。
⑥ 《清实录·宣宗成皇帝实录（道光实录）》卷一〇二，中华书局1986年影印版，第672页。
⑦ 《清实录·穆宗毅皇帝实录（同治实录）》卷四六，中华书局1987年影印版，第1263页。

容易，守江山难"，依靠八旗制度组织起来的八旗兵民，在军中统帅兼国之帝王极力营造的民族优越感感召下，能够依靠弓马骑射攻破腐败不堪的明朝国门，肃清了其他势力、反清起义和"三藩之乱"等，但作为入主中原的少数民族，要统治以先进文化著称的如此"泱泱大国"，谈何容易。清朝统治者为了巩固统治，在保持"根本"的同时，还须得到更多支持政权的力量。不得不学习、吸收、应用，"根本"之外的汉文化。如果说，"国语骑射"是"根本"，那么汉文化只能屈居其"末"。正如嘉庆帝所言："至词章之学，本属末节。况我朝家法相传，国语骑射，尤当勤加肄习。若竟以风雅自命，与文人学士争长，是舍其本而务其末。"①

入关后，清朝统治者清楚地认识到，为了得到更多中原地区支持政权的力量，更好地发挥"满汉共治"的作用，必须主动学习汉文化。所以在不忘"本"的前提下，"末"得到了重视。雍正元年（1723）在八旗组织中设立学堂，只有教"清语""骑射"的内容，并未加入汉文化内容。雍正二年（1724）七月，雍正帝说："在京之满洲人等与盛京乌喇等处之满洲不同，文武二艺俱为不得不学之事。""满洲子弟，虽教以读书，亦不可弃置本习"②，以及乾隆帝"虽厌满人之袭汉俗，然遇宿儒耆学亦优容之"的"重读书人"③做法即为例证。但是，从旗人参加科举来看，似乎造成了"两难"。在乾隆二十年（1755），皇帝就对此有所认识。他说："八旗满洲世仆考试汉文，只缘伊等在京相沿日久，是以未经停止，然多致两误，罕有成功。"④

（三）"本""末"之间的矛盾心理。为了维护统治，清朝统治者既要"国语骑射"之本，又要学习汉文化。为了旗人的仕途，入关前，天聪年间就允许旗人参加科举⑤，但是参加科举必然研习汉文化，这就容易导致淡忘"国

---

① 《清实录·仁宗睿皇帝实录（嘉庆实录）》卷一二六，中华书局1986年影印版，第697页。

② 《清实录·世宗宪皇帝实录（雍正实录）》卷二二，中华书局1985年影印版，第361页。

③ （清）昭梿：《啸亭杂录》（清代史料笔记丛刊本）卷一《重读书人》，中华书局1980年版，第16页。

④ 《吉林通志》卷一《圣训志一》，光绪十七年（1891）刻本，第26页a。

⑤ （清）徐珂：《清稗类钞》，中华书局1984年版，第589页。

语骑射"的"根本"。康熙年间，又逐步开始专为旗人设"翻译"科，专门考满汉翻译。① 乾隆时期，鉴于"满洲奴仆，学习翻译，虽系当务，但骑射终为根本，不能骑射，徒精翻译，亦复何用？"，遂又对"翻译"科进行了改革，"以凡考试时，特派王大臣，先看马步骑射。"② 统治者能做的就是要求旗人在应试入场之前，测试弓马骑射。当然这种测试更像是一种形式和"过场"。统治者在"文举""翻译"之间本来就存在一种矛盾心理。在学习汉文化方面，更加矛盾。

这种矛盾心理，一直困扰着清代各朝帝王。雍正二年（1724）七月，雍正帝就曾透露出类似的矛盾心理。他说："今若崇尚文艺，一概令其学习，势必至一二十年，始有端绪。恐武事既废，文艺又未能通，徒成两无所用之人耳。"③ 乾隆时期，仍然延续着雍正的这种心理。"恐满洲人等，惟务虚文，不敦实行，以致旧日淳朴素风，渐至废弃耳。乃蒙我皇考早鉴，及此谆谆戒谕。以满洲，惟务读书，傥不能精诣优通，恐武事既废，文艺又未能通，徒成一无用之人耳。"④ 嘉庆时期，依然如此，他说，担心宗室"专攻文艺，沾染汉人习气，转致弓马生疏"⑤。还曾一度"将新进生员归入府学约束"，而府学的"教官于清语骑射，皆不通晓"，遂又撤回满营，但是他们的"其月课文艺，则交府学阅看"。⑥ 道光时，皇帝发现"承平既久，积弊日深"后，决定"大加整饬"，"各省驻防，则革除浮靡（按：即汉文、文学），勤习骑射"。⑦ 可见，在清朝统治者的心目中，"末"虽然需要，但是随时可以弃之不用，关键的时候还要凭借"骑射"。

---

① （清）徐珂：《清稗类钞》，中华书局 1984 年版，第 589 页。

② 《清实录·高宗纯皇帝实录（乾隆实录）》卷一〇七七，中华书局 1985 年影印版，第 470—471 页。

③ 《清实录·世宗宪皇帝实录（雍正实录）》卷二二，中华书局 1985 年影印版，第 361 页。

④ 《吉林通志》卷一《圣训志一》，光绪十七年（1891）刻本，第 38 页 b。

⑤ 《清实录·仁宗睿皇帝实录（嘉庆实录）》卷三九，中华书局 1986 年影印版，第 459 页。

⑥ 《清实录·仁宗睿皇帝实录（嘉庆实录）》卷七一，中华书局 1986 年影印版，第 952 页。

⑦ 《清实录·宣宗成皇帝实录（道光实录）》卷二七一，中华书局 1986 年影印版，第 178 页。

这种无比复杂的矛盾心理，本身就经不起考验，也让人无法把握其中的"度"。比如，有人给嘉庆帝奏请"满州子弟，宜于十五六岁以前，专责以熟读经书，讲明理义，俟心性融澈，精力完固，再责以骑射翻译"。可以看出，这条建议，目的是让满洲的孩子们小的时候先学好汉语，然后再学"清语"，进而可以将翻译学得更好，而此时学习骑射因为体力渐壮，可以更好地"骑射"，但是嘉庆帝不这么认为，他认为"满洲国语，本应不学而能，而骑射亦须童年练习"，并且驳斥道："从前定鼎之初，满洲人材，并未娴习汉文，不能汉语，而建功立绩，勋业昭然。"[1]嘉庆帝对于时代之变完全置若罔闻。大概清代旗人知识分子徘徊在"本""末"之间，尤为作难。想必"乾嘉考据之风"即与此矛盾心理不无关系。随着，旗民文化的不断交流交融，整个旗人的内心世界，必然会历经"大浪淘沙"的过程。这一过程与始终困扰旗人的"生计问题"交织在一起，无疑会更加容易动摇旗人"国语骑射"的信守。

（四）宁夏满营学堂的废弛。1."生计问题"日益严峻，满营学堂有名无实。宁夏满营学堂受"生计问题"的困扰更加严重，道光以来，本来满营各项费用都日趋紧张，再加上如前所述，同治年间的回民起义，满营里的人口损失将近一半，出现"满城旗户，饷需不继，每月饿毙者，至二百余名之多"的惨象[2]。"学者又在锋镝、饥馑之际，粮饷两竭，以致比户无力读书，因此文教废弛"[3]。到了光绪年六年（1880），朝廷要求向新疆左宗棠兵选派两名熟悉满语的翻译人员都很困难。

2.满营学堂改中小学堂。光绪二十八年（1902），有人奏请朝廷，鉴于"各省驻防，亦有设立八旗官学及书院者，类皆延聘蒙师数人，山长

---

[1] 《清实录·仁宗睿皇帝实录（嘉庆实录）》卷八一，中华书局1986年影印版，第51页。

[2] 《清实录·穆宗毅皇帝实录（同治实录）》卷八六，中华书局1987年影印版，第808—809页。

[3] （清）宁夏将军善庆、副都统谦禧：《奏为选派宁夏满营翻绎人员驰赴新疆军营听后差委缘由恭折》，《光绪六年十一月初九日京报全录》，《申报》1880年12月26日，第2752号。

一人，虚縻经费，有名无实"，建议"仿照府县各书院，一律改为小学堂。将来小学堂卒业后，即送本省中学堂，由此递升，并许其出洋游学游历"。① 朝廷决定"各省驻防官学书院，一律改为小学堂"②。从此，旗人和汉族的"双轨制"教育模式宣告结束，"国语骑射"的根本彻底破产。光绪三十二年（1906），"设立宁夏驻防中小学堂各一区。"③ 次年（1907）十一月，"宁夏驻防创设中小学堂，现已开办。"④ 实际上宁夏满营的中小学堂是在满城内新建的，共需 9500 余两白银。其中，甘肃省政府拨款 5000 两，其余经费来自宁夏满营变卖 400 匹马，以及朝廷同意创办中小学堂至卖马之日，共一年的马干银。⑤ 清初，朝廷为了巩固"国语骑射"的"根本"地位，在旗营中创办学堂。到了清末，变卖满营的马匹，用以兴建、运行学堂改置的府县中小学堂。这种颇具戏剧性的转变，是旗民文化交融的必然结果，是历史的选择。在这种历史潮流面前，任何帝王的主观意愿都将被无情掩埋。

3. 满营中小学堂全部改为小学，民国初年改为宁朔县小学。宣统元年（1909），鉴于"宁夏满营，前设中小学堂，惟学生程度，于中学不及"，又将中小学堂全部"改为高等小学、初等小学各一区"。同时，"又设两翼蒙学堂二区""清文学堂一区"。⑥ 企图再次加强"清文"教育，但在辛亥革命浪潮日益兴起，革命思想日渐深入人心，"清文"教育也终将寿终正寝。民国四年（1915），宁朔县治所移驻满城内，满营中小学堂改为"宁朔县第一高级小学校"⑦。

---

① （清）翰林院侍读宝熙：《奏请变通宗室八旗学校章程折》，《申报》1902 年 3 月 7 日，第 10372 号。

② 《清实录·德宗景皇帝实录（光绪实录）》卷四九三，中华书局 1987 年影印版，第 520 页。

③ 《清实录·德宗景皇帝实录（光绪实录）》卷五六〇，中华书局 1987 年影印版，第 415 页。

④ 《清实录·德宗景皇帝实录（光绪实录）》卷五八三，中华书局 1987 年影印版，第 705 页。

⑤ 《分类新闻·学务·宁夏都统奏报开办学堂情形（甘肃）》，《申报》1907 年 12 月 31 日，第 12547 号。

⑥ 《清实录·大清宣统政纪》卷一四，中华书局 1987 年影印版，第 284 页。

⑦ （民国）王之臣纂：《朔方道志》卷一〇《学校志》，1926 年铅印本，第 2 页 a。

第三节　清代宁夏驻防旗人取名变迁及姓名特征

一、禁令中不断汉化的旗人姓名

旗人的姓名特征的变化主要受三个主要因素的影响。一是满洲本身的文化传统；二是中原汉文化；三是朝廷对于旗人取名的限制。前二者是一种自然而然的历史演进过程，而朝廷对于取名的限制，则是人为因素强行干涉。表面来看，主要是受"国语骑射"政策的影响，实质上是清朝统治者为了维系民族血统而为之。比较突出的表现是，清朝统治者基于"姓氏乃旗人根本，甚关紧要"[①] 的认识，在乾隆、嘉庆、道光三朝尤其注重满洲、蒙古旗人不得"依附""牵混"汉姓。如：乾隆十九年（1754）十月，当皇帝看到蒙古旗人，知县"甘珠尔"，将名字写为"甘露珠"时，称"从前朕曾降旨，满洲人等，不许照依汉人取名"，还出现这种情况，"甚属悖谬"，要求立即改正，并决定"所有满洲蒙古官员之名，于写汉字时，只按满洲字语气写，毋得似此混取汉字之义，希图成话，反致将满洲、蒙古话所取之名废坏"。如果官员中有这种情况，"俱着改写"。[②] 但是当时随着社会的发展，满汉之间的交往越来越频繁，汉族文化对旗人形成了巨大的，不可抵消的吸引力，仅仅依靠皇帝的谕旨，已经无法阻止旗人文化与汉文化的日渐交融。兵部、吏部落实这一规定也非常缓慢，阻力重重。此后，仅一年时间，乾隆二十年（1755）十一月，兵部"进呈本"中出现了姓名为"何督"的满洲人，乾隆帝当即要求，既然是满洲人，"或'和'或'赫'，'何'字不可书写"，并下

---

① 《清实录·高宗纯皇帝实录（乾隆实录）》卷六一四，中华书局 1985 年影印版，第 911—912 页。

② 《清实录·高宗纯皇帝实录（乾隆实录）》卷四七五，中华书局 1985 年影印版，第 1136 页。

令今后如果还有"混写者，必当重惩其罪"。①"重惩其罪"的威慑之下，是否能够阻止满蒙旗人在姓名之中向汉文化靠近呢？事实证明，即便是有至高无上之权力的皇帝，其"良苦用心"也不能与驻防八旗与土著民族交融的历史进程相抗衡。

乾隆四十年（1775），皇帝因义州的知州姓名为"燕都"，因"似燕姓汉人"②，责令其改名，并未"重惩其罪"。四十三年（1778），就连专门供旗人科考的"翻译"取试中，中举的举人也出现了"陶光""郭布亨"等鲜明的汉姓名字。乾隆帝当即下令，"将'陶'字改为'弢'字，'郭'字改为'国'字"。为了再次严肃这项禁令，皇帝举了两个大学士的例子，一是大学士傅恒以"'傅'字姓其诸子"，皇帝令"傅"改为"福"；二是大学士阿桂前后三代均以"阿"字冠于名字之前，"恐其家遂以'阿'为姓"。令其第四代开始"名首不必沿用阿字"，用以强调不得"妄效汉姓，不特遗忘根本"。同时，重申了这项禁令，通令各省"如有效尤者，定行治罪"。③

此后，乾隆四十八年（1783），皇帝看到正黄旗蒙古人，"甘肃永安营游击光明福"的名字后，因"竟类汉姓人名，观之殊觉不顺"，但也并未治罪，只是再次强调"八旗满洲蒙古都统，嗣后旗人内，有类此命名，似汉人者，着永行禁止"，④ 但是，乾隆五十九年（1794），满洲起家的东北盛京，有一名将要任职为防御的满洲人，名叫"张保住"⑤。可以说这一名字给予乾隆帝之前无数个禁令以强烈的"反击"，前述"燕都""阿桂""傅恒"等名字中的姓更像是满洲人的姓，也被皇帝责令改掉。乾隆末年，"张保住"这个姓名无疑是一个典型的汉族人姓名。一边乾隆帝在三令五申禁止，一边旗人百姓在逐渐深入吸收汉文化，满汉文化交流交融日益加深。

① 《清实录·高宗纯皇帝实录（乾隆实录）》卷五〇〇，中华书局 1985 年影印版，第 305—306 页。

② 《清实录·高宗纯皇帝实录（乾隆实录）》卷九八八，中华书局 1985 年影印版，第 186 页。

③ 《清实录·高宗纯皇帝实录（乾隆实录）》卷一〇六二，中华书局 1985 年影印版，第 206 页。

④ 《清实录·高宗纯皇帝实录（乾隆实录）》卷一一八三，中华书局 1985 年影印版，第 847 页。

⑤ 《清实录·高宗纯皇帝实录（乾隆实录）》卷一四六六，中华书局 1985 年影印版，第 587 页。

经历了乾隆时期的"屡禁不改",时至嘉庆、道光时期,禁令仍然要坚持,但在沿袭禁令的过程中,也有所改变。嘉庆十二年(1807),皇帝看到"达冲阿"的名字中"截用"满语"冲阿"二字,"似将达字作为姓氏"后,通令八旗"嗣后凡以清语取名者,俱着全书,不得截字书写"。① 可见,嘉庆帝对于旗人名字中的"姓"仍然非常关注、非常敏感,但是嘉庆朝的禁令已不如乾隆那么严格。嘉庆二十年(1815),规定"旗人命名,有取汉文字义者,不准连用三字"。就是说旗人可以用汉文的字义来取名,但是不得"连用三字"。其实这么限制字数,还是与不准用"汉姓"有关。道光时期,对这一禁令进行了重申。② 社会历史的发展,不会因为帝王的某些苍白无力的禁令而停滞不前,旗人文化与中原文化交融的步伐,并未因乾隆、嘉庆、道光帝的禁令而停滞。嘉庆帝和道光帝对于禁令的"变通"执行,也是对此观点的一个有力证实。更加有力的证实,应当算是旗人吸收汉文化的步伐并未停滞过。可谓是"上有政策、下有对策",时至咸丰以后,为了规避禁令,但是又抵挡不了汉文化的影响,旗人的名字中竟然出现了让人"啼笑皆非"的现象。

咸丰四年(1854),某新任的国子监满洲司业,名叫"苏勒布",咸丰帝见到后,认为其姓名"不成清语"(按:显然是冠以汉姓的名字),所以差遣军机大臣去询问他,但是"该员于本人之名,既不知讲解,即折内字句,亦均不能认识",该官员"不晓清语,不识清字"。③ 再如,光绪四年(1878),在一桩案件中,皇帝发现,奉天在籍刑部候补员外郎,满洲镶红旗人,名"章魁升"。经核查"章魁升,即系魁升"。"章"是汉族传统姓氏,"魁升"则是旗人名字。该员外郎取名"章魁升",虽然是用了三个汉字,但是并非三字都"汉文字义"。嘉庆帝规定,以汉文字义取名时,不得连用三个汉字。这种做

---

① 《清实录·仁宗睿皇帝实录(嘉庆实录)》卷一八三,中华书局1986年影印版,第410页。
② 《清实录·宣宗成皇帝实录(道光实录)》卷一一九,中华书局1986年影印版,第1002—1003页。
③ 《清实录·文宗显皇帝实录(咸丰实录)》卷一二七,中华书局1986年影印版,第252页。

法，既规避了这一禁令，又有了"汉姓"。当然，这种做法与历朝皇帝保持血统的初衷，有所偏离，所以光绪帝不得不又发出一条新的禁令。即"嗣后满洲蒙古员名，不得添写汉姓，以符定制"①，对嘉庆帝的禁令进行了完善。

　　总而言之，清代对于旗人取名有过诸多限制，但是各民族文化的交流交融是任何力量无法阻止的。"禁令"也在不停地调试，以适应这种不可阻挡的融合之势。整体来看，旗人的姓名经历了从纯粹满语取名，再到兼顾汉语字意的大转变过程。在时间上来看，旗人姓名的这一转变过程，与清代由盛转衰的历史过程基本吻合。可以说，以乾隆二十一年（1756），允许驻防八旗在驻防地统一划拨坟茔地为标志，此后随着经济社会的发展，八旗人口剧增，旗人"生计问题"日渐突出，加之嘉庆以来阶级矛盾不断加深、列强入侵，旗人的"优越感"越来越小，与"民人"被剥削阶层的"阶级认同感"在不断上升。这一过程无疑为满汉文化的深入交流交融创造了条件。在这种背景下，旗人取名方式自然而然地会向汉族接近。时至辛亥革命前夕，伴随着"革命排满"及辛亥革命以后反动军阀及国民党的民族歧视政策，旗人完全进入了被迫向汉族文化、习俗无限接近的时代。这也是旗人姓名彻底"汉化"的时期。

　　需要特意说明的一点是，不仅旗人的姓名有"汉化"的现象，汉族人姓名也有"满化"的现象，主要是汉军八旗中"以旗籍自炫者"②中存在这种现象，但是为数极少。当然这种现象，恰巧也是旗民文化交往交流交融现象的另一面。

二、宁夏驻防旗人姓名特征

　　在这里，笔者主要通过民国初年，甘肃巡按使署向宁夏满营孤寡稚子

①　《清实录·德宗景皇帝实录（光绪实录）》卷六九，中华书局 1987 年影印版，第 77 页。

②　（清）徐珂：《清稗类钞》，中华书局 1984 年版，第 2144 页。

发放生计银的名单（全文见附录，下文简称《清册》），对宁夏驻防旗人的姓名特征进行分析。《清册》中共有357人的生计银发放情况，345条发放生计银的记录（有的一条记录包含2—3人），306个驻防旗人姓名。《清册》包括了满营将军、副都统以下，协领、佐领、防御、骁骑校、前锋、马步甲等各级八旗官兵的名字，具有较强的代表性。从取名规则来看，可以分为三种类型，一是完全按照旗人传统取名；二是兼容满汉取名规则；三是纯粹汉族取名规则。从用字范围来看，用字的重复率较高。从用字特征来看，"恩""惠""赏"等字眼较多。

（一）取名规则。1.纯粹的传统旗人取名规则。这类名字仅顾及满语的意思，音译为汉字时并不考虑汉字字意。从汉字字意来看，完全看不出是什么意思，可以说完全体现不出"汉化"迹象。这类旗人姓名比较普遍，在名册中共有50人左右，约占六分之一。如"阿江阿""阿南达""丙辰""丙寅""波冲武""波勒堪""布罕""布勒占""布占""布珍""查伦""查兴额""达巴里""达巴礼""达罕""都纳""多普屯""鄂勒春""斐什堪""芬车贺""嘎鲁台""庚申""罕都里""甲申""甲寅""喀屯""库莫切里""郎查""勒尔锦""鲁克都""马哲克拣额""呢克图""裴业勒恩""七十一""萨碧图""舒什贺""塔罕""塔奇先""图且春""图挖奔""团多""温多尔""乌勒金""辛卯""雅凌阿""伊拉奔""依呢阿""扎萨柯""珠挖里"等。学界普遍认为，清末，纯粹的满洲人传统取名方式来取名已不多见，已经被汉化。如前述《满族历史与文化简编》认为，"接触汉文化后，满语命名首先要斟酌汉义"，"清后期索性以汉字起名"，[1] 但是从宁夏驻防旗人的姓名来看，即便在清末，仍然有许多沿用这种古老的取名方式取名的情况。

这种取名规则被统称为"通古斯族命名法"[2]，与蒙古人取名及女真人取名兼有相通之处。主要分为以下几种情况：一是以出生年月、时辰取名的。

---

[1]　金启孮、张佳生：《满族历史与文化简编》，辽宁民族出版社1992年版，第93页。

[2]　金启孮、张佳生：《满族历史与文化简编》，辽宁民族出版社1992年版，第93页。

如"甲寅""丙辰""庚申""丙寅""甲申""辛卯"等6人。这种取名方式是旗人以"出生的季节、时辰命名"①规则的延续和发展。二是以美好事物、寓意取名的。如"萨碧图"（满语，麒麟之意）、"图挖奔"（满语，景致之意）、"珠挖里"（满语，夏天之意）、"塔先奇"（满语、教诲之意）、"勒尔锦"（心胸宽大之意）等等②。三是以祖上的名字为名的。如"勒尔锦""萨碧图"等就是沿用清初其祖上之名。四是以数字取名的。如"七十一"。这种取名方式在其先世女真族中就有③，一直流传到清末。至于为什么用数字取名，在清代官修典籍中未发现有关记载。学界一般认为是出生之年是其"祖父母、父母的年岁"④。如杨英杰先生《清代满族风俗史》中就认为"以长辈某人年龄命名"⑤；金启孮、张佳生先生主编的《满族历史与文化简编》中也认为，因满族人"敬老之俗"非常浓厚，这种取名方式是为纪念祖父年岁⑥。李凝祥先生《宁夏满族述往》中认为，这种数字取名法或者是"富有纪念意义的数字"或者是"用其祖父的年岁数命名"，而且认为这种取名方法在"宁夏满城旗人中较为盛行"。⑦

2.满汉兼用的取名规则。主要有以下几个特点：一是兼顾重视出生时间之取名传统和汉字字意。如"庚俊""庚祥""昆卯""昆寅"等名字。其中，从"庚""申""卯""寅"等字眼来看，传承了满洲人按照出生年月、季节、时辰的取名之风；再从"俊""祥""昆"等字眼来看，又结合汉字字意取名。无疑这是旗人深入接受汉文化后，在取名文化中集中体现这一变化过程的现象。二是兼顾重视出生时间之取名传统和汉化后的旗人姓氏。如"吉年""吉春""景春""常申"等名字。其中，"年""春""申"等字眼都传承了出生

---

① 杨英杰：《清代满族风俗史》，辽宁人民出版社1991年版，第149页。
② 满语含义，蒙辽宁省民族宗教联络与舆情中心吴智嘉先生见告。
③ 张佳生主编：《满族文化史》，辽宁民族出版社2013年版，第594页。
④ 张佳生主编：《满族文化史》，辽宁民族出版社2013年版，第595页。
⑤ 杨英杰：《清代满族风俗史》，辽宁人民出版社1991年版，第148页。
⑥ 金启孮、张佳生：《满族历史与文化简编》，辽宁民族出版社1992年版，第93页。
⑦ 李凝祥：《宁夏满族述往》，宁夏人民出版社2002年版，第80页。

时间取名之风；"吉""景""常"等都是汉化了的旗人姓氏。三是兼顾旗人姓氏和名的用字字意。这种情况最为普遍。比如，汉化后的旗人姓氏"安""柏""常""国""和""景""吉""魁""林""强""庆""荣""书""佟""文"等等。姓名如"安惠"、"柏亮"、"常斌"、"常祥"、"国祥"、"国勇"、"国梁"、"和敏"、"和勋"、"景泰"、"景玉"、"吉升"（镶红旗人）、"吉陞"（镶蓝旗人）、"魁福"、"魁庆"、"林秀"、"强志"、"强谦"、"强惠"、"庆喜"、"庆贵"、"庆昌"、"荣琪"、"荣寿"、"荣茂"、"荣贤"、"书明"、"书琴"、"佟有"、"文广"、"文惠"、"文才"等等。

3.纯粹的汉人取名规则。主要特点是不考虑姓氏，仅取汉字中美好字意的词汇为名。比如对长寿、吉祥、幸福等的向往。这类名字更像是汉族人的"小名"或者"名"。比如"秉均""秉贤""长寿""长命""长存""多福""多祥""定有""来寿""连吉""锦春""锦荣""俊杰""如茂""如祥""如肃""瑞祥""瑞昌""双才""祥陞""祥惠""兴才""兴禄""旭燕""秀瑞""彦丰""永寿""永贤""永昌""永康""有连""有年""增寿""增庆""增福""忠厚""志信""珍元""振直"等。

（二）宁夏驻防旗人取名用字字意特征。除上文所述，旗人在取名时和汉族一样，有追求长命百岁、多福、吉祥等特点外，旗人在取名用字时还有相对独有的特点。如名字中"恩""惠""赏"等字眼的使用。姓名如"恩惠""恩存""恩厚""恩宽""恩升""恩泽""恩成""恩瑞""固赏""强惠""荣惠""安惠""元惠"等。再加上"连根""荫厚"等名字，不免让人联想到200余年以来，八旗制度捆绑下的八旗百姓对于朝廷恩赏的"依赖"心理。仔细琢磨，实际上这并不是依赖，而是旗民百姓对于美好生活向往的一种表达方式，就像现在生活中还有许多人在无奈的时候，会对"老天"有所依赖一样。证明这一观点，最有力的证据就是他们的名字中还有"赏德""赏才""德恩"等。"德"与"才"是无法赏给的，也是无法依赖的。实际上这些名字就同"双才""兴才""文才""德懋""德顺"等名字一样，就是旗人百姓对于"德"与"才"向往的一种表达。此外，名字当中还能够体现八旗驻防的军事性特征，比如，"勋"字的使用，"保勋""普勋""如勋""和勋""铁勋"等，再如，"固番""庆勇""胜祥"等。

（三）宁夏驻防旗人取名用字范围特征。1.用字范围小。笔者在研究过程中发现宁夏驻防旗人取名应用汉字的范围较小，不同的旗人名字中会出现许多相同的汉字。比如，前述《清册》中，涉及 306 人的名字。这些名字所有的汉字总数是 650 个，但是不重复的字仅有 244 个。言下之意，这 306 个名字的 650 个字中，有 406 个汉字是重复出现的，汉字重复率达 62%。其中，"荣""祥""恩""文""昆""元""惠""景""如""永"等字眼，重复率占据前十位，重复出现在 10 次以上。重复 5 次以上的字眼达 41 个。此外，重名现象也比较普遍，306 个名字中，重名的有 29 人，重名率接近 10%。

2.同一汉字的繁体与简体写法，出现在不同的名字中。"云"与"雲"、"升"与"陞"、"尔"与"爾"、"庚"与"賡"等均在《清册》中同时出现。比如姓名，"景云""云祥""青雲""忠雲"，"恩升""懋升""祥陞""多陞"等。同时，也有同一人名字，用繁体和简体不同写法，比如，"勒尔锦"与"勒爾锦"实为一人，是镶黄旗骁骑校。但也不能笼统地认为，繁体和简体的写法是当时执笔人随意性导致的。因为，繁体和简体实际上还被用来区分同名之人。比如，"吉升"是镶红旗马甲，而"吉陞"则是镶蓝旗马甲；"庚祥"是正红旗前锋，而"賡祥"则是正红旗马甲。

3.重名现象比较普遍。如上所述，有的重名用繁体字和简体字写法上进行了区别，尽管如此，重名现象仍然比较普遍，另有 25 人重名，甚至还有三人重名现象。比如，"广林"一为正黄旗马甲，一为正红旗领催；"锦春"一为镶红旗稚子，一为镶红旗马甲；"呢克图"一为镶红旗马甲，一为正黄旗马甲，一为正黄旗前锋；"强谦"一为镶蓝旗骁骑校，一为镶蓝旗马甲，一为正白旗人；"荣敬"一为镶黄旗稚子，一为镶白旗稚子，一为镶蓝旗稚子；"如霈"一为镶红旗稚子，一为镶黄旗防御；"萨碧图"一为镶黄旗步甲，一为正白旗步甲；"赏才"一为正黄旗马甲，一为正白旗人。"双才"一为正白旗稚子，一为正黄旗马甲；"文惠"一为正黄旗马甲，一为镶红旗马甲；"祥惠"一为正蓝旗稚子，一为正白旗前锋。

此外，《(民国)朔方道志》所载清代宁夏旗人武举人共 32 人，其中就有 6 人与民国四年（1915）《清册》的名单重名。可以说旗人姓名中的重名现象俯拾皆是。现将《(民国)朔方道志》中的清末满营"武举"名单① （表中简称"《道志·武举》"）和上述《清册》中的重名情况，制表如下：

宁夏驻防旗人重名对照表

姓名	《道志·武举》及第时间	《清册》中的身份	备注
魁福	光绪乙亥（1875）并补丁卯（同治六年，1867）科武举	正蓝旗已故马甲	
景云	光绪二年（1876）武举	镶红旗已故马甲	
景秀	光绪八年（1882）武举	厢（镶）蓝旗已故马甲	
呢克图	光绪十一年（1885）武举	正黄旗已故前锋正黄旗已故马甲镶红旗已故马甲	此正黄旗已故前锋呢克图与该武举应为同一人。此外两个均为重名
文云	光绪十四年（1888）武举	正红旗已故马甲	
恩瑞	光绪二十三年（1897）武举	镶白旗已故步甲	

按照清代满营实际，八旗兵丁中武举之后，都会以前锋及以上营官来"恩遇"。比如，《(民国)朔方道志》所载，光绪十四年（1888）武举绰哈泰，在光绪二十六年（1900）已经任"防御"②，光绪二十九年（1903）已经任"协领"③、宣统三年（1911）以协领之职"护理宁夏副都统"④，1912 年任副都统⑤。所以中为武举之人仍然是马甲的情况是不存在的。可以判定，以上均为重名现象。

---

① (民国)王之臣纂：《朔方道志》卷一八《人物志三》，第 16 页 b—第 27 页 a。

② 《兰州官报》（光绪二十六年十二月十三日），《申报》1901 年 4 月 6 日，第 10043 号。

③ 《军事·宁夏将军色（色普征额）奏报剿平窜匪折》，《东方杂志》1904 年第 1 卷，第 5 号。

④ 《清实录·大清宣统政纪》卷五五，中华书局 1987 年影印版，第 989 页。

⑤ 《命令·十月初六日临时大总统命令》，《申报》1912 年 10 月 8 日，第 14236 号。

（四）用字范围及重名现象的原因分析。清末宁夏驻防旗人名字中所用汉字范围小，重名现象较普遍，原因大概有以下几点：一是与满洲传统取名规则有关。比如出生时间取名规则中，十二时辰的选择，还有干支纪年（月）法、出生季节、出生时长辈年龄、沿用祖上之名等取名规则实际上都将取名用字的范围缩小了。二是与通古斯取名规则中"称名不称姓"的习惯有关。久而久之，旗人在取名的时候要么在其姓氏中取一个字，或者一个发音相近，抑或意思相近的字作为姓，要么干脆不称姓，只取名。这样一来，就出现了如前所述，旗人取名像汉族"小名"或者"名"的现象，但是在旗人与驻地民族长期交流交往交融中，汉族取名的辈分观念会对其造成一定影响。旗人父母在给自家孩子取名时，往往会取一个相同的字以表示"手足"之意。如道光年间，蒙古旗人布里讷什，"为作子取名福恩、福康。"[1] 三是与清代朝廷为保持其民族血统，一直强调的"国语骑射"对满蒙旗人取名限制有关。四是与旗人长期以来受到八旗制度的捆绑有关。比如前文所述的"恩""惠""勋"等字眼的大量使用。五是与汉族取名追求幸福、长寿、吉祥等习俗有关。

（五）旗人取名特征与民族交融的关系。宏观来看，旗人取名规则和特征与汉文化密切相关。随着汉文化吸收程度的提高，旗人的姓名中受汉文化的影响就越大，但是这种影响不宜过分扩大。因为从前述这份清末的旗人《清册》中纯粹通古斯族传统取名规则所取名字的数量和占比情况来看，即使经过了200余年的交流交往交融，到了辛亥革命前后宁夏驻防旗人用这种规则取名的现象仍然可以占到六分之一。可见，清末宁夏满汉文化的交融程度。为了进一步说明这个问题，在这里仍然以《（民国）朔方道志》所载的清代宁夏满营武举名单为例。在32个满营武举人的姓名中，有"西塔珲""额尔诺""魁福""绷僧额""托伦""依精额""科尔钦""玻冲额""特屯""凌山""玛启""呢克图""勒冲额""绰哈泰""依尼克""绰启""多恩珲""叶普肯""佛

---

① 《清实录·宣宗成皇帝实录（道光实录）》卷一三六，中华书局1986年影印版，第96页。

色春""堂乌里"①等20个纯粹通古斯族取名法所取之名，占满营举人总数近三分之二。这一比例更加能够说明清末宁夏满汉文化虽然历经200余年的交流交融，但是满洲文化符号仍然有所保留。

第四节　烟毒与清代宁夏驻防八旗

一、宁夏驻防旗人沾染烟毒的时代背景

鸦片从药物逐渐变为戕害国人的"毒"。鸦片本来是一味药材，在人类文明中有着悠久的历史，但在中国近代史上却是臭名昭著。"鸦片"是英文"opium"的音译，根据民国时期郑宗荣的《鸦片之源流》考述，早在公元前5世纪希腊语中就有"opion"一词，拉丁语中有"opium"一词。鸦片由罂粟的青果汁液熬制而成，在我国"罂粟"的名称共有"赛牡丹""莺粟""米囊"等16种（按：官方文书中，往往还有其贬称"妖卉""恶卉"等）；"鸦片"名称有"洋烟""黑物""洋药土""膏土"等26种之多。早在唐代玄宗时期，陈藏器所撰《本草拾遗》中就有"罂粟"的相关记载。随着唐宋时期的海上往来贸易逐渐频繁，作为药材的鸦片逐渐成为常规进口物品。时至明清之交，受国外吸食鸦片影响，在台湾和广东等地吸食鸦片之风也已悄然兴起②。最初吸食鸦片之人都是很有"雅兴"的权贵，但是"上行下效"在社会风气领域一直是颠扑不破的铁律，权贵们吸食鸦片被普通人等效仿是再自然不过的事。雍正七年（1729）朝廷规定"侍衙官员军民人等吸食鸦片者，以违刑律治罪"③。可以说，这是第一个针对鸦片的禁令。但"它不过

---

① （民国）王之臣纂：《朔方道志》卷一八《人物志三》，第16页b—第27页a。

② 郑宗荣：《鸦片之源流》，《国学论丛》1927年第1卷第1号，第267页。

③ 姚薇元：《鸦片战争史实考》，人民出版社1984年版，第12页。

是在效法此前所颁布的禁止吸食烟草的法令"①，并未从源头上对鸦片进口进行限制。乾隆四十五年（1780），朝廷开始加征鸦片进口税，不但未对鸦片进口形成打压态势，恰好相反，使得鸦片贸易变得合法化了。嘉庆十八年（1813），皇帝谕旨对于吸食鸦片的官员要撤职并处以刑罚，对于其他人吸食鸦片要处以杖刑、枷号。道光十年（1830），皇帝颁布谕旨对于种植罂粟的要严惩。但这些禁令并未从根本上解决已经形成蔓延之势的烟毒问题。反而导致了两个突出问题，一是鸦片贸易由公开合法变为走私；二是促成了本土种植罂粟的兴起。史料记载，道光十八年（1838）十一月，有人奏陈道光帝，"云南地方寥廓，深山邃谷之中，种植罂粟花，取浆熬烟，其利十倍于种稻。"而"自各衙门官亲幕友跟役书差以及各城市文武生监商贾军民人等吸烟者十居五六"。②此时，云南不仅广泛种植罂粟、熬制鸦片，吸食鸦片的人占到百分之五六十。道光十二年（1832）六月，"云南贵州四川等省罂粟遍地"③。

本土种植罂粟制造"土药"比"洋烟"成本低，更容易在民间广泛流通交易。这就导致了吸食鸦片在清中期以后日渐风靡。当"烟民"已经成为一个庞大的群体的时候再行禁烟，只会导致鸦片走私和"自产"。无论是走私鸦片还是"自产"鸦片，在封建的官僚体制下，官员都会在其中兴风作浪，为虎作伥，导致鸦片的数量不会减少，相反会日渐泛滥。在城市里烟馆林立蔚然成风。进进出出的"烟民"当中有各级满汉达官权贵，也不乏举债吸食的"烟鬼"，甚至乞丐。在乡下"睡床即为烟榻""灯火彻夜不眠"，男女老幼不乏其人。

清代满汉官员本身对于鸦片的弛与禁持不同意见。腐败的大清官僚不仅仅从吸食鸦片中得到了短暂的"快意"，而且从中谋取了黑心的利益。文献

---

① ［法］包利威著，袁俊生译：《中国鸦片史》，中国画报出版社 2019 年版，第 134 页。
② 《清实录·宣宗成皇帝实录（道光实录）》卷三一六，中华书局 1986 年影印版，第 923—924 页。
③ 《清实录·宣宗成皇帝实录（道光实录）》卷二一三，中华书局 1986 年影印版，第 141 页。

记载，黄爵滋给道光皇帝上奏了一折，表示因为鸦片毒害，白银外流现象越来越严重，银贵钱贱愈演愈烈，应当严禁鸦片。对于知法犯法的官员更应严加制裁。道光皇帝看过后，并没有什么主意，因为他小的时候就吸食鸦片。[①] 所以，他决定就禁烟与不禁在各省大员中进行征求意见。征求意见的结果是"赞成派与反对派的票数是8对20"[②]。主张弛禁者远远超过主张禁烟者。各省大员中反对者如此之多，在封建官僚体制中必然上行下效。在鸦片只能走私交易的背景下，此等官员们或者已经形成了既有的利益链，甚至有衙役胥吏售卖鸦片等"愈禁愈烈"的怪现象。

内部治理烟毒出现"监守自盗"现象。道光年间，内阁御史许汝恪在给皇帝的奏折中讲明了其中的道理。他说："在官人役查拿烟案，或得财故纵或得土分肥。现在售烟者多系此辈。"他还发现自从严禁鸦片以来，查办的案件为数很多，唯"独在官人役从无一人犯案"。这一现象并非这些胥吏真的远离鸦片，而是"拿烟之人即系吸烟之人"。在查获烟土之后往往据为己有，肆意吸食，并且伺机出售。[③] 宣统元年（1909）宁夏将军给皇帝的奏折中有如下记载，"管局（戒烟局）佐领庚寅、防御柏寿先行犯禁。该员虽已戒断，其家中男妇，仍明目张胆开灯私吸。甚至亲戚以其家为护符，公然在彼吸食。柏寿则为其妻徇隐，并未实戒。局员如此，则搜查必不认真，纷纷效尤，均得借口"[④]。缉拿烟犯、"烟民"之人吸食鸦片，官员吸食鸦片庇护家人吸食鸦片，如此一支禁烟队伍，如何能将鸦片禁绝？

严禁鸦片进口出现"放水"现象。《清实录》记载，道光十九年（1839）六月，在广东省城西门一带全为满洲汉军驻防的地方。贩卖鸦片的人租赁这些驻防旗人的房屋，以得到庇护，从而使"地方官难以查核"。而这些旗人

---

① ［法］包利威著，袁俊生译：《中国鸦片史》，中国画报出版社2019年版，第193页。

② 钱谷风：《清王朝的覆灭（读史札记）》，学林出版社1984年版，第14页。

③ 《清实录·宣宗成皇帝实录（道光实录）》卷三一二，中华书局1986年影印版，第1018页。

④ 《妇女吸烟之受累〔北京〕》，《申报》1909年10月20日，第13187号。

"始则藉此分肥，久则沾染恶习"①。另据英国学者格林堡所著《鸦片战争前中英通商史》记载，因为官吏的贪污"以至运送鸦片的'走私船'常常就是那些负有缉私职务的官船"②。

总而言之，在"烟民"已经成为一个庞大的群体后进行禁烟，为时已晚。再加上腐败的官僚从中作祟，必然导致愈禁愈烈的怪现象。现将姚薇元《鸦片战争史实考》及民国时期郑宗楙《鸦片之源流》所记载的鸦片输入数量用线形图呈现如下，以便更加直观的观察清代鸦片愈禁愈烈的怪象。③

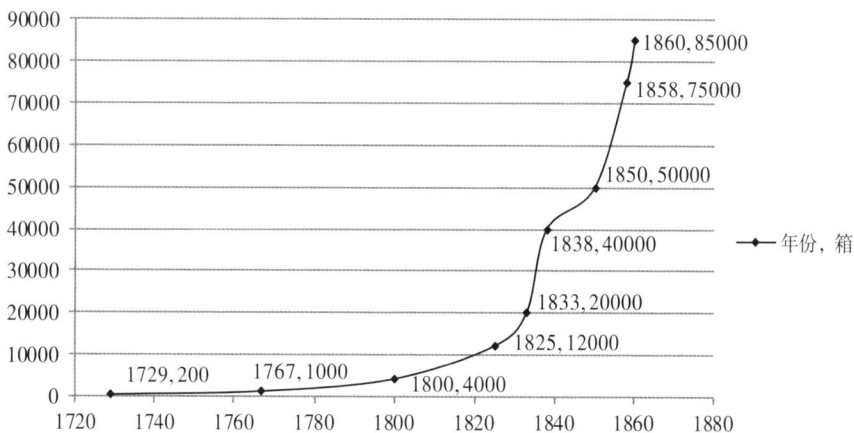

清代鸦片进口数量趋势图

此外，伴随着进口鸦片泛滥，本地种植罂粟、制作"土药"日渐兴起。"1900年前后，土药产量已经比进口洋药的总量多9—10倍。"④受1906年颁布的十年全国禁烟计划令影响，国内鸦片泛滥的状况在辛亥革命前这段时间确实在一定程度上得到了遏制。辛亥革命以后鸦片也没有很快泛滥。袁世凯篡夺革命果实后，仍然坚持禁烟。加之兴起革命的有识之士对于鸦片"毒性"

① 《清实录·宣宗成皇帝实录（道光实录）》卷三二三，中华书局1986年影印版，第1066页。
② ［英］M.格林堡（Michael Greenberg）：《鸦片战争前中英通商史》，康成译，商务印书馆1961年版，第102页。
③ 姚薇元：《鸦片战争史实考》，人民出版社1984年版，第18—19页，以及郑宗楙：《鸦片之源流》，《国学论丛》1927年第1卷第1号，第267—268页有关记载整理。
④ ［法］包利威：《中国鸦片史》，袁俊生译，中国画报出版社2019年版，第100页。

的认识很透彻。在宁夏也不例外，此时马福祥在宁夏严禁种罂粟。当时宁夏的鸦片价格大涨，"每两鸦片烟售价达白银10两"①。这也许能够证明当时禁止种植的情况，当然无法体现出禁止吸食鸦片的情况。

二、宁夏驻防旗人沾染烟毒的内在因素

鸦片在中国大地上日渐泛滥的情况下，驻防八旗官兵吸食鸦片似乎成为必然。清末，八旗制度本身的问题暴露无遗，八旗官兵精神颓废、不事弓马，八旗的军事功能逐步衰退。这与清初选派驻防八旗的初衷形成了鲜明的对比。八旗官兵在朝廷当权者心目中的地位也发生了巨大变化。这种变化对于驻防官兵心理的影响往往要大于变化本身。斗蛐蛐、斗鸡、戏苑酒肆反倒成了他们的精神寄托。用"精神颓废"来形容当时驻防八旗官兵并不为过。这也成为驻防八旗官兵吸食鸦片，从中取"乐"的一个精神层面因素。这种精神上的颓废有其必然的经济基础。八旗官兵因月月有饷，清末虽不能按时足额发放，但有饷就意味着购买鸦片有了一定保障。且不论清政府有没有能力足额放饷，且看不能足额发放的情况下会产生哪些影响。必然会导致如下一个恶性循环：越不发放，越打不起精神；越打不起精神，越没有战斗力；越没有战斗力，越得不到重视；越得不到重视，越无理由足额发放。再看清政府有没有足额发放的能力。因为鸦片的大量进口，白银外流现象愈演愈烈。曾经殷实的清政府国库日渐空虚。八旗人口却不断大量地增长，清政府越发没有能力足额发饷。不足额发饷自然而然就成为驻防八旗官兵吸食鸦片的一个物质层面的条件。在精神和物质这两方面因素的影响下，当年入关中原时剽悍的族群形象在多年的太平之后，早已经荡然无存。大量的旗人卷入吸食鸦片的大军当中。前文所述道光皇帝在各省大员中征求禁烟意见的结果

---

① 胡迅雷：《旧时宁夏的鸦片烟毒与禁烟历程》，载宁夏回族自治区文史研究馆编：《宁夏文史》第二十辑，2004年，第45页。

中，8 名支持者中旗人仅占 2 名；20 名反对者中旗人却占 13 名。这从另一个侧面告诉我们旗人吸食鸦片的惊人状况。基于以上分析，宁夏驻防旗人吸食鸦片在所难免。

三、宁夏满营的禁烟与烟毒泛滥

对于宁夏来说，鸦片从流传进来到吸食和种植泛滥，自然要比广东、福建等沿海地区要晚一些。具体时间尚无法考证，但学界一般认为宁夏人吸食和种植鸦片在咸丰年间就很普遍。① 前文已述，起初吸食鸦片实际上先在"上层"社会的权贵中开始，然后普通百姓才开始效仿。宁夏驻防八旗亦如此。宁夏满城内有多少人吸食鸦片已无法直接找到准确的文献资料，但是从宁夏府种植鸦片情况，满城戒断吸食鸦片的人数，可以略窥一斑。在这里主要利用《申报》登载的两个奏折来分析阐述。

首先，用《申报》所载陕甘总督左宗棠的奏折进行分析。光绪四年（1878），在左宗棠向皇帝奏陈陕甘禁种罂粟及恳请封赏和处罚禁种罂粟得力与不力有关官员的一封奏折② 中，讲到了当时及在此之前宁夏府种植鸦片的有关情况。一是，当时陕甘鸦片种植泛滥。他在上任陕甘总督的路上就目睹了"愚民"为逐利"将宜谷腴土栽种罂粟，废嘉禾而植恶卉"的现象。发现了"流毒无穷"，民食军粮受到影响的问题。二是，左宗棠在陕甘采取措施严令禁止种植鸦片。先是，编制了"四字韵文"，"广为劝诫"；接着，安排有关官员"周历乡村"，"随时轻骑赴乡搜查，月凡数至"。对于大片种植鸦片的田地进行"翻犁灌水"，对于与豆麦谷物夹杂种植罂粟的进行"且锄且

---

① 胡迅雷：《旧时宁夏的鸦片烟毒与禁烟历程》，载宁夏回族自治区文史研究馆编：《宁夏文史》第二十辑，2004 年，第 42 页。

② （清）左宗棠：《奏为遵旨禁种罂粟请将查禁不力各员分别参撤其实在出力各员恳恩俯准奖叙以昭劝诫而期永久恭折》，《光绪四年八月初五日京报全录》，《申报》1878 年 9 月 13 日，第 1960 号。

拔"。三是，左宗棠的禁种措施取得了突出成效，使得"已种莺粟之地花苗净绝，复种豆麦糜谷，顿改前观矣"。四是，宁夏对于禁种令无动于衷。奏折讲道，唯独"宁夏一府，沃土之民狃于恶习，广种莺粟，视为利源。地方各官一加查禁，则群以钱粮无从交纳为词，隐相抵制"。"因种莺粟过多，宜谷腴地半已化为妖卉。故出粮日见其少。"左宗棠作为陕甘总督，严令禁绝。宁夏府仍然不能禁种，可见光绪初年，宁夏府当时的鸦片泛滥程度。左宗棠对此当然不会坐视不管。他对宁夏种植鸦片的情况还作了简单分析，他说当时宁夏的鸦片泛滥已经超过了同治年间。同治年间，因为"回俗忌鸦片，久悬戒律"。在回民起义过程中"民心尤有忌，故种莺粟者少"，但是等到回民起义平定后，"招徕耕垦渐多而莺粟之潜滋暗长翻数倍从前矣"。回民起义后，种植罂粟在宁夏再次泛滥。鉴于以上分析，左宗棠对宁夏禁种罂粟采取了"先之以文告，继之以履验责之，以乡约督之，以防营而尤为注意"等几项措施。针对"愚民贪种莺粟者，贪其利耳"的情况，利用当年大旱、粮价暴涨的时机（史称"丁戊奇荒"），严令禁种罂粟，改种棉花和粮食。同时，为了有力推进禁种令，他赏罚分明。对于宁夏府禁种罂粟不力的官员进行处罚，对于禁种罂粟得力的官员进行奖赏。最终，在光绪四年（1878）时，宁夏禁种罂粟取得实效。"宁夏一府，阖境莺粟根株一律锄拔净绝"，"疵俗丕变，世宙一新"。

值得一提的是，左宗棠在处理禁种罂粟不力的官员中，有一个是宁朔县（按：满城属宁朔县辖境）的知县贺升连因为他"失察"导致"县境栽种莺粟，而民旗互杂地亩，私种者尤多"。为什么偏偏是在旗民互杂的田地里种植罂粟最多呢？究其原因，主要在以下两个方面。一是旗民互杂之地，地方官员不便于查禁、管理，形成查禁"真空"地带；二是驻防旗人大多把自己的份地转租给民人耕种，而民人在其地面种植罂粟，又可以多一层保护。当然这不能说明驻防旗人种植罂粟，但至少可以说明种植罂粟距离驻防旗人的生活已经非常接近。否则，当该知县因查禁罂粟不力面临免职时，他争取将功补过时就不会"随同宁夏副都统""实查拔净"了。随同满营副都统进行查禁，很大程度上是因为驻防旗人参与种植鸦片当中，地方官，尤其是知县已经无法插手。

从以上奏折有关内容，我们可以看出在同治年间宁夏种植鸦片受回民起义影响，并没有肆意泛滥。恰恰是在金积堡平复后（同治九年，1871），因为开始恢复生产，在垦作中出现种植罂粟成倍反弹的现象。这种情况下，左宗棠在宁夏极力禁烟，采取过硬措施。到光绪四年（1878）上奏该折时，鸦片种植得以休止，耕地得以种植豆麦。对于宁夏满城的驻防旗人来讲，同治年间吸食鸦片的人不会很多。一则如前所述，回民起义时罂粟种植数量有限；一则回民起义时，是战事不断的年代，驻防八旗有着繁重的军事任务，吸食鸦片也不可能大面积泛滥。但是"左宗棠去任后（1880），禁令化为乌有"[①]，时至光绪三十二年（1906），启动十年禁烟令时，宁夏驻防旗人"尽多吸食鸦片"，而甘肃也成为鸦片的主要产地之一[②]。

其次，再从另外一封官员禁止吸食鸦片的奏折中分析宁夏驻防旗人吸食鸦片的状况。宣统元年（1909）四月，将军台布、副都统志锐奏称：通过戒烟办法，"共戒断男女老幼、官兵一千八百十三名，汉民三百二名。共收缴灯枪二千二百六十一件。"[③]（一说"共戒断男妇老幼、官员兵丁一千零八十三名"，收缴"烟枪二千四百六十一件"[④]；另一说，"饬令，合城兵民照服，千五百名一律戒断。"[⑤]）戒断吸食鸦片的驻防旗人竟占满城驻防旗人总数（约4300人）的四分之一以上。虽然该奏折中称"宁夏满城戒烟一律净尽"，但是在同一年十二月的奏折中又奏称"官员戒断，均已互相出结。兵

① 　胡迅雷：《旧时宁夏的鸦片烟毒与禁烟历程》，载宁夏回族自治区文史研究馆编：《宁夏文史》第二十辑，2004 年，第 44 页。

② 　[法] 包利威：《中国鸦片史》，袁俊生译，中国画报出版社 2019 年版，第 101 页。

③ 　（清）刘锦藻纂：《皇朝续文献通考》卷五五《征榷二七》，浙江古籍出版社 1988 年版，第 8094 页。

④ 　《紧要新闻·宁夏将军等奏陈戒烟新法〔北京〕》，《申报》1909 年 4 月 28 日，第 13013 号。

⑤ 　《论说·论今日禁烟之所当注意者〔翰〕》，《申报》1909 年 4 月 25 日，第 13010 号。

丁百姓又不过问。家家烟火，彻夜开灯"①。对于宁夏满城彻底禁绝吸食鸦片和官员戒断兵丁百姓未戒断这两种不同的说法，在《皇朝续文献通考》中就已经提出质疑②。笔者亦认为宁夏满城彻底禁绝的说法不可靠。有以下两条文献资料可以佐证，一是辛亥以后，应端王的要求常连带端王去参观已经"破败不堪"的宁夏满城时，端王看到满城里衣不遮体、骨瘦如柴的驻防旗人后心情非常沉重。陪同参观的宁夏县长观察到端王这种情绪后，立即宽慰道，国民政府已经为这部分驻防旗人安排了土地，不久他们将自食其力。常连随即说道，年轻的都去"汉城"谋生了，现在满城里留下的都是老弱病残，"那些年岁较长的又都染上了吸食鸦片的嗜好，即使政府拨给他们一些土地，没有劳力也无济于事"③。这说明吸食鸦片并未在1909年禁绝。奏折这么说的原因很简单，一方面是为了向朝廷表功，以示忠诚；另一方面奏折随后就讲道，恳请朝廷给予禁烟出力的官员奖赏。二是鸦片烟瘾很难戒断。况且朝廷在光绪三年发布的禁烟令中，"限十年内禁绝洋烟"④。奏折中说"开局四月有余"就达到了一律净尽的目的，这是不可能实现的。这种"戒断"是暂时的或者对于极少数人来说是就此戒断，不再沾染。对于大多数人来说，躲过风头还会继续吸食。

将军台布和副都统志锐奏折所称"一律净尽"是不可靠的。同一奏折中紧接着讲道，"尚有孕妇十五名，俟其分娩，再为戒断。未在此数之内"⑤。这是其声明没有戒断的，事实上未戒断者大有人在。同年十月，该将军的另一奏折显得更加务实。奏折讲道，两个戒烟局的官员，首先暂时戒断吸食，

---

① 《清实录·大清宣统政纪》卷二八，中华书局1987年影印版，第507页。

② （清）刘锦藻纂：《皇朝续文献通考》卷五五《征榷二七》，浙江古籍出版社1988年版，第8094页。

③ 毓运：《记祖父端郡王载漪庚子被罪后的二十余年》，载中国人民政治协商会议全国委员会文史资料委员会：《文史资料选辑》第二十辑（总第一百二十辑），中国文史出版社1990年版，第156页。

④ 郑宗棨：《鸦片之源流》，《国学论丛》1927年第1卷第1号，第268页，第二章《中国史上之鸦片》。

⑤ 《紧要新闻·宁夏将军等奏陈戒烟新法〔北京〕》，《申报》1909年4月28日，第13013号。

但"并未实戒"。其次，这两个官员还在帮助、庇护亲友。出现如前文所讲的"家中男妇仍明目张胆，开灯私吸。甚至亲戚以其家为护符，公然在彼吸食"的现象。戒断后再次吸食的也不乏其人。该奏折亦称"现在，已戒断，再犯者，又不下二百余人"，甚至有"再戒再吸，已至三次"的官员。久而久之，宁夏驻防旗人必将深受其害。就像常连在端王载漪参观满目疮痍宁夏满城时所讲的，他们"大都变成意气消沉的废人了"①。但不管怎样，受十年禁令的影响，吸食鸦片的人们对于鸦片的毒害性认识，应当是有较大的提升。当时《申报》所载《论说·论今日禁烟之所当注意者〔翰〕》一文，能够体现这种变化。"近来吾国人民稍知廉耻者，莫不自愿断瘾。顾或因年老，或因体弱，或因疾病则其畏死也，甚于畏清议，甚于畏法律。其不敢断瘾也宜。若果有良药，屡经试验，保无危险，则人自乐从。"②

综上，宁夏满城在光绪六年（1880）到宣统元年（1909），吸食鸦片的人数是非常惊人的，基本上可以断定，至少超过四分之一的驻防旗人在吸食鸦片。

根据文献资料来看，宁夏满城为禁止八旗官兵吸食鸦片也采取了一些有力的措施。一是成立戒烟专门机构。光绪末年（1908）十月初五，宁夏满城设立戒烟局，专门负责戒烟事宜。③ 二是对于禁烟有功的官员给予奖励。宣统元年（1909）闰二月，"宁夏将军台布等奏：宁夏满城戒烟，一律净尽。所有出力之协领瑞珵等数员，请饬传旨嘉奖。兵丁等，拟求饬拨饷予以十成，以示鼓励。得旨，瑞珵等均传旨嘉奖，动用银两，准其开销"④。三是对未戒断烟瘾和禁烟不力的官员予以革职、降职。前述宣统元年（1909）十月奏折中称，"厢（镶）蓝（旗）蒙（古）云骑尉如环，正蓝旗骁骑校文才、

---

① 毓运：《记祖父端郡王载漪庚子被罪后的二十余年》，载中国人民政治协商会议全国委员会文史资料委员会：《文史资料选辑》第二十辑（总第一百二十辑），中国文史出版社1990年版，第156页。

② 《论说·论今日禁烟之所当注意者〔翰〕》，《申报》1909年4月25日，第13010号。

③ 《紧要新闻·宁夏将军等奏陈戒烟新法〔北京〕》，《申报》1909年4月28日，第13013号。

④ 《清实录·大清宣统政纪》卷一〇，中华书局1987年影印版，第203页。

文福，身为职官，再戒再吸，已至三次"，"一并革职"。纵容家属吸食的佐领庚寅、防御柏寿两位官员，进行降职处理，"庚寅以防御降补，柏寿以骁骑校降补"①。同年11月，"以烟瘾未断，革宁夏满营正红旗防御舍里、镶黄旗骁骑校保昌职。"②

此外，朝廷在宣统元年（1909）二月二十四日，"曾经明降谕旨，将禁烟要政分别禁吸、禁种等项"，要求"禁吸、禁种，相辅而行"。③宁夏满营将军的奏折中似乎并没有提到禁种罂粟的情况。即便满城的驻防旗人不存在种植罂粟的情况，但是朝廷有令在先，要求"将军都统等，酌量本省情形，督饬所属，认真禁拔"④。当年底，宣统皇帝的另外一道谕旨对此说得也很直白。他说"宁夏将军等奏，甘肃一省种烟最多，至今尚无禁种消息"。"着长庚严饬所属，于禁种禁吸二事，实力稽查，认真办理，以除痼习而卫民生。"⑤而实际上陕甘同四川、云贵、山西、江淮等地在光绪三十二年（1906）就已经成为"土药"的主要产地。⑥

通过对以上两个主要奏折文献资料的分析，我们可以对宁夏府的罂粟种植和禁种以及禁止吸食鸦片的大致情况勾勒出一个轮廓。同时，我们也不难发现，宁夏满城的鸦片烟害是非常严重的，而且是有着鲜明的时间段特征。总的来说，主要是咸丰年间和光绪朝中后期种植和吸食最为严重。

在封建官僚体制中，朝廷严禁鸦片居然如此之难。一方面因国人中鸦片烟毒太深，西方侵略者蓄谋已久通过鸦片毒害国人的阴谋得逞；另一方面驻防八旗官员兵丁外不能抗敌、内不能安民，无疑是大国将倾的一些端倪。在不平等条约的压迫下，在鸦片的毒害下，在风起云涌的民间反清活动下，风

① 《妇女吸烟之受累〔北京〕》，《申报》1909年10月20日，第13187号。
② 《清实录·大清宣统政纪》卷二六，中华书局1987年影印版，第489页。
③ 《清实录·大清宣统政纪》卷二〇，中华书局1987年影印版，第249页—250页。
④ 中国第一历史档案馆：《宣统朝上谕档·第三十五（宣统元年）》，广西师范大学出版社2000年版，第76页。
⑤ 《清实录·大清宣统政纪》卷二八，中华书局1987年影印版，第507页。
⑥ ［法］包利威著，袁俊生译：《中国鸦片史》，中国画报出版社2019年版，第101页。

雨飘摇的清王朝在势如破竹的辛亥革命炮火中没有撑住，走向了覆灭。

清朝灭亡后，宁夏驻防旗人吸食鸦片和种植鸦片的情况如何呢？如前所述，马福祥在宁夏严令禁种鸦片，加之辛亥革命后，驻防旗人粮饷顿失，生活的基本保障都成了问题，吸食鸦片的人只会越来越少。

总之，清代宁夏驻防八旗的社会生活始终离不开八旗制度。经济生活主要来源于军粮军饷；八旗子弟"肄业之所"的满城书院，因朝廷加强"国语骑射"之"本"而设；宁夏驻防旗人姓名特征，在反映出朝廷对于"国语"之本重视的同时，更体现出"国语"废弛之象；烟毒泛滥与八旗制度导致的"生计问题"密切相关。

第四章　宁夏满营吏治变迁

第一节　宁夏满营历任将军及特征

一、宁夏满营历任将军考略

将军是宁夏满营的最高长官，他们的到任时间、任职年限、在宁夏任职后的去向都是研究宁夏驻防八旗的重要内容。首先，清代宁夏满营的将军主要由满洲和蒙古旗人担任。主要有三种形式：一是正式任命的将军。二是"署理"宁夏将军事务的将军。一般担任时间都较短，往往是因为新任将军因种种原因未到任或者"试用"等。三是"暂护""暂署"宁夏将军事务的将军。一般是特殊情况下，临时负责将军事务的。其次，驻防将军清初为一品官，乾隆三十三年（1768）改为从一品，宁夏驻防将军的品秩亦如此。

康熙十五年（1676），宁夏初设满营时，并未设驻防满营将军，而是"见驻宁夏满洲、蒙古大兵，无人统辖，其仍授都统毕力克图平逆将军印，止以所部前锋赴宁夏，统辖满洲蒙古兵，镇守地方"[1]。康熙三十四年（1695）七

---

① 《清实录·圣祖仁皇帝实录（康熙实录）》卷五九，中华书局 1985 年影印版，第 771 页。

月，觉罗舒恕任宁夏将军。[①] 康熙三十六年（1697），撤销宁夏驻防前夕，宁夏驻防的最高长官是副都统阿兰台[②]，亦无将军。因为康熙年间，宁夏驻防的流动性非常大，亦未兴筑满城，所以将军之设也不固定。从可见史料来看，宁夏驻防的首任将军，应当是觉罗舒恕。

关于宁夏正式设置八旗驻防后设置将军的时间，清代笔记等非官方史料中多有错谬。如：著名的《寄楮备谈》记载，"雍正二年（1724），设宁夏驻防副都统。雍正八年（1730），添设将军"[③]。再如，《八旗文经》记载，"宁夏自雍正八年设将军，统满洲驻防兵百余年"[④]。事实上，根据《清实录》记载来看，雍正年间宁夏驻防新设以后，在满城还未建成，驻防八旗兵尚未入驻之时，就及时设立了将军，新设驻防首任将军是苏丹[⑤]。1913 年 9 月，常连因"满洲末族，梼昧性成"，手握兵符两年"未展一筹"被免职，马福祥被任命为宁夏护军使兼宁夏满营将军（《政府公报》1913 年 641 号）[⑥]，1916年"化旗为民"，宁夏驻防满营将军不复存在。

笔者在研究中发现，所有研究清代宁夏八旗驻防的论著，凡是涉及宁夏满营将军的都只论及了正式任命的宁夏将军，未见论及宁夏满营历任"署理"和"暂护"将军。为了更加深入、全面地了解宁夏驻防八旗的历史状况，笔者基于前人研究成果和《清实录》《钦定八旗通志》《清史稿》及中国第一历史档案馆藏资料等历史文献，对以上三种形式的宁夏驻防满营将军，进行了

---

① 《清实录·圣祖仁皇帝实录（康熙实录）》卷一六七，中华书局 1985 年影印版，第 817 页。

② 《清实录·圣祖仁皇帝实录（康熙实录）》卷一七九，中华书局 1985 年影印版，第 919 页，载："驻扎宁夏副都统阿兰台兵七百。"

③ （清）奕赓：《寄楮备谈》，燕京大学图书馆 1935 年铅印版（佳梦轩丛著本），第 26 页 a。

④ （清）盛昱编纂，于景祥、王振宁校点：《八旗文经》卷四四《碑丙·宁夏满城文昌庙碑》，辽海出版社 2009 年版，第 585 页。

⑤ （民国）赵尔巽等撰：《清史稿》，清史馆铅印本 1928 年版，《职官志四》，第 15 页 a，所载"甘肃驻防将军一人，雍正三年（1725）置"的记载，疑有误。另见，佟佳江：《清史稿订误·职官志订误·职官四　武职藩属土司各官》，中华书局 2013 年版，第 305—306页。

⑥ 《顺天时报》1914 年 7 月 14 日第 3816 号载：1914 年 7 月 13 日，蒋介石策令裁撤宁夏末任将军。

比较全面的梳理，现制表如下：

清代历任宁夏驻防将军一览表（含署理、暂护）

序号	姓名	任职时间	免职时间	备注
1	觉罗舒恕	康熙三十四年（1695）七月①	三十六年	
2	苏丹	雍正二年（1724）十一月	三年二月调任正红旗满洲都统②	原西安将军调任陕西宁夏将军，其子正黄旗参领苏图，为陕西宁夏左翼副都统，协办将军事务③
3	席（锡）伯	雍正三年（1725）二月	八年十二月	七年十月授太子少保衔。九年六月谥襄壮
4	常赉	雍正八年（1730）十二月	九年二月授镇安将军	刑部侍郎署理宁夏将军印务
5	傅泰	雍正九年（1731）二月	十三年正月革职拿问	原任户部右侍郎二月署宁夏将军，再任户部左侍郎七月实授宁夏将军。十年七月任正红旗满洲都统，仍署宁夏将军
6	卓鼐	雍正九年（1731）八月	十二年三月缘事革职	任陕西宁夏将军，同时署理镇安将军事务
7	阿鲁	雍正十二年（1734）三月	乾隆五年二月病故	原直隶天津都统任陕西宁夏将军
8	赫星	雍正十三年（1735）正月	乾隆元年九月	署理将军印务④
9	喀拉	乾隆元年（1736）九月	二年四月	副都统护理宁夏将军。三年五月暂署宁夏将军
10	杜（都）赉	乾隆五年（1740）二月	十六年四月⑤	阿鲁卒，六月谥果达。七年十二月副都统色尔图署理将军

① 《清实录·圣祖仁皇帝实录（康熙实录）》卷一六七，中华书局1985年影印版，第817页。

② 《清实录·世宗宪皇帝实录（雍正实录）》卷二九，中华书局1985年影印版，第436页。

③ 《清实录·世宗宪皇帝实录（雍正实录）》卷二六，中华书局1985年影印版，第400页。

④ 《清实录·世宗宪皇帝实录（雍正实录）》卷一五一，中华书局1985年影印版，第867页。又（民国）赵尔巽等撰：《清史稿》，清史馆铅印本1928年版，《本纪九·世宗本纪》，第17页b载雍正十三年："十三年乙卯春正月己丑……赫星为宁夏将军"。李凝祥：《宁夏满族述往》第二章第四节"历任宁夏驻防的将军都统"（按：此"都统"有误，宁夏为直省驻防，未设"都统"，将军卜设有副都统）中未提及该将军。

⑤ （清）弘历：《为富森调补吉林将军杜赉调补西安将军巴海补放宁夏将军杭州将军卓鼐与乍浦副都统额勒登对调事》（乾隆十六年四月十八日），《军机处全宗满文档簿》，档案号：03-18-009-000008-0004-0027，中国第一历史档案馆藏。

续表

序号	姓名	任职时间	免职时间	备注
11	巴海	乾隆十六年（1751）四月	二十年正月任天津都统	
12	保柱	乾隆十九年（1754）十一月	二十年二月	副都统署理宁夏将军。二十年九月至十一月再次署理、护理宁夏将军
13	和起	乾隆二十年（1755）正月	二十一年十二月征噶尔丹时阵亡	原副都统。赠一等伯，谥武烈
14	巴尔品	乾隆二十年三月	二十年七月	副都统署理将军
15	舍图肯	乾隆二十一年（1757）十二月	二十四年正月调任广州将军	原青州将军
16	达色	乾隆二十四年（1759）正月	三十年十一月调任正蓝旗蒙古都统	原青州将军
17	德云	乾隆二十七（1762）年十一月	二十八年二月	副都统署理将军。三十一年四月、三十二年二月再次署理、护理将军
18	永泰（觉罗永泰）	乾隆三十年（1765）十一月	三十一年五月	原直隶古北口提督。三十一年七月卒，谥恪靖
19	额僧格	乾隆三十一年（1766）五月	三十二年三月调任杭州将军	原大同镇总兵
20	穆尔泰	乾隆三十二年（1768）三月	三十三年九月杭州将军	原京口副都统
21	伟善	乾隆三十三年（1768）九月	三十八年十月革职	原凉州副都统
22	常格里	乾隆三十四年十一月	三十五年二月	副都统署理将军
23	傅良	乾隆三十八年（1773）十月	四十年三月调西安将军	原吉林将军
24	三全	乾隆四十年（1775）三月	四十三年四月革职	原热河副都统
25	和隆武	乾隆四十三年（1778）四月	四十三年十一月调任吉林将军	
26	扎什嘉木素（蹉）	乾隆四十三年（1778）十一月	四十四年三月降三级调用	原山海关副都统
27	莽古赉	乾隆四十四年（1779）三月	四十九年六月杭州将军	原盛京副都统
28	永铎	乾隆四十三年九月	四十三年十月	副都统署理将军。又四十三年十一月、四十四年三月分别暂署将军

续表

序号	姓名	任职时间	免职时间	备注
29	嵩椿	乾隆四十九年（1786）六月	五十一年八月调任绥远将军	原即绥远将军
30	旺沁班巴尔	乾隆五十年（1785）正月	五十年五月	副都统署理将军
31	积福	乾隆五十一年（1786）八月	五十二年十二月	积福年迈赴京任正白旗蒙古都统①
32	旺沁班巴尔	乾隆五十二年（1787）十二月	五十五年十二月	因庇护下属，骚扰驿站等错谬，被革职
33	达明阿	乾隆五十三年（1788）九月	五十三年十二月	副都统署理将军。又五十四年十一月至五十五年十一月署理将军
34	图桑阿	乾隆五十五年（1790）十二月	五十七年十月调任绥远将军	原荆州将军
35	隆兴	乾隆五十七年（1792）十月	五十八年四月②	五月，任镶红旗汉军都统③
36	永琨	乾隆五十八年（1793）四月	五十九年十二月调任绥远将军	原荆州将军
37	达明阿	乾隆五十九年十月	六十年四月	副都统署理将军
38	保成	乾隆五十九年（1794）十二月	嘉庆三年四月卒	原热河副都统
39	富（敷）伦泰（富楞泰）	嘉庆三年（1798）五月	三年六月病故	原凉州副都统
40	德勒格（克）楞贵	嘉庆三年（1798）七月	四年三月调任镶黄旗蒙古都统	原满洲正白旗副都统
41	斌宁	嘉庆四年（1799）三月	四年十二月病故	原镶黄旗汉军都统
42	苏宁阿	嘉庆五年（1800）正月	七年二月年老卸任	原甘肃提督
43	赛冲阿	嘉庆七年（1802）二月	九年正月调任西安将军	赛冲阿带兵打仗，未及时到任前，仍由苏宁阿署理④

---

① 《清实录·高宗纯皇帝实录（乾隆实录）》卷一二〇七，中华书局1985年影印版，第153页。
② 《清实录·高宗纯皇帝实录（乾隆实录）》卷一四二七，中华书局1985年影印版，第94页。
③ 《清实录·高宗纯皇帝实录（乾隆实录）》卷一四二八，中华书局1985年影印版，第97页。
④ 《清实录·仁宗睿皇帝实录（嘉庆实录）》卷九四，中华书局1986年影印版，第255页。

续表

序号	姓名	任职时间	免职时间	备注
44	兴奎	嘉庆九年（1804）正月	十四年正月调任乌鲁木齐都统	原西安将军
45	珠隆阿	嘉庆十四年（1809）正月	十四年五月病故	原镶蓝旗蒙古副都统
46	富色铿额	嘉庆十四年（1809）六月	十四年十月	副都统署理将军
47	隆福	嘉庆十四年（1809）六月	十五年七月卒	
48	富色铿额	嘉庆十五年（1810）八月	十八年二月降为头等侍卫，仍暂署宁夏将军至四月	
49	格布舍	嘉庆十五年（1810）七月	十五年十一月	副都统署理将军。又十六年十月、十一月、十七年三月、九月再次署理将军
50	福会（富惠）	嘉庆十八年（1813）二月	十九年闰二月初六年迈召回京，仍署理至七月	原正蓝旗蒙古都统
51	穆克登布	嘉庆十九年（1814）闰二月初六	闰二月二十八日任江宁将军	原西安将军
52	德宁阿	嘉庆十九年（1814）闰二月	二十二年六月调任成都将军	原宁古塔副都统
53	祥保	嘉庆二十二年（1817）六月	二十四年九月调任福州将军	原察哈尔都统
54	格布舍	嘉庆二十四年（1819）九月	道光六年九月调乌里雅苏台将军	十月调补定边左副将军
55	卓尔珲保	道光二年（1822）十一月	三年二月	副都统署理将军。又四年二月再次署理将军
56	国祥	道光六年（1826）七月	七年正月	副都统署理将军
57	庆山	道光六年（1826）九月	八年七月	原西安将军
58	昇寅	道光八年（1828）四月	八年六月	副都统署理将军
59	英和	道光八年（1828）七月	八月因病卸任	原热河都统
60	昇寅	道光八年（1828）八月	九年二月调任成都将军	原热河都统

续表

序号	姓名	任职时间	免职时间	备注
61	富尔嵩阿	道光九年（1829）二月	九年三月病故	绥远副都统
62	格布舍	道光九年（1829）三月	十年二月病故	原乌里雅苏台将军
63	特依顺保	道光十年（1830）三月	十二年八月调任西安将军	原黑龙江将军
64	和世泰	道光十二年（1832）八月	十八年六月调任杭州将军	原内大臣
65	特依顺	道光十八年（1838）六月	二十一年五月召	原密云副都统。二十一年七月任广州参赞大臣
66	舒伦保	道光二十一年（1841）五月	咸丰元年五月调任西安将军	原齐齐哈尔副都统
67	恒通	道光二十一年（1841）六月	二十一年九月	副都统署理将军
68	伊勒当阿	道光三十年（1841）八月	三十年十一月	副都统署理将军。又二十四年十月前曾暂署将军
69	成凯	咸丰元年（1851）五月	五年十二月调任绥远将军	原西安将军
70	双成	咸丰五年（1855）十二月	六年三月	西安副都统调任宁夏副都统同时署宁夏将军①
71	托云保	咸丰五年（1855）十二月	八年十一月病卸	
72	倭什珲布	咸丰八年（1857）十一月	十年二月调任理藩院尚书	原乌鲁木齐都统
73	奕梁	咸丰十年（1860）二月	同治二年二月因病卸任	原副都统。咸丰九年十二月署理将军。卸任后暂护将军到四月
74	常升	同治元年（1862）闰八月	元年十一月	副都统署理将军
75	庆昀	同治二年（1863）二月	四年闰五月卒	原察哈尔都统
76	常升	同治四年（1865）八月	四年十二月	副都统署理将军
77	穆图善	同治四年（1865）闰五月	十三年正月召	原荆州将军。同治六年四月署陕甘总督。同治八年九月革职留任。光绪元年八月署理吉林将军

---

① 《清实录·文宗显皇帝实录（咸丰实录）》卷一八六，中华书局1986年影印版，第1085页。

序号	姓名	任职时间	免职时间	备注
78	金顺	同治五年（1866）十一月	六年三月	副都统署理将军。又八年五月至十年五月断续署理将军。十年四月升任乌里雅苏台将军①
79	丰绅	同治六年（1867）七月	六年十一月	副都统衔佐领护理副都统，同时署理将军。十年四月授锦州副都统仍然护理宁夏将军至十三年四月任黑龙江将军。又七年十一月、八年九月、十一月、九年二月、三月断续署理将军
80	克蒙额	同治十三年（1874）正月	光绪四年六月调任西安将军	原西安将军署宁夏将军，光绪二年四月授宁夏将军
81	善庆	光绪四年（1878）六月	九年二月调任江宁将军	原镶白旗蒙古都统
82	奕榕	光绪九年（1883）二月	十一年正月，因病卸任	
83	维庆	光绪十一年（1885）正月	十四年二月病故	原荆州副都统
84	常星阿	光绪十四年（1888）三月	十四年十一月	副都统护理将军
85	钟泰	光绪十四年（1888）三月	二十五年五月因病卸任	原广州汉军副都统
86	色普征额	光绪二十四年（1898）七月	二十五年三月	副都统署理将军。又二十五年九月暂署将军
87	绰哈布	光绪二十五年（1899）五月二十一日	二十五年六月初四日调任成都将军	原锦州副都统
88	锡振	光绪二十五年（1899）六月	二十五年六月卸任	原西安右翼副都统。二十五年九月任奉天仁字军统领
89	色普征额	光绪二十六年（1900）六月	三十三年八月因病召回京任职	
90	增祺	光绪三十三年（1907）八月	三十三年九月调任正黄旗蒙古都统	原盛京将军。该将军未到任

①　《清实录·穆宗毅皇帝实录（同治实录）》卷三〇九，中华书局 1987 年影印版，第 101 页。

序号	姓名	任职时间	免职时间	备注
91	志锐	光绪三十三年（1907）九月	三十三年十二月	副都统署理将军。八月新任增祺未到，私自交于志锐暂代接署，九月上谕命暂行兼护①。九月增祺已经调正黄旗蒙古都统，台布任将军②
92	台布	光绪三十三年（1907）九月	宣统三年五月因将军衙署火灾卸任	原正黄旗蒙古都统
93	常连	1912年6月	1913年9月	
94	马福祥	1913年9月	1916年	宁夏护军使兼署宁夏将军③

注：根据中国第一历史档案馆藏清代宁夏驻防八旗奏折、《清实录》、《清史稿》、《（乾隆）宁夏府志》卷一"皇清武职官制"、章伯锋《清代各地将军都统大臣等年表(1796—1911)》(中华书局1965年版)、李凝祥《宁夏满族述往》(宁夏人民出版社2002年版) 第二章第四节"历任宁夏驻防的将军都统"、白研《宁夏满族的变迁》(《宁夏文史》第一辑,1985年) "宁夏将军年表 (1724—1911)"、滕绍箴《论清代宁夏八旗驻防及其历史贡献》(《北方文物》1997年第4期) "历届将军年表" 等考辨整理。

二、清代各朝宁夏满营将军特征

从表中可见，雍正初新设宁夏满营至雍正末年，共11年，宁夏满营共有7任将军，平均任职1.6年。此时，因军事和统治需要新设满营，朝廷重视，加之战争的历练，宁夏驻防的军事实力很强劲。甚至有"上阵父子兵"的现象，苏丹任宁夏满营将军的同时，他的儿子苏图即任宁夏满营左翼副都统④。之所以调换将军频繁，是因为雍正年间宁夏满营驻防属于换防部队，带兵打仗的将军和麾下旗兵往往是同时来去的。

乾隆帝在位60年，宁夏满营在此期间共有30任将军，平均任职2年。乾隆初年开始，宁夏满营驻防开始从换防部队向"常驻"部队转换，将军调换相对稳定。其中，乾隆前30年仅有10任，任职时间最长的是杜赉，达

① 《清实录·德宗景皇帝实录（光绪实录）》卷五八〇，中华书局1987年影印版，第677页。

② 《清实录·德宗景皇帝实录（光绪实录）》卷五八〇，中华书局1987年影印版，第673页。

③ 《中国大事记》，《东方杂志》1913年第10卷，第4号。

④ 《清实录·世宗宪皇帝实录（雍正实录）》卷二六，中华书局1985年影印版，第400页。

11 年之久，但仅乾隆后 30 年就占 20 任；同时，在乾隆末年出现了将军"年力衰迈"的现象。比如，乾隆四十九年（1784），在镇压苏四十三起义时，将军"莽古赉，亦已年力就衰，着回宁夏驻守"①。乾隆五十二年（1787），任职一年多的将军积福，亦因"年力衰迈，着留京"②。事实证明，乾隆中期以后，宁夏驻防的军事力量开始明显下降。

　　嘉庆帝在位 25 年，宁夏满营在此期间共有 16 任将军，平均任职年限不到两年。其中 3 任将军在任上病故，1 任因年老卸任，1 任跌卒，任职时间最长的是德宁阿，3 年 4 个月；任职最短的是穆克登布，不到 1 个月。而且同一年先后任（署）两位将军的情况就出现过 3 次。可见嘉庆年间宁夏将军调换之频繁，这种频繁"换将"，想必对于营伍的整饬并无大益。

　　道光帝共在位 30 年，宁夏满营在此期间共有 14 任将军，平均任职年限2.1 年。其中，鸦片战争前有 11 任，鸦片战争后仅有 3 任，其中 2 任为署理将军，任职最长的为舒伦保，任职整整 9 年，下来就是和世泰，任职 5 年10 个月。任职最短的是富尔嵩阿，仅仅任职 1 个月即"病卒"。任职半年以下的有 4 个，全为正式任命将军，其中 2 任病故，2 任因病卸任。道光年间，更换将军也很频繁，而且年老者居多，甚至还有"带病"来任的，如英和、富尔嵩阿等。

　　同治年间，因为平定回民起义战事频仍，将军调换频繁。共 7 任将军，其中正式任命的仅 3 任。出现任职将军率兵出征，新任署理将军又忙于征战，再选任第三人署理将军的复杂情况。比如，穆图善任职宁夏将军期间，先是金顺暂护，再署理将军印务，接着再令副都统丰绅署理宁夏将军印务。③

　　时至光绪年间，共 12 任将军，其中正式任命的 8 任中有 3 任因病卸任，1 任病故，3 任调任他处将军、都统，1 任将军任命后并未到任，次月即调往他处，1 任仅 12 天后调往他处，另 1 任当月即卸任。宁夏将军突出的特

---

① 《清实录·高宗纯皇帝实录（乾隆实录）》卷一二○七，中华书局 1985 年影印版，第 153 页。

② 《清实录·高宗纯皇帝实录（乾隆实录）》卷一二九四，中华书局 1985 年影印版，第 368 页。

③ 《清实录·穆宗毅皇帝实录（同治实录）》卷一八五，中华书局 1987 年影印版，第 329 页。

征是，前期稳定，后期极不稳定。

辛亥革命以后，宁夏满营有了一位回族将军，马福祥。回族人任宁夏八旗驻防将军，在整个清代八旗驻防历史上也是唯一一位，当然也颇具戏剧性。一方面，无情地暴露了曾经在宁夏存在了 240 年的驻防制度就此崩溃；另一方面，也如实地告诫了世人，马福祥的"马家军"将接过在此地的"统治"权。

总之，从宁夏将军的选任特征来看，大概可以分为三个时期。一是雍正至乾隆前半期。雍正年间，宁夏驻防虽然是换防部队，但是满营将军都是能打仗的将帅之才。乾隆前半期，因为军事需要，宁夏将军仍然是能征善战的领兵将帅。二是乾隆后半期至道光前期。这是一个转折时期，这一时期宁夏将军由将帅之才，开始向"文官"转变。如乾隆五十七年（1792）任的隆兴，他就是"文官"，由宁夏知府转任为将军的。[1]三是道光及以后这一时期，宁夏将军年岁普遍较大，年老体弱的现象较多。选任存在的问题，后文将专门进行论述。总的来说，乾隆中期以后选任的宁夏将军即出现了年老甚至文官的现象，鸦片战争之后更加严重。

第二节　朝廷为宁夏满营选派官员存在的问题

一、宁夏满营将军出现侵蚀粮饷现象

八旗制度下，旗人的一切粮饷马干都由各驻防自行下发。在这个过程中，滋生了许多腐败事件。根据文献来看，宁夏驻防也不例外，发生了"吃马干"、克扣粮饷、搜刮普通驻防八旗兵丁等腐败现象。雍正年间即发生佐

---

[1] 《清实录·高宗纯皇帝实录（乾隆实录）》卷一三九五，中华书局 1985 年影印版，第 736 页。

领克扣兵丁盘缠，笔帖式克扣兵饷等不良事件，但影响不大。下文围绕文献记载的几起重要案件进行论述。

（一）将军庆山、副都统噶普唐阿"互参"案。在这里以发生在宁夏满营的一件惊动朝廷的案件为例，以揭示宁夏驻防满营官员侵蚀马干的事实。这是一起宁夏满营将军与副都统的"互参"案件。史料记载，道光八年（1828）三月，宁夏将军庆山控告副都统噶普唐阿"狂悖妄为"，"甫经到任，即有校阅官兵，点验马匹之事"，"黄夜传备马匹鸟枪，以致人心惶惶"，认为副都统"狂妄已极"。[①]副都统噶普唐阿则先后控告将军庆山，主要涉及三项罪名。一是按照常规，到任后要和副都统一起对满营的恩赏银及马价银进行清查，但是该将军到任一年多时间内并未清查，而且仅派一人进行管理，在管理上留下了很大漏洞。在迫不得已的情况下，庆山会同副都统对库银及拴养马情况进行清查，结果查出库银"大数尚未亏缺"，只不过全部用新纸包封。"官拴马亏缺四百五十七匹，并未随时买补。"[②]缺这么多马，满营并未进行及时购买补齐。这些官拴马虽然缺额，但是朝廷拨付的马干银却按照马匹定额拨付到满营，这部分马干银自然而然就成了满营官员"侵蚀"的对象。道光帝知道情况后，谕令宁夏满营尽快补买所缺马匹。同时，将庆山免职，"以热河都统英和，为宁夏将军。"[③]该将军并未到任，由昇寅署理宁夏将，并且负责查办庆山、噶普唐阿"互参"一案。八月，英和因病卸任后，昇寅正式任命为宁夏将军，彻查了该案。二是道光八年（1828）五月，噶普唐阿再次控告将军庆山涉嫌克扣"补马"和"私帮"共2万余两。其中"补马一项，每月扣银六百六十两，已扣十九月之久，数在一万二千余两之多"；"私帮一项，每月扣银六百六十两。自七年（1827）正月起，至本年二月止，已扣银九千九百两。"[④]三是涉嫌巧立名目剥削八旗兵丁。巧立名目的做法是在"饷

---

①　《清实录·宣宗成皇帝实录（道光实录）》卷一三四，中华书局 1986 年影印版，第 42 页。
②　《清实录·宣宗成皇帝实录（道光实录）》卷一三四，中华书局 1986 年影印版，第 51 页。
③　《清实录·宣宗成皇帝实录（道光实录）》卷一三八，中华书局 1986 年影印版，第 130 页。
④　《清实录·宣宗成皇帝实录（道光实录）》卷一三六，中华书局 1986 年影印版，第 78 页。

封上另贴一签，捏造扣款名目"，增加对八旗兵丁饷银的克扣数目。此外，还涉嫌"私凑制钱一万余串，散借八旗众兵，俱加一分利息扣缴"，向八旗兵丁私放"高利贷"。[1]

经新任宁夏将军昇寅和署陕甘总督鄂山及宁夏副都统国祥会同查办，关于副都统噶普唐阿"狂悖妄为"查办的结果是，噶普唐阿狡辩"传点马匹"，"系二月二十二日未刻，有手谕可凭。"[2] 经确查发现，"噶普唐阿错误传抄谕旨"，"具折捏辩，希图规避，尤属狡饰。"作为副都统捏造谕旨，未经将军同意，擅自点验马匹，在营伍之中，这应当是一大忌。关于"补马"和"私帮"两项的查核结果是，"该协领等于私扣私借库贮马匹各重款，实无浮冒侵蚀，即庆山亦无侵吞情事。"言下之意，私扣和私借都是事实，只不过没有"浮冒"，也没有"侵蚀"，将军庆山也不存在"侵吞"的情况。就是说，无论"私扣和私借"都是盘剥八旗兵丁，但是盘剥到的银两还是作为公用款项，并未"入私"。至于巧立名目增加克扣项目，以及利用库银私放"高利贷"的查核结果是，"协领科普通武、阿呢扬阿、多伦布、阿玺达、扎隆阿，于私扣各款，虽非侵蚀入己，惟未经呈明立案，究属不合。""私扣各款"在道光帝看来，只要"呈明立案"也是可以的。对于这件"互参"案件的，最终处理结果是，道光帝认为"庆山、噶普唐阿，身任大员，辄因意见不合，挟忿摭拾，互讦不休，均失大臣体制"，将军庆山"降三级，加恩赏给二等侍卫"。也许是对其未"入私"，仅仅是管理下属不严格、补买官拴马不及时的处罚吧。对于副都统噶普唐阿进行革职，对前述涉案5名协领"俱着交部议处"。[3]

这一案件案情较为复杂，但是从中我们至少可以分析得出以下结论。八旗兵丁相对于民人来讲，衣食更有保障，但是在满营里他们同样是被剥削的对象，而且剥削得更加直接，要么巧立名目克扣粮饷，要么高利息借给库

---

① 《清实录·宣宗成皇帝实录（道光实录）》卷一三六，中华书局1986年影印版，第78页。

② 《清实录·宣宗成皇帝实录（道光实录）》卷一三六，中华书局1986年影印版，第78—79页。

③ 《清实录·宣宗成皇帝实录（道光实录）》卷一三八，中华书局1986年影印版，第129页。

银，高利借出的库银直接从下月的饷银中扣除，这样一来就会形成"滚雪球"的效应。旗兵发饷后都要拿去还债务，有的直接被扣除，发到手的粮饷越来越少，生活因之会越来越拮据、紧张。众所周知，乾隆中期以后，八旗的"生计问题"越来越严重。道光年间自不消说，在粮饷本来就不充裕的情况下，驻防官员又对驻防旗人额外剥削，驻防旗人的经济生活状况可想而知。

（二）皇舅将军和世泰侵蚀粮饷案。同是道光年间，身为皇舅的和世泰，从道光十二年（1832）八月任宁夏将军至道光十八年（1838）六月调任杭州将军，在宁夏任将军不足 6 年时间，但他却在宁夏八旗驻防的历史上留下了重重的一笔。出名，不是因为他是皇舅而名留青史，也不是因为他在宁夏任职时间较长，而是因为他在宁夏将军任上的贪污腐败事件震动朝野，牵连多人。就在和世泰调任杭州将军半年之后，宁夏驻防八旗前锋依克唐阿（又作伊克唐阿）控告协领富忠、佐领乌勒精额伙同佐领那郎阿克扣兵饷。依克唐阿控告称，自道光十六年（1836）至十八年（1838）间每月都要克扣兵饷，共克扣兵饷达数万两。随即朝廷将佐领那郎阿和协领哈兴阿（"年已七旬，品行不端"）革职，并将富忠和乌勒精额解任，交给将军特依顺和副都统恒通进一步查办，[1] 查办过程中还特派刑部尚书隆文参与。经过半年左右的查办，起获了道光十三年（1833）以后的账簿，使"将军、副都统等克扣兵饷，得受赃私，俱有确据"。同时，查办案件中还发现，佐领等官员还有给下级官兵摊扣银钱的现象，也就是为了给将军和世泰和副都统存华馈赠生辰及婚娶银两，完成将军和副都统安排的工程，借机给官兵摊扣银钱，总共摊扣多达 14400 余两。[2] 道光帝知道情况后，非常愤怒，谕旨中斥责和世泰和存华〔已于十八年（1838）十月，调京城，任镶蓝旗蒙古副都统[3]〕，"辜恩负职、骫法营私，莫此为甚""贪婪无耻、丧尽天良"，按照"斩监候"给予二人定刑，并给与一年追赃期。如果全部

---

① 《清实录·宣宗成皇帝实录（道光实录）》卷三一七，中华书局 1986 年影印版，第 945 页。

② 《清实录·宣宗成皇帝实录（道光实录）》卷三二三，中华书局 1986 年影印版，第 1073 页。

③ 《清实录·宣宗成皇帝实录（道光实录）》卷三一五，中华书局 1986 年影印版，第 920 页。

追回则"遣戍",若不能全部追回第二年秋审时办理。并将已革职的协领兼佐领哈兴阿、富忠、阿玺达、富勒炳阿、倭兴阿,佐领那朗阿、廉明、春格等8人全部流放新疆。①

这一案件,可谓是"拔出萝卜带出泥"的典型案例。前锋依克唐阿是级别最低的旗兵官员,案件所牵扯的官员则涉及将军、副都统、协领、佐领各级驻防旗营的官员。用现在的话来讲,可谓是令人发指的"窝案"。从最高长官到基层官员串通起来,侵蚀粮饷。这种腐败形式对于宁夏驻防八旗经济生活造成的影响更加直接、更加严重。

驻防将军直接参与侵蚀驻防粮饷马干,对营官体制、旗人生活都会造成不可估量的影响。营官体制受到这种恶劣影响后,自然会上行下效,进而把侵蚀钱粮的黑手伸向普通驻防八旗兵丁。最终受害的是这部分占驻防旗人绝大多数的普通百姓。从而会形成朝廷反感的满营官员蝇营狗苟、驻防八旗日渐窘迫不堪的局面。

二、朝廷选用宁夏满营驻防将军、副都统存在问题

纵观中国历史,凡是吏治振则社会兴,吏治败则社会衰,官僚对于整个社会的兴衰往往可起到"催化剂"的作用。这种衰败的最终受害者都是老百姓,作为被剥削的驻防旗人的经济生活同样会受到吏治不振的间接影响。下文通过文献记载的几例选任宁夏驻防官员的事例,来阐述宁夏驻防营官选任方面存在的问题。

学界一般认为,清初选任宁夏满营将军和副都统时,都是以战功大小为依据来晋升的,但是"从嘉庆年间开始,一些公侯贵族、皇亲国戚,便被派来充当上述要职"②。可以说这种判断,符合大多数宁夏将军和副都统的真实

---

① 《清实录·宣宗成皇帝实录(道光实录)》卷三二五,中华书局1986年影印版,第1103页。
② 白研:《宁夏"旗人"史话》,《宁夏社会科学》1984年第2期。

情况，但也不能完全这么认为，因为早在雍正年间，选派宁夏驻防将军时，就体现出选用将军不严谨的问题。同样，在嘉庆以后，也有励精图治的驻防将军。比如，鸦片战争以后选任的宁夏将军舒伦保。只不过道光以后，选任营官的问题更加突出。

（一）宁夏驻防将军傅泰的选任。据文献记载，早在雍正十三年（1735），宁夏就出现了驻防八旗士兵"殴毙人命，扰累地方"的事件。雍正帝对时任驻防宁夏将军傅泰进行免职问罪。驻防士卒"殴毙人命，扰累地方"本身就说明，驻防旗兵的纪律已经不够严明，驻防旗人的生活状况在这件事上也是有所反映的。对将军傅泰进行免职问罪，说明朝廷还是非常重视八旗士兵管教的，但是从处理这件事情的谕旨中却可以看出，发生这种事情有其必然性。谕旨中对将军傅泰的评价是"伊在任内，并无一长可称。朕犹谓其才具不宜封疆之寄，旋命署理宁夏将军事务"①。可以看出，雍正帝并不看好傅泰，认为他没有封疆大吏的才能，才把他安排到宁夏任将军。从雍正帝的这个谕旨中至少可以得出两个方面的信息，一是宁夏驻防并未被十分重视；二是不能胜任地方大员的官员可以安排到地方驻防八旗将军的岗位上。同样是一品官员，相比之下巡抚比驻防将军更加受到重视。关于宁夏驻防的军事地位后文将进行专门论述，在此要强调的是清政府选任官员到底出了什么样的问题。这里要从选任傅泰说起，不妨先梳理一下傅泰的部分任职经历：

雍正四年（1726）四月，镶蓝旗护军参领升任镶蓝旗汉军副都统。②

雍正五年（1727）五月，户部右侍郎。③

雍正六年（1728）八月，署理广东巡抚。④

① 《清实录·世宗宪皇帝实录（雍正实录）》卷一五一，中华书局 1985 年影印版，第 867 页。

② 《清实录·世宗宪皇帝实录（雍正实录）》卷四三，中华书局 1985 年影印版，第 633 页。

③ 《清实录·世宗宪皇帝实录（雍正实录）》卷五七，中华书局 1985 年影印版，第 872 页。

④ 《清实录·世宗宪皇帝实录（雍正实录）》卷七二，中华书局 1985 年影印版，第 1076 页。

雍正八年（1730）五月，调傅泰回京。①

雍正九年（1731）二月，署理宁夏将军。②

雍正九年七月，实授宁夏将军。③

雍正九年八月，升副都统卓鼐为陕西宁夏将军，署理镇安将军事务，傅泰仍署理宁夏将军事务。④

雍正十年（1732）七月，任正红旗满洲都统，仍署宁夏将军。⑤

雍正十二年（1734）三月，陕西宁夏将军卓鼐缘事革职；以直隶天津都统阿鲁为陕西宁夏将军；以傅泰仍署陕西宁夏将军。⑥

雍正十三年（1735）正月，革职拿问。⑦

傅泰升职很快。参领为正三品官员，宁夏将军是一品官员，傅泰从正三品官升迁至一品官仅仅用了 5 年时间。这种现象在封建官僚体制中并不鲜见。一方面，如此使用官员有利于激发真正有才能官员的潜能；另一方面，不免会滋生吏治腐败，给投机钻营者借机优亲厚友、买官卖官、压榨民脂民膏等提供条件。傅泰被重用属于哪一种情况还不好下结论，但是傅泰从户部右侍郎将任职广东巡抚之际，从雍正帝的谕旨中可以看出傅泰在当时是被看重的，而且大有"临危受命"的意味。现将有关文献摘录如下：

"广东诸务废弛，弊端种种。如火耗提解、收米折色及渔盐各种税务，俱较昔加增。至于盗贼公行，诬告不息，一切禁令不遵。赌具仍卖，地方有司，并不过问"。可以说积弊重重，地方官员还不作为，急需朝廷安排得力官员前往整顿。就在这种情况下，重新选任了地方父母官，其中傅泰试用为

---

① 《清实录·世宗宪皇帝实录（雍正实录）》卷九四，中华书局 1985 年影印版，第 267 页。
② 《清实录·世宗宪皇帝实录（雍正实录）》卷一〇三，中华书局 1985 年影印版，第 359 页。
③ 《清实录·世宗宪皇帝实录（雍正实录）》卷一〇八，中华书局 1985 年影印版，第 431 页。
④ 《清实录·世宗宪皇帝实录（雍正实录）》卷一〇九，中华书局 1985 年影印版，第 451 页。
⑤ 《清实录·世宗宪皇帝实录（雍正实录）》卷一二一，中华书局 1985 年影印版，第 593 页。
⑥ 《清实录·世宗宪皇帝实录（雍正实录）》卷一四一，中华书局 1985 年影印版，第 783 页。
⑦ 《清实录·世宗宪皇帝实录（雍正实录）》卷一五一，中华书局 1985 年影印版，第 867 页。

巡抚。雍正帝谕旨要求他们"嗣后宜整顿经理，勿蹈前辙。此旨到日，着悉心确查，严行禁约。倘不肖有司，仍有不知悛改者，着参革拿问，请旨正法"①。可以说，在广东百废待兴的状况下，选任户部从二品京官傅泰赴任地方，雍正帝对其是抱有很大期望的，也就是说当时雍正帝是看重傅泰能力的，但是傅泰是不是能够完成皇帝所托付的重任？从雍正帝的另一谕旨中可以得到答案。

傅泰任职地方后，雍正帝的态度有别于前。赴任广东不到半年时间，雍正七年（1729）三月，傅泰因监犯病故给皇帝上奏有关事宜，雍正帝看到奏折后，谕旨斥责傅泰"于分内应办之事，尚未能周到，何暇为此越分陈奏之事"。认为傅泰工作不周到，还陈奏不应该陈奏的事项。雍正帝甚至要求将该奏折"掷还"。②可见短短不足半年时间，皇帝已经对傅泰的工作很不满意，遂于次年五月将傅泰调回京城，再任户部右侍郎。可以看出，傅泰在地方任职前和任职后的现实表现反差较大，工作实绩并没有达到雍正帝的预期，此后应当不会再提拔使用，但事实是，在调回京城不到一年时间，也就是雍正九年（1731）二月，朝廷却将傅泰派往宁夏署理将军事务，并在七月实授宁夏将军，一年后进而又升为正红旗满洲都统，成为一名一品京官。

清政府在反复任用傅泰的事情上耐人寻味。此外，值得关注的是，傅泰实授宁夏将军一个月后，清廷就升任卓鼐为宁夏将军。卓鼐署理镇安将军，傅泰仍然署理宁夏将军。卓鼐缘事革职后，直隶天津都统阿鲁任宁夏将军，傅泰继续署理宁夏将军。升任一品京官后，傅泰依旧没有赴京任职，仍然署理宁夏将军，直至革职拿问。傅泰在宁夏近四年的任职经历，仅仅有一个月时间是实际任职的宁夏将军，其余时间都是署理宁夏将军职权。那么问题来了，简单的来说，傅泰到底是否得到了朝廷的重用？问题似乎不是这么

---

① 《清实录·世宗宪皇帝实录（雍正实录）》卷八九，中华书局1985年影印版，第192—193页。

② 《清实录·世宗宪皇帝实录（雍正实录）》卷七九，中华书局1985年影印版，第34—35页。

简单。一方面从非实职地方一品官员到实职，再到一品京官，在职务上可谓步步高升。应当说他得到了朝廷的重用和认可；另一方面，尽管职务扶摇直上，但是均未实际履职，一直在署理宁夏将军。朝廷这种选任大员的暧昧态度，必然会导致吏治上的一些问题。

再回到傅泰个人的角度来看。傅泰从户部右侍郎岗位上到署理宁夏将军时，宁夏的驻防满洲兵仅仅有"六百名"①。如果说，这次任职是朝廷对官员的考验，那么傅泰这次赴任宁夏将军，应当是以"痛改前非"的态度来开展工作，但事实也并非如此，这才有了前文所说的雍正帝在处理宁夏驻防八旗士兵"殴毙人命，扰累地方"这一事件的谕旨。

（二）宁夏驻防将军和世泰的选任。如前文所述，和世泰在宁夏驻防八旗历史上，留下了"浓墨重彩"的一笔。那么，和世泰到底是怎么选任到宁夏将军岗位上的呢？现据《清实录》记载，将和世泰简要履历制表如下：

和世泰任职年表

时间	任职	缘由
嘉庆十年（1805）八月	头等侍卫	额亦都后裔，本銮仪卫冠军使②
嘉庆十年（1805）十一月	銮仪卫銮仪使③	
嘉庆十一年（1806）正月	兼正红旗汉军副都统④	
嘉庆十三年（1808）六月	正红旗满洲副都统⑤	
嘉庆十三年（1808）六月	兼总管内务府大臣⑥	
嘉庆十七年（1812）九月	兼镶白旗汉军副都统⑦	

---

① 《清实录·世宗宪皇帝实录（雍正实录）》卷一〇三，中华书局 1985 年影印版，第 359 页。
② 《清实录·仁宗睿皇帝实录（嘉庆实录）》卷一四九，中华书局 1986 年影印版，第 1038 页。
③ 《清实录·仁宗睿皇帝实录（嘉庆实录）》卷一五二，中华书局 1986 年影印版，第 1097 页。
④ 《清实录·仁宗睿皇帝实录（嘉庆实录）》卷一五六，中华书局 1986 年影印版，第 16 页。
⑤ 《清实录·仁宗睿皇帝实录（嘉庆实录）》卷一九七，中华书局 1986 年影印版，第 623 页。
⑥ 《清实录·仁宗睿皇帝实录（嘉庆实录）》卷一九七，中华书局 1986 年影印版，第 624 页。
⑦ 《清实录·仁宗睿皇帝实录（嘉庆实录）》卷二六一，中华书局 1986 年影印版，第 535 页。

续表

时间	任职	缘由
嘉庆十八年（1813）正月	掌銮仪卫事①	
嘉庆十八年（1813）三月	承袭父三等承恩公②	
嘉庆十八年（1813）十月	为总管内务府大臣③	
嘉庆十八年（1813）十一月	署理藩院尚书④	
嘉庆二十一年（1816）七月	革去理藩院尚书、镶白旗汉军都统，仍留公爵	时英国贡使来朝，朝服未到，不便见嘉庆帝。理藩院尚书和世泰对此事未如实说明，4次编造谎言，陈奏嘉庆帝。误导嘉庆帝认为贡使"侮慢倨傲"，并"逐其使臣回国"⑤
嘉庆二十二年（1817）七月	理藩院尚书⑥	
嘉庆二十二年（1817）十一月	兼正黄旗汉军都统⑦	
嘉庆二十四年（1819）五月	正蓝旗满洲都统⑧	
嘉庆二十四年（1819）九月	兵部尚书⑨	
嘉庆二十五年（1820）四月	革去宫衔，紫禁城内骑马、御前侍卫、兵部尚书、正蓝旗满洲都统，留总管内务府大臣之任，管理茶膳房、清漪园等处事务，仍带革职留任	"兵部遗失行印一案。审讯日久。尚未究出正犯。"此案与皂役在"兵部库后围墙"私开门径有关⑩
嘉庆二十五年（1820）七月	赏都统衔，仍在紫禁城内骑马⑪	
嘉庆二十五年（1820）九月	镶白旗汉军都统⑫	

① 《清实录·仁宗睿皇帝实录（嘉庆实录）》卷二六五，中华书局 1986 年影印版，第 596 页。
② （民国）赵尔巽等撰：《清史稿》，清史馆铅印本 1928 年版，《表七·外戚表》，第 9 页 a。
③ 《清实录·仁宗睿皇帝实录（嘉庆实录）》卷二七七，中华书局 1986 年影印版，第 776 页。
④ 《清实录·仁宗睿皇帝实录（嘉庆实录）》卷二七八，中华书局 1986 年影印版，第 793 页。
⑤ 《清实录·仁宗睿皇帝实录（嘉庆实录）》卷三二〇，中华书局 1986 年影印版，第 241 页。
⑥ 《清实录·仁宗睿皇帝实录（嘉庆实录）》卷三三二，中华书局 1986 年影印版，第 389 页。
⑦ 《清实录·仁宗睿皇帝实录（嘉庆实录）》卷三三六，中华书局 1986 年影印版，第 440 页。
⑧ 《清实录·仁宗睿皇帝实录（嘉庆实录）》卷三五八，中华书局 1986 年影印版，第 732 页。
⑨ 《清实录·仁宗睿皇帝实录（嘉庆实录）》卷三六二，中华书局 1986 年影印版，第 779 页。
⑩ 《清实录·仁宗睿皇帝实录（嘉庆实录）》卷三六九，中华书局 1986 年影印版，第 878 页。
⑪ 《清实录·宣宗成皇帝实录（道光实录）》卷一，中华书局 1986 年影印版，第 83 页。
⑫ 《清实录·宣宗成皇帝实录（道光实录）》卷四，中华书局 1986 年影印版，第 121 页。

续表

时间	任职	缘由
嘉庆二十五年（1820）十月	理藩院尚书①	
嘉庆二十五年（1820）十二月	福州将军②	
道光二年（1822）十二月	镶白旗蒙古都统③	
道光三年（1823）九月	兼署正红旗蒙古都统④	
道光四年（1824）闰七月	内大臣⑤	
道光四年（1824）十月	署正蓝旗蒙古都统⑥	
道光四年（1824）八月	兼署镶白旗汉军都统⑦	
道光五年（1825）七月	察哈尔都统⑧	
道光六年（1826）九月	进京当差（按：内大臣）	任察哈尔都统期间，"再三渎请"陛见⑨
道光六年（1826）十月	革去内大臣	"无急欲面陈之事"，"任意渎请。冒昧已极"⑩
道光九年（1829）九月	赏委散秩大臣	缅维先代（按：开国功臣额亦都）勋劳。尤宜赏延后嗣⑪
道光十年（1830）六月	内大臣⑫	
道光十二年（1832）八月	宁夏将军⑬	
道光十八年（1838）六月	杭州将军⑭	
道光十八年（1838）十一月	在紫禁城内骑马⑮	

---

① 《清实录·宣宗成皇帝实录（道光实录）》卷六，中华书局 1986 年影印版，第 144 页。

② 《清实录·宣宗成皇帝实录（道光实录）》卷一〇，中华书局 1986 年影印版，第 201 页。

③ 《清实录·宣宗成皇帝实录（道光实录）》卷四六，中华书局 1986 年影印版，第 825 页。

④ 《清实录·宣宗成皇帝实录（道光实录）》卷五九，中华书局 1986 年影印版，第 1039 页。

⑤ 《清实录·宣宗成皇帝实录（道光实录）》卷七一，中华书局 1986 年影印版，第 135 页。

⑥ 《清实录·宣宗成皇帝实录（道光实录）》卷七四，中华书局 1986 年影印版，第 186 页。

⑦ 《清实录·宣宗成皇帝实录（道光实录）》卷七二，中华书局 1986 年影印版，第 155 页。

⑧ 《清实录·宣宗成皇帝实录（道光实录）》卷八六，中华书局 1986 年影印版，第 378 页。

⑨ 《清实录·宣宗成皇帝实录（道光实录）》卷一〇五，中华书局 1986 年影印版，第 733 页。

⑩ 《清实录·宣宗成皇帝实录（道光实录）》卷一〇七，中华书局 1986 年影印版，第 776 页。

⑪ 《清实录·宣宗成皇帝实录（道光实录）》卷一六〇，中华书局 1986 年影印版，第 473 页。

⑫ 《清实录·宣宗成皇帝实录（道光实录）》卷一七〇，中华书局 1986 年影印版，第 644 页。

⑬ 《清实录·宣宗成皇帝实录（道光实录）》卷二一八，中华书局 1986 年影印版，第 243 页。

⑭ 《清实录·宣宗成皇帝实录（道光实录）》卷三一一，中华书局 1986 年影印版，第 851 页。

⑮ 《清实录·宣宗成皇帝实录（道光实录）》卷三一六，中华书局 1986 年影印版，第 923 页。

时间	任职	缘由
道光十九年（1839）三月	解杭州将军	宁夏将军任上，侵蚀粮饷，归案审讯①
道光十九年（1839）八月	拟斩监候②	

　　和世泰出生于乾隆四十一年（1776），嘉庆十年（1805）仅29岁，已为头等侍卫，享正三品俸禄。众所周知，和世泰是嘉庆皇帝孝和睿皇后的胞弟，自然会受到许多来自皇帝的恩泽。不仅如此，和世泰的祖上额亦都是清朝开国五大臣之一，乾隆年间晋为一等公爵"宏毅公"③。和世泰是额亦都的八世孙，也算是"名门之后"。得益于以上荫泽，和世泰在嘉庆、道光两朝的官场"大有可为"。嘉庆年间，和世泰就是一副皇亲国戚、坐食恩典的形象。比如，嘉庆十年（1830），皇帝在回行宫途中发现有"逸马"，乾清门三名侍卫将马擒获。嘉庆帝问及三人姓名时，和世泰的内弟禧恩谎称和世泰在内。因为清代有一惯例，在皇帝行围之时，如果有侍卫擒获逸马，就可以得赏黄马褂。这次事件被嘉庆帝识破后，取消了这一惯例。④ 再如，嘉庆十五年（1810），内务府常福因提拔为工部侍郎，因其原"官阶次序"在和世泰之后，提拔之后应该在和世泰之前，但是常福本人"推让再四"，"各大臣等亦即联名奏请"要求排在和世泰之后。嘉庆帝知道后，对此进行了指责，并谕令"嗣后若再有似此不遵照定例，欲以退让取和者，必将该大臣等革退，以示惩儆"⑤。以上两例，虽然都未得逞，但均体现了和世泰身为皇后胞弟，在官场上能够得到各种"照应"。这种地位，一方面使和世泰会产生妄自尊大的心理；另一方面会使和世泰不思进取，甚至胡作非为。同时，这两次事件都让嘉庆帝作出了革除"恶习"的决定，看似天下为公，不徇私情，但是

---

① 《清实录·宣宗成皇帝实录（道光实录）》卷三二〇，中华书局1986年影印版，第1017页。

② 《清实录·宣宗成皇帝实录（道光实录）》卷三二五，中华书局1986年影印版，第1103页。

③ 《清实录·高宗纯皇帝实录（乾隆实录）》卷一〇四八，中华书局1985年影印版，第7页。

④ 《清实录·仁宗睿皇帝实录（嘉庆实录）》卷一五〇，中华书局1986年影印版，第1058页。

⑤ 《清实录·仁宗睿皇帝实录（嘉庆实录）》卷二三一，中华书局1986年影印版，第103页。

和世泰屡次"犯事"却屡次得到任用的事实,更有说服力。

嘉庆二十五年(1820),简放福州将军之前,和世泰一直在皇宫任职。在此期间,就连嘉庆帝也认为和世泰"内务府之事,动辄得咎"①。和世泰多次因为渎职、失职等被罚俸、降级、革职,但又多次被任职。如:和世泰刚刚兼任内务府大臣5个月后,嘉庆十三年(1808)十一月,"因广兴擅自扣减宫中例用绸缎一事","所有总管内务府大臣内原系二品顶带之英和、阿明阿、和世泰三人,着均降为三品顶带,并革去花翎,"但是考虑到他们"原管各职任较多,一时难以尽行更换,姑各令照旧管理,以观后效"。②给予的处分是降级,但是仍然还在原来的岗位上任职。本以为"以观后效"可以起到震慑和警示作用,但这件事以后,屡次类似的事实,能够证明这种处罚方式,对于和世泰等官员来讲,并不能起到足够的警示作用,相反却使他们"放松警惕"。

一年后(1809),因"工部书吏王书常等私雕假印,伪捏款项,冒领帑银,多至八次",而"堂司各官懵然不知","和世泰,原拟降二级调用,着从宽改为降三级留任。"③又一年后(1810),内务府广储司银两本来用于"内工",但是因为积存较多,经奏请后临时准许在"内工"以外支出,但是因和世泰等"尚未计及"总量,导致广储司银两"不敷应用"。嘉庆帝认为他们"平日漫不经心""办事疲懈",对和世泰等人罚俸三个月。④再一年后(1811),和世泰因以下两件事得咎,一是称"东三省人均属糊涂","薄视东三省之人","意存狂傲";二是因为公主去世,和世泰和公主的管家,要求将该驸马所收的田租收缴到广储司,"实属卑鄙不知大体,咎无可宽"。皇帝仍然给自己宽恕他们找到了"和世泰年幼无知,征瑞(管家)年老昏聩"的理由,

---

① 《清实录·仁宗睿皇帝实录(嘉庆实录)》卷二五〇,中华书局1986年影印版,第382页。
② 《清实录·仁宗睿皇帝实录(嘉庆实录)》卷一九七,中华书局1986年影印版,第624页。
③ 《清实录·仁宗睿皇帝实录(嘉庆实录)》卷二二三,中华书局1986年影印版,第999—1000页。
④ 《清实录·仁宗睿皇帝实录(嘉庆实录)》卷二三六,中华书局1986年影印版,第184页。

和世泰"拔去花翎，革去内阁学士，副都统实降一级，以三品顶戴"留任，"以观后效"。[①] 可是，仅仅一个月以后，万寿山丢失"红毡二条，镶玉如意三柄"，因"漠不关心"，并"任意延玩"失窃案件，将和世泰"降为四品顶戴"，"罚俸一年半"，但是仍然"留内务府大臣之任"。[②]

三年内，五次受到罚俸、降级、革职等处罚，应当说和世泰是一名非常不称职的官员，但是这些都不影响他的晋升和重用。似乎晋升官职与他的才干和称不称职没有多大关系。就在和世泰降为四品顶戴，受"罚俸一年半"的处罚9个月之后，即嘉庆十七年（1812）九月，此时还在"罚俸"期间，和世泰以总管内务府大臣的身份，"兼镶白旗汉军副都统"。嘉庆十八年（1813）正月，"掌銮仪卫事"；三月，承袭三等承恩公；十一月，署理理藩院尚书。当然，这种贬官、升职的循环往复模式，对于和世泰来说也是一把"双刃剑"。在和世泰的心目中，已经形成了官职不会丢，只会晋升的印象。如此一来，自然会导致其不思进取，长此以往，必然会酿成大祸。

如果说，前文所述均为绸缎、银两、红毡、如意等内部"小事"的话，那么，嘉庆二十一年（1816）七月，和世泰任职理藩院尚书期间，造成的一次外交事件，应该是"大事"。时英国贡使因"朝服未到，不敢瞻觐"，但是和世泰未如实奏陈，而是四次编造谎言，谎称贡使"不能快走""病泄""病倒"等，嘉庆帝觉得"中国为天下共主，岂有如此侮慢倨傲，甘心忍受之理"？"遂逐其使臣回国"。当知道真相后，认为使臣未能"成礼而返"，指责和世泰等"不料庸臣误事至此，朕实无颜下对臣工，惟躬自引咎"。在嘉庆皇帝看来，这件事"颜面"上过不去，属于"礼"方面的事情，对于礼仪之邦来说，这是一件很严重的事情。所以给予和世泰"革去理藩院尚书、镶白旗汉

---

① 《清实录·仁宗睿皇帝实录（嘉庆实录）》卷二五〇，中华书局1986年影印版，第382—383页。

② 《清实录·仁宗睿皇帝实录（嘉庆实录）》卷二五二，中华书局1986年影印版，第403—404页。

军都统"的处罚，但"仍留公爵"。和世泰受到了应有的惩处，但是皇帝认为其他大臣"坐视和世泰惶遽失措"，"平时和颜悦色，临事坐视偾事"，仍为和世泰开脱。[①] 果然，在一年后，和世泰官复原职，仍为理藩院尚书，并在 4 个月后，兼正黄旗汉军都统。外交事件前兼任的是镶白旗汉军都统，外交事件后兼任的是正黄旗汉军都统，众所周知，正黄旗在八旗中排位比镶白旗更靠前。

可见，无论"内务""小事"，还是外交"大事"，对于和世泰来说，咎后都会立即官复原职，并且仍会晋升。那么，震惊朝廷的"兵部遗失行印一案"应当说是一件"大事"了。在案情没有大白天下之时，嘉庆皇帝将许多有关官员进行了处分。大小官员有的革职，有的发配乌鲁木齐、伊犁、吉林、黑龙江等处，对时已调任兵部尚书的和世泰，也应当有相当严厉的处罚，但事实是他尽管受到了惩处，革去所有的职务和头衔，却仍保留了总管内务府大臣职务。当然，最终查明丢失行印与和世泰等"无涉"。[②] 该年底，和世泰即任福州将军。

从以上史实来看，和世泰在任职驻防将军之前的几年里，并未体现出什么才干。相反，就连嘉庆帝也认为和世泰"动辄得咎"[③]。同时，我们也能深刻地感受到，和世泰其实一直受到皇室的"保护"，不管案件中和世泰的责任大小，处分多么严厉，最终都能够官复原职，甚至提拔晋升。多年来，让和世泰形成一种严重的侥幸和依赖心理。在和世泰此后的任职经历中能够明显感受到这种依赖和侥幸。

在福州任将军两年后，于道光二年十二月（1823 年初），和世泰再次进京任镶白旗蒙古都统，四年（1824）七月任内大臣。这次进京任职，不是道

---

① 《清实录·仁宗睿皇帝实录（嘉庆实录）》卷三二〇，中华书局 1986 年影印版，第 241—243 页。

② 《清实录·仁宗睿皇帝实录（嘉庆实录）》卷三六九，中华书局 1986 年影印版，第 877—878、883—885 页。

③ 《清实录·仁宗睿皇帝实录（嘉庆实录）》卷二五〇，中华书局 1986 年影印版，第 382 页。

光皇帝单方面的意愿，因为就在和世泰任职福州将军一年之际，道光皇帝还对和世泰语重心长地"叮嘱"过一番。道光帝说："汝在内廷行走有年，非不谙事务者可比，嗣后当尽心职守，以副委任之意，勉之慎之。"①大概是因为福州与京城相隔太远，各方面条件与京城的内务府、理藩院相比都有较大差别，和世泰主动请求的吧。五年(1825)七月，和世泰再次简放八旗驻防，任察哈尔都统。全国仅设察哈尔、热河两处驻防都统，而且都在拱卫京师的防线上，也是距离京城最近的两处八旗驻防点。从福州将军调回京城，再从京城调任驻防察哈尔都统，本身就能体现其对皇室和京城的依赖，但是最能够体现这种依赖心理的事莫过于已经年过 50 岁的和世泰在察哈尔都统任上，多次无故请求进京"陛见"。甚至道光帝认为和世泰屡次请求进京，是"任意妄为"。无奈之下，仍谕令"和世泰着即来京当差"。进京后，和世泰"并无急欲面陈之事"，道光帝因其"任意渎请，冒昧已极"，将和世泰"革去内大臣"。这是道光皇帝上任后第一次给和世泰处分，这次处分的时间相比嘉庆皇帝给的任意一次处分的时间都要长，达近 3 年之久。道光皇帝并非和世泰的姐姐孝和睿皇后所生，虽然孝和睿皇后此时仍然健在，但是毕竟不同于嘉庆皇帝对待"内弟"。即便如此，道光十年（1830）六月，和世泰再次官复原职，任内大臣。

　　两年后，即道光十二年（1832）八月，如此一位在官场不断跌跌撞撞受到惩处，不断加官进爵的一品官员，已经 56 岁的和世泰，被简放宁夏驻防将军。一直到道光十八年（1838）六月调任杭州将军，和世泰在宁夏任职将近 6 年时间。从《清实录》记载来看，这 6 年期间，仅仅有 6 条关于和世泰的记录。6 条中仅仅有一条即关于划拨养赡孤寡地为驻防旗人茔地的奏折，是关于宁夏八旗驻防营务的；另外还有一条是记载和世泰的姐姐皇太后六十大寿前夕，道光帝谕令和世泰从宁夏驻防满营出发，"进京同诸大臣祝嘏"②。

①　《清实录·宣宗成皇帝实录（道光实录）》卷二七，中华书局 1986 年影印版，第 480 页。
②　《清实录·宣宗成皇帝实录（道光实录）》卷二六三，中华书局 1986 年影印版，第 25 页。

和世泰是宁夏驻防历史上任职时间较长的一位，更是道光年间任职时间居第二的将军，但是《清实录》关于和世泰在此期间的记载如此少，耐人寻味。一方面，也许是因为和世泰"前事不忘，后事之师"，或多或少体会到了嘉庆帝和道光皇帝对待自己还是有所差别的；另一方面，可以见得和世泰在宁夏任将军期间，宁夏驻防满营非常"清闲"。这种"清闲"状况，同时也能反映出，宁夏满营的军事性特征，在没有战争、相对和平的年代，营伍军事有所松懈。事实证明，这6年期间和世泰对于宁夏满营吏治、驻防旗人生活和军事力量都造成了无可估量的损失。和世泰一步步走向绝路，一方面是朝廷长期保护所造成的侥幸心理；另一方面从犯罪心理学的角度来讲，从嘉庆帝和道光帝对待他的差别上，56岁的和世泰也许体味到了什么。

《啸亭杂录》记载，凡"钮钴禄氏宏毅公之后"等"八大家满洲氏族……凡尚主选婚，以及赏赐功臣奴仆，皆以八族为最云"①。从和世泰的任职经历来看，嘉庆帝、道光帝对和世泰的"赏赐"，某种程度上来讲，其实是对大清江山的不负责。当然这种不负责，直接的受害群体，非宁夏驻防旗人莫属。

从和世泰侵蚀粮饷案发情况来看，事发于一个八旗士兵（前锋）依克唐阿告发协领、佐领克扣军饷。因涉及"数万两"之多，数额较大，且"案关职官克扣兵饷"②，道光帝才决定一查到底。俗话说"官逼民反"，不到被逼无奈之时，举家老小都在满营、都依靠粮饷过活的八旗士兵，哪里有检举将领的勇气？可见，当时宁夏满营官员对于驻防旗人的剥削已经非常严重了。

（三）庆山的再次提拔使用。前文所述，宁夏驻防将军庆山因侵蚀马干，同时被副都统噶普唐阿参奏朝廷将军庆山"之妻外出游玩携带兵丁鸣炮迎送

---

① （清）昭梿：《啸亭杂录》（清代史料笔记丛刊本）卷一〇《八大家》，中华书局1980年版，第316页。

② 《清实录·宣宗成皇帝实录（道光实录）》卷三一七，中华书局1986年影印版，第945—946页。

使下属劳累不堪"①，于道光八年（1828）七月被朝廷降三级处罚，同时赏给二等侍卫。据《清史稿》记载，庆山在宁夏被贬三个月后（道光八年十月），即被朝廷简放乌里雅苏台参赞大臣。②品秩仅次于乌里雅苏台将军，相当于直省驻防的副都统，为正二品官员。可见，庆山"降三级"的处罚，并未真正落实。不仅如此，此后庆山又得到了重用，走上了驻防将军的岗位，而且是多地任职。现罗列如下：

道光十年（1830）六月，任荆州驻防将军。③[道光四年（1824）闰七月，从云南昭通镇总兵任上提任为荆州驻防将军。④六年（1826）二月，调任西安将军⑤]

道光十二年（1832）十一月，调任广州将军。⑥

道光十三年（1833）正月，调任福州将军。⑦[嘉庆二十五年（1820），曾任福建漳州镇总兵⑧]

道光十三年（1833）三月，调任乌里雅苏台将军。⑨[道光八年（1838）十月，曾任乌里雅苏台参赞大臣]

道光十四年（1834）八月，因病卸任。⑩

对于侵蚀马干的将军，本来是"降三级"，但是不到两年时间，又恢复原品秩。耐人寻味的是，庆山这次的确是"官复原职"，所任职务居然是 6

---

① （清）宁夏副都统噶布唐阿（即噶普唐阿）:《参奏宁夏将军庆山之妻出外游玩携带兵丁鸣炮迎送使下属劳累不堪片》（道光八年二月二十日），《军机处全宗满文录副奏折》，档案号：03-0202-4056-034，中国第一历史档案馆藏。

② （民国）赵尔巽等撰:《清史稿》，清史馆铅印本 1928 年版，《表四七·疆臣年表一一》，第 30 页 b，"各边将军都统大臣"·道光八年戊子。

③ 《清实录·宣宗成皇帝实录（道光实录）》卷一七〇，中华书局 1986 年影印版，第 638 页。

④ 《清实录·宣宗成皇帝实录（道光实录）》卷七一，中华书局 1986 年影印版，第 136 页。

⑤ 《清实录·宣宗成皇帝实录（道光实录）》卷九五，中华书局 1986 年影印版，第 543 页。

⑥ 《清实录·宣宗成皇帝实录（道光实录）》卷二二六，中华书局 1986 年影印版，第 377 页。

⑦ 《清实录·宣宗成皇帝实录（道光实录）》卷二二九，中华书局 1986 年影印版，第 431 页。

⑧ 《清实录·宣宗成皇帝实录（道光实录）》卷一一，中华书局 1986 年影印版，第 220 页。

⑨ 《清实录·宣宗成皇帝实录（道光实录）》卷二三五，中华书局 1986 年影印版，第 510 页。

⑩ 《清实录·宣宗成皇帝实录（道光实录）》卷二五五，中华书局 1986 年影印版，第 890 页。

年前他被初次提拔为驻防将军的职务——荆州驻防将军。更加戏剧性的是官复原职后，所任4处将军，其中的3处，即荆州、福州、乌里雅苏台都是他曾经任职地。姑且不论庆山的才干，单从对于庆山的处分来看，不免有"掩人耳目"之嫌。同案的副都统噶普唐阿就没那么幸运了，他被就地革职，再未起用。需要说明的是庆山的起用也许是因为庆山才干出众，但是处分后不到两年时间即官复原职，恐怕在官员中会形成"有恃无恐"的现象，毕竟只有皇帝才可以任免将军。

（四）道光以后，宁夏将军出现因病卸任的情况，甚至出现死亡在任上的现象。如前文所述，驻防宁夏满营将军必然是能够领兵打仗的将帅之才，方可胜任，但是这种现象只有在康熙至乾隆初年比较普遍。乾隆后期开始，尤其是鸦片战争以后，派驻宁夏的驻防将军有的从未领兵打仗。比如，和世泰就是一例。更加严重的问题是，道光以后宁夏驻防将军出现"因病卸任"，甚至"病卒"的现象，其中"病卒"4任，因病卸任6位。

同治、光绪年间这种现象更加普遍。如同治二年（1863）二月，"宁夏将军奕梁因病解职，以察哈尔都统庆昀为宁夏将军"①奕梁卸任两年后去世②。同时存在将军因病请辞，朝廷不同意辞职的情况。如光绪十年（1884），奕榕将军"跪奏，为旧伤触发，渐成偏枯残疾，难期速愈。吁恳天恩，俯准开缺，回京就医调治"，但是光绪帝并未同意，而是"着赏假两个月调理，毋庸开缺"。③随着病情加重，第二年（1885）正月奕榕"因病解职，以锦州副都统维庆为宁夏将军"④。6年后奕榕因病去世⑤。此时宁夏驻防八旗将军病故在任上或者卸任不久去世的比比皆是。光绪十四年（1888），宁夏

---

① 《清实录·穆宗毅皇帝实录（同治实录）》卷五八，中华书局1987年影印版，第113页。
② 《清实录·穆宗毅皇帝实录（同治实录）》卷一四二，中华书局1987年影印版，第350页。
③ （清）宁夏将军奕榕：《奏为旧伤触发渐成偏枯残疾难期速愈吁恳天恩俯准开缺回京就医调治恭折》，《光绪十年十月十四日京报全录》，《申报》1884年12月10日，第4190号。
④ 《清实录·德宗景皇帝实录（光绪实录）》卷二○二，中华书局1987年影印版，第876页。
⑤ 《清实录·德宗景皇帝实录（光绪实录）》卷三○三，中华书局1987年影印版，第1013页。

满营将军维庆在任上因病去世①。光绪二十四年（1898），"宁夏将军钟泰因病请假回族(按：即回旗)，以宁夏副都统色普征额暂行兼署宁夏将军。"②两个月后钟泰病逝。③光绪三十三年（1907），"宁夏副都统志锐奏，开缺宁夏将军色普征额，因病不及待新任交代，谨将将军印信暂代接署。"④

与此同时，宁夏满营副都统的选任也存在类似问题。道光八年（1828），"宁夏副都统安楚拉，因病休致"⑤。咸丰四年十二月（1855年初），"宁夏副都统伊勒当阿，因病解任，以散秩大臣奕梁，为宁夏副都统。"⑥同治四年（1865）七月，"署宁夏副都统三寿因病解职。"⑦

以上现象表明从乾隆后期开始，宁夏驻防八旗实质上已经开始走上下坡路，随着列强入侵，社会主要矛盾发生变化，宁夏驻防八旗的吏治更加不堪，朝廷在选任统兵将帅的将军和副都统等高级别官员时都不能充分重视，满营吏治必然发生悄然变化，宁夏驻防八旗的功能必然逐步削弱。当然这一转折变化与整个清代历史发展脉络一脉相承。

在这里要特别说明一点，朝廷选用"带病"的将军、副都统不甚合适，这是此处的重点，但是存在这些情况，并不能说明这些"带病"将军本身德才不佳。比如，因病卒于宁夏将军任上的维庆。他在宁夏满营任职将军虽然仅有两年时间，但是他"整饬操防，饬剂饷粮"，威望很高，去世后"兵民爱戴，溘逝之日，无不同声悼惜"。⑧

---

① （清）宁夏副都统常星阿：《奏为宁夏将军因病出缺遵将将军印信暂行护理恳恩迅赐简放以专责成恭折》，《光绪十四年三月二十日京报全录》，《申报》1888年5月7日，第5404号。
② 《清实录·德宗景皇帝实录（光绪实录）》卷四二〇，中华书局1987年影印版，第508页。
③ 《清实录·德宗景皇帝实录（光绪实录）》卷五八三，中华书局1987年影印版，第705页。
④ 《清实录·德宗景皇帝实录（光绪实录）》卷五八〇，中华书局1987年影印版，第677页。
⑤ 《清实录·宣宗成皇帝实录（道光实录）》卷一三五，中华书局1986年影印版，第59页。
⑥ 《清实录·文宗显皇帝实录（咸丰实录）》卷一五四，中华书局1986年影印版，第673页。
⑦ 《清实录·穆宗毅皇帝实录（同治实录）》卷二二八，中华书局1987年影印版，第139页。
⑧ （清）宁夏副都统常星阿：《奏为宁夏将军因病出缺遵将将军印信暂行护理恳恩迅赐简放以专责成恭折》，《光绪十四年三月二十日京报全录》，《申报》1888年5月7日，第5404号。

第三节　宁夏满营内部官员选任存在的问题

按照大清官制，驻防将军、副都统由朝廷选任，将军、副都统以下官员由满营内部自行选任。将军在选任内部营官时有绝对的决定权，俗话说"上梁不正下梁歪"，如果说，道光以后，朝廷选任将军、副都统就存在问题，并且随着清政府的腐朽和列强的侵略，这种问题不断加重的话，那么满营内部营官的选任，也会如此。在这里以协领和其他年老营官留任及保举卓异为例进行论述。

一、协领选任存在的问题

笔者在查阅文献的过程中还发现，选任官员方面，不仅是朝廷选用宁夏驻防将军方面有失偏颇，即便在满营内，将军选任协领也存在一定的问题。如果说，乾隆中期之前选派宁夏驻防将军和副都统大多都以战功来作为选任依据的话，那么嘉庆以后，选派的皇亲国戚、公侯贵族当权宁夏满营，必然会对宁夏满营的吏治造成不良影响，从而使驻防八旗的功能有所削弱。

现以《清实录》记载的宁夏驻防协领阿玺达三次"犯案"，仍然稳居协领之位为例，以进一步阐述这方面的问题。在前述庆山、噶普唐阿"互参"案，以及皇舅将军和世泰"侵蚀兵饷"案中，都涉及了一个重要人物，那就是宁夏驻防满营协领阿玺达。在宁夏将军庆山到任后，一直未清查库存和马匹，而且仅派一人管理，这个人就是阿玺达。不仅如此，阿玺达直接参与了向八旗兵丁私放"高利贷"的案件。最终，阿玺达和其他4位协领都"交部议处"。事实证明，这一次具体如何"议处"显得不重要，重要的是7年后，阿玺达仍然在协领任上，而且犯下了另外一桩案子。道光十五年（1835），一起民人状告满营协领的案件中，时任协领阿玺达再次成为"被告"。案情是，"民人陈柱等，以水利同知张东序及书役李绪渊等勒派加夫，封水害民。聚众数百，赴该将军衙门控告"，乞求公道，而满营协领"阿玺达、富忠，藉端压搁，并不即行呈明"。将案件搁置不办。道光帝知道后，认为协领"殊属藐玩，阿玺达、富忠，着交部严加议处"。① 这一次如何"议处"，不得而知，但是在 4 年后的和世泰侵蚀兵饷案中，阿玺达再次出现，而且仍然任驻防协领。在和世泰克扣兵饷案发后，作为协领的阿玺达伙同其他官员包庇"捏饰"案情，最终协领、佐领共 8 人全部被"发往新疆效力赎罪"。② 可以说这位协领阿玺达是一位"劣迹斑斑"的官员，但是一直待在宁夏驻防协领的岗位上。阿玺达屡次因案"议处"，但丝毫不影响所任职务，这件案件看似是一个人的事情，实质上反映的是宁夏满营吏治的整体状况。奖罚不明对于一个组织的损害在某种程度上不亚于蚁穴毁堤。

二、其他营官使用存在的问题

尽管朝廷和驻防营已经想尽了一切可以使用的办法，但"生计问题"远未得到根本解决，被迫无奈而使用的"通融接济"之法，业已成为常用之法。这种背景下，也许是朝廷为了进一步节约开支，在吏治方面采取了一些措施。道光二年（1822），朝廷对于 60 岁以上的驻防旗员是否留任等作出了明确规定。规定："嗣后各省驻防旗员，有年逾六十以上，不能骑射者，俱不准保列卓异。其精力尚健，弓马娴熟，或曾经出兵著绩，或实心经理营务，仍由该管大臣出具切实考语保荐，另册声明，给咨赴部引见。如有年力衰迈者，即归入计典内劾参。若年齿虽老，精力未衰，亦由该管大臣，详加查验，秉公甄核，专折奏请留任。着为令。"③ 这个规定包含四个方面的主要意思，一是 60 岁以上的旗员，不能再上战场打仗的，今后不能再列入卓异，

---

① 《清实录·宣宗成皇帝实录（道光实录）》卷二六四，中华书局 1986 年影印版，第 57 页。
② 《清实录·宣宗成皇帝实录（道光实录）》卷三二五，中华书局 1986 年影印版，第 1103 页。
③ 《清实录·宣宗成皇帝实录（道光实录）》卷三五，中华书局 1986 年影印版，第 620 页。

也就是不能再进一步使用；二是如果有精力仍然旺盛，还可以征战沙场的，或者曾经获过军功的，或者能够踏踏实实经理满营事务的这几种情况，经过考语保荐，由兵部酌情处理；三是确实年老力衰的，按照程序将解甲退任；四是身体尚好，还能够继续胜任的，经过认真核查，专门奏请朝廷后，可以继续留任。从这一规定可见此时朝廷针对驻防旗营吏治，已经在积极作为，但是实施效果却不一定能够达到统治者的预期目的。其中，保荐"卓异"，因为乾隆十八年（1753）就规定，"以驻防之多寡，酌中定额"，宁夏不得超过2名①。这2名还包括60岁以内的官员兵丁。60岁以上的保荐卓异，可谓凤毛麟角，在此不作赘述。笔墨着重于年过60岁后，留任官员的数量，从而管窥驻防满营吏治情况。

从《清实录》记载来看，宁夏驻防留任年过60岁营官的现象，只有道光、咸丰两朝存在。现将《清实录》记载的宁夏驻防满营留任年过60岁驻防八旗官员情况罗列如下：

道光二年（1822）十月，"格布舍等奏，将宁夏年逾六旬官员，军政考验，精力未衰，请旨留任一折。着交兵部查核原册，照例办理，"但因为是第一次奏请这种留任的事情，时任将军格布舍"折内并未将逾岁应留官员等，共计若干？及何名年岁若何之处声明"②。

道光七年（1827）十月，"以宁夏驻防军政，年逾六十官十员，精力未衰，命留任。"③

道光十二年（1832）十月，"以宁夏满洲蒙古军政，年逾六十官五员，精力未衰，命留任。"④

道光二十二年（1842）十月，"以宁夏驻防军政，年逾六十官三员，精

---

① 《清实录·高宗纯皇帝实录（乾隆实录）》卷四三五，中华书局1985年影印版，第679页。
② 《清实录·宣宗成皇帝实录（道光实录）》卷四二，中华书局1986年影印版，第751页。
③ 《清实录·宣宗成皇帝实录（道光实录）》卷一二八，中华书局1986年影印版，第1130页。
④ 《清实录·宣宗成皇帝实录（道光实录）》卷二二二，中华书局1986年影印版，第323页。

力未衰，命留任。"①

道光二十七年（1847）九月，"以宁夏八旗军政，年逾六十官一员，精力未衰，命留任。"②

咸丰二年（1852）十月，"以宁夏驻防军政，年逾六十官三员，精力未衰，命留任。"③

咸丰二年（1852）以后这方面的文献记载，再未查到。以上有明确记载的，共有6次，除道光二年（1822）第一次留任人数不清楚以外，其他5次共留任年逾六十官员22名。这22名官员是否确实"精力未衰"，尚未考证。单从数量来看，已经不在少数。应该说超过60岁的满营武官，因为经常征战沙场，有的还会因负伤留有后遗症，所以身体健壮、精力旺盛、骑马射箭不减当年的应该少而又少。根据前述谕旨来看，对于满营文官来说是否留任的唯一标准是，是否"实心经理营务"，其关键在于是否"实心"。有权作出是否"实心"这个判断的人就是驻防将军。他通过"考语"来"判定"欲留任营官是否"实心"。所以，相比推荐"卓异"来讲，"留任"的自主权更大。然而在这种自主权就像一把"双刃剑"，留任真正"精力未衰"的官员，利用他们丰富的征战经验、管理能力，以及稳妥慎重的处事作风，有利于驻防满营事宜的经营管理，但如果过多留任年逾六十营官，未免会有不严谨之处，甚至会产生营私舞弊、徇私枉法的现象，这将对驻防八旗的经济生活产生适得其反的作用。

值得注意的是，从以上留任营官的数量来看，道光七年（1827）最多，有10人，道光十二年（1832）次多，有5人。道光七年（1827）留任该10人时，正是庆山任宁夏将军刚满1年之时；道光十二年（1832）留任5人时，也恰巧是和世泰任宁夏将军仅2个月之时。更加蹊跷的是《清实录》记载道光朝从道光二年（1822）开始每5年进行一次驻防营官考核，从二年（1822）

---

① 《清实录·宣宗成皇帝实录（道光实录）》卷三八二，中华书局1986年影印版，第881页。
② 《清实录·宣宗成皇帝实录（道光实录）》卷四四七，中华书局1986年影印版，第614页。
③ 《清实录·文宗显皇帝实录（咸丰实录）》卷七三，中华书局1986年影印版，第948页。

到二十七年（1847）间共 6 次举荐卓异，宁夏满营唯有道光十七年（1837）本该考核保举卓异，但并未考核保举卓异，而此时将军和世泰在宁夏任职已经超过 5 年。庆山、和世泰作为将军在宁夏任职期间，都是震动朝廷的或多或少身有劣迹的官员，而且他们到任很短的时间内，就分别向朝廷推荐"留任"年老官员，这不免会有不公之处。和世泰任职 5 年后，宁夏满营居然没有一人能够"举卓异"。这到底是巧合还是别有原因，自当不言而喻。但是通过这些"巧合"，对宁夏满营内部营官的使用状况，我们从中可以管窥一些端倪。

其实，在查办庆山案时就已经牵扯出庆山"考语"不严谨、营私舞弊的问题。谕旨指出："庆山查验富云患病属实，辄于军政册内填注考语，朦混咨部。"① 可见，庆山企图通过"考语"的形式举荐患病官员。这就可以进一步证明，至少在庆山任职宁夏将军期间，较多留任年过六十营官有不严谨之处。这种状况无异于"任人唯亲"、卖官鬻爵。如此留任官员，必将在满城官员中形成腐败团伙。宁夏满营发生侵蚀钱粮马干的"窝案"就成为情理之中的事了。

通过以上几方面事例可以得出以下结论。无论是清政府选拔任用将军，还是满营内部选拔任用协领等官，抑或保举卓异，抑或留任年老营官，或多或少都存在一定问题。尽管对表现不佳的傅泰、和世泰、庆山、阿玺达等进行了降级、革职等，但是不久之后又立即再次提拔使用，甚至职务上不断晋升。最终导致傅泰的政治生命以"革职拿问"而告终，和世泰被发配黑龙江，阿玺达则被发配新疆赎罪。这种选拔任用官员的做法对于一个社会组织可以造成"千里之堤溃于蚁穴"的危害。对于驻防满营来讲，营官风纪的败坏，是吏治不振的结果，而选任、保举、留任等方面的不正之风则是导致吏治不振的原因。总的来讲，吏治不振的直接受害群体是驻防旗人，更加致命的损失是驻防军事力量的削减，长远来看，最终受害的则是清朝的统治。

---

① 《清实录·宣宗成皇帝实录（道光实录）》卷一三八，中华书局 1986 年影印版，第 129 页。

第四节　宁夏满营官员管理存在的问题

一、朝廷处理贪官污吏，有亲疏远近之分

前文所述，将军庆山被"降三级"，不到两年后再次出任将军，处分有名无实。而该案揭发营官侵蚀马干库银的副都统噶普唐阿，则因"错误传抄谕旨"，并"复具折捏辩，希图规避，尤属狡饰"，被就地免职，再未续用。那么，令道光帝当时非常"震怒"的和世泰案中，当时对和世泰的处分也是非常"严厉"，处以"斩监候"，并限一年追赃期，如果限期内追回，则遣戍，如果限期内不能完全追回，就要在次年"秋审"时问斩，对于和世泰的处分到底是如何落实的呢？ 8 个月后，也就是道光二十年（1840）五月，因刑部上奏道光帝，"和世泰限内完赃"，按照处罚，该"发遣"了，道光帝谕令"和世泰着发往黑龙江充当苦差"。① 可谓是，道光帝"照例"执行了和世泰的刑罚，既退了赃，又进行了遣戍。然而，事实并非这么简单。

根据《清实录》记载，道光二十四年（1844），皇帝谕令内阁，"已革杭州将军和世泰，前因代赔库贮银两，一年限满，未能全完。降旨展限六个月，兹据户部奏称，该革员于展限期内，续交银一千余两，仍未埽数全完，请旨监追。和世泰着再展限六个月。"② 按照前文所述，《清实录》记载和世泰的刑罚是限期一年内完赃，如果不能完赃，就要"秋审"问斩。从这条资料来看，和世泰并未在限期内完成退赃，更未按照既定刑罚"秋审"。这是怎么做到的？具体情节已无从得知，但是从中可以看出，必然是有相当权力的权贵在其中动了手脚。和世泰的刑罚中，并无"代赔库贮银两"一项，不

---

① 《清实录·宣宗成皇帝实录（道光实录）》卷三三四，中华书局 1986 年影印版，第 66 页。
② 《清实录·宣宗成皇帝实录（道光实录）》卷四一一，中华书局 1986 年影印版，第 157 页。

知何故，在四年后，"完赃"变为"代赔"。道光二十年（1840）五月，是刑部奏明朝廷和世泰已经"完赃"，并请旨"遣戍"的，而这一次则变为户部负责和世泰"代赔库贮银两"。从刑部负责变为户部负责，原因就是和世泰已经完成了"遣戍"刑罚。根据《清实录》记载，就在和世泰发遣黑龙江仅仅5个月后，朝廷就决定"释遣戍已革杭州将军和世泰回旗"①。和世泰"遣戍"黑龙江受刑只有5个月，而且在寒冬到来之前返回了京城，完成了"遣戍"之刑。

从两次"延展""代赔库贮银两"的期限来看，和世泰并未积极退赃。第一次延期时，仅仅"代赔"了1000余两。这种不积极的情况下，朝廷也并未进一步追究，而是选择了再次让步，再次给予半年的"延展"期。就这样，一个在《清实录》中清楚地记载了，并被道光帝谴责为"丧尽天良"的官员，草草地完成了刑罚。不仅如此，按照清朝律令，"向例推恩袭爵之人，罪至革爵者，不准承袭。"和世泰被革去公爵，按照惯例，其子孙后代不得承袭爵位，但是根据咸丰帝谕旨来看，道光帝针对他的舅舅一家，并未明确这一点。"其应否承袭，皇考谕令该旗候旨办理。"因此咸丰帝"敬体皇考谕令'候旨'之意，和世泰之子崇恩，着加恩准袭承恩侯爵"②。对于和世泰的处罚本身就经不起推敲，到咸丰帝时又揣摩了其父道光帝的意思，准予和世泰的儿子崇恩袭爵。因和世泰身为皇舅社会关注度必然很高，关注的官员人等不在少数，但这一案件的最终处理对于官场造成的负面影响不言而喻。

二、将军责任缺失，营官包庇驻防旗人

（一）将军责任缺失。前文所述，雍正十三年（1735），宁夏满营就出现了驻防八旗士兵"殴毙人命，扰累地方"的事件。雍正帝清楚地知道，将军

---

① 《清实录·宣宗成皇帝实录（道光实录）》卷三四〇，中华书局1986年影印版，第168页。
② 《清实录·文宗显皇帝实录（咸丰实录）》卷一六，中华书局1986年影印版，第233页。

傅泰负有直接责任。雍正初年正是宁夏满营新设之时，雍正六年（1728）还曾被雍正帝誉为"各省驻防第一"[1]。时至道光年间，这种美誉早已无影无踪。无论庆山、噶普唐阿"互参"案，还是和世泰侵蚀钱粮案都涉及一系列下属官员。其中，和世泰是伙同副都统纵容其他营官作案，包含但不仅仅是责任缺失的问题。如果说庆山"无浮冒侵蚀"，"亦无侵吞事情"，他的下属协领、佐领等营官，私自将库银借给兵丁"非侵蚀入己"这件事，只要呈明朝廷进行备案就是合法的。那么，庆山在这起案件中就存在纵容下属、监督责任缺失的问题。事实上，世人皆知看管银库不宜一人为之，而庆山仅安排阿玺达一人看管宁夏满营通益库所存恩赏、马价银。这种做法本身就是将军责任缺失的典型表现。作为宁夏满营最高军政最高长官，如果对下属的监督管理缺失，造成的后果可想而知。其实，在驻防满营中将军责任缺失往往还表现在对朝廷的听命与否以及对宁夏驻防满营的责任心等方面。宁夏驻防满营将军也存在一些不顾大局、擅自决定的情况。一如，乾隆十五年（1750），宁夏驻防将军杜赍就发生了类似的情况。当时，宁夏镇绿旗兵因为听说要"扣留整理衣帽银两"，所以聚众到道员衙门求情，而城内商铺见状，以为要发生士兵聚众哗变之类的事情，就把铺面全部关闭。此事显然已经成为一种造成一定影响的群体性事件，对地方事务负有监督责任的驻防八旗将军杜赍对此事不以为然，并未主动"驰驿具奏"朝廷。等到乾隆帝问到了，才"始行奏明"。乾隆帝认为杜赍所作所为，"殊属不合"。[2] 并要求杜赍"嗣后如遇此等事件，务须留心。"[3] 二如，道光六年（1826），宁夏驻防将军格布舍奉命带兵两千入疆平定张格尔叛乱时，该将军竟然将宁夏将军的印信一并带往。按照道光帝的旨意，将军印信应当留给署理宁夏将军事务的国祥管理使用。道光帝知道后，认为"甚属非是"，并命令格布舍接到谕旨后，"即派员将宁

①　（清）允禄等修编：《世宗宪皇帝上谕内阁》卷七六，钦定四库全书本，第 26 页 b—第 27 页 a。

②　《清实录·高宗纯皇帝实录（乾隆实录）》卷三六二，中华书局 1985 年影印版，第 988 页。

③　《清实录·高宗纯皇帝实录（乾隆实录）》卷三六二，中华书局 1985 年影印版，第 988 页。

夏将军印信送交国祥。"①该事件中将军格布舍出征，在已经有署理将军人选的情况下，将将军印信随身携带，一方面对署理将军行使职权，管理营务形成障碍，不利于满营治理；另一方面，国祥当时是宁夏满营副都统，是将军的属下，格布舍将印信带走会造成副都统国祥与将军格布舍之间的隔阂，不利于满营高层官员团结，更不利于满营中旗丁事务。三如，同治五年（1866），因平定回民起义战事吃紧，宁夏将军穆图善擅自安排金顺署理将军事务，并"留兵交其统带"。同时，"令丰绅署理宁夏副都统，兼管后路营务。"因为将军和副都统都是由皇帝亲自任免的官员，将军自然没有任命署理副都统职务这个权力。同治帝认为，穆图善此举"实属不谙体制"，但是考虑到宁夏军事为重，同意了穆图善的这种安排。②再如，光绪三十三年（1907）九月，宁夏将军"色普征额，因病不及待新任交代"，将印信临时交给副都统志锐。光绪帝虽然最终认可了这种私下的"交接"，但对他们"擅自交代"的做法很不满意，将"色普征额着交部议处，志锐着传旨饬"。③

当然，将军的责任缺失，实际上能够体现中央权力在宁夏驻防满营的影响力。常言道"将在外，君命有所不受"，以上现象能够很贴切地反映出这句俗话的内涵。当然，我们能够深切地感到这种责任缺失主要根源在于清政府的日益腐朽。以上所列将军责任缺失事件与通常所讲的导致一个王朝灭亡常常用到的"礼崩乐坏"一词中的"礼崩"不无关系，或者说宁夏驻防满营中将军种种不按规矩行事就是"礼崩"的表现。

（二）营官包庇驻防旗人。早在雍正初年，雍正帝就已经发现"旗人为上司，往往袒护旗人，亦有故意刻待旗人，袒护汉人以示公者；汉人为上司，又往往袒护汉人，亦有故意刻待汉人，袒护旗人以示公者"的现象④，但更多的时候是旗人官员袒护旗人，汉人官员亦袒护旗人。乾隆四十四年

---

① 《清实录·宣宗成皇帝实录（道光实录）》卷一〇三，中华书局 1986 年影印版，第 691 页。
② 《清实录·穆宗毅皇帝实录（同治实录）》卷一八五，中华书局 1987 年影印版，第 329 页。
③ 《清实录·德宗景皇帝实录（光绪实录）》卷五八〇，中华书局 1987 年影印版，第 677 页。
④ 《清实录·世宗宪皇帝实录（雍正实录）》卷四四，中华书局 1985 年影印版，第 641 页。

(1779)，西安将军书麟向朝廷奏称，各地驻防满兵不如在京满兵。认为主要原因是，京城满兵除管教严格外，主要是营官"念其同系满洲，视为一体，毫无轻贱之处"，而驻防各地满兵之所以不如京城，是因为"沾染汉人习气，其历任将军等，管束过严，稍有错误，即从重办理。遇斗殴等事，革退钱粮，是以人皆畏惧，渐形软弱"。乾隆帝当即决定"嗣后各该管满洲兵丁内，果有当差懒惰，肆行游荡者，不可稍为瞻徇。如无大过，则当教者教之，当恤者恤之，总欲作养其气，俾遵守满洲旧规，断不可无故折辱"①。不管该将军所奏驻防满营官员对于八旗兵民"管束过严"内容是否属实，至少从请朝最高统治者的角度已经信以为真，并且付诸实施，进行保护驻防旗人，尤其是注重保护驻防旗人的"精气神"。这种背景下，驻防八旗官员袒护旗人更加有理，旗人和民人遭受不同待遇即有据可依。乾隆五十五年十二月（1791 年初），宁夏将军旺沁班巴尔就曾经"护庇属下人等，欺压平民"②。时至道光年间，已经完全看不出驻防八旗官员对八旗兵民"管束过严"的迹象。

　　鸦片战争前夕，驻防八旗兵已经腐败不堪。甚至出现了驻防旗兵"窝盗为匪"的现象，但是驻防满营官员"以旗民作盗为，有失旗人颜面，多方掩饰，极力袒之"。如：镇江驻防"旗兵不法之事，几于书不胜书，而统领旗员辄又阴为庇护，任其横行"③。又如，《道咸宦海见闻录》记载，太原驻防八旗士兵因"窝盗为匪，肆无忌惮"，当地居民称驻防太原满城为"梁山泊"。还记载了一个故事，道光十八年（1838）九月初的一个晚上，几名驻防旗兵深夜里要硬闯设置在大街上的栅栏，而守栅栏的打更人不肯放他们通过。这几名驻防旗人遂用石块将打更人打伤。第二天这件案子告到了官府，由汉族县令李廷扬和旗人理事通判麟耀两官共同审判。驻防八旗官员自然偏袒驻防旗人。判决的结果是打更人的不对，并且对打更

---

① 《清实录·高宗纯皇帝实录(乾隆实录)》卷一〇八三，中华书局 1985 年影印版，第 549 页。

② 《清实录·高宗纯皇帝实录(乾隆实录)》卷一三六八，中华书局 1985 年影印版，第 357 页。

③ 《裁撤驻防旗兵议》，《申报》1901 年 8 月 4 日，第 10163 号。

人"予以杖责",县令李廷扬不敢为打更人伸张正义。戏剧性的是,十几天后李县令带一名随从微服查夜。行至一家宾馆门口,看见深夜店内仍有火光,遂派随从进去盘问。可突然间店内冲出数名驻防旗兵,将李县令殴打一顿,尽管李县令苦苦哀嚎:"我乃阳曲县也!"旗兵佯装听不见,继续殴打,并且大声宣扬李县令和随从欲闯入旅店图谋不轨。第二天驻防满营城守尉恒通出面调停,但是仍然没有惩罚作乱旗兵,李县令也忍气吞声就此作罢[1]。通过这则文献记载,可见驻防满营内部吏治问题不仅仅是吏治本身,而是这种不正之风直接作用于平民百姓。在看到旗人或明或暗切实享受着高于民人政治待遇的同时,要看到这种现象实质上是驻防八旗官员胡作非为。长此以往,实质上是对驻防八旗士兵的放纵,也是八旗制度走向灭亡的催化剂。

三、满营将军奢靡享乐

(一)将军随带戏班任职宁夏满营。皇舅和世泰出任宁夏将军时,道光帝对其关怀备至。和世泰喜欢听戏,道光帝就"赐给昆弋戏班一个"[2],由京城随带到宁夏满营,供其享乐[3]。在驻防八旗"生计问题"丝毫得不到解决,生活日益窘迫的情况下,作为驻防军政长官,从一品大员的生活依然奢靡,甚至变本加厉。这无疑对驻防八旗经济生活和驻防满营的军事力量都形成一种强大的负能量,这更是加剧驻防旗人内部阶级矛盾的一把利刃。

(二)满城外兴建"后花园"。嘉庆以后,选派到宁夏的将军副都统,大

---

[1] (清)张集馨撰,杜春和、张秀清点校:《道咸宦海见闻录·戊戌三十九岁(道光十八年)》,中华书局1981年版,第38—39页。

[2] 中国戏曲志编辑委员会《中国戏曲志·宁夏卷》编辑委员会编:《中国戏曲志·宁夏卷》,中国ISBN中心出版社1996年版,第9页。

[3] 中国戏曲志编辑委员会《中国戏曲志·宁夏卷》编辑委员会编:《中国戏曲志·宁夏卷》,中国ISBN中心出版社1996年版,第9页。

多是与"皇亲国戚"沾亲带故的人。他们"大权在握，过着骄奢淫逸的腐朽生活"①。如前文所述，初建宁夏满城时，即设将军衙署一所，房间共有124间。尽管如此，驻防将军仍然在满城外兴建"后花园"。银川市西夏区火车站西侧沿怀远路向西500米的一块区域至今仍称为"西花园"。据留居银川的满族老人们讲，西花园就是满城将军的后花园。其兴建年代已经不可考，但是坐落在西花园的一所残缺古建筑——"将军楼"（2016年，银川市文物管理部门已经将其迁建在银川市西夏区北京西路流芳园内）却能证明这一传说。据满族老人们讲，叫"将军楼"是因为当时满城将军常连在使用这一所建筑，也叫"常将军楼"。将军作为满城的最高军政长官在满城外居住，"隔城殊为未便"。究其原因，不外以下两点：一是宅院宽阔，前庭后院应有尽有，贪图享受。二是城外居住显然要比城内居住自由，甚至"非溺于酒食游戏，即私与胥吏往还便宜"②。按照清朝律令，驻防八旗官兵不得在城外居住，而作为满城的最高长官，公然在城外兴筑"后花园"。一是劳民伤财，必然连累旗民百姓。因为清廷不允许在城外居住，自然不会划拨专项经费，那么兴建经费从何而来？势必连累百姓。二是驻防官员在城外兴筑后花园完全是为了享受和贪赃便利。

道光年间以后，宁夏驻防八旗官员的侵蚀贪腐动辄万余两，将军上任随带京城戏班，满城之外兴筑"后花园"贪图享乐和贪赃。这种状况下，本被日益严重"生计问题"所困扰的普通驻防旗人的经济生活状况不言而喻。八旗士兵的士气或者说精神风貌，已经开始悄然向另外一个不可挽回的极端进行蜕变。

在此，笔者要着重说明一点，即便在封建官僚体制下，仍然是经济基础决定上层建筑。官僚体制属于上层建筑，发生这样那样的问题，有其经济层面的决定因素。在此仅仅是为了强调官僚体制社会中，官僚体系对于社会的

---

① 白研：《宁夏"旗人"史话》，《宁夏社会科学》1984年第2期。
② 《清实录·高宗纯皇帝实录（乾隆实录）》卷四四二，中华书局1985年影印版，第750页。

重要性，而不是决定性。决定性仍然在于乾隆以来，一直困扰驻防八旗的"生计问题"，以及清末以来列强入侵、割地赔款等事件的发生，加之半殖民地半封建社会社会性质的形成，必然导致社会矛盾逐步积累，直至发生一些不可调和的矛盾，最终导致封建社会走向崩溃解体。

第五章　宁夏驻防八旗军事力量变迁

宁夏驻防八旗额定官兵总数基本固定的情况下，因受朝廷财力、驻防地的军事地理位置、驻防八旗人口数量等因素的影响，其军事力量并非固定不变。雍正年间宁夏驻防八旗的军事力量曾经为"各省驻防第一"，乾隆后期宁夏驻防兵丁竟出现"不谙养马"现象，道光初年成了"打仗不甚得力"的驻军，同治初年宁夏驻防满营被回民起义军"冲散"，出现"见敌即溃"现象。此后曾经试图改革，编练"宁字练军"，并一度"奏效"，但是仍然低挡不住清朝内部阶级矛盾的发展，尤其是列强入侵后，清朝统治迅疾走向覆灭。本章主要围绕宁夏驻防八旗军事实力这条主线，以不同时期清代皇帝谕旨中对于宁夏驻防八旗的评价或者认识为线索，力图呈现宁夏驻防八旗军事力量变迁状况，分析变迁的原因，总结宁夏驻防八旗军事力量变迁的规律。

第一节　从"各省驻防第一"到"不谙养马"的五十年

雍正初年，清政府在宁夏兴筑满城，八旗兵再次驻防宁夏。很快宁夏驻防八旗就成为各省驻防中的佼佼者。以"骑射"为本的八旗兵在宁夏驻防近 50 年后，在乾隆末期，居然出现了因"不谙喂养"导致"马多倒毙"的现象。

一、战争需要，军事力量强劲

雍正年间，宁夏驻防的军事力量应当是非常强大的。雍正三年（1725），宁夏修筑满城后，朝廷正式派 3400 余名官兵携带家眷入驻宁夏。此时的清朝国力整体向上，可以说国运日渐强盛。因受王辅臣叛乱和噶尔丹作乱西北的影响，朝廷非常重视宁夏驻防。如前文所述，在派驻八旗官员兵丁出发时，朝廷就给予了非常优厚的待遇和盘费。经过短短三年的苦心经营，宁夏驻防八旗训练有素，已经成为"各省驻防第一"。

（一）战争需要，实力强军。雍正六年十二月（1729 年初），雍正帝谕旨说道，在宁夏副都统苏穆尔济和宁夏驻防将军席伯、副都统苏图共同努力下，使得"宁夏驻防官员兵丁之严肃整理，为各省驻防第一"[①]。雍正皇帝认为他们带兵有方，决定把副都统苏穆尔济调往西安驻防，任副都统。期望他按照宁夏驻防将军席伯的带兵训练方法，训练西安驻防八旗兵，进而加强腹地驻防八旗军事实力。此时，宁夏驻防满营的军事实力能够达到"第一"的原因是多方面的，但可以归结为内部因素和外部因素两个主要方面。一是从内因来讲，八旗官员兵丁派驻宁夏，军事、政治意义重大，朝廷重视，再加上优厚的待遇，官员士卒的积极性都很高涨，能够专心弓马骑射。如前文所述，宁夏驻防八旗兵派驻出发时朝廷即给予了优厚的恩赏。再如，雍正十年（1732）五月，雍正帝给出战巴尔库尔的 1000 名宁夏满洲兵每人赏赐一套皮衣和皮帽，以示"格外加恩之至意"[②]。可以说，当时宁夏驻防的重要军事地理位置决定了宁夏驻防八旗的军事实力。因为军事地理位置重要，所以得到

---

① （清）允禄等修编：《世宗宪皇帝上谕内阁》卷七六，钦定四库全书本，第 26 页 b—第 27 页 a。

② 《清实录·世宗宪皇帝实录（雍正实录）》卷一一八，中华书局 1985 年影印版，第 564 页。

朝廷的充分重视，进而朝廷对驻防宁夏的八旗官兵恩赏有加，待遇优厚，宁夏驻防的军事实力有了物质方面的"硬核"保障，加之清朝建立初期，整体社会成上升趋势，宁夏驻防八旗的军事实力跃居全国驻防之首有其内在必然性。二是从外因来讲，残酷的战争迫使作为兵源地的宁夏驻防八旗军事实力要强大。当时正是清朝征服准噶尔的时期，用兵频繁，在宁夏抽调兵员之事非常频繁。如雍正五年（1727），在宁夏抽调 1000 名驻防八旗兵，[1] 派往新疆平定准噶尔叛乱。雍正九年（1731）二月，因调兵过多，宁夏驻守满洲兵仅有 600 名[2]，这 600 名中还包括上一年从山西太原调拨而来的 300 名驻防旗兵[3]。在这种大规模调兵，以及调用后就立即参与战斗的严酷环境下，驻防宁夏八旗兵自然要苦心训练，一方面捍卫朝廷刚刚建立的政权，另一方面可以减少战场上自身的伤亡。

（二）政局稍定，有所松懈。等到准噶尔问题一定程度上得到控制后，朝廷即对宁夏驻防八旗产生了某种程度上的懈怠思想。恰是雍正十二年（1734）噶尔丹策零宣布投降清朝的次年，雍正帝的一封谕旨就可管窥这种微妙的变化。当时宁夏驻防八旗士兵出现了"殴毙人命"的事件，雍正帝的谕旨中对将军傅泰的评价是，"伊在任内，并无一长可称。朕犹谓其才具，不宜封疆之寄，旋命署理宁夏将军事务"。可以看出雍正帝并不看好傅泰，认为他没有封疆大吏的才能，才把他安排到宁夏任将军。不仅如此，还对于宁夏将军职责的评价也很低。认为宁夏将军的职责"不过坐镇地方，约束兵弁，整饬营伍数事"[4]，语气极其轻蔑。在封建集权政体中，权力至上的皇帝对宁夏驻防在内心深处产生这种轻蔑的认识后，其后果是不堪设想的。

（三）国库充盈，恩赏备至。乾隆初期，因为噶尔丹策零投降清朝，政

---

① 《清实录·世宗宪皇帝实录（雍正实录）》卷一一三，中华书局 1985 年影印版，第 503 页。

② 《清实录·世宗宪皇帝实录（雍正实录）》卷一〇三，中华书局 1985 年影印版，第 359 页。

③ 《清实录·世宗宪皇帝实录（雍正实录）》卷一〇一，中华书局 1985 年影印版，第 344 页。

④ 《清实录·世宗宪皇帝实录（雍正实录）》卷一五一，中华书局 1985 年影印版，第 867 页。

局出现了前所未有的稳定局面，加之国库充盈，朝廷恩赏事件非常多，驻防八旗更不例外。首先，对于八旗的恩赏格外多。乾隆三年（1738），乾隆帝上谕称："朕即位以来，为旗人生计多方筹划，凡有裨益之事，无不举行。"对于兵丁借支库银后，通过饷银来扣还，仍然"扣除未完之饷银，悉行豁免"。① 次年（1739），对于八旗官员"未经扣完银两，亦着豁免"②。乾隆五年（1740），对于八旗官兵"曾在军前效力，年老者""特施恩，分别赏赍，俾伊等得以从容过年。无论现在当差与已经退差者，官员内八十岁以上者，赏给银一百两；七十岁以上者，赏给银八十两；六十岁以上者，赏给银六十两；兵丁内八十岁以上者，赏给银四十两；七十岁以上者，赏给银三十两；六十岁以上者，赏给银二十两。"③ 其次，地震后，对于宁夏驻防八旗的恩赏有加。乾隆四年（1739），鉴于震后宁夏府的粮价上涨过高"贻累小民"。乾隆帝决定"五年（1740），应支满兵粮草、白米每石加银一两；粟米每石加银五钱；每草一束，加银一分"，实施了"格外之恩"。④ 第三，对于乾隆三年（1738）地震后宁夏府的恩赏力度也很大。史料记载，乾隆皇帝非常体恤当时的宁夏民情，认为"民人等，困苦播迁之后，纵能勉力耕耘，岂能复输租税？着将宁夏、宁朔、平罗、新渠、宝丰五县，本年应征地丁及粮米草束杂税等项悉行豁免，如有旧欠，亦着蠲除"⑤。对于地震区的5个县，除了免征当年的"米粮草束杂税"外，还对之前欠下的也进行免除。朝廷大量的恩赏是建立在强大的经济基础上的，可以说经济基础与军事实力紧密相关。此时宁夏驻防八旗的"威名"与各种恩赏之间有着密不可分的关系。如果仰赖的经济基础一旦出现问题，就会对旗民百姓产生更加直接的影响，这座清朝的大厦，也将因此逐步失去稳固的基础。

---

① 《清实录·高宗纯皇帝实录（乾隆实录）》卷七二，中华书局1985年影印版，第151页。

② 《钦定八旗通志》卷三六《兵志五·"恩"》，钦定四库全书本，第39页a。

③ 《钦定八旗通志》卷三六《兵志五·"恩"》，钦定四库全书本，第41页a。

④ 《钦定八旗通志》卷三六《兵志五·"恩"》，钦定四库全书本，第39页b。

⑤ 《清实录·高宗纯皇帝实录（乾隆实录）》卷八五，中华书局1985年影印版，第334页。

二、人口增盛，"生计问题"日渐显现

乾隆前期，社会经济快速发展的同时，旗人的人口出现成倍增长的趋势，但矛盾的是驻防八旗官员兵丁数额都是有定数的，官兵总的粮饷马干料草也是有定额的。这就会逐渐出现定额粮饷渐渐不敷增长的八旗人口情况，久而久之，驻防八旗"生计问题"就会日渐突出。一是旗人人口增盛带来生计问题。早在乾隆五年（1740）十一月，宁夏满营就有"十五岁至四十岁闲散满洲九十二名，十岁至十四岁余丁四百六十五名"，仅闲散和余丁就有557名。这部分驻防旗人的生计主要仰赖家中"现役"旗兵的粮饷生活，家庭的人均开支自然会减少。对于这个问题，如上所述，乾隆皇帝是有所察觉的，并且以"恩赏"的形式试图进行弥补，可事实上这只是杯水车薪。二是准许"另户"旗人出旗，以减轻朝廷负担。乾隆二十一年（1756）二月，朝廷一改之前旗人不得"出旗"的规定，决定将不是正身旗人的"另户"旗人，"各自为谋""准其出旗为民"，以减轻朝廷负担。当然毕竟是旗人，朝廷给予这部分旗人"其情愿入籍何处，各听其便，所有本身田产，并许其带往"[1]的便利。三是裁撤部分驻防官员职数，出租满城空余房屋，以减轻朝廷负担。乾隆三十四年（1769）和三十六年（1771），裁撤副都统、协领、佐领等官员后，他们的"所空衙署，以一所作为火器营公所，以五所出赁取租"，还有的作为匠役铺或炮房[2]。四是驻防旗人死后不再运回京城埋葬，在驻防地就地埋葬。因为旗人人口增盛，乾隆二十一年（1756）皇帝还作出另外一个决定，那就是京外驻防的旗人，死后不再送往京师埋葬，在驻防地划拨驻防旗人坟茔地。宁夏驻防于这一年划出960亩地作为驻防八旗的坟茔地。准许"出旗"和就地埋葬，这是清朝八旗制度的两项重要变革，当然也是一次积极适应社会发展的变革。也正是这个时期（18世纪50年代），清朝开始

---

[1] 《清实录·高宗纯皇帝实录（乾隆实录）》卷五〇六，中华书局1985年影印版，第380页。
[2] 《钦定八旗通志》卷一一七，钦定四库全书本，第23页a。

彻底解决准噶尔问题,于乾隆二十四年(1759)彻底解决了西北长期以来的分裂局面。社会稳定,朝廷供养的大量八旗兵因此也很少真正再投入战斗了。这就导致了升平日久后,八旗兵越来越脱离了他们当初的军事属性。

三、相对和平时期,驻防军事有所放松

一是出现了驻防八旗官员不骑马出行,选择乘轿出行的现象。早在乾隆初年就连素以"国语骑射"为本的祖训也受到了一定挑战,驻防八旗官员出门不再骑马,而是乘轿出行。乾隆帝在一道谕旨中说,"满洲素习,原以演习弓马骑射为要,而清语尤为本务,断不可废"[1],非常明确地强调了"清语尤为本务"。可以看出,虽然强调了弓马骑射,但满语则为"本务"。乾隆二十二年(1757)二月,甚至出现了"京师都统、副都统,既皆乘马",而"外省驻防将军及绿营之提镇,出行则皆乘舆"的现象。乾隆皇帝忧虑他们"养尊处优,自图安逸","何以表率营伍?"谕旨讲道,他作为帝王"巡省所至,尚每日乘马而行"。他对于这种现象提出了严正要求,"满洲侍郎则无论年逾六旬,亦俱不得乘舆","将军提镇概不许乘舆,其编设轿夫并着裁革。如有仍行乘坐者,照违制例治罪。"[2] 这种现象的出现,本身就说明作为武职官员,已经发生了某些变化,专职的驻防八旗官兵自然而然也会发生相应的变化。具体怎么变化的,现在还不能说得很准确,但是可以肯定的是职业化的八旗官兵本色,已经开始有所"褪色"。二是频繁更换宁夏驻防将军,裁汰部分驻防八旗官员。如前文所述,乾隆在位60年内宁夏共有满营将军30任,其中乾隆中期以后即20任,最短的任职时间仅有4个月。乾隆三十年(1765)至四十年(1775),共10年间,即有6任将军,乾隆最后十年则共有9任将军。同时,出现了"年力衰迈"者任将军的情

---

① 《清实录·高宗纯皇帝实录(乾隆实录)》卷一三八,中华书局1985年影印版,第987页。
② 《清实录·高宗纯皇帝实录(乾隆实录)》卷五三三,中华书局1985年影印版,第727页。

况。此外，宁夏驻防裁汰右翼副都统等官员也是在这一时期。三是作为驻防八旗官兵已经出现不熟悉养马的情况。时至乾隆四十年（1775），宁夏驻防已经出现了因驻防兵丁不熟悉养马办法，导致"马多倒毙"的现象。四是裁减马匹配备数量。一般来讲，作为仰赖八旗兵起家的清朝，应当对"马多倒毙"这种现象深入分析其产生的原因，进而有针对性地对驻防八旗官兵进行整顿，严格训练，不断提升他们的军事实力，才能够不枉当初派驻驻防八旗的良苦用心，方能始终发挥戍守一方的作用，但是朝廷并没有这么做，相反，决定裁撤马匹的配备数量。原来每兵拴马两匹，现在"请照西安、凉州例，令每兵各拴一马"。马干是额定的，裁掉这一匹马的马干银怎么处理呢？实际上这部分马干属于军费，应当用于军备，但当时把这部分马干银用在更加棘手的"生计问题"上，"分给众兵，养赡家口。"[①] 不仅宁夏驻防如此，西安、凉州同样如此。这种拆东补西的做法，对于一个依靠军事实力入主中原的政权来讲，实际上是釜底抽薪。

第二节　从"不谙养马"到"打仗不甚得力"的五十年

乾隆四十年（1775），宁夏驻防出现了因不熟悉养马导致马匹大量死亡的现象。如前文分析，朝廷的处理办法也是权宜之计，未作长远考虑。我们从中可以得出一个重要的信息：朝廷有意无意之中，在淡化这支"打天下"的部队。这种有意无意，在封建集权制体制中，急速发展蔓延着。再过50年，待到道光六年（1826），曾经位列第一的宁夏驻防八旗，已经在道光帝的心目中，成为"打仗不甚得力"的部队。

---

① 《清实录·高宗纯皇帝实录（乾隆实录）》卷九七六，中华书局 1985 年影印版，第 29 页。

一、出租马厂地，补贴"官差"银

为了进一步说明这个问题，我们再回到上文所讲的裁减官拴马匹数量一事。乾隆四十一年（1776）以后，因驻防八旗的官拴马减少了，用于驻防八旗牧马的平罗县和宁夏县两处草场地，也显得"多余"起来。时任宁夏驻防将军三全联合陕甘总督勒尔谨，建议"应将平罗厂地，仍留牧马。其宁夏厂地，丈勘定界，听民认垦"①。实际上是，把牧马的草场地开垦为耕地，租与民人耕种。通过这种方式，"每年租银，除公用外，余一千二百二十二两零"。如前所述的马干银一样，这种收入，实际上也应当用于军备，毕竟是军用牧马地开垦后的收入。事实也非如此，奏明皇帝后，这些租银收入成为驻防官员"官差"支出来源。更值得关注的是，这一奏折中还提到了满城出租房屋的情况。"空闲衙署，每年租钱，除公用外，余五百余串。"这部分收入同样作为"官差"支出银。② 可以见得，此时宁夏驻防不仅裁减官拴马，开垦牧马草场，就连满城的衙署营房也可以出赁得租。所有这些收入并没有用到加强军备力量和八旗士卒的训练中，都用到了"公用"和"官差"的消费领域。如此一来，一方面削弱了军事后备力量，对军队造成直接的损失；另一方面加大了营官的开支，实际上是给营官挥霍创造了更加优越的条件，增加了满营内部阶级矛盾，从而间接地对驻防的军事力量产生了削减作用。

如果说，乾隆年间，升平之世，朝廷削减驻防八旗的力量是有必要的，那么嘉庆年间白莲教起义时，驻防八旗的军事实力，是不是可以通过战争得到加强呢？抑或通过"进剿"白莲教起义得到重视呢？事实告诉我们，嘉庆年间白莲教起义期间，虽然调用了宁夏的驻防八旗兵，但并未因此而使得军事实力变得强大起来。相反，宁夏驻防八旗却走上了

---

① 《清实录·高宗纯皇帝实录（乾隆实录）》卷一○○三，中华书局1985年影印版，第437页。
② 《清实录·高宗纯皇帝实录（乾隆实录）》卷一○八○，中华书局1985年影印版，第509页。

一条永远不归的下坡路。嘉庆四年（1799），白莲教张汉潮起义时，嘉庆帝有一道调拨宁夏驻防八旗兵"协剿"的谕旨，说道："酌量于宁夏驻防满兵及阿拉善兵内，或调一千名，或五百名，以资协剿。"① 众所周知，白莲教起义时，教民甚众，波及面广，清政府对付起义军应当会竭尽全力。可偏偏在宁夏调拨驻防八旗兵时，却是"或调一千名，或五百名"。冷兵器时代，战况紧迫，应当是多调兵为宜，为什么会出现多少都无所谓的情况呢？笔者认为，在这场重要的平定起义的战争中，清政府如此决策，是因为此时宁夏驻防八旗军事实力大大减弱，已经不被朝廷看重。如果有人说，宁夏驻防主要在于戍守西北，白莲教起义重点区域不在此，所以调兵可多可少。那么道光初，新疆张格尔叛乱，再次调用宁夏驻防八旗兵的时候，应当是主力部队，至少是重点战斗部队，但事实也非如此。道光帝的一道谕旨中，较为直接地流露出朝廷对宁夏驻防八旗军事实力的印象。在道光帝的心目中，宁夏驻防八旗已经成为"打仗不甚得力"的部队。

二、打仗不甚得力，朝廷不再倚重

如前所述，乾隆四十四年（1779），西安将军书麟向朝廷陈奏，表示当时直省驻防旗兵不如在京旗兵，并且认为是由于驻防营官对旗兵管理过严所导致的。朝廷当即决定通令各地驻防将军，从今往后不能管束过严，以免驻防八旗兵因担心革去粮饷，而造成"软弱"的现象。这是朝廷放出的强烈信号，本意是要营官善待八旗士兵，以激发他们的积极性和战斗力，但事实证明，驻防满营官员对于这一信号的把握不够准确，以至于逐渐导致营伍废弛。

道光六年（1826）七月，针对新疆张格尔叛乱，道光帝命"宁夏将军

---

① 《清实录·仁宗睿皇帝实录（嘉庆实录）》卷四四，中华书局1986年影印版，第533页。

格布舍，带兵二千名，前赴哈密驻扎，以壮声援，诸事与杨遇春商办。杨遇春带领陕甘兵五千五百名，计八月中旬可抵哈密"①。格布舍将军带领的两千兵包括：宁夏"满营官兵五百名，凉州、庄浪满营官兵五百名，宁夏镇属官兵一千名"②。道光帝谕旨用"以壮声援"这个词，来说明调兵的目的，加之宁夏驻防旗兵仅调500名，可以看出宁夏驻防八旗兵并不是作为主力部队调用的。八月，道光帝谕旨称："朕闻宁夏满营及凉州庄浪满营官兵，向来打仗不甚得力，靡费较汉兵远甚。"在道光帝心目中，宁夏、凉州、庄浪驻防满营官兵，不仅打仗不行，他们的花费支出又比"汉兵"多得多，并且命令长龄和杨遇春，"如果该处（宁夏）满兵，不能得力，或即撤回另调，或暂留防守哈密。"③可见，道光帝完全是在半疑半信的心理状态下，调遣宁夏驻防八旗兵的。实际情况，也正如道光帝所言"不甚得力"。九月，杨遇春奏道："格布舍所带宁夏、庄浪、凉州满汉官兵二千名，现在兵力未厚。着照所请，拨留庄浪、凉州满兵五百名，派协领管带，驻守哈密。"确实因为兵力不强，按照道光帝的意思，首先将凉州和庄浪的500名旗兵驻守哈密。剩下宁夏的1000名绿旗兵和500名八旗兵"仍令格布舍带领随进，俟至吐鲁番、喀喇少尔、库车、拜城等处，随地布置。惟该处满兵，开销太多又不得力"。"即将宁夏、凉州、庄浪满兵撤令回营为是。"④十月，格布舍带领这1000名绿旗兵，以及从500名宁夏八旗兵中挑选出的100名精锐，共1100名，前赴库车弹压，剩余400名宁夏八旗兵留在乌鲁木齐驻守。⑤

从道光帝谕旨和宁夏派往平定叛乱部队的实际使用情况，都可以做出宁夏驻防八旗的军事实力确实大不如前的基本判断。宁夏驻防八旗兵"打仗不

---

① 《清实录·宣宗成皇帝实录（道光实录）》卷一〇一，中华书局1986年影印版，第653页。
② 《清实录·宣宗成皇帝实录（道光实录）》卷一〇一，中华书局1986年影印版，第655页。
③ 《清实录·宣宗成皇帝实录（道光实录）》卷一〇二，中华书局1986年影印版，第672页。
④ 《清实录·宣宗成皇帝实录（道光实录）》卷一〇六，中华书局1986年影印版，第753页。
⑤ 《清实录·宣宗成皇帝实录（道光实录）》卷一〇六，中华书局1986年影印版，第774页。

甚得力"的说法基本属实。宁夏驻防从乾隆后期的"不谙养马",一直到50年后沦落到"打仗不甚得力",主要的原因在于旗人人口增长过快,而兵饷年米则受总量限制,驻防八旗这种日趋拮据的生活状态,与雍正、乾隆初期以来不断得到"恩赏"的优厚生活待遇相比,确实有较大的落差。这种落差必然会导致驻防旗兵不能专心弓马骑射。

三、驻防八旗"生齿日繁",以库银"发商生息"补贴生计

早在嘉庆年间,宁夏驻防八旗"生计问题"就被一次又一次地提到皇帝面前。嘉庆七年(1802)四月,宁夏将军苏宁阿奏请皇帝,仍然按照旧例用折色银的办法给宁夏驻防旗人发放饷米。这个奏折的背景是,有大臣给嘉庆帝上奏建议按照折色发放给驻防八旗兵丁的米石银两,改为按照本色米石发放。这个建议也是因八旗的生计而起,因为折色发的是银两,而且折算银两的时候都就高不就低,也就是说,兵丁所得到的折色银购买力超过实际米粮数,所以"俾兵丁得资羡余",兵丁受益,朝廷有负担。如果改为本色米石发放,自然会减轻朝廷的负担,但是会导致"伊等生计顿形拮据",进一步加剧驻防八旗"生计问题",适得其反。更重要的是发放本色米石还会导致"边储或因之缺少",边防军粮会因此而减少储量。① 发放本色米石的建议嘉庆帝也没有采纳,因而驻防八旗"生计问题"也毫无改观。嘉庆十二年(1807)四月,宁夏将军兴奎奏道:"宁夏满营兵丁,因生齿日繁,颇形拮据。"建议"于满营库贮马价银内,动拨银一万五千两,并于库存养赡孤寡等项节年积剩银内,动拨银五千两",共两万两发商生息。所得利银,选择八旗"闲散"中"弓马娴熟者",每人每月给银五钱,"其余银两,按年归还马价。"② 从这两则文献中,可以看出驻防八旗"生计问题"确实日渐突出,朝廷和地方也

---

① 《清实录·仁宗睿皇帝实录(嘉庆实录)》卷九七,中华书局1986年影印版,第288页。

② 《清实录·仁宗睿皇帝实录(嘉庆实录)》卷一七七,中华书局1986年影印版,第327页。

拿不出行之有效的办法，只能用一些权宜之计临时"通融接济"。这种状况在社会相对稳定的和平时期，勉强可以维持下去，但是一旦有了战争需要八旗兵出征的时候，这种矛盾就会显得格外突出。

四、营官不检点，营伍不振

宁夏驻防八旗兵力不济，还有一个原因值得注意，那就是驻防八旗官员的"胡作非为"。一如前文所述，道光六年（1826），宁夏驻防将军格布舍奉命带兵两千入疆，罔闻皇帝旨意，将将军印信随身带往一事就发生在这一时期。在封建君主专制体制中，作为驻防将军，出现不遵从皇帝旨意的现象，无疑是吏治不振的一个体现。在官僚体制中，上行下效一直以来是不变的行为规律。将军对皇帝的谕旨有所不从，将军的下属官员乃至各级下属官员对于上级，难免也会出现类似情况。这种状况如果长时间存在，即使不表现出来，必然也会对驻防军队产生巨大的负面影响。再如前文所述，宁夏驻防将军庆山与副都统噶普唐阿"互参"一案也是发生在这一阶段。将军和副都统是驻防的最高级别官员，副都统揭发将军贪腐，发挥了监督上级的作用，并且事实上经过确查，将军庆山确实存在管理责任不到位的问题。这种管理不到位，换句话说就是对下属的要求不够严格。这种不严格会对驻防内部的治理产生许多负面的影响。这似乎给下级官员"为所欲为"留下了管理上的漏洞。案件中，协领等官员"私凑制钱一万余串，散借八旗众兵，俱加一分利息扣缴"的现象①，是对驻防旗兵赤裸裸的剥削。这种剥削与"生计问题"交织在一起，对于普通旗兵来说无异于落井下石。这种状况下，普通旗兵与营官乃至朝廷的距离就会渐行渐远，进而会无心于军事训练。严重的情况下会对营官乃至朝廷产生厌倦的心理。缘此，宁夏驻防八旗的军事实力，只会进一步下降。

---

① 《清实录·宣宗成皇帝实录（道光实录）》卷一三六，中华书局1986年影印版，第78页。

第三节　从"打仗不甚得力"到"见敌即溃"

道光十二年（1832），张格尔叛乱被平定，考验宁夏驻防军事实力的战争也告一段落，但是困扰驻防八旗的"生计问题"，却丝毫没有停止过，反而随着阶级矛盾的升级，"生计问题"愈演愈烈。加之道光二十年（1840）鸦片战争爆发，外国列强侵略中国，加剧了国力的衰微，进一步恶化了驻防八旗"生计问题"。时至同治初年，宁夏回民起义时，戍守一方、弹压地方的宁夏满营官兵，竟然出现了被起义军"冲散"的现象。同治帝知道后，非常愤怒，谕旨中质问道："平日所司何事？"认为宁夏驻防"因循粉饰""训练无方"。①

一、驻防八旗人口增盛，养赡地改茔地

道光十年（1730），就已经出现"甘肃宁夏满洲营粮料不敷"的现象②，这无疑会对驻防的军事实力造成直接影响。道光十三年（1733），因为宁夏驻防八旗的人口数量持续增长，就连坟茔之地也日趋紧张。乾隆二十一年（1756），曾经划拨960亩作为宁夏驻防旗人的坟茔地，经过70余年，再也不够使用。奏请朝廷后，决定再"拨宁夏满城外养赡孤寡地，七顷六十亩，作为驻防兵丁茔地"。养赡孤寡地全部作为茔地，一方面体现了人口的增长情况，就连坟茔地都不够使用了，那么额定的兵饷养活如此多的驻防旗人，其难自现；另一方面，按照既定的八旗制度，孤寡还须养赡，那就只能通过"通融接济"的权宜之计应对。故而，宁夏满营奏请朝廷后，决定"贷营库

---

① 《清实录·穆宗毅皇帝实录（同治实录）》卷四六，中华书局1987年影印版，第1263页。
② 《清实录·宣宗成皇帝实录（道光实录）》卷一七八，中华书局1986年影印版，第799页。

银一万两，发商生息，养赡孤寡"①。将营库银贷给商家，收取利息，用利息来养赡孤寡。史实告诉我们，贷出去的营库银有许多并未如数收回（按：同治年间，就发生了这样的情况，宁夏满营"通益库发商生息银五万五千两"，"本银三万七千八百三十余两……当商产绝人亡，无从追缴。其提借各项，亦因饷项支绌，势难扣款归还"②）。这种把营库银放贷出去的做法本身就有很大的风险，一旦战事需要库银，一时半会很难收回，从而对军事实力形成不小的影响，但迫于无奈，也只有动用这些库银才可以解决孤寡的养赡问题。同时，这种收回养赡孤寡地，改为发放现银的做法，还可以透露出一个信息，那就是驻防旗人与农业耕作渐行渐远，即便是家中没有享受粮饷人丁的孤寡之家亦如此。

二、列强入侵，重视军备

驻防八旗的最高军政长官，对于驻防军事力量的影响非常之大。和世泰案发，新任宁夏驻防将军特依顺到任后，按照谕旨认真查办和世泰贪腐案后，开始整顿营伍，勤加训练。奏请朝廷"添设宁夏满洲营抬炮四十位，腰刀四百把"③，"火药铅子烘药等物"④。也许是和世泰等驻防官员被查办后，道光皇帝对宁夏驻防的情况有了更加清楚的了解，特依顺奏请的军备物资，朝廷全部同意。特依顺将军因此得到朝廷重用，道光二十一年（1841）七月，"赏前任宁夏将军特依顺都统衔，为参赞大臣，驰赴广东办理夷务。"⑤ 鸦片战争爆发后，在"外夷"的坚船利炮下，清朝军队的战斗力相形见绌，八旗制度的弊端随之暴露无遗，但这在一定程度上对朝廷敲响了警钟。事实上，

---

① 《清实录·宣宗成皇帝实录（道光实录）》卷二三七，中华书局1986年影印版，第543页。
② 《清实录·穆宗毅皇帝实录（同治实录）》卷三二五，中华书局1987年影印版，第429页。
③ 《清实录·宣宗成皇帝实录（道光实录）》卷三二五，中华书局1986年影印版，第1111页。
④ 《清实录·宣宗成皇帝实录（道光实录）》卷三三九，中华书局1986年影印版，第164页。
⑤ 《清实录·宣宗成皇帝实录（道光实录）》卷三五四，中华书局1986年影印版，第388页。

鸦片战争时列强入侵中国后，朝廷对于驻防八旗的军事训练，曾经一度引起重视，也采取了多方面的措施。客观上这一时期宁夏驻防八旗军事力量有所发展，但绝不可高估，也不可能恢复到清朝前期的军力状态。

鸦片战争开始后，道光二十一年（1841）五月，宁夏驻防迎来了一位将军，他叫舒伦保。舒伦保曾任伊犁领队大臣，在任职宁夏将军之前，是齐齐哈尔驻防的副都统，在该任上曾署理黑龙江将军，任职宁夏将军属于提拔使用。道光三十年（1850），被授御前侍卫，咸丰元年（1851）五月，任西安将军。相比于傅泰、和世泰等，他是一位才干出众、名副其实的将军，是清代中期以后宁夏驻防八旗将军中最有作为的将军之一。他在宁夏满营任将军整整 9 年时间，也是历任宁夏驻防将军中任职时间较长的一位。舒伦保任职的时代决定他要有所作为，他本人也是励精图治的武将人才。在任职宁夏将军整整 7 年后，道光帝的一道谕旨中，透露出了他经营宁夏驻防的成果。谕旨称，"宁夏满洲营，演习阵式声势威壮，抬炮十中八九，枪箭中靶逾额，弓力甚硬，马上矫捷"。为此，皇帝谕令，对将军舒伦保"加恩，赏戴花翎，仍交部从优议叙"。[1] 同年，鉴于"惟抬枪最为利用"，道光帝还饬令宁夏和西宁满营"每营制造抬枪一百杆"，"以备不虞"。[2] 这与平定张格尔的战斗启示和鸦片战争对于朝廷的警示不无关系。当然，此时宁夏乃至西北并无大的战事，训练的驻防旗兵到底能不能打仗，还有待战争实践的检验。

这种警示作用对于清朝的影响是深刻而长远的，加之咸丰元年（1851）太平天国运动爆发，咸丰帝登基后，对于驻防八旗的军事力量，也体现了足够的重视。咸丰元年（1851）五月，派成凯任宁夏将军，八月咸丰帝谕旨嘱托他："于诸事务必留心办理，凡满洲骑射等件，尤当妥为教习，勿忘我满洲风俗。"[3] 十二月，再次谕令成凯将军"认真训练，庶可名实相副。断不

---

① 《清实录·宣宗成皇帝实录（道光实录）》卷四四二，中华书局 1986 年影印版，第 531 页。

② 《清实录·宣宗成皇帝实录（道光实录）》卷四四五，中华书局 1986 年影印版，572—573 页。

③ 《清实录·文宗显皇帝实录（咸丰实录）》卷四二，中华书局 1986 年影印版，第 583 页。

准奉有朱谕，一奏塞责"①。咸丰三年（1853）二月，成凯奏称："训练兵丁，断不敢有名无实，稍存怠忽。"②与此同时，太平天国运动愈演愈烈，朝廷决定"调西安驻防兵一千名，宁夏、绥远城驻防兵，各五百名"，"前赴淮扬一带"，"以备防剿之用。"③咸丰六年（1856）九月，咸丰帝谕旨同意"所有绥远城驻防满洲营兵丁，准其添演秋围"。如果训练银两不够用，"由余剩房租项下拨补"，并且认为"现在各路军营，马队最为得力"，要求西安、宁夏驻防旗营仿照绥远城的做法，"添演秋围"。④此后，再未发现咸丰年间，在宁夏调拨驻防旗兵的文献记录。宁夏驻防旗兵在战场上表现到底如何，尚无法考察，但是可以肯定的是，也许是因为朝廷把主要精力投入到平定太平天国运动中去了，宁夏驻防八旗"生计问题"依然十分严重。

三、官兵枵腹，无心效命

受第二次鸦片战争的影响，清朝的国力更加空虚。咸丰八年（1858），宁夏驻防将军托云保向朝廷奏明了有关情况。奏称："自饷银折减后，不能如期领到，官兵枵腹堪虞。其应支马干银两，自上年夏季起，至今分文未支，更形拮据。"首先是饷银减折发放，其次是不能如期领到饷银，这必然对八旗兵的战斗力造成严重影响。咸丰帝谕令"照折减章程，一并迅速支发，毋稍迟延。嗣后官兵俸饷、米折、马干等项，务当按季支发，毋许拖欠，以恤兵力"⑤。咸丰帝的谕旨落实的如何？对于宁夏驻防八旗是否起到了"以恤兵力"的作用，尚不得而知，但是同治元年（1862），回民起义时，到了真正用兵的时候，却彻底暴露了宁夏满营军事实力。

---

① 《清实录·文宗显皇帝实录（咸丰实录）》卷四九，中华书局1986年影印版，第662页。
② 《清实录·文宗显皇帝实录（咸丰实录）》卷八四，中华书局1986年影印版，第94页。
③ 《清实录·文宗显皇帝实录（咸丰实录）》卷八六，中华书局1986年影印版，第133页。
④ 《清实录·文宗显皇帝实录（咸丰实录）》卷二〇七，中华书局1986年影印版，第268页。
⑤ 《清实录·文宗显皇帝实录（咸丰实录）》卷二五三，中华书局1986年影印版，第928页。

同治元年（1862）十月，宁夏驻防将军奕梁奏请朝廷派兵，协助平定回民起义。奏称，宁夏满营官兵被回民起义军"冲散"，"有退驻横城堡情事"。同治帝看到奏折后非常震惊，斥责道："奕梁等身膺统兵重寄，平日所司何事？"认为他们平日里就没有认真进行训练，只是"因循粉饰"①。同治帝说的不无道理，因为咸丰初年开始，连年战乱，粮食歉收，军费开支剧增，到同治初年时，宁夏驻防断粮断饷的问题已经非常严重，驻防八旗官兵平日里哪里还有心思专心军事训练？即便道光后期至咸丰年间的训练取得了一定实效，驻防八旗的军事实力有所提升，但在食不果腹的情况下，也不能维持军事实力。

如前文所述，道光年间后期宁夏驻防八旗在舒伦保带领下，军事实力有较大提升，为什么同治元年（1862）与回民起义军战斗时，竟然没有丝毫战斗力？一方面，道光后期的宁夏驻防八旗取得的训练成果要审慎看待，毕竟没有经过战争检验；另一方面，军事技能熟能生巧，通过训练可以达到预期目的，但是清初驻防八旗官兵那种"为国效力"的凝聚力，恐怕随着阶级矛盾的不断加剧以及长期得不到解决的驻防八旗"生计问题"，早已不复存在。面临战斗，自然会四散而逃。通俗一点讲，就是人心散了形不成有效战斗力。笔者之所以有这种认识，除了在逻辑上进行推理，还有文献的支撑。同治元年（1862）十一月，同治帝的另外一道谕旨讲明了其中的原委，证实了笔者的推断。谕旨称，佐领富隆阿、防御英明"接仗之际"，"登陴观望，并不接应"，认为"该将军等，素日训练无方，实有应得之咎"。② 在与起义军战斗时，出现了临阵逃脱，或者说懈怠战事的情况。

行文至此，我们发现导致驻防八旗军事实力衰落的原因主要有三个方面，一是粮饷不济，二是吏治不振，三是人心不齐。三者之中，粮饷是最基本的因素，其与"人心不齐"互为表里，直接决定八旗士卒是否能够安心弓

---

① 《清实录·穆宗毅皇帝实录（同治实录）》卷四六，中华书局 1987 年影印版，第 1263 页。
② 《清实录·穆宗毅皇帝实录（同治实录）》卷五〇，中华书局 1987 年影印版，第 367 页。

马骑射，是否拥护朝廷，是否与朝廷同心同行。可以说，粮饷是八旗兵的命根，如果粮饷不济，必然导致其不能专心弓马。长期以往，就会激化阶级矛盾，驻防八旗兵就不会将个人的命运与清朝的命运绑定到一起，为之卖命效力。相反，他们会产生一系列心理变化，比如期望早日结束这种令人煎熬的日子，甚至改天换日，早早解脱以过上新的生活。人心不齐也是阶级矛盾逐渐激化的一个集中体现，中国历史上所谓"打江山易，守江山难"，也许与人心所系密切相关。起事初期，领导者和参与者基本上是平等的，不存在阶级差别，因为他们都有一个共同的目标，要推翻旧王朝，建立新王朝，开拓新生活。等到新王朝建立后，自然而然地又走进了统治与被统治的阶级时代。如前文所述，入关后八旗兵为国效力的劲头仍然非常充足，是因为粮饷充足、生活优裕，八旗士卒自然会将个体的命运和国家的命运绑定在一起。然而，当这种优厚的生活待遇逐渐消失，甚至食不果腹的时候，自然而然地会产生"异心"。此时的宁夏驻防已经完全具备了粮饷不济、人心不齐这两个条件，清朝大厦将倾的日子随之越来越近。

至此，可以深切体会到兵家所言"兵马未到，粮草先行"的深刻道理。因为长期以来的"生计问题"日渐恶化，直至粮饷不济，驻防八旗兵丁及其家人"食不饱腹"，无心恋战，更谈不上"报国捐躯"了。这一变化，对于八旗制度产生了巨大的冲击，也是八旗制度走向最终瓦解的告白，当然这也是"兵有定数，饷有定额"而人口不断增长，以及列强入侵、国力逐渐衰微等客观原因导致的必然结果。回民起义愈演愈烈之际，情况万分危急，同治帝也深知"宁夏满营官兵，饥寒交迫，自属实情"，但是困扰驻防八旗"生计问题"，已经存在了100余年，事已至此，作为皇帝，又能怎么样呢？同治帝在责备宁夏驻防八旗官兵时语气极其严厉，但是说到接济宁夏驻防八旗时，他却发出了极其微弱的声音。他要求陕甘总督恩麟等，"无论何款，速行筹拨若干两，以资接济。"[1] 如此紧急的情况下，皇帝也不知道到底能拨给

---

① 《清实录·穆宗毅皇帝实录（同治实录）》卷五〇，中华书局1987年影印版，第367页。

宁夏驻防多少银两，竟然发出了拨款"若干两"的谕令。

四、满营吏治不清，有损兵力

如前文所说，吏治不清在宁夏驻防八旗从"打仗不甚得力"蜕变到"见敌即溃"的过程中，发挥了推波助澜的作用。从平定张格尔叛乱到鸦片战争共 8 年时间，其中前 6 年，宁夏驻防将军是身为皇舅的和世泰。和世泰在宁夏驻防期间，可谓是升平之世，他在任上并没有吸取教训，严厉整饬营伍，为清朝的江山添砖加瓦，而是投机钻营，极尽能巧，侵蚀驻防。如前文所述，在宁夏任将军 6 年时间，却发生了宁夏驻防历史上有名的一宗贪污腐败案件，涉及满营 8 名高官，惊动了朝野，激怒了道光皇帝。在和世泰将军这样的领兵大将的带领下，宁夏满营必然滋生大量的腐败现象，这些腐败现象间接地对宁夏驻防八旗的军事实力进行不断削弱。营官忙于投机钻营、贪腐侵蚀，就连日常的军事训练都要大打折扣。如果说，道光十七年（1837）未保举卓异是因为本来就没有表现突出的营官、旗兵，那么和世泰作为将军，营务废弛到如此地步，自亦难辞其咎。

第四节 从"见敌即溃"到"挑练奏效"

一、回民起义重创宁夏满营，朝廷饷项维艰

从宁夏满营将军奕梁的奏折来看，同治元年（1862）回民起义军对于宁夏满营造成了巨大的创伤。虽然奏称满营是被"冲散"，"退驻横城堡"，其实就是满城被起义军"蹬梯而入"攻破，并完全占据，八旗兵被迫逃亡到横城堡。虽然奏折里仅报满城"佐领等官"受伤，但是可想而知，起义军占领

满城后，城内的惨状。

从表象上来看，这次驻防满营惨败的原因主要是"粮饷不济"。从文献记载来看，咸丰朝末期开始，宁夏满营"官兵枵腹"的现象就很普遍，至同治初年，宁夏满营的粮饷出现了更加严重的问题。如前所述，同治元年（1862）十一月，同治帝敕令向宁夏满营拨款若干两，让人匪夷所思。如果说鉴于"现今宁夏军情，究竟如何？奕梁所报，是否失实？"① 的记载，认为同治帝因为不知道宁夏满营受到回民起义军"冲击"的具体情况，而发出拨款"若干两"的谕令，企图为之开脱。那么，同治二年（1863）五月，当宁夏将军再次奏明，"现在汉回互斗情形，势又复炽"，"阿拉善官兵（按：援助宁夏平定起义之兵）行抵平罗边口"被埋伏的"数千"回民起义军伏击，杀"害官四员，兵丁、跟役一百六十三名，受伤八十一名，遗失驼马、军械甚多"等情况后，同治帝应当是很清楚情况的严重性了。更何况，与此同时宁夏满营将军多次向朝廷奏明，"宁夏旗营，每日止领钱数十文，难供一饱"②，"满营官兵，糊口无资。官员之家，日仅一餐者殊属不少。兵丁啼饥号寒，不堪其苦，甚至甘心自尽"③，"满城旗户，饷需不继，每月饿毙者，至二百余名之多"④ 等缺饷严重的情况，请求朝廷拨发粮饷。应该能够引起朝廷和同治帝的足够的重视，应当迅速拨发足够的粮饷予以支持，以免人心涣散，再生不测，但事实并非如此，同治帝谕令："着英桂迅速筹拨银五六万两，由平遥小路取道，解赴宁夏，俾资周济。"⑤ 前次是拨款"若干两"，这次是拨款"五六万两"，在宁夏满营"每日止领数十文"的情况下，一万两可以说举足轻重，更何况"宁夏满营兵饷，每岁实需银十万两"⑥ ？而同治帝含糊其辞地谕令拨"五六万两"。可见，当时朝廷的财政状况着实

① 《清实录·穆宗毅皇帝实录（同治实录）》卷五二，中华书局 1987 年影印版，第 1428 页。
② 《清实录·穆宗毅皇帝实录（同治实录）》卷六八，中华书局 1987 年影印版，第 367 页。
③ 《清实录·穆宗毅皇帝实录（同治实录）》卷六七，中华书局 1987 年影印版，第 361 页。
④ 《清实录·穆宗毅皇帝实录（同治实录）》卷八六，中华书局 1987 年影印版，第 808 页。
⑤ 《清实录·穆宗毅皇帝实录（同治实录）》卷六七，中华书局 1987 年影印版，第 361 页。
⑥ 《清实录·德宗景皇帝实录（光绪实录）》卷二七，中华书局 1987 年影印版，第 405 页。

相当紧张。

透过以上"粮饷不济"的表象，可以看出宁夏满营惨败的原因是"官兵枵腹"所导致的满营八旗兵军心涣散，斗志丧失。如前文所述，道光以来宁夏满营基本上一直在走下坡路，而到了咸丰、同治之际，太平天国运动、捻军席卷，朝廷的主要精力均在于此。常年的这种战斗，对于朝廷库银的消耗不言而喻，回民起义初期，朝廷并不会、也没有能力立即投入大量的财力、兵力。

二、宁夏满营危急，朝廷开始重视

尽管宁夏满营八旗官兵军心涣散，但是宁夏作为军事要地，朝廷也深知其重要性，当然不会长期坐视不管。同治二年（1863）十一月，针对宁夏回民起义，同治帝制定了一个涉及"进、防、饷、弹药"等方面，较为详尽的方案。主要部署包括，一是安顿了军饷；二是多方调集兵力，进发宁夏；三是部署陕西、山西、阿拉善等周边区域的防御工事；四是弹药供给。① 就在朝廷进行部署的同时，回民起义军对满城外"四面村庄焚掠，意在不留民户，以断粮米柴薪之路"，满城内"近五十日，未得省城信息"。② 满营被回民起义军已经围困了近 50 天，在此期间朝廷得不到宁夏军情的准确消息，以至于同治帝说："该处逆情究竟如何？宁夏满城，存亡未卜。庆昀不见奏报。"③ 当得知满营被困这么长时间后，同治帝才意识到宁夏满城"危急万分"，"危如累卵"，"亟应速筹接济"。④

经过激战，宁夏满营"兵丁缺额甚多，房屋坍塌，马匹倒毙与夫军械之遗失"，库储亏短，"凋敝太甚"。面对这一情况，朝廷分步对宁夏满营进行

① 《清实录·穆宗毅皇帝实录（同治实录）》卷八六，中华书局 1987 年影印版，第 808 页。
② 《清实录·穆宗毅皇帝实录（同治实录）》卷九〇，中华书局 1987 年影印版，第 14 页。
③ 《清实录·穆宗毅皇帝实录（同治实录）》卷八七，中华书局 1987 年影印版，第 828 页。
④ 《清实录·穆宗毅皇帝实录（同治实录）》卷九七，中华书局 1987 年影印版，第 122 页。

了充实。首先，对于马匹、弹药、洋枪等"硬件"及时进行了补充。对于马匹进行了及时买补，"以备操防"，至于"满营空缺，既无闲散壮丁可以挑补"的问题，因为回民起义还在继续，正是需要兵力的时候，再加上太平天国运动和捻军起义，消耗掉了很大的兵力，朝廷也一时拿不出调补办法，只能命令宁夏满营从"步甲养育兵内。择其十岁以上者挑选借补"。[①] 当太平天国运动和捻军彻底平定以后，朝廷有能力集中更大的财力、兵力镇压回民起义。同治八年（1869），从山西调拨"火药一万斤，铅丸一万五千斤，火绳一万五千丈，解赴甘肃宁夏满营备用"[②]。"在天津采办洋枪二千杆，由金顺派员领解宁夏军营。"[③] 其次，进入平定回民起义的后期，朝廷财力稍有恢复后，即进行大力拨充。同治十一年（1872），"令广东划解宁夏月饷十万两，福建划解宁夏满营兵饷十万两"，并要求"仍着设法源源接解，以资接济"[④]。即便起义刚刚平定，朝廷仍然"心有余悸"，对于宁夏满营的军饷还是不敢"怠慢"，令山西"应拨宁夏满营饷银十万两，着鲍源深迅饬藩司，赶紧如数筹拨，毋得稍有短少"。[⑤]

回民起义平定后，宁夏驻防八旗"生计问题"并未在根本上得到解决，"该营官兵，艰苦万分，盼饷甚急"[⑥] 的情况依然存在。一方面，由于"凋敝太甚"、元气大伤，依靠战时的拨款无法恢复元气；另一方面，由于"生计问题"并未从根本上得到任何解决，但是通过回民起义，宁夏满营的军事装备确实有所提升，尤其是天津调拨的洋枪，对于今后的军事实力提升也有重要作用，可以说回民起义使得宁夏满营八旗兵的装备开始向近代化迈进了一大步。

---

① 《清实录·穆宗毅皇帝实录（同治实录）》卷二一五，中华书局 1987 年影印版，第 819 页。

② 《清实录·穆宗毅皇帝实录（同治实录）》卷二六〇，中华书局 1987 年影印版，第 611 页。

③ 《清实录·穆宗毅皇帝实录（同治实录）》卷二七三，中华书局 1987 年影印版，第 785—786 页。

④ 《清实录·穆宗毅皇帝实录（同治实录）》卷三四〇，中华书局 1987 年影印版，第 482 页。

⑤ 《清实录·穆宗毅皇帝实录（同治实录）》卷三六九，中华书局 1987 年影印版，第 882 页。

⑥ 《清实录·穆宗毅皇帝实录（同治实录）》卷三六九，中华书局 1987 年影印版，第 882 页。

三、"生计问题"倒逼八旗制度

（一）"旗屯""出旗"并举。在平定太平天国运动和捻军起义过程中，其实各地驻防八旗的力量并未突出显现，发挥的作用非常有限，主要是依靠了新兴军事力量"湘军"。就在太平天国运动刚刚平定的第二年，同治四年（1865），朝廷将道光年间试行的"恤旗民而实边防"的"移屯"之法，"量为推广"①，开始进行改革。改革的直接原因是驻防八旗的军事力量已经完全"不足为恃"，尤其像宁夏满营被回民起义军"冲散"的典型案例，足以让朝廷下决心改变驻防八旗制度。透过这个驻防八旗军事力量"不足为恃"的现象，其实质是"生计问题"使然。导致"生计问题"的根源，仍然在于八旗制度。

八旗制度的产生，最初是为将兵民组织起来，壮大军事力量。此后又不断进行改进、完善，为清朝"打天下"立下了"汗马功劳"，但是随着时代的发展以驻防八旗"生计问题"为核心的八旗制度弊端暴露无遗。本来在鸦片战争以后，列强入侵，清朝的国力就开始逐渐下降，再加上此时太平天国运动和捻军起义、回民起义等国内动乱因素，朝廷的财政状况不言而喻。这项改革是在八旗"生计问题"和清朝"财政问题"相互作用下，朝廷被迫做出的选择。包括道光年间，"试点"这项改革也是迫于这种情况的被动选择。在驻防八旗生存问题与不合时宜的制度问题之间，朝廷毅然选择了驻防八旗的生存。可谓是一个顺应时代的选择，当然，也是八旗制度一步步走向衰落的征兆。

这项改革主要是针对"京旗"进行的，主要包括两方面内容，一是鼓励旗人移民至"边地"尚未开垦的土地上，进行垦殖生息。起初"移民"的主要目的地在东北地区，既可以解决"生计问题"，又可以巩固"大后方"，而此时为了推广这一做法，移民目的地不再限制。一方面对旗人"以裕生计"；

---

① 《清实录·穆宗毅皇帝实录（同治实录）》卷一四四，中华书局1987年影印版，第379页。

另一方面也是中国历史上"移民实边"宝贵经验的应用。二是"旗人有愿出外营生者，无论降革休致文武官员，及未食钱粮、本食钱粮举贡生监，暨兵丁闲散人等，准由该都统给照前往"。旗人可以"听往各省"，加入"旗籍"还是"民籍"各听其便。① 纵观历史，每一项改革的初衷都是好的，出发点都是为"社稷"着想，但是改革的成效却各不相同。单从顺应历史的角度来看，这项改革是符合历史发展要求的，因为"生计问题"本来就是由于八旗制度下，"兵有定数，饷有定额"等对旗人的种种限制所导致的，随着人口增盛、财力下降、国运衰微，"生计问题"日益严重，必然会倒逼八旗制度的"尊严"，但是从改革的成效来看，这项改革并不成功，未能让统治者如愿以偿。首先，对于"旗屯"来讲，旗人"去不去"和"会不会"这两个问题非常突出。旗人在京城或者驻防城生息繁衍200余年，让其"移民实边"，恐怕仅靠倡议是不够的，不去"移屯"者大有人在。二是即使有愿意"移屯"之人，能否"胜任"农业劳作也是一个突出问题。过去朝廷分给他们的旗地都被用来典当了，孤寡养赡地也被划作坟茔之地了，旗人的农业劳作本领可想而知。其次，对于"出旗"来讲，与农业劳作类似，"会不会"的问题必将困扰他们自谋生路的途径。不到迫不得已的时候，旗人在"出旗"的问题上显然会犹豫不决。

宁夏满营并未进行"移屯"，但在光绪末年为了生计，开展了旗屯。主要是"设局开垦马厂官荒，以便旗丁归农"②。在这之前，董福祥死后向朝廷捐献了40万两白银，还有枪械。③ 朝廷将董福祥捐献的40万两白银"除留办该省新政外，所余二十万两另款存储，留备宁夏旗垦之用"④。宣统元年（1909），宁夏满营历经近一年时间对唐徕渠进行了疏浚，同时决定开渠，"自杏子湖起，穿沟二百八十余里，建大小石闸、木闸四十二，

---

① 《清实录·穆宗毅皇帝实录（同治实录）》卷一四四，中华书局1987年影印版，第379页。
② 《清实录·大清宣统政纪》卷三，中华书局1987年影印版，第48页。
③ 《清实录·德宗景皇帝实录（光绪实录）》卷五八六，中华书局1987年影印版，第747页。
④ 《清实录·德宗景皇帝实录（光绪实录）》卷五九〇，中华书局1987年影印版，第805页。

石桥、木桥三十三”，“约成腴田二十万亩。”① 所开渠名叫“湛恩渠”，即
“湛沐皇恩”的意思，后更名为“新开渠”（随着城市的扩张，灌溉功能
今已停用，部分渠段被用作景观水系）。同时，在今银川市西夏区“同庄
村”附近，设局垦荒，但是八旗兵民因为不懂农事，还是将田地租给民
人耕种，很少自己耕种。民国二年（1913），宁夏满营将该田地“以一万
元的价钱卖给了一个安徽籍的卸任官员石畏三”，宁夏旗屯就此宣告彻底
破产。②

　　（二）生计维艰中，满营谋求“发展”。既然“移屯”“出旗”的改革，
未能如愿以偿，那么“生计问题”还需继续面对。在这一背景下，宁夏驻
防满营的改革仍迫在眉睫。同治末年至光绪初年，宁夏驻防八旗“生计问
题”依然严重，其中同治十三年（1874）山西调拨宁夏满营的10万两饷
银，因为种种原因并未到位。时至光绪二年“山西省积欠宁夏满营协饷银
七十余万两”③。此时的山西是“丁戊奇荒”的重灾区，宁夏满营每年十万
两的军饷“向由山西拨解”④，以至于光绪元年（1875）发生了宁夏满营“兵
丁缺饷滋事”，“兵丁盼饷无期，聚众喧哗”，“黉夜滋闹”，致使押解军饷的
宁夏满营协领苏勒图“立时身亡”的案件。⑤ 这种情况下宁夏驻防八旗“生
计问题”可想而知。以至于当时人们对各省驻防就有了“徒有驻防之名，
反为间阎之累，于国家有损无益”的看法。⑥ 作为朝廷，要改革八旗驻防
谈何容易？驻防为了自身的存在还得“改革进取”。光绪五年（1879），宁
夏满营在生计维艰的情况下，在“例操之外，复添马队鸟枪”以提升战斗力。

---

① （民国）赵尔巽等撰：《清史稿》，清史馆铅印本 1928 年版，《志一一一·河渠四·直省水
　　利》，第 21 页 b。
② 陡生淮：《同庄村村名的由来》，载政协银川市委员会文史和学习委员会编：《银川文史资
　　料》第十二辑，2003 年，第 201—202 页。
③ 《清实录·德宗景皇帝实录（光绪实录）》卷三八，中华书局 1987 年影印版，第 546 页。
④ 《清实录·德宗景皇帝实录（光绪实录）》卷二七，中华书局 1987 年影印版，第 405 页。
⑤ 《清实录·德宗景皇帝实录（光绪实录）》卷二四，中华书局 1987 年影印版，第 368 页。
⑥ 《驻防旗兵亟宜变通说》，《申报》1880 年 12 月 1 日，第 2727 号。

增加的火药等需求，仍然要从灾荒严重的山西解拨，当时即拨"火药一万斤，铅丸一万斤，火绳一万丈"①。光绪六年（1880），宁夏满营需要对"城垣、衙署、兵房等"进行修理，朝廷决定"在浙江厘金项下，拨解银三万两，择要兴修"②。光绪十五年（1889）再提"三千余两，修盖教场，以备历年操演之用"③。同年，朝廷从陕甘总督处，拨给宁夏满营"洋炮数尊，洋枪一千杆，配齐子药""俾资应用"④。宁夏满营的武备又一次向近代化迈进了一步。

当河湟回民起义、海原回民起义爆发后，光绪二十一年（1895）宁夏满营将军钟泰奏请"招募勇营"，朝廷同意，但"不得超过十营"。⑤宁夏遂招募了 10 营。⑥ 同时，朝廷配备"枪二千杆，配足合膛子药"⑦，再"拨陕西火药三万斤，仿洋药五千斤"⑧。本次回民起义平定后，光绪二十二年（1896），因为"现在转饷极难，着先裁一半，以节虚靡"⑨。后将"所留五营，着即一律裁撤"⑩。从这件事可以看出，朝廷一方面吸取同治初年回民起义的教训，对回民起义有了足够重视；另一方面实际上是对宁夏驻防满营军事实力的"不放心"。对宁夏驻防满营的军事力量既然有"不放心"的认识，为什么还在不断投入、维持运转呢？想必这与驻防八旗"生计问题"密切相关，如果不继续投入，恐怕驻防满营内部会生事端。

---

① 《清实录·德宗景皇帝实录（光绪实录）》卷九七，中华书局 1987 年影印版，第 452 页。
② 《清实录·德宗景皇帝实录（光绪实录）》卷一一三，中华书局 1987 年影印版，第 665 页。
③ （清）宁夏将军钟泰：《钟泰片》，《光绪十五年三月十七日京报全录》，《申报》1889 年 4 月 26 日，第 5752 号。
④ 《清实录·德宗景皇帝实录（光绪实录）》卷二六七，中华书局 1987 年影印版，第 579 页。
⑤ 《清实录·德宗景皇帝实录（光绪实录）》卷三七三，中华书局 1987 年影印版，第 888 页。
⑥ 《清实录·德宗景皇帝实录（光绪实录）》卷三八八，中华书局 1987 年影印版，第 65 页。
⑦ 《清实录·德宗景皇帝实录（光绪实录）》卷三七四，中华书局 1987 年影印版，第 890 页。
⑧ 《清实录·德宗景皇帝实录（光绪实录）》卷三八一，中华书局 1987 年影印版，第 982 页。
⑨ 《清实录·德宗景皇帝实录（光绪实录）》卷三八九，中华书局 1987 年影印版，第 76 页。
⑩ 《清实录·德宗景皇帝实录（光绪实录）》卷三九三，中华书局 1987 年影印版，第 126 页。

四、宁夏满营军事力量有所恢复

光绪十年（1884），兵部要求在宁夏满营调拨"马队二百五十名"，所需盘费等"银一万一千五百一十二两有零"，但是宁夏满营"饷项无几，未便尽数挪垫，仅可挪银三千两，复行设法搜罗，并由附近商民凑借"，对于需要养活调遣到京城这支马队的经费实在无法安排。① 这种窘迫的状况，其实在光绪中期以后，随着"同光中兴"的不断发力，得到了一定改善。光绪二十八年（1902）《申报》记载，"宁夏、凉州、庄浪三满营及西宁、青海王公俸饷二十二万两，均自光绪十四年起，经部按年如数指拨"②。在饷项充足的情况下，宁夏满营的军事力量实际上是有所提升的，主要表现在以下几个方面。

（一）组建"宁字练军"。光绪二十五年（1899）三月，宁夏满营从驻防八旗兵的精壮力量中挑选出了 800 人，组成"马队三百名，步队五百名"（其后成为"宁字练军"③）。同时，挑选了一些"曾经出兵历练营务"，懂得训练的副都统、协领、佐领等官员，对这些"练军"进行训练，还安排"熟悉营务，老成练达"的人员管理营务。经过半年的训练，"已练有成效"，请朝廷"加津贴以示体恤"，朝廷答应了这一请求。④5 年以后，宁夏满营因"宁字练军""大有成效"，请朝廷"酌保，以示鼓励"，朝廷同意该奏议。⑤ 这

---

① （清）宁夏将军奕榕、副都统常星阿：《奏为奉调马队官兵克日起程日期恭折》，《光绪十年十月十五日京报全录》，《申报》1884 年 12 月 10 日，第 4190 号。

② （清）陕甘总督崧蕃：《奏为援案预估光绪廿九年分甘肃关内军饷及满营俸饷实需数目恭折》，《光绪二十八年七月十六日京报全录》，《申报》1902 年 9 月 4 日，第 10553 号。

③ （清）宁夏将军色普征额：《奏为"宁字练军"常操已逾五年大有成效在队员弁著有微劳恳恩准择尤酌保以示鼓励折》，《光绪三十年六月京报》，《申报》1904 年 8 月 17 日，第 11255 号。

④ （清）宁夏将军色普征额：《奏为宁夏满营挑练马步常操官兵现已练有成效拟请少加津贴以示体恤恭折》，《光绪二十五年十一月十五日京报全录》，《申报》1900 年 1 月 1 日，第 9598 号。

⑤ （清）宁夏将军色普征额：《奏为"宁字练军"常操已逾五年大有成效在队员弁著有微劳恳恩准择尤酌保以示鼓励折》，《光绪三十年六月京报》，《申报》1904 年 8 月 17 日，第 11255 号、11255 号。

两次请求都能够得到朝廷的同意，原因是两方面的，一方面宁夏满营确实有所作为，满营本来有额兵3400余名，根据实际情况，从中挑选800名严加训练，并且确实训练有成；另一方面，此时的朝廷在财政方面，受到"同光中兴"种种"红利"的影响，相比之前确实有所改观，有能力拨付军饷，加强训练。

（二）改练"新操"。光绪三十三年（1907）七月，宁夏满营"宁字练军"开始"改习新操"。提升训练质量的具体做法是，将兵丁的津贴从训练常操时的每人每月五钱增加到4倍，每人每月二两，充分提高了兵丁的待遇，驻防八旗兵丁久旱逢甘霖，激发了高涨的训练积极性。同时，将常操训练时的800人，减少到每轮仅训练200人，减少每轮训练的人数，能够保证训练质量，同时还可以节约经费开支。① 因为确实挑练较有成效，光绪三十四年（1908），朝廷还曾派出宁夏满营马队"驰往蒙古阿拉善旗草地一带剿匪，并保教堂"②。

（三）辛亥革命起义民军围攻满城不下。在辛亥革命的"革命排满"浪潮中，满城作为旗人集中居住的地方，自然会被起义军作为重要的"革命"目标。从某种意义上讲，起义民军对于满城的"憎恶"程度要远远超过"汉城"。尽管如此，宁夏满城在辛亥革命中并未被攻下，这在所有直省驻防中是独一无二的。其中的原因是复杂的，前文已经有过相关论述，在此不再赘述，但是有一点还需要明确，辛亥革命时八旗军民守城成功，这与宁夏满营自光绪中后期以来编练"宁字练军"、操练新操等改革不无关系。

总体来看，宁夏驻防的军事力量自从雍正年间再次设立以后，曾经一度辉煌，但随即走上了下坡路。乾隆中期以后，尤其是道光以后，随着"生计问题"的日益突出，阶级矛盾的升级，列强入侵，国力的衰败，宁夏驻防八旗一步步走向废弛。在清末，"同光中兴"时，因为粮饷相对能够保障，加

---

① 《分类新闻·军界·宁夏将军奏陈改练洋操情形甘肃》，《申报》1908年9月27日，第12807号。

② 《清实录·德宗景皇帝实录（光绪实录）》卷五二九，中华书局1987年影印版，第45页。

之改练新军等，出现了短暂的"回光返照"，并且在辛亥革命中，守住了满城，得以以"赞同共和"的方式，和平解决。不难发现宁夏驻防的军事力量变迁的根本原因是"生计问题"，同时又与清朝统治密切关联。"生计问题"因八旗制度而起，八旗制度是清朝建国的基础。入关后，八旗制度与清朝统治交织在一起，企图通过派八旗兵驻防各地的形式加强统治，不料却深受其害。其中的原委耐人寻味。

余　论

一、清代宁夏驻防八旗变迁的主要特点

（一）宁夏驻防与蒙古的关系

1.顺治间，蒙古人"扣边"得到控制。时宁夏，西据贺兰山之险，东凭黄河之阻，怀抱千里沃野，军事位置至关重要。宋时大夏国曾在此建都，明时，宁夏因"紧逼套人（即蒙古人）""额兵三万有奇"，[①] 为"九边重镇"之一，与榆林镇、固原镇毗连，对蒙古形成严密防线。时至明末，"鞑靼插汉部多次攻扰明之西北边境"[②]，仍觊觎宁夏。清初，在宁夏"发经制兵，止一万五千"镇守。从明与清在宁夏所派驻兵数量对比来看，清初仅为明朝的一半，可见在"联合蒙古""以蒙治蒙"的民族政策之下，清初蒙古人对内地的侵扰已经得到了有效控制。所以，清初，偶尔有八旗兵在宁夏，主要是参与平定明末农民起义"余部"，以及王辅臣叛乱等反清起义，都是局部的战争，并非大规模八旗部队来宁征战。这些八旗兵却成为清代最早在宁夏活动的八旗兵。

---

① 《清实录·世祖章皇帝实录（顺治实录）》卷三一，中华书局 1985 年影印版，第 261 页。

② 陈育宁:《宁夏通史·古代卷》，宁夏人民出版社 1993 年版，第 284 页。

2. 康熙初，厄鲁特蒙古准噶尔部兴起，不断"进犯"，威胁清朝统治。康熙十五年（1676），在镇压王辅臣叛乱等反清起义的同时，准噶尔部兴起。鉴于这一形势，康熙帝认为，就内地来讲，宁夏是离噶尔丹势力最近的地方，遂在宁夏设置了八旗驻防，额兵 3472 名。此后，宁夏驻防发挥了战争后方"兵站"的功能，"进剿"准噶尔部噶尔丹势力时，动辄将部队先调动在宁夏，然后从中选出部分官兵参战，参战后有的再调回宁夏，有的则直接调回原驻地。康熙帝三次亲征，驻跸宁夏的记载亦不绝于书。待到噶尔丹势力平定后，康熙三十六年（1697），宁夏驻防随之撤销。

3. 雍正初，鉴于准噶尔部出尔反尔，勾结沙俄势力不断"进犯"的实际情况，朝廷更加重视宁夏这块军事要地，决定在宁夏兴筑满城，派八旗兵长期驻防，继续为"进剿"准噶尔部提供后方保障。待到准噶尔部平定后，宁夏驻防仍然可以发挥威慑和弹压的作用。因为宁夏驻防八旗，从入驻之始就是为"进剿"而来，战争历练了这支部队，到雍正初年，宁夏驻防已经享有"各省驻防第一"的美誉。可以说，宁夏驻防八旗因防范厄鲁特蒙古准噶尔部而产生，因"进剿"厄鲁特蒙古准噶尔部等势力而发展。

（二）宁夏驻防八旗与"生计问题"

1. 宁夏驻防八旗的粮草米石、饷银"单一供给"伴有"脆弱性"。在西靠贺兰山，东依黄河，这个相对独立的地理环境中，清代宁夏借河套之腴土，引黄河之水灌溉，良田千顷，"系产米之乡"①。宁夏驻防八旗的俸米粮草，凭借这种地理优势，可自给。同时这种"单一供给"情况下，天然地又伴有"脆弱性"。驻防八旗人口增长因素、战争因素、自然灾害因素，都会导致粮草米石供不应支的情况。如《清实录》记载，乾隆间"甘省因年来办理军需，兵民辐辏，米粮市价，未免稍昂，所有各营兵丁，应支折色，若仍

---

① 《清实录·高宗纯皇帝实录（乾隆实录）》卷五七九，中华书局 1985 年影印版，第 386 页。

照旧支给，兵丁不免拮据"[1]。又"宁夏供支满兵粮草，向系每年采买散给。共计白米，一千五百余石；粟米，七千余石；草，一十三万余束。其所定部价，白米、粟米，每石价银一两；草一束，价银一分。今闻该地方自上年被灾之后，新、宝二县田地被水淹浸，不能耕种，已少产米粮数十万石。目下粮草之价日渐昂贵，所定官价不敷采办，势必贻累小民"[2]。又光绪间"宁夏满营每年应支俸粟米石，并马匹料草等项向在宁夏府属各州县征收粮内估拨。旧例以粟米及小麦两项分别供支，同治六、七年以后，该州县辄以四色搭放，官兵自行粜换米石，实属不敷食用"[3]。可以说，清代宁夏凭借优越的地理条件，为宁夏驻防八旗就地提供俸米粮草，但同时因为"单一供给"限制，使得俸米粮草供应具有"脆弱性"。

此外，宁夏驻防八旗的饷银同样受"单一供给"限制，也伴有"脆弱性"。如前文所述，"宁夏满营兵饷，向由山西解拨"[4]。这样一来，相当于宁夏驻防八旗的生计很大意义上来讲与山西的财政状况密切相关。比如，受"丁戊奇荒"的影响，山西作为重灾区财力状况必然受到巨大影响，导致在光绪二年（1876）时，"山西省积欠宁夏满营协饷银七十余万两，"[5]而宁夏驻防八旗官兵每年的饷银总数仅10万两，积欠70余万两，对于宁夏驻防八旗生计的影响可想而知。

2."生计问题"与宁夏驻防八旗变迁。雍正年间，社会经济处于上升时期，再加上宁夏重要的军事位置和当时征战的需要，宁夏驻防实际上是很受重视的。加之，因战争对驻防八旗人口的消耗，当时宁夏驻防八旗的"生计问题"并不突出。乾隆初年，宁夏驻防八旗从"换防"部队向"常驻"部队转化之际，随着社会相对稳定，社会生产逐步恢复，社会经济逐渐发展，驻

---

① 《清实录·高宗纯皇帝实录（乾隆实录）》卷五七六，中华书局1985年影印版，第340页。
② 《清实录·高宗纯皇帝实录（乾隆实录）》卷一〇五，中华书局1985年影印版，第578页。
③ 《清实录·德宗景皇帝实录（光绪实录）》卷四四，中华书局1987年影印版，第625页。
④ 《清实录·穆宗毅皇帝实录（同治实录）》卷三六九，中华书局1987年影印版，第882页。
⑤ 《清实录·德宗景皇帝实录（光绪实录）》卷三八，中华书局1987年影印版，第546页。

防八旗人口日渐增长。如前文所述，乾隆五年宁夏驻防满营中 10 岁至 14 岁的少年男旗丁就有 465 名，这就能够说明，此时已经有大量的驻防旗人在宁夏生息繁衍。但是，驻防旗人的生活主要仰赖八旗兵的粮饷，因为驻防宁夏的兵额是 3472 名，基本上是固定的，粮饷自然也是固定的。再加上，清朝为了确保驻防八旗的战斗力，八旗制度明确规定，驻防旗人不得离开满营，不得从事生产。这就必然导致定额的粮饷养活日渐增长的人口，出现"生计问题"，并且日益凸显。朝廷也很清楚这种情况，在国家财政相对富足的年代，比如乾隆初，试图通过各种"恩赏"来缓解"生计问题"，但毕竟不是长远之计。此后，又出现减少官拴马、出租满城营房公署、出租旗地等办法，但都为权宜之计，未能从根本上解决问题。长此以往，驻防旗人形成了依赖粮饷的习惯，不事生产、游手好闲自然会滋生。以至于到了清末，因为列强入侵，不平等"条约时代"到来，朝廷赔款渐多，财政亏空，朝政更加腐败，驻防八旗"生计问题"更加突出。同治年间，宁夏甚至出现"满城旗户，饷需不继，每月饿毙者，至二百余名之多"①。可以说宁夏驻防八旗一步步走向没落，一个主要原因就是"生计问题"，但不仅限于"生计问题"。

二、宁夏驻防八旗与清朝统治的关系

（一）设宁夏驻防八旗是巩固和加强统治的需要

如前文所述，清初朝廷在各省派出八旗兵驻防主要目的在于镇压"反清起义"，"捍卫地方"。对宁夏而言，具体可划分为三个阶段来讲。一是顺治年间，政局不稳定的情况下宁夏仍然有明末农民起义的余部在活动，动辄还

---

① 《清实录·穆宗毅皇帝实录（同治实录）》卷八六，中华书局 1987 年影印版，第 808—809 页。

发生"兵变"。为了镇压这些起义，维护政局稳定，朝廷不断派八旗兵到宁夏"弹压"。二是康熙初年，厄鲁特蒙古准噶尔部在新疆日渐兴起，不断东进，对于清朝政权造成巨大威胁。加之，宁夏反清起义不断，王辅臣响应"三藩之乱"，在今宁夏、甘肃、陕西一带逐渐形成势力范围，对清朝腹地形成威胁。为了消除"三藩"的隐患，巩固宁夏、甘肃、陕西一带这一扼守西北边陲、屏障关中腹地的咽喉要地，进而以宁夏为"基地"，"进剿"准噶尔部，朝廷在宁夏设置八旗驻防。三是雍正年间，鉴于准噶尔部出尔反尔，勾结沙俄，屡次进犯，为了巩固政权，完成"大一统"，同时，在宁夏这块军事要地上形成中央统治权力网上的一个重要节点，朝廷决定在宁夏正式兴筑满城派驻八旗兵，长期驻守。当然，这次派驻与前两个阶段有所不同，不仅兴筑满城作长远打算，而且"攻"与"守"各有侧重。如果说，前两阶段更加侧重于被迫"进攻"，那么这次正式派驻则更加侧重于主动"防守"。无论是前两阶段被迫"进攻"时临时派出八旗兵征战，还是后一阶段正式兴筑满城派八旗兵驻防，目的很显然就是为朝廷统治服务。

（二）宁夏驻防八旗服务统治的"功能"由强向弱转变

前两阶段，被迫"进攻"时，宁夏的明末农民起义余波、反清起义、王辅臣叛乱、准噶尔部进犯等威胁，一个个均被清政府消灭、削弱，可谓"攻"得卓有成效。主动"防守"时，宁夏驻防八旗使命完成情况，整体上呈现出由"强"向"弱"的转变过程。可谓"守"得不尽如人意。换句话说，宁夏驻防八旗在前期，发挥了消除政权威胁、维护国家稳定的积极作用，对于朝廷的统治作出了很大贡献；在中期，更多的则是对朝廷的统治形成了"消耗"；在后期，对于朝廷的统治来说，应当是一种"拖累"。

从宁夏驻防军事力量的变迁过程，可以清晰地看出这种服务统治"功能"退化的过程。一是雍正初年，钱粮卓料充足，不断经过战争历练，曾经威震四方，为"各省驻防第一"，至乾隆中期彻底消灭厄鲁特蒙古准噶尔部，宁夏驻防八旗为服务清朝统治发挥了巨大积极作用。二是乾隆中期至鸦片战争前，随着厄鲁特蒙古准噶尔部的彻底消灭，加之社会经济快速发展，人口不断增长，迫于"生计问题"，宁夏驻防八旗在当朝者心目中的位置发生了些许变化。从前期更加关注宁夏驻防的"军事力量"，转变为更加关注宁夏驻防八旗的"生计问题"。这一时期，也是宁夏驻防八旗服务统治"功能"由强到弱转变的关键时期。宁夏驻防的军事力量不断下降，从乾隆后期"不谙养马"，到道光年间朝廷不再倚重。这种军事力量退化之下，服务统治功能的退化不言而喻，对于朝廷统治而言无异于一种"消耗"。三是鸦片战争以后，随着列强的入侵，国内封建压迫升级，在半殖民地半封建社会的形势下，国内政局日渐不稳定起来，朝廷将大部分精力投入到稳固统治当中。应当说，驻防八旗应当要发挥举足轻重的作用，但是事与愿违，"旗营积习尤深，难期振作，既不能以之御外侮，仅仅困守亦未足为功。"①比如，同治年间宁夏驻防八旗即被回民起义军轻而易举地"冲散"。一方面，此时的朝廷财力状况，受赔款和镇压国内起义的影响，已经大不如前，客观地讲，就是"无力"养活数量无比庞大的八旗兵民，驻防八旗的"生计问题"非常严峻，同治初年宁夏驻防八旗发生了一个月内"饿毙"200余人的现象；另一方面，驻防八旗本身军事力量的下降，朝廷也无法再依靠这支力量。同治年间，回民起义时可以说朝廷养兵千日用兵一时，恰是用兵之时，是发挥其"弹压""威慑""捍卫地方"作用之时，结果出现了被"冲散"的惨状，完全丧失了服务统治的"功能"。这种状况下，驻防八旗对于朝廷来说，无疑是一种"拖累"。

当然，这个退化过程中，始终伴随着"生计问题"。正是因为"生计问题"始终困扰着宁夏驻防八旗，所以本来作为弹压地方、戍守一方的宁夏驻防八旗，它们的军事力量始终受到"生计问题"的羁绊。道理很简单，八旗士兵食不果腹，家人枵腹哀嚎，怎么能够专心于军事？随着"生计问题"的日益严重，实质上宁夏驻防的军事力量随之在不断下降。短时间内，偶尔有军事

---

① 《裁撤驻防旗兵议》，《申报》1901年8月4日，第10163号。

强化的时候，也是粮饷有足够保障的时候，抑或旗民百姓被逼到必须拼命抵抗的时候。比如，辛亥革命，宁夏驻防八旗兵民守住了满城，就与他们听说西安的民军对满城驻防八旗进行了屠杀有关，这种民族灭亡的危机意识在一定程度上起到了强化战斗力的作用。

（三）朝廷统治对于宁夏驻防八旗的影响

朝廷统治对于宁夏驻防八旗的盛衰也有巨大的影响作用。总体来讲，清朝统治的上升时期，宁夏驻防八旗的整体状况兴盛；朝廷统治走向下坡路的时候，宁夏驻防八旗整体上也在走下坡路。比如，宁夏驻防成为"各省驻防第一"，就是在"康乾盛世"之时；清末宁夏驻防八旗的军事力量有所回升，亦出现在"同光中兴"之时。反之，宁夏驻防八旗在皇帝心目中已然是"打仗不甚得力"的部队，不再被朝廷倚重，即出现在白莲教起义被平定，新疆张格尔叛乱之时；而宁夏驻防八旗被回民起义军"冲散"，则是发生在太平天国运动和捻军兴起之时。这其中最关键的是粮饷这个经济因素，也就是前文所述"生计问题"，但同时与清朝统治的政治因素不无关系。例如，宁夏满营的吏治问题，就是清朝整体政治环境的一个缩影。封建集权政治体系中，不可避免地存在着种种弊端，这种弊端渗透到军队这一国家机器中时，其危害性是不可估量的。

总之，宁夏驻防八旗"生计问题"与宁夏满营吏治以及宁夏驻防军事力量，这三个方面的关系错综复杂、密切关联、相互作用，始终交织在一起，在宁夏驻防八旗中构成一个复杂的有机体。这个有机体，随着清朝统治的衰落，经济状况的恶化，而一步步走向腐朽变质。这个腐朽变质的过程，恰巧又是激发宁夏满营内部阶级矛盾的利器。总的来看，道光年间，尤其是列强入侵，是一个重要转折时期。伴随着阶级矛盾的激化，革命浪潮的到来，宁夏满营随着清政府统治的灭亡而最终走向消亡，但是宁夏驻防旗人经过不断交往交流交融，却永远地成为今天中华民族不可或缺的一员。

三、清代宁夏驻防八旗对区域民族格局的影响

（一）宁夏驻防八旗到来之前的宁夏民族格局

在清代驻防八旗到来之前，宁夏的主要民族成分为汉族、蒙古族、回族。汉族主要是明初朝廷从南方迁来的移民，蒙古族和回族主要是塞外的归附者和元朝的遗民。[①] 自清代派宁夏驻防八旗到来以后，宁夏的民族格局发生了重要变化。清代是满族建立的王朝，朝廷通过驻防的形式将旗人派往宁夏，俨然一副"主人翁"的样子。元时，蒙古族是统治民族，回族人也列为色目人，政治地位均高于汉人；明时，对于汉族来讲蒙古人和回族均为归附民族；清代，"主人翁"的到来对于打破宁夏过去汉、蒙古、回民族格局产生了重要冲击，民族间的交往、交流、交融更加频繁复杂。

（二）宁夏驻防八旗与清代民族政策

在宁夏派八旗驻防，以满洲八旗和蒙古八旗为主，实际上比较集中地体现了清代的民族政策。一是体现了满洲联合蒙古，以及"以蒙治蒙"的民族政策。满洲八旗、蒙古八旗联合驻防宁夏满城，发挥服务统治的功能，即能体现出满洲联合蒙古的政策，而宁夏驻防八旗的首要目的就是在吸取明末"鞑靼插汉部多次攻扰明之西北边境"的教训[②]，防备厄鲁特蒙古准噶尔部。选派满洲和蒙古旗人驻防宁夏，显然有"以蒙治蒙"的意味在其中。二是"回回人"在元代曾经归附于蒙古人，选派满洲八旗与蒙古八旗联合驻防，在实现"以蒙治蒙"的同时，可以弹压回族。三是鉴于清初反清起义及兵变较多的实际情况，选派满洲八旗与蒙古八旗联合驻防宁夏，本身就体现清代防备汉人的民族政策，加之兴筑满城驻防，意在保持满洲"血统"，防止"沾染

[①] 霍维洸主编：《宁夏民族与社会发展研究》，宁夏人民出版社 2003 年版，第 227 页—230 页。

[②] 陈育宁：《宁夏通史·古代卷》，宁夏人民出版社 1993 年版，第 284 页。

汉习",更加体现了对汉族的防备之意。

(三)宁夏驻防八旗与区域民族交往交流交融

1.纵观宁夏驻防八旗社会历史变迁,其中始终贯穿着民族交融的这条主线。纵向来看,这条主线主要有四个方面的体现。一是宁夏驻防八旗的"源"与"流",包括来源的多元性、解散后的交融性;二是宁夏驻防八旗居住空间变迁,包括康熙年间初设宁夏驻防时期的"汉城"寄居,雍正初年兴建满城后的聚居,"化旗为民"以后的散居等形态;三是"国语骑射"的变迁,包括姓名、语言、满营学堂、军事力量等;四是八旗制度变迁,包括"生计问题"、满营吏治、满营烟毒、出旗、旗屯等。

横向来看,民族交融这条主线与八旗制度密切关联,而八旗制度与"国语骑射"实际上有互为表里的作用,八旗制度是"形式",而"国语骑射"为"精神"。所以说民族交融这条主线与"国语骑射"也密切关联。入关前,在满族政权由"外"而"内"①的构建过程中,所构建的八旗制度将八旗兵民有效地组织起来;"国语骑射"这种精神层面的"信仰",将八旗兵民凝聚起来,二者相互配合,为满洲、蒙古、汉军八旗的相互交融,发挥了重要的积极作用。入关后,在清政府统治权力由"内"而"外"的过程中,八旗制度通过在全国各军事要塞设立驻防的形式,为民族交融创造了条件。驻防旗人被"封锁"在满城内,对满蒙汉旗人之间的民族交融产生了积极作用,但是对于旗人与民人的交往交流交融起了一定的消极作用;"国语骑射"则在语言、教育、习俗甚至姓名等精神层面,为驻防八旗设置了种种限制,同样对民族交融产生了消极的、保守的、限制的作用,但同时,这种保守和限制保留了部分驻防八旗的习俗文化等精神领域的财富,对于今天繁荣中华民族文化来讲,其实具有一定的积极作用。

---

① 少数民族政权,由"内"而"外",进而由"外"而"内"的理论参见,陈育宁:《中国民族史学理论新探索》,中国社会科学出版社2015年版,第188页。

2."生计问题"导致的民族交融。通过宁夏驻防八旗社会历史变迁的史实研究，不难发现，宁夏驻防八旗"生计问题"始终困扰着他们，只不过随着国运的兴衰，"生计问题"有特别突出的时候，也有相对缓和的时候。宁夏驻防八旗与其他土著民族的交融，很大意义上来讲，就是通过不断解决"生计问题"来实现的。一如，朝廷为解决旗人人口增长、而粮饷固定所导致的"生计问题"，专门划拨"旗地"以期缓解，但是旗人并未耕作，反而将旗地租与民人，或者干脆变卖给民人，这一经济生活的交往过程必然掺杂民族交融的过程。二如，乾隆二十一年（1756），因旗人人口增盛，"生计问题"突出，准许"八旗另记档案之人""出旗为民"①，以及统一要求驻防满营在当地划拨坟茔地，允许驻防旗人在当地"埋葬"等措施，都有助于民族交融。宁夏满营在此时，为驻防旗人划拨了"闲地"作为坟茔地，这标志着宁夏驻防旗人已经成为"宁夏人"，同时这是驻防八旗与当地民族交融的一次巨大转折。三如，满营为解决"生计问题"，将满营的"库银""发商生息"，以补贴生计，发商生息这一经济活动必然也会促进民族交融。四如，清末以来，满城内的旗民百姓在粮饷奇缺的情况下，被迫出城谋生，以及满营开展"旗屯"都是满营解散前民族交融加速的一种表现。辛亥革命以后，"化旗为民"更加加速了民族交融的步伐。"生计问题"的"罪魁祸首"就是八旗制度，而许多解决"生计问题"的手段，其实是对八旗制度的调试。此时的八旗制度，正如梁启超先生所言"变亦变，不变亦变"，只不过没有达到"可以保国，可以保种"的目的②。所以可以说，这种民族交融还是由于八旗制度的弊端日渐暴露所导致的。在无数次对于八旗制度的"改良"路线走不通后，只能通过"革命"来解决八旗制度的问题。

3.阶级矛盾导致的民族交融。第一，旗人与其他民族的交融。伴随着清末"生计问题"的日益突出，清朝国内的阶级矛盾也不断上升，"革命排满"

---

① 《清实录·高宗纯皇帝实录（乾隆实录）》卷五〇六，中华书局1985年影印版，第380页。
② 梁启超：《论不变法之害》，载中国史学会主编：《中国近代史资料丛刊·戊戌变法（三）》，上海人民出版社1957年版，第18页。

情绪日渐高涨。对于普通民众来讲，首先要"驱除鞑虏"，对于在残破不堪的八旗制度束缚下受苦受难的旗民百姓来讲，也渴望着新生的到来。而这两股力量的矛头实质上都指向的是清政府的统治。也就是说，在辛亥革命前夕，尽管"革命排满"浪潮高涨，但是旗民百姓受阶级剥削的影响，与普通民众都有一个改变现状、推翻清朝的愿望。这种愿望实质上对于民族交融有很大促进作用。比如，普子久作为哥老会某帮派山主，身为驻防旗人，参加了攻取宁夏府城的战斗。证明了他作为驻防旗人，已经完全融入到阶级革命的大军中了，但是义军攻取府城后，再度计划攻取满城时，普子久则向满城将军出卖了攻城计划，导致攻城失败。这又说明，普子久本身很矛盾，一方面想推翻封建统治，与民人被压迫阶级站在一起；另一方面又顾及其民族安危。他参加辛亥革命的事暴露后，仍然被当时的满营副都统绰哈泰杀害。[1]可见，在满营统治者的心目中阶级利益才是他们最关注的。这种现象，正好促使了被压迫旗人同汉族及其他民族进一步交融。当然，受"革命排满"思潮的影响，这种民族交融也是有限的。如前文所述，对于宁夏驻防八旗而言，民族交融最深入的时期，是"化旗为民"以后，民族歧视政策下的那种被动交融。

第二，旗人内部的交融。旗人内部的交融很大意义上，体现为族群认同。大体而言，宁夏驻防八旗的族群认同经历了"增强—减弱—增强"的过程。乾隆中期以前，旗人驻防宁夏，受以下两个因素的影响，民族认同感在增强。一是，派八旗兵驻防宁夏，目的是防备噶尔丹东进南下，保卫清政府皇权，而这恰恰是旗人尚武精神所需的一个凝聚民族之心的精神目标。二是，初驻宁夏时，军饷充足，待遇优厚，宁夏驻防旗人的优越性显而易见，族群认同感在这种优势下得以加强。乾隆中期以后，因全国人口不断增加，旗人人口不断上升，导致军饷不支，逐渐出现欠饷、扣饷、减饷等问题。驻

---

[1] 宁夏区政协文史资料委员会编：《宁夏文史资料》第一辑，宁夏人民出版社 1988 年版，第 59—65 页。

防八旗内部的阶级性逐步凸显出来，驻防八旗的族群认同开始减弱。鸦片战争后，随着半殖民地半封建社会不平等"条约时代"的到来，因割地赔款，加之甲午战争的失败，国内政局的不稳定，旗人的族群认同跌至低谷。主要原因，一是，清政府开始走下坡路，尤其是禁锢他们的八旗制度和"国语骑射"的没落，旗民百姓对于当年横扫中原、建立王朝的那个处于蓬勃发展的族群产生了怀疑；二是，"生计问题"，曾经引以为豪的八旗制度逐渐成了驻防旗人的牢笼，驻防旗人生活每况愈下；三是，清廷为维系政权，封建剥削反而加强，被统治的驻防旗人地位日渐下降，阶级矛盾被激化。

参考文献

史籍文书

（清）《清实录》，中华书局影印 1985—1987 年版。

（清）鄂尔泰等修：《钦定八旗通志》，钦定四库全书本。

（清）奕赓：《侍卫琐言》，民国铅印（佳梦轩丛著本）。

（清）福格：《听雨丛谈》，中华书局 1984 年版。

（清）昭梿撰，何英芳点校：《啸亭杂录》，（清代史料笔记丛刊本），中华书局 1980 年版。

（清）徐珂：《清稗类钞》，中华书局 1984 年版。

（清）张金城修，（清）杨浣雨纂，陈明猷点校：《（乾隆）宁夏府志》，宁夏人民出版社 1992 年版。

（清）汪绎辰修：《银川小志》，南京图书馆藏八千卷楼抄本，1957 年 5 月传抄本，宁夏大学图书馆古籍中心。

（清）佚名：《事宜壹本》，光绪十五年抄本（孤本），银川市文物管理处藏。

（民国）甘肃巡按使：《宁夏满营稚子四孤承领生计银币花名清册》，1915 年抄本，中国国家图书馆古籍馆藏。

（民国）马福祥等修，（民国）王之臣纂：《（民国）朔方道志》，1926 年铅印本。

（民国）赵尔巽等撰：《清史稿》，北京清史馆铅印本 1928 年版。

中国第一历史档案馆编：《乾隆朝上谕档》，档案出版社 1991 年版。

中国第一历史档案馆：《嘉庆道光两朝上谕档》，广西师范大学出版社 2000 年版。

中国第一历史档案馆编：《咸丰同治两朝上谕档》，广西师范大学出版社 1998 年版。

中国第一历史档案馆编：《光绪朝上谕档》，广西师范大学出版社 1996 年版。

中国第一历史档案馆编：《宣统朝上谕档》，广西师范大学出版社 1996 年。

专著

孟森：《清史讲义》，中国文化服务社 1947 年版。

叶祖灏：《宁夏纪要》，正论出版社 1947 年版。

王钟翰：《清史杂考》，人民出版社 1957 年版。

刘献廷撰，汪北平、夏志和点校：《广阳杂记》，中华书局 1957 年版。

莫东寅：《满族史论丛》，人民出版社 1958 年版。

[英] M.格林堡（Michael Greenberg）著，康成译：《鸦片战争前中英通商史》，商务印书馆 1961 年版。

中国人民政治协商会议全国委员会文史资料研究委员会编：《辛亥革命回忆录》第五集，中华书局 1963 年版。

中国科学院民族研究所、辽宁少数民族社会历史调查组编：《满族社会历史调查报告（上、下）》（稿本），1963 年。

章伯锋：《清代各地将军都统大臣等年表（1796—1911）》，中华书局 1965 年版。

张枬、王忍之：《辛亥革命前十年间时论选集》（第一卷、第二卷、第三卷），生活·读书·新知三联书店 1960—1977 年版。

中国社会科学院历史研究室编：《清史论丛》，中华书局 1979 年版。

周远廉：《清朝开国史研究》，辽宁人民出版社 1980 年版。

中国人民大学清史研究所编：《清史研究集》，中国人民大学出版社 1980 年版。

金启孮：《满族的历史与生活——三家子屯调查报告》，黑龙江人民出版社 1981 年版。

胡滨译：《英国蓝皮书有关辛亥革命资料选译（全二册）》，中华书局 1984 年版。

姚薇元：《鸦片战争史实考》，人民出版社 1984 年版。

钱谷风：《清王朝的覆灭（读史札记）》，学林出版社 1984 年版。

[美] 费正清编，中国社会科学院历史研究所编译室译：《剑桥中国晚清史》，中国社会科学出版社 1985 年版。

[日] 陈舜臣著，卞立强译：《鸦片战争实录》，中国友谊出版公司 1985 年版。

杜文凯编：《清代西人见闻录》，中国人民大学出版社 1985 年版。

萧一山：《清代通史》，中华书局 1986 年版。

周远廉：《清朝兴起史》，吉林文史出版社 1986 年版。

杨学琛、周远廉：《清代八旗王公贵族兴衰史》，辽宁人民出版社 1986 年版。

辽宁大学编：《满族论丛》，辽宁大学出版社 1986 年版。

中国第一历史档案馆编：《明清档案与历史研究——中国第一历史档案馆六十周年纪念论文集》，中华书局 1986 年版。

爱新觉罗·乌拉希春：《满族古神话》，内蒙古人民出版社 1987 年版。

蔡少卿：《中国近代会党史研究》，中华书局 1987 年版。

费孝通：《费孝通民族研究义集》，民族出版社 1988 年版。

王钟翰主编：《满族史研究集》，中国社会科学出版社 1988 年版。

李林主编：《满族家谱选编》，辽宁民族出版社 1988 年版。

杨锡春：《满族风俗考》，黑龙江人民出版社 1988 年版。

宁夏回族自治区政协文史资料研究委员会主编：《宁夏三马》，中国文史出版社 1988 年版。

大连市图书馆文献研究室编：《清内阁大库散佚档案选编》，天津古籍出版社 1988 年版。

金启孮：《北京郊区的满族》，内蒙古大学出版社 1989 年版。

滕绍箴：《清代八旗子弟》，中国华侨出版公司 1989 年版。

彭明主编：《中国现代史资料选辑》，中国人民大学出版社 1989 年版。

孙文良：《满族大辞典》，辽宁大学出版社 1990 年版。

金基浩、葛荫山主编：《满族研究文集》，吉林文史出版社 1990 年版。

滕绍箴：《满族发展史初编》，天津古籍出版社 1990 年版。

王钟翰：《清史新考》，辽宁大学出版社 1990 年版。

李燕光、关捷主编：《满族通史》，辽宁民族出版社 1991 年版。

杨英杰：《清代满族风俗史》，辽宁人民出版社 1991 年版。

吴忠匡总校订：《满汉名臣传（一、二、三、四)》，黑龙江人民出版社 1991 年版。

瀛云萍：《八旗源流》，大连出版社 1991 年版。

中国史学会主编：《中国近代史资料丛刊·辛亥革命》，上海书店出版社 1991 年版。

戴逸：《乾隆帝及其时代》，中国人民大学出版社 1992 年版。

金启孮、张佳生主编：《满族历史与文化简编》，辽宁民族出版社 1992 年版。

滕绍箴：《清代八旗贤官》，中国社会科学出版社 1992 年版。

定宜庄：《清代八旗驻防制度研究》，天津古籍出版社 1992 年版。

魏福祥、张佳生：《民族研究论集》第一辑，辽宁民族出版社 1992 年版。

蔡美彪主编：《庆祝王钟翰先生八十寿辰学术论文集》，辽宁大学出版社 1993 年版。

[韩] 任桂淳:《清朝八旗驻防兴衰史》，生活·读书·新知三联书店 1993 年版。

赵展:《满族文化与宗教研究》，辽宁民族出版社 1993 年版。

阎崇年主编:《满学研究》第二辑，民族出版社 1994 年版。

王钟翰主编:《中国民族史》，中国社会科学出版社 1994 年版。

陈育宁:《中华民族凝聚力的历史探索》，云南人民出版社 1994 年版。

马汝衍、马大正主编:《清代的边疆政策》，中国社会科学出版社 1994 年版。

高翔:《康雍乾三帝统治思想研究》，中国人民大学出版社 1995 年版。

刘小萌:《八旗子弟》，福建人民出版社 1996 年版。

杨学琛:《清代民族史》，四川民族出版社 1996 年版。

姚念慈:《满族八旗制国家初探》，北京燕山出版社 1996 年版。

阎崇年主编:《满学研究》第三辑，民族出版社 1996 年版。

王钟翰主编:《满族历史与文化》，中央民族大学出版社 1996 年版。

秦国经、唐益年、叶秀云编著:《清代官员履历档案全编》，华东师范大学出版社 1997 年版。

[美] 黄仁宇:《中国大历史》，生活·读书·新知三联书店 1997 年版。

阎崇年主编:《满学研究》第四辑，民族出版社 1998 年版。

刘小萌:《满族的社会与生活》，北京图书馆出版社 1998 年版。

刘潞:《清代皇权与中外文化——满汉融合与中西交流的时代》，商务印书馆 1998 年版。

金启孮:《北京城区的满族》，辽宁民族出版社 1998 年版。

张晋藩主编:《清朝法制史》，中华书局 1998 年版。

定宜庄:《满族的妇女生活与婚姻制度研究》，北京大学出版社 1999 年版。

定宜庄:《最后的记忆十六位旗人妇女的口述历史》，中国广播电视出版社 1999 年版。

王钟翰:《王钟翰学术论著自选集》,中央民族大学出版社 1999 年版。

[英] 冯客著,杨立华译:《近代中国之种族观念》,江苏人民出版社 1999 年版。

朱维铮、龙应台编著:《维新旧梦录:戊戌前百年中国的"自改革"运动》,生活·读书·新知三联书店 2000 年版。

霍维洮:《近代西北回族社会组织化进程研究》,宁夏人民出版社 2000 年版。

阎崇年主编:《满学研究》第五辑、第六辑,民族出版社 2000 年版。

孟森:《明清史论著集刊正续编》,河北教育出版社 2001 年版。

翁独健主编:《中国民族关系史纲要》,中国社会科学出版社 2001 年版。

刘小萌:《满族从部落到国家的发展》,辽宁民族出版社 2001 年版。

马汝珩:《清代西部历史论衡》,山西人民出版社 2001 年版。

郑曦原编:《帝国的回忆:〈纽约时报〉晚清观察记》,生活·读书·新知三联书店 2001 年版。

李凝祥:《宁夏满族述往》,宁夏人民出版社 2002 年版。

李剑农:《中国近百年政治史(1840—1926 年)》,复旦大学出版社 2002 年版。

[美] 芮玛丽著,房德邻、郑师渠、郑大华等译,刘北成校:《同治中兴中国保守主义的最后抵抗》,中国社会科学出版社 2002 年版。

刁书仁:《满族生活掠影》,沈阳出版社 2002 年版。

支运亭主编:《八旗制度与满族文化》,辽宁民族出版社 2002 年版。

阎崇年主编:《满学研究》第七辑,民族出版社 2002 年版。

杨天石:《从帝制走向共和:辛亥前后史事发微》,社会科学文献出版社 2002 年版。

霍维洮主编:《宁夏民族与社会发展研究》,宁夏人民出版社 2003 年版。

定宜庄:《清代八旗驻防研究》,辽宁民族出版社 2003 年版。

施渡桥:《晚晴军事变革研究》,军事科学出版社 2003 年版。

［日］松本真澄著，鲁忠慧译：《中国民族政策之研究——以清末至 1945 年的"民族论"为中心》，民族出版社 2003 年版。

朱诚如主编：《清史论集：庆贺王钟翰教授九十华诞》，紫禁城出版社 2003 年版。

李鸿彬：《满族崛起与清帝国建立》，天津古籍出版社 2003 年版。

杜家骥：《清朝满蒙联姻研究》，人民出版社 2003 年版。

文安主编：《晚清述闻》，中国文史出版社 2004 年版。

张佳生：《中国满族通论》，辽宁民族出版社 2005 年版。

陈国庆主编：《中国近代社会转型研究》，社会科学文献出版社 2005 年版。

陈旭麓：《近代中国社会的新陈代谢》，上海社会科学院出版社 2006 年版。

赵生瑞主编：《中国清代营房史料选辑》，军事科学出版社 2006 年版。

陈育宁：《宁夏通史》，宁夏人民出版社 2008 年版。

滕绍箴：《三藩史略》（上、下），中国社会科学出版社 2008 年版。

张佳生：《八旗十论》，辽宁民族出版社 2008 年版。

杜家骥：《八旗与清朝政治论稿》，人民出版社 2008 年版。

［美］罗友枝著，周卫平译：《清代宫廷社会史》，中国人民大学出版社 2009 年版。

霍维洮：《近代西北少数民族社会变迁》，宁夏人民出版社 2009 年版。

中国社会科学院近代史研究所政治史研究室编：《清代满汉关系研究》，社会科学文献出版社 2011 年版。

常书红：《辛亥革命前后的满族研究——以满汉关系为中心》，社会科学文献出版社 2011 年版。

定宜庄：《满汉文化交流史话》，社会科学文献出版社 2011 年版。

佟佳江：《清史稿订误》，中华书局 2013 年版。

于家富：《乾隆朝"国语"保护制度论》，中国政法大学出版社 2013 年版。

张佳生主编：《满族文化史》（修订版），辽宁民族出版社 2013 年版。

谢贵安：《清实录研究》，上海古籍出版社 2013 年版。

陈育宁主编：《中国民族史学理论新探索》，中国社会科学出版社 2015 年版。

王开玺：《晚晴政治史：数千年未有之变局》（上、下），东方出版社 2016 年版。

陈振国：《清代马政研究》，吉林大学出版社 2016 年版。

[美] 柯娇燕著，陈兆肆译，董建中校：《孤军：满人一家三代与清帝国的终结》，人民出版社 2016 年版。

潘洪钢：《清代八旗驻防族群的社会变迁》，人民出版社 2018 年版。

[法] 包利威著，袁俊生译：《中国鸦片史》，中国画报出版社 2019 年版。

期刊及论文

《驻防旗兵亟宜变通说》，《申报》1880 年 12 月 1 日，第 2727 号。

《皇朝兵制考》，《申报》1880 年 4 月 3 日，第 2485 号。

《妇女吸烟之受累［北京］》，《申报》1909 年 10 月 20 日，第 13187 号。

罗述灿：《宁俗琐记》，《西北论衡》1942 年第 10 卷第 4 期。

《宁俗一瞥——几种不同的婚嫁与丧葬》，《新西北》1944 年第 7 卷第 10 期、第 11 期。

左云鹏：《论清代旗地的形成、演变及其性质历史研究》，《历史研究》1961 年第 5 期。

刘大年：《辛亥革命与反满问题》，《历史研究》1961 年第 5 期。

佚名：《有关满族历史上若干问题的讨论》，《中国民族》1962 年第 7 期。

李燕光：《清代的满汉民族关系与满族的阶级关系》，《中国民族》1962 年第 7 期。

倪明近：《清代入关前满洲族的社会性质问题》，《历史研究》1962 年第 4 期。

杨学琛：《清代旗地的性质及其变化》，《历史研究》1963年第3期。

杨学琛：《清代旗兵和余丁的地位和反抗斗争》，《中国民族》1963年第9期。

钮世贤：《宁夏满族简介》，《宁夏日报》1980年4月14日，第三版。

傅克东、陈佳华：《八旗制度中的满蒙汉关系》，《民族研究》1980年第6期。

陈佳华、傅克东：《八旗汉军考略》，《民族研究》1981年第5期。

周远廉：《清代前期的八旗制度》，《社会科学辑刊》1981年第6期。

杨学琛：《略论清代满汉关系的发展和变化》，《民族研究》1981年第6期。

和龑：《宁夏哥老会与辛亥革命》，《中央民族学院学报》1981年第3期。

罗墨林：《"庚子"前后的端王载漪》，载宁夏回族自治区政协文史资料研究委员会主编：《宁夏文史资料》第十一辑，宁夏人民出版社1982年版。

郭太风：《八旗绿营俸饷制度初探》，《复旦学报（社会科学版）》1982年第4期。

刘庆华：《满族姓氏述略》，《民族研究》1983年第1期。

傅克东：《八旗户籍制度初探》，《民族研究》1983年第6期。

陈佳华：《八旗制度研究述略》，《社会科学辑刊》1984年第5期。

白研：《宁夏旗人史话》，《宁夏社会科学》1984年第2期。

李乔：《八旗生计问题述略》，《历史档案》1985年第1期。

马力：《满族的源流和形成》，《满族研究》1985年第1期。

李洵：《满族史研究刍议》，《满族研究》1985年创刊号。

马协弟：《驻防八旗浅探》，《满族研究》1985年第2期。

白研：《宁夏满族的变迁》，载宁夏回族自治区文史研究馆编：《宁夏文史》第一辑，1985年。

陈佳华：《八旗兵饷试析》，《民族研究》1985年第5期。

李尚英：《论"八旗生计"问题产生的原因及其后果》，《中国社会科学院研究生院学报》1986年第6期。

赵展：《辛亥革命时期满族革命志士血染河山》，载《民族史论文集1952—1983》上册，中央民族学院出版社 1986 年版。

孙文良：《满族发展史上的几个问题》，《满族研究》1986 年第 2 期。

马协弟：《浅论清代驻防八旗》，《社会科学战线》1986 年第 3 期。

马协弟：《八旗制度下的满族》，《满族研究》1987 年第 2 期。

赵书：《清代对八旗营房中旗人的束缚》，《满族研究》1987 年第 4 期。

赵杰：《满汉民族的接触与融合》，《民族研究》1988 年第 1 期。

索元：《宁夏满营八旗述略》，载宁夏回族自治区文史研究馆编：《宁夏文史》第三辑，1988 年。

索元：《宁夏旗人的风俗习惯》，载宁夏回族自治区文史研究馆编：《宁夏文史》第三辑，1988 年。

王贵文：《清代八旗官员的荫子制度》，《满族研究》1988 年第 3 期。

张佳生：《如何正确看待满族之浅见》，《民族研究》1988 年第 6 期。

费孝通：《中华民族的多元一体格局》，《北京大学学报》1989 年第 4 期。

赵书：《辛亥革命前后的北京满族人》，《满族研究》1989 年第 3 期。

徐凯：《清代八旗制度的变革与皇权集中》，《北京大学学报（哲学社会科学版）》1989 年第 5 期。

马协弟：《清代满城考》，《满族研究》1990 年第 1 期。

王钟翰：《清代八旗中的满汉民族成分问题（上、下）》，《民族研究》1990 年第 3、4 期。

王钟翰：《年羹尧西征问题——兼论雍正西北民族政策》，《青海社会科学》1990 年第 4 期。

霍维洮：《同治年间甘肃回族反清运动性质再认识》，《近代史研究》1990 年第 4 期。

毓运：《记祖父端郡王载漪庚子被罪后的二十余年》，载中国人民政治协商会议全国委员会文史资料委员会《文史资料选辑》编辑部编：《文史资料选辑》第二十辑（总第一百二十辑），中国文史出版社 1990 年版。

韦庆远:《论"八旗生计"》,《社会科学辑刊》1990年第5期。

贺吉德:《银川市新满城探述》,载《中国古都研究(第九辑)——中国古都学会第九届年会论文集》,1991年。

王会银:《浅论清代满族改操汉语问题——兼谈满汉民族关系》,《中央民族学院学报》1991年第4期。

陈锋:《八旗饷制与八旗的盛衰》,《武汉大学学报(社科版)》1991年第2期。

王希隆:《清代西北马厂述论》,《西北民族大学学报(哲学社会科学版)》1991年第3期。

滕绍箴:《清代的满汉通婚及有关政策》,《民族研究》1991年第1期。

定宜庄:《乾隆朝驻防汉军出旗浅议》,《清史研究通讯》1991年第3期。

赵秉忠、白新良:《关于乾隆时期八旗政策的考察》,《史学月刊》1991年第2期。

刘志扬:《从满族传统观念的转变看汉文化的影响》,《民族研究》1992年第6期。

[韩]任桂淳,韩振乾译:《清朝八旗驻防财政的考察》,载阎崇年:《满学研究》第一辑,1992年。

关克笑、王佩环:《满语文的兴衰及历史意义》,载蔡美彪主编:《庆祝王钟翰先生八十寿辰学术论文集》,辽宁大学出版社1993年版。

佟佳江:《清代八旗制度消亡时间新议》,《民族研究》1994年第5期。

范丽:《努尔哈赤创建的八旗制度》,《满族研究》1994年第1期。

滕绍箴:《试论满汉文化认同的几个问题》,《承德民族师专学报》1994年第3期。

李文寿:《满族在宁夏》,《宁夏画报》1995年第1期。

赵毅、王景泽:《"革命排满"与八旗社会》,《东北师范大学学报》1995年第1期。

姚念慈:《略论八旗蒙古和八旗汉军的建立》,《中央民族大学学报》

1995 年第 6 期。

赵杰:《旗人语言才能探因》,《满语研究》1996 年第 1 期。

王钟翰:《清朝满族社会的变迁及其史料》,《中国文化》1996 年第 13 期。

刘德鸿:《乾隆时满族统治阶级的腐朽与"八旗生计"》,载《满学研究》第三辑,1996 年。

滕绍箴:《论宁夏八旗驻防解体与民族文化融合》,《宁夏社会科学》1997 年第 1 期。

滕绍箴:《论清代宁夏八旗驻防及其历史贡献》,《北方文物》1997 年第 4 期。

赵贵春:《宁夏满族风俗习惯》,载宁夏回族自治区文史研究馆编:《宁夏文史》第十三辑,1997 年。

霍维洮:《近代西北回族反清运动中的政权问题》,《宁夏大学学报(哲学社会科学版)》1998 年第 1 期。

那英俊:《银川新城满族饮食杂谈》,载中国人民政治协商会议银川市委员会文史资料委员会:《银川文史资料》第九辑,1998 年。

赵贵春:《宁夏满族早期的文化教育、宗教信仰与生活习俗》,载中国人民政治协商会议银川市委员会文史资料委员会:《银川文史资料》第九辑,1998 年。

那英俊:《银川新城满族饮食杂谈二》,载中国人民政治协商会议宁夏回族自治区银川市委员会文史和学习委员会:《银川文史资料》第十辑,1999 年。

方裕谨:《道光十九年宁夏驻防旗营克扣兵饷案》,《历史档案》1999 年第 2 期。

王银春:《19 世纪末英国对华政策的历史考察》,《宁夏大学学报(哲学社会科学版)》1999 年第 3 期。

郭成康:《也谈满族汉化》,《清史研究》2000 年第 2 期。

定宜庄:《对美国学者近年来研究中国社会史的回顾》,《中国史研究动态》2000 年第 9 期。

纳存福：《旧满城史话》，载中国人民政治协商会议银川市郊区委员会编：《银川市郊区文史资料》第一辑，2001 年。

王景泽：《清初八旗内部的民族融合》，《北方文物》2001 年第 4 期。

迟云飞：《清末最后十年的平满汉畛域问题》，《近代史研究》2001 年第 5 期。

赵令志：《清代直省驻防旗地浅探》，《黑龙江民族丛刊》2001 年第 2 期。

白新良：《论清代八旗教育在乾隆时期的转变》，《南开学报（哲学社会科学版）》2001 年第 4 期。

［美］欧立德撰，华立译：《清代满洲人的民族主体意识与满洲人的中国统治》，《清史研究》2002 年第 4 期。

刘源：《乾隆三年宁夏大地震》，《历史档案》2002 年第 2 期。

钮世贤：《宁夏满族的由来、风俗及名人》，载宁夏回族自治区政协文史资料研究委员会主编：《宁夏文史资料》第二十六辑，宁夏人民出版社 2002 年版。

常书红：《清代满族的根本地位与角色》，《满族研究》2002 年第 4 期。

陡生淮：《辛亥革命前宁夏满营的"设局垦荒"——芦花同庄村名的来历》，载中国人民政治协商会议银川市郊区委员会编：《银川市郊区文史资料》第二辑，2002 年。

常书红：《辛亥革命前后的满族研究》，北京师范大学 2003 年，博士学位论文。

定宜庄：《清代八旗驻防将军兼统绿营的问题》，《中国史研究》2003 年第 4 期。

杨国强：《论清末知识人的反满意识》，《史林》2004 年第 3 期。

张建辉：《关于雍正对生息银两制的整顿及其在全国军队的推广——清代生息银两制度考论之三》，《清史研究》2004 年第 1 期。

张佳生：《论八旗意识及产生条件》，《黑龙江民族丛刊》2004 年第 6 期。

张丹卉:《关于满族形成的若干问题的考辨》,《社会科学战线》2004 年第 1 期。

朱永杰:《"满城"特征探析》,《清史研究》2005 年第 4 期。

张佳生:《论八旗入关前民族人口的迁徙集结及其作用》,《满族研究》2007 年第 3 期。

张永江:《近年来清代边疆民族史研究的进展和新趋势》,《清史研究》2008 年第 2 期。

李尚英:《清代八旗兵衰败原因探析》,《中国文化报》2008 年 12 月 28 日。

岑大利:《近五年来晚清政治史研究状况综述》,载《满学论丛》第一辑,2011 年。

王希隆:《张格尔之乱及其影响》,《中国边疆史地研究》2012 年第 3 期。

杜家骥:《清初旗人之旗籍及隶旗改变考》,《民族研究》2013 年第 4 期。

潘洪钢:《清代驻防八旗的"方言岛"现象》,《中南民族大学学报(人文社会科学版)》2014 年第 5 期。

韩基奭:《直省驻防八旗在辛亥革命时期的反应暨原因》,《满族研究》2014 年第 4 期。

顾建娣:《清代的旗人书院》,《近代史研究》2015 年第 6 期。

王刚:《清代直省驻防旗地经营述论》,《中国经济史研究》2017 年第 3 期。

刘锦增:《清代宁夏地震与政府救济》,《历史档案》2017 年第 2 期。

屈成:《清雍乾时期的"另记档案"清查》,《清史研究》2018 年第 3 期。

附录一

事宜壹本

（一）事宜壹本 [①]

宁夏满营自雍正三年由京移驻，在汉城东北约二里有余。至乾隆三年十一月二十四日戌时，忽遭地震，城壁房屋尽行摇倒。经将军阿鲁题奏，于乾隆五年闰六月初七日，据总理工程事务宁夏道阿炳安禀报，将新满城官员衙署、兵丁房间盖造完竣。经将军都赉奏闻，于本月二十日吉时作为八日陆续挪住。

图附-1 《事宜壹本》封面

计开

宁夏满城一座，周围计长一千三百六十丈，共七里五分五厘。身高二丈

---

① 宁夏回族自治区银川市文物管理处藏书。

四尺，底宽二丈五尺，顶宽一丈五尺。垛口堞墙高五尺三寸，均厚一尺二寸，俱系砖包。女墙高三尺，底宽一尺八寸，顶宽一尺四寸。

东门至东南角楼，炮眼一百三十八，垛口一百二十六。

东南角楼至南门，炮眼二百一十三，垛口一百九十四。

南门至西南角楼，炮眼一百三十七，垛口一百二十五。

西南角楼至西门，炮眼二百，垛口一百八十六。

西门至西北角楼，炮眼一百四十，垛口一百二十八。

西北角楼至北门，炮眼一百九十六，垛口一百七十七。

北门至东北角楼，炮眼一百三十八，垛口一百二十六。

东北角楼至东门，炮眼一百九十八，垛口一百七十九。共炮眼一千三百六十，共垛口一千二百四十。①

四瓮城大楼，垛口一百六十。

二共垛口一千四百。

炮台二十四座，内有药楼八座。

城门楼台四座：东门"奉训"，西门"严武"，南门"永靖"，北门"镇朔"。

大街牌楼四座：东牌楼"承恩"，西牌楼"威远"，南牌楼"茇功"，北牌楼"拱极"。

官兵衙署房间数目

将军衙门一座，计房一百二十四间。

副都统衙门二座，每座计房六十四间。内有右翼副都统衙署一座，于乾隆三十四年奉旨裁汰。现在作为官柜铺、木器、炮房公所。

协领衙署六所，每所计房四十间。内有左翼蒙古协领衙署一所，于乾隆三十四年奉旨裁汰。现在门面房九间，招商出租。其后层房三十一间，于道光十年咨部覆准，拨给厢（镶）黄旗二牛录骑都尉自行修理，永远居住。

---

① 根据前述垛口数量，总数应为 1241 个。

佐领衙署二十四所，每所计房三十一间。内有正白旗二牛录佐领衙署一所、厢（镶）白旗二牛录佐领衙署一所、正红旗头牛录佐领衙署一所、厢（镶）蓝旗头牛录佐领衙署一所、正红旗蒙古佐领衙署一所。共衙署五所，于乾隆三十四年奉旨裁汰。现在正红旗蒙古佐领衙署，作为火器营公所。其余四处佐领衙署，现在招商出租。

防御衙署二十四所，步营防御衙署二所，每所计房二十三间。

骁骑校衙署二十四所，每所计房十二间。

笔帖式衙署三所，每所计房十间。

恩骑尉衙署二所，每所计房十二间。

领催委署前锋校、领催、前锋、马甲，共兵二千二百名，每名房二间，共房四千四百间。

炮手、步甲六百名，每名房一间，共房六百间。

以上协领等官衙署八十所，兵房五千间。

官兵衙署房间，遇有倒坏之处，随时自行修理。每逢八年一次，八旗官兵借支修理衙署房间银两。于道光十七年八月间，官兵共借过修理衙署房间银七万六千七百六十八两，分作八年扣还。兵丁于十七年九月扣起，官员于十八年春季扣起。

八旗官兵应支俸饷、米石、马匹、料草银两数目

将军一位，岁支养廉一千五百两（按四季支领，每季领银三百七十五两）；俸银一百八十两（每春秋二、八月支领，每季支银九十两）；衙役工食银六百八十八两（按春秋二季正、七月支领，每季支银三百四十四两）；门炮火药银一百二十两（按年行支）；心红纸张银八十两（按年行支，均于岁首支领）；俸米二十口（每口米二斗五升，每月共支米五石）；家口米二十口（每口米二斗五升。半本米折，每石折银一两，每月支米二石五升，半折银二两五银）。每月共支米七石五斗，米折银二两五钱。一岁共支银二千五百九十八两，共支俸粟米九十石。

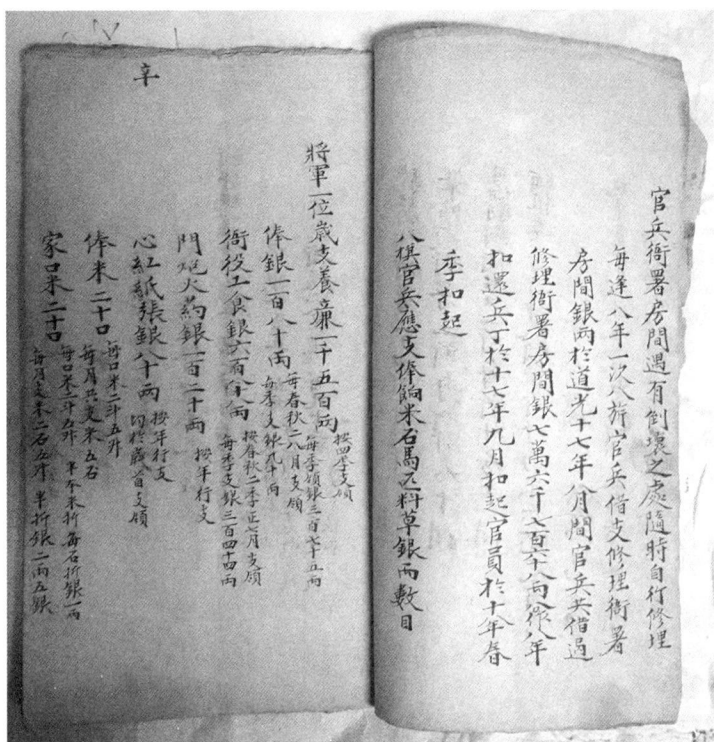

图附-2 《事宜壹本》内容

副都统一位，岁支养廉七百两（按四季支领，每季领银一百七十五两）；俸银一百五十五两（按二、八月行支，每季领银七十七两五钱）；衙役工食银一百九十二两（按春、秋二季行支，每季支银九十六两）；俸米十五口（每口米二斗五升，每月共支米三石七斗五升）；家口米二十口（全折，每石折银一两，每月共折银五两）。马二十四匹，春冬六个月，每马月支料一石二斗，草六十束，每月共支米草料折银三十七两五钱五分、本色料一十四石四斗；夏秋六个月，每每马月支料九斗，草三十束，每月共支米草料折银二十六两七钱五分、本色料一十石八斗。一岁共支银一千四百三十二两八钱，共支俸米四十五石，共支马料一百五十一石二斗。

协领五员，每员岁支俸银一百三十两；俸米十二口（每月支米斗）；家口米十八口（全折银四两五钱）。马十二匹，春冬六个月，每月共支银一十八两九钱，本色料七石二斗；夏秋六个月，每月共支银一十三两五钱，本色料五石四斗。一岁共支银三百二十四两四钱，共支俸米三十六石，共支马料七十五石六斗。

佐领十九员，每员岁支俸银一百零五两；俸米十口（每月支米二斗五升）；家口米十口（全折银二两五钱）。马八匹，春冬六个月，每月共支银一十二两一钱，本色料四石八斗；夏秋六个月，每月共支银八两五钱，本色料三石六斗。一岁共支银二百二十八两六钱，共支俸米三十石，共支马料五十石四斗。

世职骑都尉三员，每员岁支俸银一百一十两，其余得与佐领同。

防御二十四员，步营防御二员，岁支俸银八十两；俸米四口（每月支米一石）；家口米十口（全折银二两五钱）。马五匹，春冬六个月，每月共支银八两五钱，本色料三石；夏秋六个月，每月共支银六两二钱五分，本色料二石二斗五升。一岁共支银一百六十八两五钱，共支俸米一十二石，共支马料三十一石五斗。

骁骑校二十四员，每员岁支俸银六十两（按月随同兵饷支领，每月支银五两）；俸米二十口（每月支米五斗）；家口米十口（全折银二两五钱）。马四匹，春冬六个月，每月共支银一十二两五钱，本色料二石四斗；夏秋六个月，每月共支银一十两零五钱，本色料一石八斗。一岁共支银一百三十六两八钱，共支俸米六石，共支马料二十五石二斗。

世职恩骑尉二员，每员岁支俸银四十五两，其余得项与骁骑校同。

八品笔帖式一员，岁支俸银二十八两，其余得项与骁骑校同。

八品笔帖式二员，每员岁支俸银二十一两一钱一分四厘，俸米、家口米与骁骑校同。马三匹，春冬六个月，每月共支银六两一钱、本色料一石八斗；夏秋六个月，每月共支银四两七钱五分，本色料一石三斗五升。一岁共支银八十六两二千一分四厘，共支俸米六石，共支马料一十八石儿斗。

领催委署前锋校一十六名、领催一百二十八名，前锋一百八十四名，共兵三百二十八名。每名月支饷银三两，家口粟米十口，内支本色米九斗三升七合五勺，米折银一两八钱七分五厘。马一匹八分有零，腊、正二个月，每马月支料一石二斗，草六十束，每月共支料草折银二两二钱四分二厘九毫，本色料一石一斗二升一合四勺零；四、五、六、七、八、九六个月，每马月支料九斗，草三十束，每月共支料草折银一两四钱一厘零，本色料八斗四升一合零；十、十一、二、三四个月，每马支料一石零八升，草四十八束，每月共支料草折银一两八钱九分七厘零，本色料一石零九合三勺。以上，一岁共支银七十九两二分零，本色米一十一石二斗五升，本色料一十一石三斗二升六合二勺，本色草一百束零九分（合大草三十捆零。每三束合一捆）。

马甲一千八百七十二名，每名月支饷银二两，其余得项与领催前锋同。以上，一岁共支银六十七两二分零。

炮手一十六名，每名月支饷银二两，家口粟米十口，内支本色米九斗三升七合五勺，米折银一两八钱七分五厘。以上，一岁共支银四十六两五钱，本色米一十一石二斗五升。

弓箭、铁匠头目六名，每名月支饷银一两，家口米五口，内支本色米四斗六升八合七勺，米折银九钱三分七厘五毫。以上，一岁共支银二十三两二钱五分，本色米五石六斗二升四合四勺。

匠役六十名、步甲五百八十四名、养育兵六百名，共兵一千二百五十名，每名月支饷银一两，家口米二口，内支本色米一斗八升七合五勺，米折银三钱七分五厘。以上，一岁共支银一十六两五钱，本色米二石二斗五升。

八旗官兵一岁共支俸饷米草料折银一十九万一千五百九十两有零；官员俸米一千四百七十四石五斗，官兵家口粟米二万七千七百七十六石二斗五升，二共米二万九千二百五十石七斗五升；官兵马料二万四千九百二十六石四升，兵丁马草二十二万二千四十五束，每三束合草一捆，共合大草七万四千一十五捆。

八旗兵丁曾经出兵打仗，年过五十以上，告退甲兵，每名每月给养赡银一两（由宁夏府库支领）。

八旗闲散内挑选人口众多弓马娴熟者三百三十三名，每名月给赡银五钱

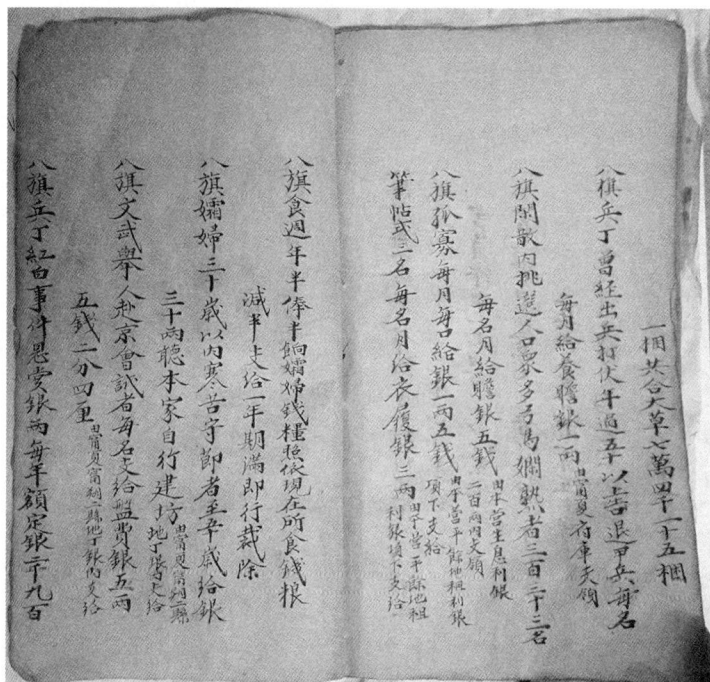

图附-3 《事宜壹本》内容

（由本营生息利银二百两内支领）。

八旗孤寡每月每口给银一两五钱（由本营平余地租利银项下支给）。

笔帖式三名，每名月给衣履银三两（由本营平余地租利银项下支给）。

八旗食周年半俸半饷孀妇钱粮照依现在所食钱粮减半支给，一年期满即行裁除。

八旗孀妇三十岁以内，寒苦守节者，至五十岁，给银三十两，听本家自行建坊（由宁夏、宁朔二县地丁银内支给）。

八旗文武举人，赴京会试者，每名支给盘费银五两五钱二分四厘（由宁夏、宁朔二县地丁银内支给）。

八旗兵丁红白事件恩赏银两，每年额定银二千九百四十两，按四季支领。遇有兵丁红白事件，照例定银数，十中留二，先为支放，统俟年终核计。如有余剩，各按出事之兵均匀找领；倘有不敷，亦按出事之兵名下摊补，总不得逾额之银数，以符限制。年终报部核销。

八旗现有一千五百二十五户，男四千九百九十四名，妇三千八百五十五名，子二千二百四十七名，女二千三百一十五名。以上，共男妇子女一万三千四百一十一名口。

（二）《事宜壹本》提要

《事宜壹本》（下文简称"《事宜》"）一卷，编写者不详，是目前所见记载清朝光绪年间宁夏满营有关事宜内容最为详尽的一部。以楷体手抄孤本传世，原为银川市民间所藏，20 世纪 80 年代银川市在文物普查中发现。《事宜》高 22 厘米，宽 14.5 厘米，四眼线装，共 33 页。书衣有"事宜壹本"四汉字，另用满文注明其写作时间，汉语意为"光绪十五年十月书毕"。

据《钦定大清会典事例》卷五五八记载，嘉庆十年（1805）奏准各处驻防满营事宜，俱应协领办理，故知宁夏满营《事宜》的作者当是宁夏满营的某位协领，其为正三品官职。

《事宜》无纲目，据其内容可分五类。一是宁夏满营兴废。如：明确记载宁夏满营八旗官兵是从雍正三年（1725）由京城移驻而来，乾隆三年（1738）因地震"尽行摇倒"，乾隆五年（1740）闰六月初七日竣工，二十日起入驻。二是新满城建筑形制、规模。如：城墙周长、高度、厚度，四门、四角楼、四牌楼、城墙炮眼、垛口数目等情况。三是驻防官员衙署、甲兵用房数目。如：载将军衙门一座、副都统衙门二座，"协领等官衙署八十所，兵房五千间"等，甚至详细记载了衙署的裁汰、招商出租情况。四是将军等各级官员、兵甲、匠役的俸饷组成及支领时间。详细记载了从将军到步甲以及匠役应支饷银、米石、心红纸张、马匹、料草银两数目、折银，支领时间，以及告退甲兵、闲散挑补、孤寡养赡银，笔帖式衣履银，孀妇守节银，举人赴京会试盘费银，兵丁红白事恩赏银数目及支领时间。五是户口数、男妇子女数等，共计 1525 户，13411 口。

《事宜》全书正楷书写，分大字和小字，小字是对部分大字内容的注释。

书中所载本色米的单位从"石""斗""升""合"具体到"勺";本色草的单位从"捆""束"具体到"分";米折银、料草折银的单位从"两""钱""分""厘"具体到"毫"(注:书中个别注释计量与正文计量有出入)。

作为宁夏传世的一部满营记事籍册,《事宜》有较为重要的文献价值。第一,该书关于宁夏满城兴竣时间的记载比以往可见文献记载得更加准确,如《大清一统志》《(乾隆)宁夏府志》《(民国)朔方道志》中关于旧满城震毁的时间仅有"乾隆三年"的记载,《事宜》则将地震的时间具体至"乾隆三年十一月二十四日戌时"。又如,关于新满城兴竣时间,史料记载不尽相同,《事宜》则详细记载为"乾隆五年闰六月初七日"等。第二,对宁夏驻防八旗研究提供了翔实的史料。如:左翼蒙古协领衙署门面房和佐领衙署均在乾隆年间奉旨裁汰后"招商出租"的记载,对于研究乾隆年间"不事农商"而又"生齿日繁"的旗人生计、城内旗人生活状况都具有重要意义。

最早提及并利用《事宜》者是贺吉德,他撰文将隐匿民间多年的宁夏满营《事宜》公之于世,且对其作者和成书年代做了一定考证。此后未见他人专门的研究成果。

附录二

宁夏满营稚子四孤承领生计银币花名清册 ①

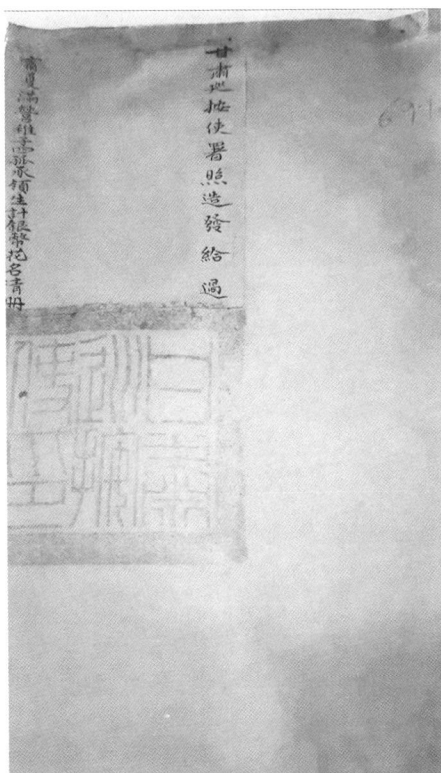

图附-4 《宁夏满营稚子四孤承领生
计银币花名清册》封面

甘肃巡按使署照造发给过

宁夏满营稚子四孤承领生计银

币花名清册

甘肃宁夏护军使为册报事前宁
夏满营石司案呈遵将稚子四孤领过
生计银两理合开造花名清册呈请

查核须至册者

计开

稚子一百七十八名应领银元

八千零一十元

厢黄一稚子

永锐四十五元

聪福四十五元

荣寿四十五元

① 中国国家图书馆古籍馆藏。

保勋四十五元

荣佩四十五元

长寿四十五元

厢黄二稚子

荫厚四十五元

锦荣四十五元

荣敬四十五元

爱民四十五元

昆恕四十五元

永厚四十五元

厢黄三稚子

荣佩四十五元

钟璟四十五元

钟瑞四十五元

熙治四十五元

锡良四十五元

恩宽四十五元

正白一稚子

罕厚四十五元

锡瑞四十五元

国梁四十五元

荣光四十五元

国勇四十五元

国祥四十五元

吉年四十五元

丙辰四十五元

双才四十五元

正白二稚子

荣茂四十五元

荣本四十五元

锡龄四十五元

荣琪四十五元

和敏四十五元

和勋四十五元

恩存四十五元

长存四十五元

荣元四十五元

长命四十五元

增永四十五元

乌勒金四十五元

正白三稚子

多升四十五元

多福四十五元

奇信四十五元

恩成四十五元

兴锐四十五元

厢白一稚子

书明四十五元

毓明四十五元

忠厚四十五元

恩铎四十五元

庆勇四十五元

厢白二稚子

明山四十五元

如峰四十五元

忠瑞四十五元

通喜四十五元

会升四十五元

布勒占四十五元

厢白三稚子

怀贤四十五元

秉贤四十五元

瑞珍四十五元

丙寅四十五元

荣敬四十五元

塔奇先四十五元

正蓝一稚子

续顺四十五元

有年四十五元

祥惠四十五元

永昌四十五元

正蓝二稚子

如厚四十五元

普勋四十五元

托旭四十五元

延斌四十五元

文恒四十五元

如普四十五元

德顺四十五元

保振四十五元

正蓝三稚子

全寿四十五元

宝元四十五元

七十一四十五元

常寿四十五元

增庆四十五元

德山四十五元

正黄一稚子

德懋四十五元

崇惠四十五元

俊元四十五元

昆连四十五元

正黄二稚子

如祥四十五元

强惠四十五元

景泰四十五元

懋升四十五元

正黄三稚子

锡谦四十五元

永年四十五元

恒本四十五元

铁勋四十五元

春元四十五元

恩升四十五元

恩厚四十五元

奇祥四十五元

正红一稚子

秉钧四十五元

荣惠四十五元

敏厚四十五元

锐喜四十五元

庆凌四十五元

塔罕四十五元

宝山四十五元

成文四十五元

正红二稚子

书琴四十五元

庆昌四十五元

胜祥四十五元

如贞四十五元

庆贵四十五元

富山四十五元

正红三稚子

昆寅四十五元

甲寅四十五元

松恩四十五元

永昆四十五元

常斌四十五元

培俊四十五元

忠恕四十五元

厢红一稚子

荣显四十五元

灵云四十五元

续后四十五元

昆敬四十五元

如鼐四十五元

秉均四十五元

崇茂四十五元

尚华四十五元

荣锦四十五元

如茂四十五元

来寿四十五元

志信四十五元

厢红二稚子

辛卯四十五元

荣普四十五元

元明四十五元

元后四十五元

坤山四十五元

连喜四十五元

瑞凌四十五元

振直四十五元

珍元四十五元

良象四十五元

石柱四十五元

锦春四十五元

芬车贺四十五元

柏祥四十五元

文年四十五元

厢蓝一稚子

崇山四十五元

懋贤四十五元

如斌四十五元

世信四十五元

懋胜四十五元

通厚四十五元

如勲四十五元

荣凯四十五元

永科四十五元

魁英四十五元

厢蓝二稚子

敏敬四十五元

旭藜四十五元

彦丰四十五元

彦启四十五元

俊杰四十五元

昆卯四十五元

荣贤四十五元

永贤四十五元

祥钺四十五元

祥敬四十五元

敏恕四十五元

印懋四十五元

昆贤四十五元

荣敬四十五元

信铎四十五元

彦昆四十五元

厢蓝三稚子

坤年四十五元

恩惠四十五元

景和四十五元

文陶四十五元

元惠四十五元

恩昆四十五元

祥升四十五元

吉春四十五元

景华四十五元

孤寡一百一十三口应领洋圆五千八十五元

厢黄一已故前锋恒文之寡妻四十五元

已故协领达巴里之寡妻四十五元

已故马甲多普屯之寡妻四十五元

已故领催忠云之寡妻四十五元

已故萨碧图之寡妻四十五元

已故增福之寡妻四十五元

厢黄二已故佐领郎查之寡妻四十五元

已故骁骑校勒尔锦之寡妻四十五元

厢黄三已故马甲文宣之寡妻四十五元

已故都纳之寡妻四十五元

已故防御如鼐之寡妻四十五元

已故前锋庚申之寡妻四十五元

正白一已故马甲锡元之寡妻四十五元

已故魁庆之寡妻四十五元

已故马甲锡元之寡母四十五元

已故永寿之寡妻四十五元

正白二已故马甲锡昌之寡母四十五元

已故增林之寡妻四十五元

已故领催崇喜之寡妻四十五元

已故马甲英连之寡妻四十五元

已故马甲宁坤之寡妻四十五元

已故增寿之寡妻四十五元

已故增云之寡妻四十五元

已故萨碧图之寡妻四十五元

正白三已故领催甲申之寡母四十五元

已故马甲魁林之寡妻四十五元

已故团多之寡妻四十五元

已故赏才之寡妻四十五元

厢白一已故前锋嘎鲁台之寡妻四十五元

已故马甲伊拉奔之寡妻四十五元

已故扎萨柯之寡妻四十五元

已故托云之寡妻四十五元

厢白二已故马甲托锦之寡妻四十五元

已故舒什贺之寡妻四十五元

已故珠挖里之寡妻四十五元

已故固番之寡妻四十五元

已故英奎之寡妻四十五元

已故安惠之寡妻四十五元

已故有连之寡妻四十五元

已故恩泽之寡妻四十五元

厢白三已故马甲裴业勒恩之寡妻四十五元

已故秀瑞之寡妻四十五元

已故青云之寡妻四十五元

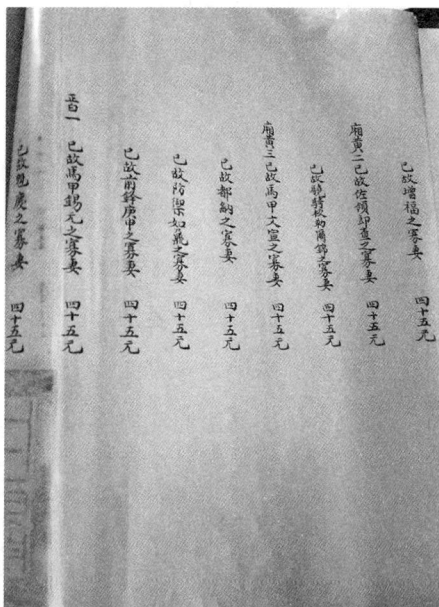

图附-5 《宁夏满营稚子四孤承领生计银币花名清册》内容

已故恩瑞之寡妻四十五元

已故拉门之寡妻四十五元

已故图挖奔之寡妻四十五元

正蓝一已故前锋文陶之寡妻四十五元

已故骁骑校文才之寡妻四十五元

已故马甲永康之寡妻四十五元

已故马甲查伦之寡妻四十五元

正蓝二已故马甲魁福之寡妻四十五元

已故马甲庚俊之寡妻四十五元

已故马甲鄂勒春之寡妻四十五元

正蓝三已故领催温多尔之寡妻四十五元

已故马甲波冲武之寡妻四十五元

正黄一已故马甲佟有之寡妻四十五元

已故防御兆恕之寡妻四十五元

已故马甲云祥之寡妻四十五元

已故前锋呢克图之寡妻四十五元

已故马甲依呢阿之寡妻四十五元

已故马甲柏亮之寡妻四十五元

正黄二已故马甲阿南达之寡妻四十五元

已故马甲广林之寡妻四十五元

已故马甲魁亮之寡妻四十五元

已故马甲兴禄之寡妻四十五元

正黄三已故马甲文惠之寡母四十五元

已故马甲赏才之寡妻四十五元

已故马哲克拣额之寡妻四十五元

已故马甲文广之寡妻四十五元

已故马甲强志之寡妻四十五元

正红一已故前锋庚祥之寡妻四十五元

已故领催书元之寡妻四十五元

已故前锋玉林之寡妻四十五元

已故马甲瑞昌之寡妻四十五元

已故马甲波勒堪之寡妻四十五元

已故马甲文云之寡妻四十五元

已故马甲常申之寡妻四十五元

正红二已故马甲雅凌阿之寡妻四十五元

已故防御英文之寡妻四十五元

已故马甲崇基之寡妻四十五元

已故马甲查兴额之寡妻四十五元

正红三已故马甲舍珲之寡妻四十五元

已故前锋景英之寡妻四十五元

已故马甲玉升之寡妻四十五元

已故领催广林之寡妻四十五元

厢红一已故马甲斐什堪之寡妻四十五元

已故马甲库莫切里之寡妻四十五元

已故马甲兴魁之寡妻四十五元

已故马甲托印之寡妻四十五元

厢红二已故马甲景云之寡妻四十五元

已故马甲锦春之寡妻四十五元

已故马甲呢克图之寡妻四十五元

已故马甲布占之寡妻四十五元

已故马甲景恒之寡妻四十五元

已故马甲吉升之寡妻四十五元

厢蓝一已故马甲忠林之寡妻四十五元

已故马甲春惠之寡妻四十五元

已故马甲景秀之寡妻四十五元

厢蓝二已故马甲景宽之寡妻四十五元

已故马甲文华之寡妻四十五元

已故马甲定有之寡母四十五元

已故马甲定有之寡妻四十五元

已故马甲达罕之寡妻四十五元

已故马甲根连之寡妻四十五元

厢蓝三已故骁骑校强谦之寡妻四十五元

已故马甲吉升之寡妻四十五元

已故马甲如环之寡妻四十五元

已故马甲布罕之寡母四十五元

已故马甲布罕之寡妻四十五元

已故防御阿江阿之寡妻四十五元

已故马甲连吉之寡妻四十五元

已故马甲善通之寡妻四十五元

已故马甲图且春之寡妻四十五元

孤女六十六口应领银洋二千九百七十圆

厢黄一已故恒文之孤女四十五元

已故忠云之孤女四十五元

已故达巴礼之孤女四十五元

已故萨碧屯之孤女四十五元

厢黄二已故勒尔锦之孤女四十五元

厢黄三已故如鼐之孤女四十五元

已故庚申之孤女四十五元

正白一已故锡元之孤女四十五元

已故马甲固赏之孤女四十五元

正白二已故前锋瑞祥之孤女二口九十元

已故前锋祥惠之孤女二口九十元

已故强谦之孤女三口一百三十五元

已故罕都里之孤女四十五元

厢白一已故布珍之孤女四十五元

厢白二已故多祥之孤女四十五元

厢白三已故秀云之孤女四十五元

已故青云之孤女四十五元

正蓝一已故骁骑校文才之孤女四十五元

已故文陶之孤女四十五元

正蓝二已故魁福之孤女二口九十元

已故鲁克都之孤女四十五元

正蓝三已故喀屯之孤女四十五元

已故英凌之孤女四十五元

已故元寿之孤女四十五元

正黄一已故兆恕之孤女四十五元

已故什们之孤女四十五元

已故马甲呢克图之孤女四十五元

已故马甲诺敏之孤女四十五元

已故马甲德恩之孤女四十五元

正黄二已故马甲兴才之孤女四十五元

已故马甲强志之孤女四十五元

正黄三已故马甲庆喜之孤女四十五元

已故马甲双才之孤女四十五元

正红一已故马甲赓祥之孤女二口九十元

已故马甲书元之孤女二口九十元

已故马甲昆裕之孤女四十五元

已故马甲林秀之孤女四十五元

正红二已故马甲雅凌阿之孤女四十五元

已故马甲英文之孤女四口一百八十元

正红三已故马甲景玉之孤女四十五元

已故马甲图们之孤女四十五元

厢红一已故马甲魁云之孤女四十五元

厢红二已故马甲锦春之孤女四十五元

已故马甲呢克图之孤女四十五元

已故马甲布占之孤女四十五元

厢红三已故马甲英惠之孤女四十五元

已故马甲文惠之孤女四十五元

厢蓝一已故马甲赏德之孤女四十五元

已故马甲常祥之孤女四十五元

厢蓝二已故马甲景宽之孤女二口九十元

已故马甲景昆之孤女四十五元

已故马甲文华之孤女四十五元

厢蓝三已故马甲强谦之孤女四十五元

已故马甲布罕之孤女四十五元

已故多普屯之孤女四十五元

以上共计稚子一百七十八名

共计孤寡一百一十三口

共计孤女六十六口

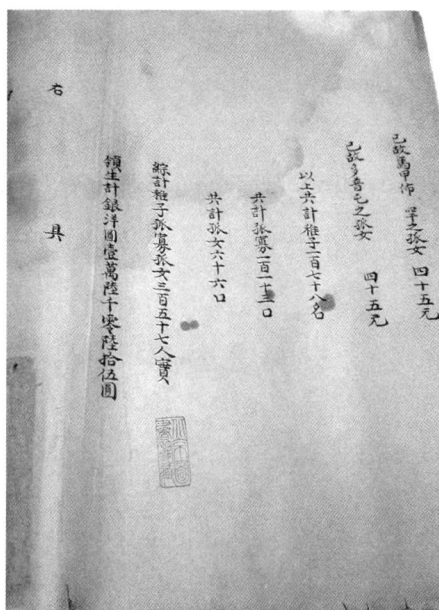

图附-6 《宁夏满营稚子四孤承领生计银币花名清册》内容

225

综计稚子孤寡孤女三百五十七人实领生计银洋圆壹万陆千零陆拾伍圆
右具册

中华民国四年　月　日
甘肃巡按使印

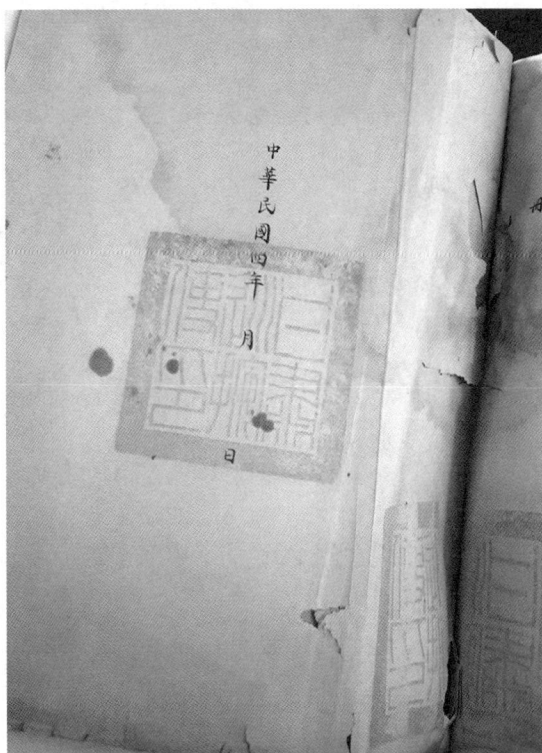

图附-7　《宁夏满营稚子四孤承领生计银币花名
清册》封底

中国第一历史档案馆藏有关清代宁夏驻防八旗圣旨奏折索引表①

序号	档号	官职爵位	责任者	题　名	原纪年
1	04-01-30-0194-018	川陕总督	岳钟琪	奏请将承办宁夏满城营房李继泰等员发回赔修事	雍正三年八月十三日
2	04-01-30-0194-021	川陕总督	岳钟琪	奏为遵旨修建宁夏满兵营房并令承修官赵世朗等赔补事	雍正三年九月十三日
3	04-01-30-0207-027			呈宁夏将军席伯副都统苏图八旗兵丁借支银两购办办皮衣原咨单	雍正三年九月二十二日
4	04-01-30-0154-015	川陕总督	岳钟琪	奏为密奏宁夏满洲佐领都世气等克扣旗丁盘缠等项银两事	雍正四年四月十九日
5	04-01-30-0023-041	川陕总督	岳钟琪	奏为估拨宁夏驻防满兵粮料一折钦奉朱批训海谢恩事	雍正四年六月初五日
6	03-18-009-000001-0001-0019		胤祺	为西安宁宁兵丁现驻甘肃等地著领兵大臣带兵演练布阵伏兵近战武艺事	雍正九年二月初六日

① 根据中国第一历史档案馆公开档案信息整理。

续表

序号	档号	官职爵位	责任者	题名	顺纪年
7	03-18-009-000001-0001-0026		胤禛	为著宁夏副都统苏图仍留军营在参赞大臣上行走事	雍正九年二月十六日
8	03-0171-0185-001	宁夏副都统	卓鼐	奏报至肃州接署镇安将军印信日期折	雍正九年四月初三日
9	03-0173-1116-005	暂署镇安将军印务宁夏副都统	卓鼐	奏报率肃州等处三队兵丁抵达安西布隆吉尔等处日期折	雍正九年六月初九日
10	03-0173-1121-010	暂署镇安将军印务宁夏副都统	卓鼐	奏署将马匹移至石堡城等处牧放并安设卡伦以防准噶尔侵扰等事折	雍正九年七月初六日
11	03-0173-1107-006	暂署镇安将军印务宁夏副都统	卓鼐	奏自噶斯一路来降准噶尔人务必验明其身份并设卡严加防范折	雍正九年七月初六日
12	03-0171-0165-004	署理宁夏将军事务侍郎	傅泰	奏报宁夏余丁数目并请添兵给与钱粮折	雍正九月初六日
13	03-0173-1112-013	署理镇安将军印务宁夏将军	卓鼐	奏报率领西安宁夏满兵抵达巴里坤新城日期折	雍正九年九月十五日
14	03-0171-0187-002	西安副都统	僧保	奏谢调宁夏副都统任之恩折	雍正九年十一月十一日
15	03-0171-0189-050	靖边大将军	锡保	奏报宁夏副都统黑色病故折	雍正十年四月十一日
16	03-0173-1142-006	署理宁夏将军事务侍郎	傅泰	奏报北路军营内宁夏兵丁所买路驼之款项由正项银内拨给等情折	雍正十年七月初九日
17	03-0173-1137-004	署理宁夏将军事务侍郎	傅泰	奏请撤换北路军营老弱伤残官兵并赏奉银送回原籍等情折	雍正十年七月初九日
18	03-18-009-000003-0001-0126		胤禛	为行文顺承亲王军营如有胜任宁夏副都统者著王复奏事	雍正十年七月十八日
19	03-0172-0851-003	宁夏将军	卓鼐	奏报马场被劫自请交部议处折	雍正十年八月初二日

续表

序号	档号	官职爵位	责任者	题名	原纪年
20	03-18-009-000003-0001-0158		胤禛	为著宁夏将军傅泰派遣协领恭格从军营起程防范而行事	雍正十年八月二十一日
21	03-0173-1144-010.1	正红旗满洲都统署理宁夏将军事务	傅泰	奏借给回北路军营之都统恭格等一年俸银作半扣还等情折	雍正十年九月初十日
22	03-0173-1128-007	靖边大将军	锡保	奏遵旨保举恭补放宁夏副都统并统领军营内宁夏兵丁折	雍正十年九月二十一日
23	03-18-009-000003-0002-0076		胤禛	为升恭格为宁夏副都统仍在军营效力事	雍正十年十月初二日
24	03-0171-0194-005	正红旗满洲都统署理宁夏将军事务	傅泰	奏将白军营撤回之懒惰兵丁分别治罪折	雍正十一年四月二十八日
25	03-0173-1148-005	宁夏将军	卓鼐	奏闻冬季不宜进剿准噶尔等情折	雍正十一年十二月十一日
26	03-18-009-000004-0001-0014		胤禛	为宁夏将军卓鼐奏冬季不益进兵使春初马匹饲肥调发卓鼐不肯心效力将其所奏交查郎阿议奏事	雍正十二年二月初七日
27	03-0171-0196-007	正红旗满洲都统署理宁夏将军事务	傅泰	奏请补授宁夏协领佐领晓骑校等缺折	雍正十二年三月初九日
28	03-0171-0196-008	正红旗满洲都统署理宁夏将军事务	傅泰	奏正黄正红二旗协领员缺或由京员补放或令本处佐领赴京引见请旨折	雍正十二年三月初九日
29	03-18-009-000004-0001-0047		胤禛	为著赏宁夏将军阿鲁三千两银置装驰驿西路军营事	雍正十二年四月初六日

229

续表

序号	档号	官职爵位	责任者	题名	顺纪年
30	03-0171-0196-017.2	正红旗满洲都统署理宁夏将军事务	傅泰	奏补宁夏佐领等十九员缺内扣三缺俟得人时再行题补折	雍正十二年六月初六日
31	03-0171-0196-017.1	正红旗满洲都统署理宁夏将军事务	傅泰	奏请补放宁夏佐领宁领防御骁校折	雍正十二年六月初六日
32	03-0173-1161-036	宁夏将军	阿鲁	奏报抵达巴里坤军营日期折	雍正十二年七月十二日
33	03-0171-0196-024	正红旗满洲都统署理宁夏将军事务	傅泰	奏拣员补放宁夏防御骁骑校之缺折	雍正十二年十一月十六日
34	03-0171-0196-025	正红旗满洲都统署理宁夏将军事务	傅泰	奏选佐领郎郎徽补放宁夏右翼蒙古协领折	雍正十二年十一月十六日
35	03-0171-0198-001	署宁夏将军副都统	楙星	奏宁夏之步甲内有催入当差及四岁孩童应作何料理请旨折	雍正十三年三月十八日
36	03-0173-1183-001	署宁夏将军副都统	楙星	奏由科布多撤回宁夏之兵丁其倒毙马匹应著赔补折	雍正十三年三月十八日
37	03-0175-1541-003	署宁夏将军副都统	楙星	奏请于宁夏满城建立仓廒运贮米豆以便按月支放折	雍正十三年五月初七日
38	03-0173-1184-002	署宁夏将军副都统	楙星	参奏宁夏军营帅式策凌扎西贪赃军饷银两应革职严审折	雍正十三年五月初九日
39	03-0173-1184-003	署宁夏将军副都统	楙星	参奏宁夏镶红旗参领巴雅尔图兑扣兵饷滥用军驼应革职严审折	雍正十三年五月初九日
40	03-0172-0754-004	署宁夏将军副都统	楙星	奏宁夏满城应修建仓库存粮折	雍正十三年五月初九日
41	03-0175-1540-027.2	署宁夏将军副都统	楙星	奏宁夏印务处笔帖式策凌扎西侵蚀银两请革退质审折	雍正十三年五月初九日

续表

序号	档号	官职爵位	责任者	题　名	原纪年
42	03-0175-1540-027.1	署宁夏将军宁夏副都统	赫星	奏请将宁夏防御巴雅尔图革职审拟折	雍正十三年五月初九日
43	03-0173-1184-004	署宁夏将军宁夏副都统	赫星	奏西北两路撤回宁夏兵之军械理应添补照例自宁夏坐给与坐扣官兵俸饷折	雍正十三年五月初九日
44	03-0171-0198-012	署宁夏将军宁夏副都统	赫星	奏将记名骁骑校五十大等三人补放防御折	雍正十三年六月二十日
45	03-0173-1181-005	署宁夏将军宁夏副都统	赫星	奏军营发回宁夏之残疾兵丁内苏二十四人病愈呈请当差折	雍正十三年六月二十日
46	03-0171-0198-013	署宁夏将军宁夏副都统	赫星	奏遣犯周徵孙良材改过自新情形折	雍正十三年六月二十日
47	03-0173-1176-024	署宁夏将军宁夏副都统	赫星	奏请补放宁夏满洲八旗协领折	雍正十三年六月二十日
48	03-18-009-000002-0003-0074		胤禛	为署宁夏将军赫星所奏配给兵丁为奴罪犯达年久守法一折非其营任内不可耽搁之事著交部严查事	雍正十三年七月十七日
49	03-0173-1181-010	宁夏将军	阿鲁	奏报带领宁夏兵丁由巴里坤军营抵达宁夏折	雍正十三年九月初三日
50	03-0175-1541-019	宁夏将军	阿鲁	参奏宁夏协手将为奴之犯孙良材柳号示众折	雍正十三年九月十五日
51	03-0175-1545-010.1	宁夏都统	恭格	奏缴进朱批奏折折	雍正十三年十一月初二日
52	03-0175-1545-014.1	宁夏副都统	佟山	奏缴进朱批奏折折	雍正十三年十一月初二日
53	03-0175-1545-013.1	宁夏将军	阿鲁	奏请以德尔森坐补宁夏正红旗佐领折	雍正十三年十一月初二日
54	03-0175-1545-014.2	军机大臣	允禄	为宁夏副都统佟山缴进奏折请留存事	雍正十三年十一月三十日
55	03-0175-1545-010.2	军机大臣	允禄	奏请将宁夏副都统恭格缴进朱批奏折留存片	雍正十三年十一月三十日
56	03-0175-1545-013.2	军机大臣	允禄	奏议准阿鲁所奏宁夏佐领缺以德尔森坐补片	雍正十三年十一月三十日
57	03-0171-0198-019	宁夏副都统	恭格	奏请进京陛见折	雍正朝

续表

序号	档号	官职爵衔	责任者	题　名	顺纪年
58	04-01-39-0248-078	宁夏将军	阿鲁	呈十二月回荆州至郑州得雪分寸米价单	无朝年
59	03-0170-0075-002	宁夏将军	阿鲁	奏请准表母亲贞节折	乾隆元年正月二十日
60	02-01-04-12898-001	大学士管户部尚书事务	张廷玉	题为察核甘省奏销雍正三四五叁年驻防宁夏满洲官兵兵马钱粮事	乾隆元年三月二十五日
61	03-0175-1550-015	军机大臣	允禄	议奏留北路军营效力之原宁夏将军卓霖等赏给副都统衔等情折	乾隆元年四月十三日
62	02-01-007-014671-0013	兼总理刑部事务	允礼	题为会议西安将军奏布宁夏将军阿鲁等咨称斩绞人犯与恩诏相符应援救免罪请旨事	乾隆元年四月二十六日
63	03-0171-0200-013	宁夏将军	阿鲁	奏请兵丁内遇有斌养之人亦照官员终养之例办理折	乾隆元年六月初六日
64	02-01-007-014690-0005	大学士兼管刑部尚书事务	徐本	题为会审宁夏旗人本春因酒醉误伤伊父一案请发往宁古塔办差事	乾隆元年十一月十五日
65	02-01-006-000059-0004	大学士总理兵部事务	鄂尔泰	为核议宁夏将军题请参处私用印信不慎公务事恭格私用印信不慎公务事	乾隆元年十一月三十日
66	03-0171-0200-006	总理事务庄亲王	允禄	奏革职留任署理宁夏副都统佟山回京在何处行走请旨折	乾隆元年
67	02-02-019-001262-0006	护理宁夏将军	略拉	题报雍正四至十三年官份支放过宁夏驻防满洲人犯情形事	乾隆二年正月二十六日
68	02-01-04-12973-008	大学士仍管户部尚书事务	张廷玉	题为甘属雍正十年支放过宁夏驻防满洲并抚标及各提镇营兵马钱粮奏销请旨事	乾隆二年二月十六日
69	03-0172-0653-001	宁夏将军	阿鲁	奏闻宁夏地方干旱情形折	乾隆二年四月二十四日
70	02-01-04-12978-004	山西巡抚	石麟	题为核销宁夏驻防续办雍正十一年份军需钱粮事	乾隆二年七月十五日
71	02-01-006-000124-0004	大学士总理兵部事务	鄂尔泰	为核议宁夏将军题请参处领存柱防卫萨穆哈过用刑格图身死一案事	乾隆二年九月三十日

续表

序号	档号	官职爵位	责任者	题　名	原纪年
72	02-02-019-001265-0021	宁夏将军	阿鲁	题为宁夏驻防协领鲁木拜小事疏忽恳请交部议罪事	乾隆二年闰九月十二日
73	02-02-019-001265-0023	宁夏将军	阿鲁	奏为遵例自陈伏乞圣鉴事	乾隆二年闰九月十八日
74	03-0172-0886-005	宁夏将军	阿鲁	奏原骁校常舒等于军营效力赎罪准许回京折	乾隆二年闰九月十八日
75	03-0171-0206-016	宁夏将军	阿鲁	奏请令宁夏驻防御佛柱来京质问家谱缘由折	乾隆二年十月二十四日
76	02-02-019-001266-0035	宁夏将军	阿鲁	题为宁夏驻防正蓝旗蒙古防御额尔兑图违例照例参劾事	乾隆二年十月二十七日
77	02-01-007-014878-0014	大学士兼管刑部尚书事务	徐本	题为会议宁夏将军题请将和贝等因赌发遣人犯年老残疾今其回京请旨事	乾隆二年十一月二十九日
78	02-02-028-002034-0012	刑部湖广司		题为宁夏将军咨送镶白旗步甲八十一之母告不孝醉酒生事一案单	乾隆二年
79	02-02-019-001268-0001	宁夏将军	阿鲁	题报上年宁夏抓获八旗逃人数目事	乾隆三年正月二十二日
80	02-02-019-001268-0011	宁夏将军	阿鲁	为请宁夏驻防镶红旗满洲前锋校访存升补骁骑校事	乾隆三年二月初八日
81	03-0171-0211-007	宁夏将军	阿鲁	奏报起身回京小逐事日期折	乾隆三年五月十九日
82	02-02-019-001269-0012	署理宁夏将军	喀拉	题请正黄旗满洲领催保柱升补镶蓝旗满洲骁骑校事	乾隆三年五月二十二日
83	02-01-006-000182-0026	大学士总理兵部事务	鄂尔泰	为核议宁夏将军阿阿鲁等将覆具等案核覆员不要题即令胡里随本赴部题参处事	乾隆三年七月初二日
84	02-02-019-001270-0029	宁夏将军	阿鲁	题请领催乌金泰补放宁夏驻防正红旗满洲骁骑校事	乾隆三年十一月二十六日
85	03-0174-1523-001.1	宁夏将军	阿鲁	奏十一月二十四日宁夏府地震情形及满洲城被灾情形事	乾隆三年十一月二十五日
86	03-9304-017	宁夏将军	阿鲁	奏报十一月二十四日宁夏地震被灾情形事	乾隆三年十一月三十日

233

续表

序号	档号	官职爵位	责任者	题名	原纪年
87	03-0174-1523-002	宁夏将军	阿鲁	奏宁夏地震灾清及派兵巡城守护仓库等事折	乾隆三年十一月三十日
88	03-0171-0212-017	宁夏将军	阿鲁	奏闻总兵官杨大凯为人平庸不能称职折	乾隆三年十二月初二日
89	03-18-009-000005-0001-0167		弘历	为侍郎班第到宁夏后即会同宁夏将军阿鲁小事事	乾隆三年十二月十四日
90	02-01-04-13002-007	吏部尚书协理户部事务	讷亲	题为议催宁夏驻防晓骑校吴江等自行出首仍留原任事	乾隆三年十二月二十日
91	02-01-04-13002-009	吏部尚书协理户部事务	讷亲	题为遵旨会议原署宁夏将军喀拉等题报查明宁夏官兵户口事	乾隆三年十二月二十日
92	04-01-37-0005-003	兵部右侍郎	班第	奏为查明原宁夏满城汉城基低注清移建事	乾隆四年正月十一日
93	04-01-01-0041-046	兵部右侍郎	班第	奏为宁夏满城汉城陡遭地震被损各项军械请动项补造事	乾隆四年正月十一日
94	03-0174-1524-005	宁夏将军	阿鲁	奏报奏折迟到原因并审送折随员额和勒图折	乾隆四年正月十五日
95	02-02-019-001271-0003	宁夏将军	阿鲁	题为请领催胡柱朴放宁夏驻防镶白满洲旗晓骑校事	乾隆四年正月二十四日
96	04-01-37-0005-006	议政大臣和硕庄亲王	允禄	奏请移建宁夏满城事	乾隆四年正月三十日
97	03-0174-1524-007	宁夏将军	阿鲁	奏因地震皇上豁免官兵应扣驼价及借藩库银而谢恩折	乾隆四年二月十八日
98	03-0174-1524-008	宁夏将军	阿鲁	奏请奖赏地震时不念家身备力于公看守银库档之官兵折	乾隆四年三月二十日
99	02-02-019-001271-0027	宁夏将军	阿鲁	题报上年用过勘合火牌情形事	乾隆四年四月二十一日
100	02-01-006-000240-0014	兵部尚书	鄂善	为核议宁夏将军题奖叙协领伦拜等官兵地震救火出力事	乾隆四年五月十九日
101	03-0171-0215-005	宁夏将军	阿鲁	奏代协领刘保等谢免赔补买马银两之恩折	乾隆四年六月十七日

续表

序号	档号	官职爵位	责任者	题　名	原纪年
102	04-01-37-0005-018	宁夏将军	阿鲁	奏为新筑宁夏满城四门字样请旨仍照旧雕刻或另行颁赐事	乾隆四年六月十七日
103	03-0171-0216-002	大学士	鄂尔泰	奏查宁夏将军年届履历及革职等由折	乾隆四年六月二十八日
104	03-9305-038	宁夏将军	阿鲁	奏为宁夏散赈事竣各情形事	乾隆四年七月初三日
105	03-9305-040	宁夏将军	阿鲁	奏为宁夏散赈事竣各情形事	乾隆四年七月初三日
106	03-0171-0217-007	宁夏副都统	佟山	奏请来京仰瞻天颜折	乾隆四年九月十一日
107	02-02-019-001273-0002	宁夏将军	阿鲁	题请拣员补放宁夏驻防正红旗晓骑校请谕旨事	乾隆四年十月二十四日
108	03-0171-0221-002	宁夏将军	阿鲁	奏请给假调养病症折	乾隆五年正月初八日
109	02-02-019-001274-0004	宁夏将军	阿鲁	题报上年宁夏驻防八旗拿获旗下逃人数目事	乾隆五年正月二十二日
110	02-02-019-001274-0005	宁夏副都统	喀拉	题报暂护理印务情形事	乾隆五年正月二十五日
111	04-01-16-0011-012	川陕总督	鄂弥达	奏报宁夏将军阿鲁病故日期事	乾隆五年二月初九日
112	03-18-009-000005-0002-0040		弘历	为以都统杜赟任宁夏将军和亲王弘昼调补镶黄旗满洲都统慎郡王允禧管理正白旗满洲都统事	乾隆五年二月初十日
113	02-02-019-001275-0012	宁夏将军	杜赟	题报接任日期事	乾隆五年四月二十七日
114	03-0170-0083-025	宁夏将军	杜赟	奏请圣安折	乾隆五年五月十一日
115	04-01-37-0006-007	宁夏将军	杜赟	奏为到任查得宁夏汉城城工并今年粮价等地方情形事	乾隆五年五月十一日
116	03-0172-0637-013	宁夏将军	杜赟	奏闻宁夏地方降雨并庄稼生长情形折	乾隆五年五月十一日
117	02-02-019-001276-0019	宁夏将军	杜赟	题报宁夏驻防八旗修造军械用银数目事	乾隆五年闰六月二十二日

续表

序号	档号	官职爵位	责任者	题　名	原纪年
118	02-01-03-03805-017	大学士兼管吏部尚书事	张廷玉	题为遵议宁夏将军杜赍等奏随印笔帖式缺出请在宁夏兵丁内拣选事	乾隆五年八月初五日
119	02-02-019-001277-0019	宁夏将军	杜赍	题为请准委前锋校阿尔等骁骑升补正白蒙古等旗骁骑校事	乾隆五年八月二十二日
120	03-0172-0608-009	宁夏将军	杜赍	奏报宁夏地方秋粮作物收成情形折	乾隆五年九月十三日
121	03-0171-0302-005	宁夏将军	杜赍	奏查报宁夏兵丁操演骑射等情形折	乾隆五年九月十三日
122	03-0171-0221-006	宁夏将军	杜赍	奏请宁夏兵丁暂停终养之例折	乾隆五年九月十三日
123	02-01-006-000326-0008	大学士总理兵部事务	鄂尔泰	为核议宁夏将军题变通终养之例展限十年事	乾隆五年十月二十九日
124	02-02-019-001280-0009	宁夏将军	杜赍	题报宁夏驻防满洲官兵修理军械用过银两数目事	乾隆五年十一月二十日
125	03-0172-0579-001	宁夏将军	杜赍	奏撤回营兵生息银两另设立当折	乾隆五年
126	02-02-019-001281-0003	宁夏将军	杜赍	题报上年发配宁夏人犯并无病故逃亡事	乾隆六年正月二十日
127	03-0174-1525-001	宁夏将军	杜赍	奏宁夏几次微震情形折	乾隆六年正月二十六日
128	03-0172-0609-001	宁夏将军	杜赍	奏闻宁夏朔等处雨雪苗情折	乾隆六年正月二十六日
129	02-01-008-000248-0006	工部尚书	哈达哈	为核议宁夏将军题请核销宁夏满营补造军装器械等项用过工料银两事	乾隆六年二月十七日
130	03-0171-0226-007	宁夏将军	杜赍	奏请将次子荫生承袭千长子折	乾隆六年三月初八日
131	03-0171-0227-005	宁夏将军	杜赍	奏谢赏赐福宁折	乾隆六年三月初八日
132	03-0171-0226-017	宁夏将军	杜赍	奏闻子石德革退病由并请给石德差使折	乾隆六年五月二十四日
133	03-18-009-000005-0002-0102	山西布政使	弘历	为宁夏将军杜赍之子石德著在打牲拜唐阿上行走事	乾隆六年六月二十日
134	03-0489-040	山西布政使	吕守曾	奏为甘省宁夏防满兵粮草请照时价采买事	乾隆六年六月二十一日
135	02-02-035-002553-0012	宁夏将军	杜赍	题销乾隆五年宁夏修补满洲兵丁军械用过银两细数事	乾隆六年七月十五日

续表

序号	档号	官职爵位	责任者	题　名	原纪年
136	02-02-019-001282-0028	宁夏将军	杜赟	题报本年秋季举兵出巡起程日期事	乾隆六年八月二十三日
137	03-0170-0088-037	宁夏将军	杜赟	奏请圣安折	乾隆六年八月二十二日
138	03-0171-0226-020	宁夏将军	杜赟	奏因着子任打牲处行走而谢恩折	乾隆六年八月二十三日
139	02-01-006-004514-0043	宁夏将军	杜赟	此件内容残缺严重无法整理	乾隆六年九月初六日
140	03-0175-1558-029	宁夏将军	杜赟	奏闻宁夏地方收成及粮价折	乾隆六年九月十七日
141	02-02-019-001282-0040	宁夏将军	杜赟	题为请准领催色克图前锋校四格升补骁骑校事	乾隆六年九月二十日
142	02-01-008-000249-0015	工部尚书	哈达哈	为核议宁夏将军题请核销宁夏满营补造损坏军装器械等项用过银两事	乾隆六年九月二十八日
143	02-02-019-001283-0017	宁夏将军	杜赟	题为查看宁夏驻防八旗官兵军械并无缺损具结报部事	乾隆六年十一月二十五日
144	02-02-019-001284-0003	宁夏将军	杜赟	题报上年宁夏八旗逃人数目事	乾隆七年正月二十二日
145	02-02-019-001284-0002	宁夏将军	杜赟	题报上年宁夏地方流徙犯并无病故逃亡之人事	乾隆七年正月二十二日
146	02-02-019-001284-0006	宁夏将军	杜赟	题报宁夏左翼副都统路拉病故事	乾隆七年正月二十九日
147	03-0171-0232-004	宁夏将军	杜赟	奏赏福字而谢折	乾隆七年二月二十日
148	02-01-006-000507-0021	宁夏将军	杜赟	为题报宁夏正红旗满洲防御温德赫恩老病乞休事	乾隆七年三月初七日
149	03-0171-0232-005	宁夏副都统	色尔图	奏朴授宁夏副都统而谢恩折	乾隆七年三月二十日
150	03-0171-0232-006	宁夏副都统	色尔图	奏朴授宁夏副都统奏请来京请训折	乾隆七年三月二十日
151	03-0172-0580-006	宁夏将军	杜赟	奏报滋生所得利银已足调后兵丁遇有红白事仍请照旧例赏银折	乾隆七年四月初七日

续表

序号	档号	官职爵位	责任者	题　名	原纪年
152	02-02-019-001285-0017	宁夏副都统	佟善	题为患病不能行走请准解任事	乾隆七年六月二十七日
153	03-0172-0639-012	宁夏将军	杜赍	奏闻宁夏地方雨雪苗情手米谷时价折	乾隆七年七月十一日
154	02-02-019-001285-0030	宁夏将军	杜赍	题为请准委前锋校谈岱升补晓骑校事	乾隆七年八月二十一日
155	03-0171-0232-016	宁夏将军	杜赍	奏请来京陛见折	乾隆七年九月初九日
156	02-02-019-001286-0026	宁夏将军	杜赍	题为参军参政宁夏驻防八旗官员参劾事	乾隆七年九月二十日
157	02-02-019-001286-0025	宁夏将军	杜赍	题为宁夏军政考试卓异员满洲佐领兆保等员军应考试卓异与举荐事	乾隆七年九月二十日
158	02-01-04-13486-013	大学士兼管户部尚书事务	徐本	题为遵查甘省乾隆五年各提镇营驿及宁夏满兵应需兵饷银数请照数改拨动支报销事	乾隆七年九月二十五日
159	02-02-019-001288-0009	署理宁夏将军	色尔敏图	题议请准委前锋校八十升补镶红蒙古旗晓骑校事	乾隆七年十二月初七日
160	02-02-019-001288-0030	署理宁夏将军	色尔敏图	题为请准镶白蒙古旗领催托克托霍于朴晓骑校事	乾隆七年十二月十四日
161	02-02-019-001289-0029	宁夏将军	杜赍	题报到任日期事	乾隆八年二月二十二日
162	02-02-019-001289-0031	宁夏将军	杜赍	奏为奉旨仍旧留任谢恩事	乾隆八年二月二十四日
163	04-01-01-0096-025	甘肃布政使	徐杞	奏为估拨宁夏满兵粮草请因时变通运价事	乾隆八年四月初七日
164	03-0686-030	甘肃布政使	徐杞	奏为乾隆六年及七年宁夏满兵支给脚价缘由事	乾隆八年四月初七日
165	02-01-007-016079-0009	刑部尚书	来保	题为会议甘省署理宁夏将军色尔图等蒙古私逃旗下家奴处分事	乾隆八年四月初十日
166	03-0171-0239-004	宁夏将军	杜赍	奏明宁夏镶黄蒙古旗步甲常明脱逃留京之情由折	乾隆八年闰四月二十一日

续表

序号	档号	官职爵位	责任者	题　名	原纪年
167	03-0172-0815-001	宁夏将军	杜赟	奏宁夏定奎拿逃人则例折	乾隆八年闰四月二十一日
168	03-0172-0612-006	宁夏将军	杜赟	奏闻宁夏府所属地方降雨雪情形折	乾隆八年闰四月二十一日
169	02-02-019-001290-0041	宁夏将军	杜赟	题为请准正白满洲旗防御雅思哈升补佐领事	乾隆八年五月十七日
170	03-0171-0236-016	宁夏副都统	色尔图	奏请来京陛见折	乾隆八年八月初七日
171	02-02-019-001291-0033	宁夏将军	杜赟	题为请准领催四格升补骁骑校事	乾隆八年八月二十六日
172	03-0172-0612-016	宁夏将军	杜赟	奏闻宁夏宁朔两县夏作物收成情形及米粮时价折	乾隆八年九月十二日
173	02-02-019-001292-0007	宁夏将军	杜赟	题为查看宁夏八旗官兵军械无缺具结造册报部事	乾隆八年十一月二十一日
174	02-02-019-001293-0005	宁夏将军	杜赟	题为请准领催库本等员升补骁骑校事	乾隆九年正月二十六日
175	02-02-019-001294-0007	宁夏将军	杜赟	题为请准领催图修住升补骁骑校事	乾隆九年五月二十七日
176	02-02-019-001294-0008	宁夏将军	杜赟	题为佐领牛纽常明老病请准休致事	乾隆九年五月二十七日
177	03-0171-0306-007	宁夏将军	杜赟	奏报宁夏官兵训练情形折	乾隆九年七月初七日
178	03-0172-0641-015	宁夏将军	杜赟	奏闻宁夏府所属地方雨水粮价情形折	乾隆九年七月初七日
179	02-02-019-001296-0001	宁夏将军	杜赟	题为请准领催奇巴登升补骁骑校事	乾隆九年十一月初四日
180	02-02-019-001296-0012	宁夏将军	杜赟	题报查验宁夏驻防八旗官兵军械皆无缺损情形事	乾隆九年十一月二十九日
181	02-02-019-0013310-0042	宁夏将军	杜赟	题为请准领催舒昌等员升补骁骑校事	乾隆九年十二月十八日

续表

序号	档号	官职爵位	责任者	题　　名	原纪年
182	02-02-019-001297-0021	宁夏将军	杜赟	题为宁夏左翼蒙古旗协领留保等员老病请准休致事	乾隆十年三月初三日
183	03-0171-0248-002	宁夏将军	杜赟	奏谢赏赐御赐福字恩折	乾隆十年三月初九日
184	02-01-007-016577-0011	刑部尚书	盛安	题为汇题宁夏将军杜赟等上年份任内脱逃逃人及已未获各数目事	乾隆十年四月十八日
185	02-02-019-001297-0037	宁夏将军	杜赟	奏为接到御赐汉文八旗通志谢恩事	乾隆十年四月二十四日
186	02-02-019-001298-0010	宁夏将军	杜赟	题为请准领催石柱等员升补骁校事	乾隆十年五月二十五日
187	03-0171-0247-009	宁夏将军	杜赟	奏补放宁夏正蓝蒙古旗驻防御等员折	乾隆十年九月初六日
188	03-0171-0399-003	宁夏将军	杜赟	奏为宁夏养育兵劣制盔甲销毁及军械上交以免修补之累折	乾隆十年九月初六日
189	03-0171-0248-014	宁夏将军	杜赟	奏请赴京陛见折	乾隆十年九月初六日
190	03-0172-0614-007	宁夏将军	杜赟	奏闻宁夏等处粮谷收成分数折	乾隆十年九月初六日
191	03-0171-0247-018	宁夏将军	杜赟	奏补放宁夏正蓝满洲旗驻防御等员缺折	乾隆十年九月初六日
192	02-02-019-001299-0036	宁夏将军	杜赟	题报查看宁夏官兵军械皆无蚀损事	乾隆十年十一月初一日
193	02-02-019-001299-0037	宁夏将军	杜赟	题为请准领催伊昌阿升补骁校事	乾隆十年十一月十一日
194	02-02-019-001299-0038	宁夏将军	杜赟	题为正红满洲旗佐领劳密老病请准休致事	乾隆十年十一月十一日
195	02-01-04-14015-006	户部尚书	海望	题为察核甘省奏销乾隆三年分支放过宁夏驻防满洲并提各镇营驿提官兵马驼银饷粮草料事	乾隆十一年闰三月初七日
196	02-02-025-001750-0024	刑部尚书	盛安	题为署宁夏将军等处逃人数目事	乾隆十一年闰三月初九日
197	03-0170-0098-002	宁夏将军	杜赟	奏贺皇子出生折	乾隆十一年五月十五日

续表

序号	档号	官职爵位	责任者	题　　名	原纪年
198	03-0171-0252-020	宁夏将军	杜赟	奏补放宁夏正白满洲旗防御员缺折	乾隆十一年六月十五日
199	02-02-019-001303-0004	宁夏将军	杜赟	题为请催领催扎拉嘎泰升补骁骑校事	乾隆十一年七月十五日
200	03-0170-0100-006	宁夏将军	杜赟	奏请前往五台山陛见折	乾隆十一年八月十二日
201	03-0172-0643-021	宁夏将军	杜赟	奏闻宁夏府所属各地得雨及米粮时价折	乾隆十一年八月二十九日
202	02-02-019-001303-0047	宁夏将军	杜赟	题报回任接印日期事	乾隆十一年十月十三日
203	02-02-019-001304-0015	宁夏将军	杜赟	题为依例查验宁夏驻防八旗官兵军械情形事	乾隆十一年十一月十七日
204	03-0171-0254-011	宁夏将军	杜赟	奏补放宁夏右翼防御员缺折	乾隆十一年十一月十七日
205	02-02-019-001305-0001	宁夏将军	杜赟	题为请催领催图海等员朴放骁骑校事	乾隆十二年正月二十一日
206	02-02-025-001756-0020	宁夏将军	杜赟	题报十一年发配家奴犯人未病故未脱逃情形事	乾隆十二年正月二十九日
207	02-02-019-001305-0033	宁夏将军	杜赟	题为奉旨降一级留任谢恩事	乾隆十二年四月十一日
208	02-02-019-001305-0039	宁夏副都统	佟达色	题为接到钦赐八旗满洲氏族通谱谢恩事	乾隆十二年四月十一日
209	02-01-007-016925-0002	刑部尚书	阿克敦	题为会议宁夏将军汇奏自乾隆十一年正月至十二月脱逃家奴数目事	乾隆十二年四月十八日
210	02-01-006-000814-0016	兵部尚书	班第	为核议宁夏将军杜赟失察混行参奏合糊具题逃兵常明一案罚俸三年已满题请开复事	乾隆十二年五月三十日
211	02-02-019-001306-0034	宁夏将军	杜赟	题为请催领催白龄阿升补骁骑校事	乾隆十二年六月初八日
212	03-0171-0258-034	宁夏将军	杜赟	奏谢赏奴之恩折	乾隆十二年六月初八日

续表

序号	档号	官职爵位	责任者	题 名	原纪年
213	02-02-019-001307-0002	宁夏将军	杜赍	题为奉旨开复原级谢恩事	乾隆十二年七月十五日
214	02-02-019-001307-0037	宁夏将军	杜赍	题报本年宁夏驻防八旗军政考选情形事	乾隆十二年九月二十一日
215	02-02-019-001307-0038	宁夏将军	杜赍	题为遵例自陈事	乾隆十二年九月二十一日
216	03-0172-0892-007	宁夏将军	杜赍	奏将赏赐为奴之董氏解至宁夏任所严加管束折	乾隆十二年十月十三日
217	03-0171-0258-058	宁夏将军	杜赍	奏谢赏鹿肉之恩折	乾隆十二年十月十三日
218	03-0171-0258-059	宁夏将军	杜赍	奏谢赏奴之恩折	乾隆十二年十一月初六日
219	02-02-019-001310-0009	宁夏将军	杜赍	题报查验宁夏驻防八旗官兵军械情形事	乾隆十二年十一月二十七日
220	02-02-019-001310-0008	宁夏将军	杜赍	题为奉旨仍旧办事谢恩事	乾隆十二年十一月二十七日
221	03-0171-0262-001	宁夏将军	杜赍	奏谢赏福宁之恩折	乾隆十三年正月初三日
222	03-0170-0104-015	宁夏将军	杜赍	奏闻皇后迟迟恭慰圣怀折	乾隆十三年四月初六日
223	02-02-019-001312-0036	宁夏将军	杜赍	题报上年用过勘合火牌数目事	乾隆十三年五月二十七日
224	02-02-019-001312-0035	宁夏将军	杜赍	题为佐领六十老病请准休致事	乾隆十三年五月二十七日
225	03-0170-0104-049	宁夏将军	杜赍	奏请叩谒孝贤皇后梓宫折	乾隆十三年六月二十二日
226	03-01-007-016976-0014	刑部尚书	达尔党阿	题为会审宁夏马甲七十八因说事口角伤毙马甲常升一案依律拟斩监候请旨事	乾隆十三年七月初三日
227	03-18-009-000007-0004-0011		弘历	军机大臣傅恒为将军杜赍奏请叩谒大行皇后梓宫事寄信宁夏将军杜赍	乾隆十三年七月初六日
228	03-0170-0104-059	宁夏将军	杜赍	奏谢降级留任并请起京谒见孝贤皇后梓宫折	乾隆十三年八月初一日

续表

序号	档号	官职爵位	责任者	题　名	顺纪年
229	02-02-020-001314-0001	宁夏将军	杜赟	题为接到钦赐赏文武行军条例谢恩事	乾隆十三年八月二十四日
230	03-0170-0104-067	宁夏将军	杜赟	奏谢革职留任恩折	乾隆十三年八月二十四日
231	02-02-020-001314-0013	宁夏将军	杜赟	题请准领催元汉于镶白满洲旗骁骑校事	乾隆十三年九月初九日
232	03-18-009-000007-0004-0084		弘历	为宁夏副都统修达色革职以协领委用广州副都统和起著调补宁夏副都统参领曹瑞补授广州副都统事	乾隆十三年九月十八日
233	04-01-16-0028-025	宁夏副都统	和起	奏为奉旨调补宁夏副都统谢恩请陛见事	乾隆十三年十月二十七日
234	04-01-16-0028-026	宁夏副都统	和起	奏为奉旨调补宁夏副都统谢恩事	乾隆十三年十月二十七日
235	02-02-020-001315-0028	宁夏将军	杜赟	题报到任接印日期事	乾隆十三年十二月十六日
236	02-02-020-001316-0005	宁夏将军	杜赟	题报上年宁夏驻防八旗逃人情形事	乾隆十四年正月二十八日
237	02-02-020-001316-0004	宁夏将军	杜赟	题为请准领催罗牙补正红满洲旗骁骑校事	乾隆十四年正月二十八日
238	03-0173-1018-007	宁夏将军	杜赟	奏恭贺平定金川折	乾隆十四年三月初九日
239	02-01-006-000973-0002	兵部尚书	梁诗正	为核议原任甘肃宁夏防御伊巴雅尔图朴授镶白旗义学教习满行走勤慎教导有成题请议叙事	乾隆十四年七月二十七日
240	02-01-006-001014-0014	宁夏将军	杜赟	为题请宁夏镶黄蒙古旗前锋校五十二补授正蓝蒙古旗骁骑校事	乾隆十四年八月二十七日
241	03-0171-0265-010	宁夏将军	杜赟	奏谢将伊子石德朴授蓝翎待卫之恩折	乾隆十四年九月十五日
242	02-02-020-001319-0015	宁夏将军	杜赟	题为奉恩诏汗复谢恩事	乾隆十四年十月初四日

续表

序号	档号	官职爵位	责任者	题名	原纪年
243	02-02-020-001320-0017	宁夏将军	杜赟	题报查看宁夏驻防八旗官兵军械情形事	乾隆十四年十二月初一日
244	03-0175-1567-012	宁夏将军	杜赟	奏谢赏褆字折	乾隆十五年正月十八日
245	02-02-020-001321-0007	宁夏将军	杜赟	题报上年宁夏驻防八旗逃人情形事	乾隆十五年二月初四日
246	03-0175-1568-023	宁夏将军	杜赟	奏查宁夏地方并无隐匿原川陕总督张广泗家产折	乾隆十五年三月初六日
247	03-18-009-000008-0003-0037		弘历	军机大臣傅恒等为宁夏绿营兵上年十二月发饷日喧闹瓷谕杵查明此事缘由奏寄信宁夏将军杜赟	乾隆十五年三月十二日
248	03-0171-0278-001	宁夏将军	杜赟	奏报宁夏兵丁并未滋事及官员未苛扣兵饷折	乾隆十五年四月初二日
249	03-18-009-000008-0003-0059		弘历	军机大臣傅恒等丁事务及奏折内所引大学士心绿营兵丁事务及奏折内所引大学士未书名著申饬宁夏信宁夏将军杜赟	乾隆十五年四月十四日
250	02-02-020-001322-0020	宁夏将军	杜赟	题为防御奇力贝图等员老病不能当差请休致事	乾隆十五年四月十八日
251	02-02-020-001323-0010	宁夏将军	杜赟	题为请准领催满泰补放骁骑校事	乾隆十五年六月初三日
252	02-02-020-001326-0027	宁夏将军	杜赟	题为请准前锋伊兰泰等员于补放骁骑校事	乾隆十五年十二月二十一日
253	02-02-020-001327-0008	宁夏将军	杜赟	题报上一年内发遣宁夏犯人并无死亡逃跑情形事	乾隆十六年正月二十九日
254	02-01-006-001139-0018	大学士兼管兵部事务	来保	为核议襄白三旗盘查宁夏乾隆十五年份宁夏驻防生息银两数目事	乾隆十六年四月十六日
255	03-18-009-000008-0004-0027		弘历	为富森调补吉林将军放宁夏将军杜赟调补西安将军巴海补与乍浦副都统额勒登对调事	乾隆十六年四月十八日

续表

序号	档号	官职爵位	责任者	题　名	原纪年
256	03-0171-0282-001	宁夏将军	杜赍	奏请进京请训再赴西安将军任折	乾隆十六年五月初四日
257	03-0171-0280-014	宁夏将军	杜赍	奏谢补放西安将军之恩折	乾隆十六年五月初四日
258	02-01-04-14550-012	甘肃巡抚	鄂昌	题为题销平凉府属泾州等州县办供宁夏满洲官兵回京等项用过银两事	乾隆十六年五月二十日
259	02-02-020-001329-0022	宁夏将军	巴海	题为报明到任接印日期事	乾隆十六年六月初一日
260	03-0171-0313-003	宁夏将军	巴海	奏报查阅宁夏官兵操练骑射兵器等情折	乾隆十六年七月初三日
261	03-0171-0279-006	宁夏将军	巴海	奏应补正白旗防御之左翼四旗蒙古骁骑校俱未满三年奏闻后再拣选补放折	乾隆十六年七月初三日
262	02-02-020-001330-0023	宁夏将军	巴海	题报接任后查看宁夏驻防八旗官兵军械情形事	乾隆十六年八月初二日
263	03-0170-0113-015	宁夏将军	巴海	奏请来京恭祝皇太后万寿折	乾隆十六年八月初二日
264	02-02-020-001331-0018	宁夏将军	巴海	题为宁夏正红满洲旗防御宝明老病不能当差请休致事	乾隆十六年十月初一日
265	03-0172-0648-018	宁夏将军	巴海	奏闻宁夏所属地方降雪情形折	乾隆十六年十月二十一日
266	02-02-020-001332-0017	宁夏将军	巴海	题报查看宁夏驻防八旗官兵军械情形事	乾隆十六年十一月二十一日
267	02-02-001-000058-0013	宁夏将军	巴海	题请拣员补授宁夏镶黄正蓝满蒙旗骁骑校事	乾隆十七年二月初七日
268	03-0171-0379-001	宁夏将军	巴海	奏请复议每年所余折色银两及店铺息银存公以备补买驼只折	乾隆十七年二月二十五日
269	02-01-04-14623-017	甘肃巡抚	杨应琚	题为查明平凉府泾州等州县雍正四年至乾隆四年供支宁夏满洲官兵赴任并回京沿途支用银两事	乾隆十七年三月初二日

续表

序号	档号	官职爵位	责任者	题 名	原纪年
270	03-0171-0379-002	军机大臣	傅恒	奏议宁夏将军巴海前折请将宁夏官驼变价出售折	乾隆十七年三月十五日
271	02-02-020-001335-0014	宁夏副都统	色尔图	题为奉旨开复处分谢恩事	乾隆十七年三月二十八日
272	02-01-006-001195-0017	大学士兼管兵部事务	来保	为核议宁夏将军盘查驻防乾隆十六年份生息银两事	乾隆十六年四月初二日
273	03-0172-0649-013	宁夏将军	巴海	奏闻宁夏降雨麦苗长势折	乾隆十七年五月二十日
274	03-0171-0284-013	宁夏将军	巴海	奏照例从左翼蒙古旗未满三年骁骑校内擢补回京及御交部引见折	乾隆十七年五月二十日
275	02-01-04-14627-013	大学士兼管户部事务	傅恒	题为遵旨察核甘肃平凉府泾州等州县供支宁夏满洲官兵运回京及家口骨殖车辆脚价银两事	乾隆十七年六月二十四日
276	03-0171-0379-003	宁夏将军	巴海	奏宁夏变价官驼鄂尔多斯商人不予购买请交部另议折	乾隆十七年九月初三日
277	03-0171-0379-004	宁夏将军	巴海	奏请留养变价官驼只以备宁夏军用折	乾隆十七年九月初三日
278	03-0172-0624-006	宁夏将军	巴海	奏闻宁夏麦子收成分数折	乾隆十七年九月初三日
279	03-0171-0379-007	宁夏将军	巴海	为知照留养变价官驼只以备宁夏军用事咨呈	乾隆十七年十月二十四日
280	03-0171-0379-006	宁夏将军	巴海	为知照宁夏变价官驼只鄂尔多斯等处商人无人购买请交部另议事咨呈	乾隆十七年十月二十四日
281	02-01-005-022839-0036	大学士暂管礼部事务	来保	题为赐恤原任宁夏副都统终善事	乾隆十七年十月二十九日
282	02-02-020-001338-0026	宁夏将军	巴海	题报查看宁夏驻防八旗军械情形事	乾隆十七年十一月二十一日
283	02-02-020-001338-0025	宁夏将军	巴海	题为请准前锋达色等升补拨骑校事	乾隆十七年十一月二十一日

续表

序号	档号	官职爵位	责任者	题　名	原纪年
284	02-02-020-001339-0006	宁夏将军	巴海	题为请催领催吉尔泰升补骁骑校事	乾隆十七年十二月初四日
285	02-02-020-001340-0010	宁夏将军	巴海	题报核查上年宁夏驻防八旗生息银两收支存剩数目事	乾隆十八年二月初六日
286	02-01-04-14665-007	大学士兼管兵部事务	来保	题为遵旨查核宁夏驻防生息银两数目遵例上年生息题奏事	乾隆十八年四月初二日
287	03-18-009-000009-0002-0050		弘历	为青州将军纳延泰患病回京此缺著宁夏副都统色尔图补放事	乾隆十八年四月十五日
288	02-01-006-001217-0013	大学士兼管兵部事务	来保	为核议宁夏将军巴海等并未照依原议将无人招买余剩驼只交与鄂尔多斯题请参处事	乾隆十八年四月二十一日
289	02-02-020-001341-0026	宁夏将军	巴海	题为请准记名前锋长青镶黄满洲旗骁骑校事	乾隆十八年五月十一日
290	02-02-001-000063-0004	宁夏将军	巴海	题请拣员补授宁夏正红满洲骁骑校事	乾隆十八年六月十一日
291	03-0171-0288-002	宁夏将军	巴海	奏照例将未满三年之骁骑校补为正红满洲旗御请送该旗引见折	乾隆十八年六月十一日
292	02-02-020-001343-0020	宁夏将军	巴海	题为请准记名领催班第等骁骑校补正黄蒙古旗骁骑校事	乾隆十八年十月初六日
293	02-02-020-001343-0021	宁夏将军	巴海	题为协领英岱等老病不能当差请休致事	乾隆十八年十月初六日
294	02-02-020-001345-0019	宁夏将军	巴海	题报上年宁夏驻防八旗生息银两收支存剩数目事	乾隆十九年二月初六日
295	02-02-020-001346-0011	宁夏将军	巴海	题为右翼蒙古旗协领俊尔克等员老病不能当差请休致事	乾隆十九年三月二十六日
296	03-0174-1332-004	宁夏将军	巴海	奏派住北路之宁夏官兵请得给马匹驼只并携带子母炮折	乾隆十九年七月十一日
297	03-0174-1314-019	宁夏副都统	和起	奏请赴京陛见折	乾隆十九年八月十二日

247

续表

序号	档号	官职爵位	责任者	题　名	顺纪年
298	02-02-020-001348-0011	宁夏将军	巴海	题为请准骁骑校永泰升补御事	乾隆十九年九月十五日
299	03-0174-1333-016	宁夏将军	巴海	奏宁夏派往北路之兵已经料理齐备并请起程日期折	乾隆十九年十月初十日
300	02-02-020-001348-0038	宁夏将军	巴海	题报核查宁夏驻防八旗官兵军械情形事	乾隆十九年十一月十一日
301	03-0174-1333-021	署理宁夏将军印务副都统	保柱	奏闻宁夏兵遣往北路军营营日期折	乾隆十九年十一月二十一日
302	02-02-020-001349-0030	署理宁夏将军印务副都统	保柱	题为请准委前锋校巴通阿升补正蓝满洲旗骁骑校事	乾隆十九年十二月十一日
303	02-02-020-001349-0048	署理宁夏将军印务副都统	保柱	题为请准记笔帖式达崇阿升补骁骑校事	乾隆十九年十二月二十一日
304	03-0174-1333-026	军机大臣	傅恒	奏请将车凌乌巴什阿拉善蒙古兵及凉州庄浪宁夏满洲兵派往西路片	乾隆十九年十二月二十一日
305	03-0174-1398-005	宁夏将军	和起	奏报带领满洲官兵自宁夏起程前往哈密军营日期折	乾隆二十年正月初五日
306	02-02-020-001350-0001	署理宁夏驻防八旗军营军兵丁起程情形事	保柱	题报宁夏驻防八旗军营军兵丁起程情形事	乾隆二十年正月初五日
307	03-0174-1398-012	署理宁夏将军印务副都统	保柱	奏报宁夏调往西路军营官兵可于二月初十日前抵达军营折	乾隆二十年正月十五日
308	03-0174-1398-010	宁夏将军	和起	奏报遭旨率兵轻装前进争取于二月初十日前抵达哈密军营折	乾隆二十年正月十八日
309	03-0174-1385-001	宁夏将军	和起	奏请赏戴花翎折	乾隆二十年正月十八日
310	03-0174-1398-022	宁夏将军	和起	奏报所率满洲官兵自肃州启程日期折	乾隆二十年正月二十九日

续表

序号	档号	官职爵位	责任者	题　名	原纪年
311	02-02-020-001350-0015	署理宁夏将军印务副都统	保柱	题为核销宁夏驻防八旗庄息银两本息收支剩余数目事	乾隆二十年二月十二日
312	03-18-009-000011-0002-0115		弘历	为宁夏副都统和起等惟颁领兵九百启程系需需前进将辖重留后尚属备饱著从宽免其议处事	乾隆二十年二月十三日
313	03-0174-1398-030	宁夏将军	和起	奏报所率宁夏左翼兵丁全部抵达巴里坤军营日期折	乾隆二十年二月二十一日
314	02-02-020-001350-0023	署宁夏将军印务副都统	巴尔品	题报到任署理将军事务日期事	乾隆二十年三月初九日
315	02-01-006-001362-0031	大学士兼管兵部事务	来保	为核议原任甘肃宁夏副都统率令宁夏军骑都尉和起等员失察兵丁顶换马匹题请参处事	乾隆二十年三月十一日
316	03-0174-1382-019	署宁夏将军印务副都统	巴尔品	奏报留任肃州西路兵丁返回宁夏缘由自请惩处折	乾隆二十年三月二十八日
317	03-0174-1458-018	署宁夏将军事务印务副都统	巴尔品	奏请先由地方银库借银派官前往伊克昭等盟购买马匹折	乾隆二十年三月二十八日
318	02-02-020-001351-0008	署宁夏将军印务副都统	巴尔品	题报接任后查看宁夏驻防八旗官兵军械情形事	乾隆二十年四月二十二日
319	03-0174-1401-006	定西将军	永常	奏参宁夏将军和起等率兵任伊犁途中马驼死伤情形折	乾隆二十年五月初二日
320	02-01-006-001375-0003	大学士兼管兵部事务	来保	为核议甘肃宁夏军兼骑都尉和起等员不严加约束兵丁爱惜马匹题请议处事	乾隆二十年六月十九日
321	03-18-009-000014-0001-0095		弘历	为署理宁夏军事务副都统巴尔品事用汉字交文部严查议奏事	乾隆二十年六月三十日
322	03-18-009-000014-0001-0098		弘历	为巴尔品交回议罪以罪来京该缺令哈宁阿为宁夏副都统事	乾隆二十年七月初三日

续表

序号	档号	官职爵位	责任者	题　名	原纪年
323	02-02-020-001352-0021	署宁夏将军印务副都统	巴尔品	题为请准记名领催拉通阿于朴晓骑校事	乾隆二十年七月十六日
324	02-01-006-001381-0028	大学士兼管兵部事务	来保	为遵旨议处署宁夏将军事务副都统巴尔品奏贺平定准噶尔用汉字折奏事	乾隆二十年七月二十日
325	02-02-020-001352-0040	署理宁夏将军印务副都统	保柱	题报自乌鲁木齐撤回官兵抵达宁夏日期事	乾隆二十年九月十三日
326	02-02-020-001352-0041	署理宁夏将军印务副都统	保柱	题报自乌鲁木齐撤回官兵抵达宁夏日期事	乾隆二十年九月十三日
327	03-18-009-000012-0002-0205		弘历	军机大臣为宁夏撤回官兵内有一兵丁迷失失折内所报不详著保柱查明重奏事寄信宁夏副都统	乾隆二十年九月二十八日
328	03-18-009-000013-0001-0002		弘历	军机大臣为西路军营领队大臣少著副都统茗阿纳及宁夏副都统哈宁阿赴西路原委将军	乾隆二十年十月初一日
329	03-0174-1455-012	署理宁夏将军印务副都统	保柱	奏借潘司库银购置满洲八旗所需军械等物品传明年以兵丁粮饷扣补折	乾隆二十年十月初二日
330	03-0171-0292-040	署理宁夏将军印务副都统	保柱	奏遵旨查明复复宁夏撤兵途中正红满洲旗披甲德明阿失踪原委折	乾隆二十年十月初五日
331	03-0174-1383-026	宁夏将军	和起	奏报副都统额勒登额抵达巴里坤军营日期折	乾隆二十年十月十五日
332	03-0174-1400-006	宁夏将军	和起	奏催调安西等处马驼速解回军营折	乾隆二十年十月十七日
333	03-0172-0523-003	军机大臣	傅恒	奏议护理宁夏将军印务副都统保柱请借银给宁夏官兵购置马匹镶军械折	乾隆二十年十月十九日
334	03-0174-1400-007	宁夏将军	和起	奏报官兵自巴里冲起程日期并催肃州等地马匹速解军营折	乾隆二十年十月二十二日
335	03-0174-1457-043	宁夏将军	和起	奏速给进剿剿阿尔岱纳尔徽官兵朴充马匹折	无朝年（未标注）
336	03-18-009-000013-0001-0119		弘历	军机大臣为额勒登额等候应赴赏榜处效力仍在巴里坤等候陕革革职令赴赏榜处军前效力等事驻巴里坤寄信宁夏将军	乾隆二十年十月二十六日
337	03-0174-1383-029	宁夏将军	和起	奏报定西将军札拉丰阿抵达巴里坤日期折	乾隆二十年十月二十六日

续表

序号	档号	官职爵位	责任者	题名	顺纪年
338	03-0174-1460-017	参赞大臣	策愣	奏参宁夏将军和起安西提督豆斌未照行文如数送交马匹请将其交部折	乾隆二十年十月二十七日
339	03-18-009-000013-0001-0133		弘历	军机大臣为安西解送马匹及内地拨解马匹均未送到俟到日即将索伦丁料理进发等事寄信驻扎巴里坤宁夏将军	乾隆二十年十月二十九日
340	03-18-009-000013-0002-0001		弘历	军机大臣为厄鲁特公纳噶察等赴瓦达仕达仕阿克苏城时率额敏和卓及什达瓦达仕阿克苏城丁著赏饯事寄信驻巴里坤宁夏将军	乾隆二十年十一月初一日
341	03-0174-1462-025	参赞大臣	富德	奏请暂将右副将军之印暂交宁夏将军和起收存待有确勒勒喇确切消息即可移交折	乾隆二十年十一月初十日
342	03-0174-1382-079	宁夏将军	和起	奏报额勒登额起日巴里坤起程前往策愣军营折	乾隆二十年十一月十二日
343	03-0174-1383-032	宁夏将军	和起	奏报副都统莽阿纳等抵达巴里坤日期折	乾隆二十年十一月十二日
344	03-0174-1390-018	宁夏将军	和起	奏报郡王夜孟克病愈情形折	乾隆二十年十一月十二日
345	03-0174-1383-033	宁夏将军	和起	奏报扎拉丰阿率索伦兵起程日期折	乾隆二十年十一月十二日
346	03-0174-1460-019	宁夏将军	和起	奏游击王健解送军马迟误请予革职折	乾隆二十年十一月十四日
347	03-0174-1458-043	宁夏将军	和起	奏将选剩甘州等地马匹送往哈密收养折	乾隆二十年十一月十四日
348	03-18-009-000013-0002-0052		弘历	军机大臣为策愣所率官兵补送马匹和起豆斌驻信巴里坤宁夏将军未照小著寄信问回奏等事	乾隆二十年十一月十六日
349	03-0174-1458-032	宁夏将军	和起	奏给侍卫马勒勒登致多布等补充兵马粮饷装备由巴里坤起程折	乾隆二十年十一月十八日
350	03-0174-1443-019	宁夏将军	和起	奏伊犁宰鲁布色布楞素花达下属喇嘛素花达尔嘉等九十三户来投请如何安置折	乾隆二十年十一月十八日
351	03-0174-1434-007	宁夏将军	和起	奏达仕达瓦因封车任默尔根哈屯名号及赏赐物品诚恩折	乾隆二十年十一月二十三日
352	03-0174-1462-026	宁夏将军	和起	奏派官兵看守定边右副将军之印收折	乾隆二十年十一月二十三日

续表

序号	档号	官职爵位	责任者	题　名	原纪年
353	03-0174-1458-034	宁夏将军	和起	奏报军营旧存及肃州新解马匹仪一万五千余未够进剿兵丁骑用折	乾隆二十年十一月二十四日
354	03-0174-1387-026	宁夏将军	和起	奏参劾运送军需银误误官员吉普折	乾隆二十年十一月二十四日
355	03-18-009-000013-0002-0073		弘历	军机大臣为看得近来和起豆斌所奏俱系平常办理之事劳逸驿站马匹著嗣后奏事再将奏事寄信驻巴里坤宁夏将军	乾隆二十年十一月二十五日
356	03-0174-1457-049	署理宁夏将军印务副都统	保柱	奏报宁夏官员马匹内挑选四百余匹起解西路军折	乾隆二十年十一月二十六日
357	03-18-009-000013-0002-0082			军机大臣为策楞进兵俱依赖马匹著和起豆斌理应将巴里坤送到马匹即行解送不误将策楞进兵寄信驻巴里坤宁夏将军	乾隆二十年十一月二十八日
358	03-18-009-000013-0002-0085		弘历	军机大臣为伊犁凌属人等请回原游牧著接济口粮俟来年再迁事寄信驻巴里坤宁夏将军等	乾隆二十年十一月三十日
359	03-0174-1458-037.1	宁夏将军	和起	奏给出征伊犁官兵运送马匹情形并报头起官兵已补足马匹折	乾隆二十年十二月初二日
360	03-0174-1435-012	宁夏将军	和起	奏遵旨奖赏噶尔藏多尔济兵丁一同办理银两折	乾隆二十年十二月初二日
361	03-0174-1434-008	宁夏将军	和起	奏副都统鄂实已抵巴里坤一同办理赐赏达什达瓦妻缎银两等事折	乾隆二十年十二月初二日
362	03-0174-1383-039	宁夏将军	和起	奏报钦命章京上行走刘统勋与副都统鄂实由巴里坤往北路军营起程日期折	乾隆二十年十二月初四日
363	03-0174-1434-009	宁夏将军	和起	奏布库努特被剿灭其属下巴图尔等未追随阿巴噶斯请赏赍折	乾隆二十年十二月初四日
364	03-18-009-000013-0002-0101		弘历	军机大臣为策楞率兵进赶去马匹俱系噶勒藏多尔济水过巴里坤赶去马匹陆续送到著接济出兵事寄信驻巴里坤宁夏将军	乾隆二十年十二月初五日

续表

序号	档号	官职爵位	责任者	题　　名	原纪年
365	03-0174-1426-039	宁夏将军	和起	奏报护送将军萨喇尔之兄卜布林等进京手萨喇尔兵塔尔齐口镇拿阿睦尔撒纳折	乾隆二十年十二月初五日
366	03-0174-1456-046	宁夏将军	和起	奏明游击王国世运到军粮一半转运军营一半由兵丁带往折	乾隆二十年十二月初六日
367	03-0174-1460-020	宁夏将军	和起	奏遵旨将迟运军粮游击王国世解至巴里坤巡抚关达善审处折	乾隆二十年十二月初六日
368	03-18-009-000013-0002-0114		弘历	军机大臣为和起豆斌办理军需迟误误部议革职在军营效力然均不曾历事著免其革职从宽留任事寄信驻巴里坤宁夏将军	乾隆二十年十二月初七日
369	03-0174-1458-041	宁夏将军	和起	奏报各地送到巴里坤军营之马匹均很瘦弱不能骑用折	乾隆二十年十二月十二日
370	03-0174-1404-020	宁夏将军	和起	奏报宁夏庄浪官兵撤回折	乾隆二十年十二月十二日
371	03-0174-1458-042	宁夏将军	和起	奏拟于巴里坤等地牧放挑剩瘦弱马匹并发给牧马兵丁盐菜银拟	乾隆二十年十二月十二日
372	03-0174-1448-009	宁夏将军	和起	奏护送推噶尔所部嘛嘛达木巴尔达木巴尔扎尔等回藏折	乾隆二十年十二月十二日
373	03-0171-0382-018	暂护宁夏将军印务副都统	保柱	奏查报宁夏满营调任西路路军营马匹数目及关朴缺额折	乾隆二十年十二月十六日
374	03-18-009-000013-0002-0144		弘历	军机大臣为阿逆在博罗塔拉苫纳噶产等毋庸赴回子地方起黄楞处额敏和卓兵撤回事寄信驻巴里坤宁夏将军	乾隆二十年十二月十九日
375	03-0176-1571-033	宁夏将军	和起	奏报参赞大臣达勒当阿等自巴里坤整装进兵日期折	乾隆二十年十二月二十三日
376	03-0176-1571-034	宁夏将军	和起	奏将马匹自巴里坤送往定西将军策楞军营等情折	乾隆二十年十二月二十三日

续表

序号	档号	官职爵位	责任者	题名	原纪年
377	03-0176-1571-024	宁夏将军	和起	奏将自伊犁迁来之喀尔喀台吉普尔普车凌等所属之人匪奏送往原游牧折	乾隆二十年十二月二十三日
378	03-0176-1571-032	宁夏将军	和起	奏接济至巴里坤杜尔伯特布图库等人俟征春送往车凌乌巴什折	乾隆二十年十二月二十三日
379	03-0176-1571-029	宁夏将军	和起	奏遵旨将定边右副将军印由巴里坤派员交扎扎丰阿及送马到巴保处折	乾隆二十年十二月二十三日
380	03-0176-1571-026	宁夏将军	和起	奏遵旨派送达什兵丁前赴定西将军策楞处折	乾隆二十年十二月二十三日
381	03-0479-002	宁夏将军	和起	奏为筹补续进征兵J骡马缺数口粮事	乾隆二十年十二月二十八日
382	03-0479-012	宁夏将军	和起	参奏安西提督游击王建等经理木普倒毙等生马匹事	乾隆二十年十二月二十八日
383	03-0176-1571-050	宁夏将军	和起	奏报济自伊犁迁来之喀尔喀米希公等人并将其迁往阿尔泰地方安置折	乾隆二十年十二月二十八日
384	03-0176-1572-002	宁夏将军	和起	奏报两起征官兵数目及达什瓦奏谢赏茶叶等物之恩折	乾隆二十年十二月二十八日
385	03-0479-013	宁夏将军	和起	奏参凉州佐领苏珠克图等解营马匹疲瘦请议处折	乾隆二十年十二月二十八日
386	03-0176-1572-001	宁夏将军	和起	奏报来归之准噶尔蒙古人等暂时安置于巴里坤等情折	乾隆二十年十二月二十八日
387	03-0176-1571-047	宁夏将军	和起	奏遵旨将定边右副将军萨喇勒之兄喇嘛罗卜所率人等历迁回察哈尔地方安置事	乾隆二十年十二月二十八日
388	03-0176-1573-008	暂护宁夏将军印务副都统	保柱	奏护宁夏将军马匹停止送往肃州折	乾隆二十一年正月初六日
389	03-0176-1572-031	宁夏将军	和起	奏报厄鲁特公扎克克台吉等自北路抵达巴里坤并补充马匹干粮旋起伊犁折	乾隆二十一年正月初九日
390	03-0176-1572-033	宁夏将军	和起	奏报接济移驻巴里坤地方之达什干粮瓦人等折	乾隆二十一年正月初九日
391	03-0176-1572-044	宁夏将军	和起	奏报令礼哈沁卫署济严查逃犯希拉克本等折	乾隆二十一年正月初九日

续表

序号	档号	官职爵位	责任者	题　　名	原纪年
392	03-0176-1572-040	宁夏将军	和起	奏报侍卫观常保等牵沙克都尔曼济等案巴里济克兑等一并起定西将军营折	乾隆二十一年正月初九日
393	03-0176-1572-032	宁夏将军	和起	奏报侍卫奇布率兵走定西将军营年日期折	乾隆二十一年正月初九日
394	03-0176-1572-045	宁夏将军	和起	奏派人将银两送往乌兰乌苏等卡伦以购驼马什物折	乾隆二十一年正月初九日
395	03-18-009-000015-0001-0019		弘历	军机大臣为著保柱解住西路路之军马若干启程即送往指定地点若未后程即停止解送事致署理宁夏将军务副都统	乾隆二十一年正月十一日
396	03-18-009-000015-0001-0023		弘历	军机大臣为著和起等酌情接济公纳噶察并令其暂住巴里坤事致驻巴里坤办宁夏将军等	乾隆二十一年正月十二日
397	03-18-009-000015-0001-0066		弘历	军机大臣为著和起等俟解送之马匹抵达后分给现在巴里坤之厄鲁特等兵丁即刻启程事致驻巴里坤办小事宁夏将军等	乾隆二十一年正月二十八日
398	02-02-020-001355-0012	署理宁夏将军	保柱	题报自巴里坤返回换防官兵到达日期事	乾隆二十一年二月初六日
399	03-0176-1577-018	宁夏将军	和起	奏闻收到钦差大臣关防折	乾隆二十一年二月十八日
400	03-18-009-000015-0002-0076		弘历	军机大臣为著和起等俟阿逆解至巴里坤后其军需马匹仍留该处牧养事致驻巴里坤宁夏将军等	乾隆二十一年二月二十九日
401	03-18-009-000015-0002-0096		弘历	军机大臣为寄信和起等接到拿获阿逆安信公文后无需继续传送事致驻巴里坤宁夏将军等	乾隆二十一年三月初四日
402	06-02-007-002409-0002		户部	为将宁夏协领对齐应还生息银两应否豁免一案抄单咨宗人府	乾隆二十一年三月十五日
403	03-18-009-000015-0002-0123		弘历	军机大臣为寄信和起等寄巴里坤事宜仍由其办理不得推给锡绰特库事致驻巴里坤宁夏将军等	乾隆二十一年三月十六日
404	03-18-009-000015-0002-0132		弘历	军机大臣为寄信和起等从速起送马匹至策楞军营事致驻巴里坤宁夏将军等	乾隆二十一年三月十九日

续表

序号	档号	官职爵位	责任者	题名	原纪年
405	03-18-009-000015-0002-0136		弘历	军机大臣为寄信和起等晓谕达什瓦寀暂停返回巴里坤即安置巴里坤宁夏将军等	乾隆二十一年三月二十日
406	03-0176-1584-026	护理宁夏将军印地将军务副都统	保柱	奏报宁夏驻防兵丁暂不必购买牧地情形折	乾隆二十一年三月二十日
407	03-18-009-000015-0003-0025		弘历	军机大臣为著和起等速报达什达部众情形事致驻巴里坤宁夏办事宁夏将军等	乾隆二十一年四月初三日
408	03-0176-1586-006	宁夏将军	和起	奏报将喀尔喇公安察木扎布等属众迁回其原游牧情形折	乾隆二十一年四月初五日
409	03-0176-1588-013	暂护宁夏将军印务副都统	保柱	奏请暂缓坐扣马匹所借银两折	乾隆二十一年四月初七日
410	03-18-009-000015-0003-0057		弘历	军机大臣为著额琳沁解至巴里坤即留该处不必送京事致驻巴里坤宁夏将军等	乾隆二十一年四月初九日
411	03-18-009-000015-0003-0071		弘历	军机大臣为著挑选马匹送往巴里坤事致宁夏将军等	乾隆二十一年四月十二日
412	03-18-009-000015-0003-0072		弘历	军机大臣为纳噶察病故著赏其弟达克巴银两小后事并查其子孙袭职事致宁夏将军等	乾隆二十一年四月十三日
413	03-18-009-000015-0003-0083		弘历	军机大臣为著选派人解送马匹补给达勒当阿进军哈萨克事致驻巴里坤宁夏将军等	乾隆二十一年四月十五日
414	03-18-009-000015-0003-0085		弘历	军机大臣为著选巴里坤精兵傅大学士傅恒抵达随其进军事致驻巴里坤宁夏将军等	乾隆二十一年四月十六日
415	03-18-009-000015-0003-0093		弘历	军机大臣为晓谕额敏和卓傅恒抵达巴里坤办理进迁其事致驻巴里坤宁夏将军等	乾隆二十一年四月十七日
416	03-0176-1588-028	宁夏将军	和起	奏报尔喀和卓等暂任扎萨克一等台吉普尔布布凌等所属蒙古自北路送回其游牧折	乾隆二十一年四月十九日
417	03-18-009-000015-0003-0104		弘历	军机大臣为著额敏和卓等暂安置巴里坤等候内大臣兆惠安置巴里坤宁夏将军等	乾隆二十一年四月二十日

续表

序号	档号	官职爵位	责任者	题 名	原纪年
418	03-18-009-000015-0003-0105		弘历	军机大臣为著和起降旨停止会盟照所备军马等物接济策妥留巴里坤事致驻巴里坤宁夏将军等	乾隆二十一年四月二十日
419	03-18-009-000015-0003-0117		弘历	军机大臣为著和起速办军需物品事致驻巴里坤宁夏将军等	乾隆二十一年四月二十四日
420	03-18-009-000015-0003-0125		弘历	军机大臣为著和起赴巴里坤会同锡特库商办军需事致驻巴里坤宁夏将军等	乾隆二十一年四月二十六日
421	03-18-009-000015-0003-0132		弘历	军机大臣为著刘统勋从速回京并报粮饷运送情形事致驻巴里坤宁夏将军等	乾隆二十一年四月二十八日
422	03-18-009-000015-0003-0139		弘历	军机大臣为著将赏赐京马驼等物均充入送回京其了解达什达伯格里弟处兵马觐见官事致驻巴里坤宁夏将军等	乾隆二十一年四月二十九日
423	03-18-009-000015-0003-0137		弘历	军机大臣为维达什达瓦伯格里之麦觐见并赏银粮等物事致驻巴里坤宁夏将军等	乾隆二十一年四月二十九日
424	03-18-009-000016-0001-0002		弘历	军机大臣接旨后著即整练雅尔哈善到达后照刻来京事寄驻巴里坤宁夏将军和起	乾隆二十一年五月初一日
425	02-01-04-14996-001	大学士兼管户部事务	傅恒	题为遵议甘肃平罗县运供宁夏满营兵米照例动给脚费请旨事	乾隆二十一年五月初三日
426	03-18-009-000016-0001-0011		弘历	军机大臣为著令和起谕车木楚克扎布等率兵返回牧场不必随策骛一同进军事寄信驻巴里坤办事宁夏将军和起等	乾隆二十一年五月初四日
427	03-18-009-000016-0001-0050		弘历	军机大臣为达什部属民到巴里坤后著和起著将伊等送至阿尔泰事寄信驻巴里坤宁夏将军和起等	乾隆二十一年五月十二日
428	03-18-009-000016-0001-0076		弘历	军机大臣为厄鲁特军条讷默库等私自逃回游牧传谕和起等将伊等拿获拿晓示罪状正法事寄信驻巴里坤宁夏将军和起等	乾隆二十一年五月二十二日

续表

序号	档号	官职爵位	责任者	题　名	原纪年
429	03-18-009-000016-0001-0079		弘历	军机大臣为著和起等派人送巴雅尔所差领取俸银者乘驿进京等情事寄信驻巴里坤宁夏将军和起等	乾隆二十一年五月二十二日
430	03-18-009-000016-0001-0086		弘历	军机大臣为传谕达什达瓦所属军桑讷默库等私逃回游牧著缉拿正法事寄信驻巴里坤宁夏将军和起等	乾隆二十一年五月二十六日
431	03-0176-1595-004	宁夏将军	和起	奏将俄罗斯布龙乌力等送至乌里雅苏台合自恰克图遣回折	乾隆二十一年五月二十七日
432	03-18-009-000016-0002-0018		弘历	军机大臣为传谕和起等嗣后每次送住军营银两数目不得逾万等情事寄信驻巴里坤宁夏将军等	乾隆二十一年六月初八日
433	03-18-009-000016-0002-0020		弘历	军机大臣为传谕富德处来人送回著正法并将巴里坤宁夏将军和起等即信驻巴里坤宁夏将军和起等	乾隆二十一年六月初八日
434	03-0211-4591-066	宁夏将军	和起	奏查问自布库努物脱出巴图尔和硕齐蒙古入折	乾隆二十一年
435	03-0176-1612-012	宁夏将军	和起	奏报前赴兆惠军营折	乾隆二十一年九月初六日
436	03-0176-1614-023	护理宁夏将军印务副都统	保柱	奏西路撤回兵丁所欠银两借藩库银赔补及漏报欠银数目请交部治罪折	乾隆二十一年九月十七日
437	02-02-020-001357-0029	署理宁夏将军副都统	保柱	题为正黄正红满洲旗协领普满等员老病不能当差请休致折	乾隆二十一年九月二十一日
438	03-0176-1618-032	暂护宁夏等处将军印务副都统	保柱	奏请补宁夏满洲正黄正红二旗协领缺折	乾隆二十一年闰九月十一日
439	03-0176-1620-033	宁夏将军	和起	奏遵旨抵济尔噶朗地方与副将军兆惠一并办事折	乾隆二十一年闰九月二十六日
440	03-0176-1622-017	定边右副将军	兆惠	奏派宁夏将军和起等缉捕辉特汗巴雅尔等折	乾隆二十一年十月初四日

续表

序号	档号	官职爵位	责任者	题　　名	原纪年
441	02-02-020-001357-0038	署理宁夏将军副都统	保柱	题为正白满旗佐领宝勒讷年迈残疾请准休致事	乾隆二十一年十月初七日
442	02-01-04-15001-002	陕甘总督	黄廷桂	题请开销甘肃平罗县运送宁夏满兵乾隆二十一年并二十年口粮需用胸费银两事	乾隆二十一年十月十二日
443	02-02-020-001357-0050	署理宁夏将军副都统	保柱	题报循例查看宁夏驻防官兵军械情形事	乾隆二十一年十一月初九日
444	02-01-006-001481-0001	大学士兼管兵部事务	来保	为核议宁夏将军所辖正白旗满满洲佐领保尔并镶红旗满洲佐领达伦因残休致事	乾隆二十一年十二月初六日
445	03-18-009-000014-0002-0212		弘历	为调青州将军舍图肯为宁夏将军该缺由镶红旗都统达色木放事	乾隆二十一年十二月初十日
446	03-0176-1626-043	宁夏副都统	保柱	奏请率兵赴西路出剿厄鲁特叛贼等折	乾隆二十一年十二月十九日
447	03-18-009-000017-0002-0219		弘历	军机大臣为传谕保柱速将该处备用马匹送任黄廷桂处事寄信护宁夏将军印务副都统保柱	乾隆二十一年十二月二十七日
448	03-0176-1627-034	巴里坤办事大臣	雅尔哈善	奏遵旨信宁夏将军和起之弊子送往京师及苏赖瑚暂时躲避无可指调折	乾隆二十一年十二月二十七日
449	06-02-007-002409-0003		户部	为宁夏协领对齐名下清免银两一事应将原咨呈咨人府办理事	乾隆二十一年
450	02-02-020-001359-0004	宁夏将军	舍图肯	题为到任谢恩事	乾隆二十二年正月二十一日
451	03-0176-1631-010	宁夏将军	舍图肯	奏买朴宁夏满营所缺马匹折	乾隆二十二年正月二十一日
452	02-01-04-15081-011	署理户部尚书	李元亮	题为遵议计省平罗县拨供宁夏满兵乾隆二十年口粮粟米支给运送脚价银两事	乾隆二十二年二月初五日
453	02-02-020-001359-0020	宁夏将军	舍图肯	题为核查上年宁夏八旗生息银两收支无亏理应保题事	乾隆二十二年二月十五日

续表

序号	档号	官职爵位	责任者	题　名	原纪年
454	03-0176-1633-018	宁夏将军	舍图肯	奏参宁夏蒙古镶黄旗佐领托克托霍等年老不能办事请免职折	乾隆二十二年二月十五日
455	03-0176-1633-017	宁夏将军	舍图肯	奏校阅宁夏官兵技艺并使荞育兵闲散子弟勤学满语折	乾隆二十二年二月十五日
456	02-02-020-001359-0022	宁夏将军	舍图肯	题报到任后查看驻防官兵军械情形事	乾隆二十二年二月二十日
457	03-0176-1633-041	宁夏将军	舍图肯	奏请借官饷二年以买补宁夏满营马匹折	乾隆二十二年三月初九日
458	02-02-026-001809-0021	宁夏将军	舍图肯	题报二十一年该处发配逃脱情形人犯并无病故脱逃情形事	乾隆二十二年三月十五日
459	02-01-006-001520-0010	大学士兼管兵部事务	来保	为核议宁夏将军题请镶黄旗蒙古佐领托克托和并正蓝旗蒙古防御两拉布年老患病勒令休致事	乾隆二十二年四月二十三日
460	02-01-04-15087-006	甘肃巡抚	吴达善	题为援例请免前任陛亡宁夏将军和起借支养廉银两事	乾隆二十二年六月二十五日
461	03-18-009-000020-0002-0001		弘历	为今凉州庄浪一处大臣官员等著加恩照什兆等所奏叁年俸银免其扣还再宁夏将军舍图肯等亦著加恩免其扣名事	乾隆二十二年七月初一日
462	03-0176-1649-010	宁夏将军	舍图肯	奏请率宁夏官兵巡查地方训练技艺折	乾隆二十二年七月二十三日
463	02-01-04-15091-008	户部尚书	蒋溥	题为遵议甘肃省前任宁夏将军和起预支养廉银两准其籍免事	乾隆二十二年九月初四日
464	02-02-020-001361-0008	宁夏将军	舍图肯	题报宁夏驻防八旗官员军政考选堪应举荐之员事	乾隆二十二年九月十九日
465	02-02-020-001361-0009	宁夏将军	舍图肯	题报宁夏驻防八旗军政考选例应参幼之员事	乾隆二十二年九月十九日
466	03-0176-1661-004	宁夏将军	舍图肯	奏宁夏官兵叩谢赏免缓扣和伊等采办马需马匹所借银两之恩折	乾隆二十二年十一月初十日

续表

序号	档号	官职爵位	责任者	题名	原纪年
467	02-02-037-002688-0018	宁夏将军	舍图肯	题为查看军器等情事	乾隆二十二年十一月二十日
468	02-01-008-001123-0012	大学士兼管工部事务	史贻直	为核议甘肃巡抚题销宁夏宁朔两县办供宁夏满营西路出征兵丁用过药铅火药等项银两事	乾隆二十二年十二月初七日
469	03-0177-1677-019	宁夏将军	舍图肯	奏展限陕甘满洲绿营官兵应赔补银两谢恩折	乾隆二十二年十二月十七日
470	03-0177-1675-028	宁夏将军	舍图肯	奏将故绎之克勒特扎克勒沁哈古赏兵谢恩折	乾隆二十二年十二月二十八日
471	02-01-04-15095-010	陕甘总督	杨应琚	题为奏销平罗县拨供宁夏满兵乾隆二十三四两年口粮粟米应需运脚银两事	乾隆二十二年
472	02-02-020-001363-0006	宁夏将军	舍图肯	题报上年发遣宁夏当差为奴入犯数目事	乾隆二十三年二月初九日
473	02-02-020-001363-0007	宁夏将军	舍图肯	题为核查上年宁夏八旗生息银两收支无亏例当保题事	乾隆二十三年二月初九日
474	03-0177-1690-008	宁夏将军	舍图肯	奏请将在军营行走之闲散官京双明补放骁骑校折	乾隆二十三年三月十六日
475	03-0177-1688-013		口口口	阿卜杜尔玛关于伯克养里克并未参与围攻宁夏满军和起之供单	乾隆二十三年三月
476	04-01-01-0223-022	陕甘总督	黄廷桂	奏为特参宁夏满营协领齐布腾等小解马匹不力请旨严加议赔补料解事	乾隆二十三年五月初十日
477	03-18-009-000021-0003-0020		弘历	为宁夏满营解送巴里坤马匹照例礼让领伯色等解领齐布腾昌阿礼佐领疏忽致多遗失俱著严交文部加议处仍勒令今分赔事	乾隆二十三年五月十七日
478	04-01-01-0223-028	陕甘总督	黄廷桂	奏报宁夏协领常阿里等员已未寻获马匹数目并移咨著赔事	乾隆二十三年六月初十日
479	02-01-006-001578-0002	大学士兼管兵部事务	未保	为核议甘肃宁夏协领齐布腾等员遗失军需马匹请参参处事	乾隆二十三年六月十一日

续表

序号	档号	官职爵位	责任者	题　名	原纪年
480	03-0177-1704-017	宁夏将军	舍图肯	奏报照数赔补协领齐布腾送马途中所失马匹俟其交差返回再行催还折	乾隆二十三年七月初三日
481	03-0177-1719-001	宁夏将军	舍图肯	奏恩请陛见折	乾隆二十三年九月十三日
482	03-0177-1720-036	宁夏将军	舍图肯	奏报收讫鄂尔多斯买送之马匹并分拨各营谢恩折	乾隆二十三年九月二十日
483	02-02-020-001366-0015	宁夏将军	舍图肯	题为查验宁夏驻防八旗官兵军械情形事	乾隆二十三年十一月十八日
484	03-0177-1739-005	署宁夏将军军副都统	保柱	奏谢宽免甘省兵所借官银之恩折	乾隆二十三年十二月三十日
485	03-18-009-000027-0001-0006		弘历	为著舍图肯调朴尔德色达朴尔色调补宁夏将军额尔德蒙额尔色授青州将军额尔奇木补授荆州副都统事	乾隆二十四年正月十七日
486	03-0177-1741-015	署宁夏将军印务副都统	保柱	奏谢增给甘肃满汉官兵粮草折价银两之恩折	乾隆二十四年正月十八日
487	03-0177-1742-007	署宁夏将军印务副都统	保柱	奏谢增结陕甘官兵盘费银之恩折	乾隆二十四年正月二十四日
488	03-0177-1739-030	青州将军	达色	奏为调任宁夏将军请求陛见折	乾隆二十四年正月二十四日
489	03-0177-1751-006	署宁夏将军印务副都统	保柱	为请示应否转送兵部给新任宁夏将军咨文事咨呈	乾隆二十四年正月二十五日
490	03-0177-1742-031	署宁夏将军印务副都统	保柱	奏谢议叙加级之恩折	乾隆二十四年正月二十六日
491	02-02-020-001367-0033	宁夏将军	达色	题为到任接印谢恩事	乾隆二十四年三月二十日
492	02-02-020-001368-0018	宁夏将军	达色	题报接任后查看属下官兵军械情形事	乾隆二十四年四月二十四日
493	03-0177-1758-014	宁夏将军	达色	奏查看宁夏八旗官兵骑射情形并差人前往张家口等处采买马匹折	乾隆二十四年四月二十四日

附录三　中国第一历史档案馆藏有关清代宁夏驻防八旗圣旨奏折索引表 A

续表

序号	档号	官职爵位	责任者	题　　名	原纪年
494	03-0177-1759-024	宁夏将军	达色	参奏宁夏派往归化城采买马匹之骁骑校常格折	乾隆二十四年五月初四日
495	03-0177-1765-019	宁夏将军	达色	奏将由鄂尔多斯采买马匹补给宁夏满洲绿营并率官兵谢恩折	乾隆二十四年六月初一日
496	03-0177-1768-014	宁夏将军	达色	参奏宁夏右翼副都统佟福柱折	乾隆二十四年六月十四日
497	03-0177-1768-013	宁夏右翼副都统	佟福柱	参奏宁夏将军达色折	乾隆二十四年六月十四日
498	03-0177-1766-012	宁夏将军	达色	奏陈述被副都统佟福柱参劾之原委并补参佟福柱折	乾隆二十四年六月十六日
499	03-0177-1767-006	宁夏将军	达色	为查报从前办理发遣宁夏之人俱给子钱粮当差事咨呈	乾隆二十四年六月二十一日
500	03-18-009-000027-0001-0140		弘历	军机大臣为宁夏将军达色副都统佟福柱相互揭参案著伊亲自查奏信西安将军	乾隆二十四年闰六月初一日
501	03-0178-1772-013	宁夏将军	达色	参奏前任宁夏将军舍图肯及副都统保柱等军	乾隆二十四年闰六月初九日
502	03-0178-1772-014	西安将军	松阿哩	奏由西安起程前往宁夏查办宁夏将军达色副都统佟福柱互相纠参之案折	乾隆二十四年闰六月十一日
503	03-0178-1778-046	西安将军	松阿哩	为文回宁夏将军达色色原折事咨呈	乾隆二十四年七月初二日
504	03-0178-1778-028			谕为著将宁夏将军达色交该察议副都统佟福柱革职事	乾隆二十四年七月十三日
505	03-0178-1780-024	宁夏将军	达色	奏收到牧场解来马匹分给驻防各营折	乾隆二十四年七月十八日
506	03-0178-1780-027	宁夏将军	达色	奏为补给宁夏驻防各营马匹谢恩折	乾隆二十四年七月十八日
507	03-0178-1779-032	西安将军	松阿哩	参奏宁夏佐领白灵阿折	乾隆二十四年七月二十四日
508	03-0178-1781-041	宁夏将军	达色	参奏宁夏镶白满洲旗佐领阿格等人采买马匹死亡大半折	乾隆二十四年七月二十九日
509	02-01-006-001633-0019	大学士兼管兵部事务	来保	为核议宁夏将军达色以无关紧要事务与副都统佟福柱互相奏题请奏处事	乾隆二十四年八月初二日
510	04-01-01-0231-053	陕甘总督	杨应琚	奏为宁夏满营补ება剩余剩马匹已经另行分拨事	乾隆二十四年八月初九日

263

续表

序号	档号	官职爵位	责任者	题名	顺纪年
511	03-0178-1783-017			谕为著将宁夏佐领四格等及兵丁押解刑部拟罪事	乾隆二十四年八月二十二日
512	02-01-006-001637-0020	大学士兼管兵部事务	来保	为甘肃宁夏将军达色等员捏造抵欠钱粮混行抵赖副都统保柱改写账簿等遵旨参处事	乾隆二十四年八月二十九日
513	02-02-020-001370-0015	宁夏副都统	德云	题为到任谢恩事	乾隆二十四年十月初九日
514	03-0178-1792-026	宁夏将军	达色	奏为奉旨申饬谢恩折	乾隆二十四年十月初九日
515	03-0178-1790-010	宁夏将军	达色	奏报抄革职佐领四格防御御保德及随贵买马兵丁家产折	乾隆二十四年十月十五日
516	02-01-006-001645-0001	大学士兼管兵部事务	来保	为核议甘肃宁夏副都统保柱降级留任三年无过题请开复事	乾隆二十四年十月十七日
517	03-18-009-000027-0002-0131		弘历	军机大臣为著抄发之四格等十一名官兵家产奴婢在彼作价偿还其买马之亏空事寄信宁夏将军	乾隆二十四年十月二十六日
518	03-0178-1800-013	宁夏将军	达色	奏为奉旨申饬谢恩折	乾隆二十四年十一月二十七日
519	03-0178-1804-051	宁夏将军	达色	奏报核查宁夏滋生银两贸易情形折	乾隆二十四年十二月二十一日
520	03-0178-1805-002	宁夏将军	达色	奏为增给满洲绿营官兵米豆马料钱叩谢天恩折	乾隆二十四年十二月二十四日
521	06-02-007-002401-0023		户部	宁夏将军舍图肯借过镶白三旗滋生本利银两作十季扣还并扣还完结缘由咨呈宗人府查办单	乾隆二十四年
522	02-01-007-019166-0002	甘肃巡抚	吴达善	题为审理宁夏满营领催二德主使满兵七哥打死良民闫仁一案依律定拟事	乾隆二十五年正月二十八日
523	03-0178-1810-031	宁夏将军	达色	奏请将双明朴放宁夏正蓝满洲旗御前事	乾隆二十五年二月初三日
524	02-02-020-001372-0004	宁夏将军	达色	题核销上年宁夏驻防八旗运收支并无亏空事	乾隆二十五年二月初八日

续表

序号	档号	官职爵位	责任者	题名	原纪年
525	03-0178-1821-008	宁夏将军	达色	奏闻十四阿哥哥薨恭请圣安折	乾隆二十五年四月二十三日
526	03-0178-1821-035	宁夏将军	达色	奏请赴京仰见天颜折	乾隆二十五年五月初一日
527	02-01-007-019233-0010	刑部尚书	鄂弥达	题为会审宁夏满营领催二能主使满兵七哥择殴疯民囝仁身死一案依律分别定拟请旨事	乾隆二十五年五月二十二日
528	03-0178-1828-040	宁夏将军	达色	奏闻皇觉贲丧叩请圣安折	乾隆二十五年六月初三日
529	03-0178-1841-008	宁夏将军	达色	奏闻三阿哥薨请圣主万安折	乾隆二十五年九月初三日
530	03-0178-1841-003	宁夏将军	达色	奏请赴京仰见天颜折	乾隆二十五年九月初十日
531	03-0178-1845-028	宁夏将军	达色	奏请裁减宁夏驻军挑养马匹等事折	乾隆二十五年十月十七日
532	03-0178-1850-036	宁夏将军	达色	奏请恩准拨银赏子鳏寡孤独银两缎匹折	乾隆二十五年十一月初三日
533	02-02-020-001374-0021	宁夏副都统	达色	题报查看属下两旗官兵军械情形折	乾隆二十五年十一月初十日
534	03-0178-1854-027	宁夏副都统	保柱	奏请来年任夏将军五台山仰见天颜折	乾隆二十五年十一月二十日
535	03-0178-1853-040		傅恒	奏议宁夏将军达色所请赡养营内鳏寡孤独事宜折	乾隆二十五年十二月初三日
536	02-02-020-001376-0011	署理宁夏将军	保柱	题报上两年发往宁夏充军犯人数目情形事	乾隆二十六年二月初七日
537	03-0179-1870-006	宁夏将军	达色	奏谢宁夏驻防八旗及绿营兵丁所借银两免还之恩旨	乾隆二十六年二月二十五日
538	02-01-04-15387-008	甘肃巡抚	明德	题为遵查凉州庄浪宁夏满兵应需米草奉旨加增不敷银两请从邻省协拨事	乾隆二十六年三月初三日
539	04-01-16-0041-030	陕甘总督	杨应琚	奏为宁夏驻防宁夏协领常阿里等员效力奋勉请旨开复革留分争事	乾隆二十六年三月二十四日
540	03-0179-1871-024	宁夏将军	达色	奏请将前锋司达色补放宁夏正蓝满洲旗索珠佐领下骁骑校折	乾隆二十六年三月

续表

序号	档号	官职爵位	责任者	题名	原纪年
541	02-01-04-15391-014	甘肃巡抚	明德	题为甘省奏销署乾隆二十五年抚标及各镇并宁夏满兵等旧管新收存剩钱粮事	乾隆二十六年四月二十九日
542	02-01-006-001720-0015	大学士兼管兵部事务	来保	为核议驻防甘肃宁夏协领常阿里等布腾等员革职留任后自皆效力备勉题请开复事	乾隆二十六年五月初四日
543	02-01-04-15393-020	陕甘总督	杨应琚	题为遵议平罗县供支宁夏满兵口粮运脚银两请动支司库乾隆二十六年建旷银支给事	乾隆二十六年六月十五日
544	02-01-006-001739-0017	兵部尚书	阿里衮	为核议宁夏将军题请将镶红旗满洲披甲二达色甲作为另户事	乾隆二十六年十月二十八日
545	02-01-04-15406-005	大学士兼管户部事务	傅恒	题为遵旨察核甘肃奏销平罗县拨供宁夏满兵乾隆二十三四两年口粮应需脚价银两事	乾隆二十六年十一月十五日
546	03-18-009-000129-0002-0067		弘历	大学士傅恒为奏宁夏防御双明等再留哈密一年事寄信驻哈密办事员道员淑宝等	乾隆二十六年十二月十八日
547	02-02-026-001837-0003	宁夏将军	达色	题报上年内发遣本地当差及为奴人犯并无病故逃亡情形事	乾隆二十七年二月十三日
548	02-02-021-001381-0007	宁夏将军	达色	题核销宁夏驻防八旗生息银两收支无亏事	乾隆二十七年二月十三日
549	02-02-021-001381-0008	宁夏将军	达色	题为佐领黑构老柄乞休请旨事	乾隆二十七年二月十三日
550	02-02-021-001381-0013	宁夏将军	达色	题报宁夏左翼副都统都统保柱病故事	乾隆二十七年二月二十四日
551	03-0179-1925-024	宁夏副都统	口口口	军机处记名吉林伯都纳西安广州宁夏协领名单	乾隆二十七年二月
552	03-0179-1940-003	宁夏副都统	常格里	奏请进京陛见折	乾隆二十七年四月二十八日
553	03-0179-1965-022	宁夏将军	达色	奏请求进京陛见折	乾隆二十七年九月初一日
554	02-02-021-001383-0006	宁夏将军	达色	题为报明宁夏驻防八旗官员考选军政情形并举荐能员事	乾隆二十七年九月十六日
555	02-02-021-001383-0005	宁夏将军	达色	题为镶白满洲旗防御长青等员考选军政应入法参勤请旨事	乾隆二十七年九月二十六日

续表

序号	档号	官职爵位	责任者	题　名	原纪年
556	02-02-021-001384-0003	宁夏将军	达色	题报查看宁夏驻防八旗官兵军械情形事	乾隆二十七年十一月初十日
557	03-0180-1992-009	署宁夏将军副都统	德云	奏贺浩罕遣使朝觐折	乾隆二十七年十一月二十九日
558	03-0180-1992-021	署宁夏将军副都统	德云	参奏宁夏协领胡柱等人办事疏漏折	乾隆二十七年十二月初二日
559	03-0180-1992-019	署宁夏将军副都统	德云	奏所赏罪奴无一脱逃折	乾隆二十七年十二月初五日
560	02-02-007-000487-0015	署宁夏将军副都统	德云	题报乾隆二十七年宁夏八旗生息银两收支数目情形事	乾隆二十八年二月十三日
561	03-0524-070	凉州将军	巴禄	奏报于凉庄移驻伊犁兵丁内将年老残疾者留归宁夏将军统辖事	乾隆二十八年二月十三日
562	03-0180-2013-008	乌鲁木齐办事大臣	旌额理	奏请将宁夏副都统佟福柱留乌鲁木齐效力折	乾隆二十八年二月二十四日
563	02-02-021-001385-0020	宁夏将军	达色	题报回任接印日期事	乾隆二十八年二月二十五日
564	02-02-021-001385-0039	宁夏将军	达色	题为降旨加一级谢恩事	乾隆二十八年四月初一日
565	02-01-04-15593-007	大学士兼管户部事务	傅恒	题为遵旨核销上年份宁夏驻防收支生息银两事	乾隆二十八年五月初一日
566	02-01-006-001845-0009	署兵部尚书事务	刘纶	为核议宁夏将军达色降三级留任又降一级照旧管事之案三年期满题请开复原参处分事	乾隆二十八年五月二十五日
567	03-0180-2033-017	宁夏将军	达色	奏平定伊犁有功发给宁夏副都统常格里等功牌代其谢恩事折	乾隆二十八年六月初九日
568	03-0180-2046-040	宁夏将军	达色	奏请另户旗人能否发红白喜事银两折	乾隆二十八年七月二十八日

续表

序号	档号	官职爵位	责任者	题　名	原纪年
569	02-02-021-001387-0020	宁夏将军	达色	题报查看宁夏驻防八旗官兵军械情形事	乾隆二十八年十一月十五日
570	03-0181-2091-003	宁夏将军	达色	奏见欣贵妃回家恭请圣安折	乾隆二十九年六月初三日
571	02-01-04-15675-017	陕甘总督	杨应琚	题为甘省平罗县乾隆二十七年拨供宁夏满营料豆用过脚价银两请救部核复事	乾隆二十九年七月初六日
572	02-02-021-001388-0032	宁夏将军	达色	题为佐领多色老病不能当差请休致事	乾隆二十九年八月初三日
573	02-02-021-001389-0020	宁夏将军	达色	题报宁夏驻防八旗官兵军械全无缺损事	乾隆二十九年十一月十五日
574	03-0181-2120-015	宁夏副都统	德云	奏上赏罪叹无人逃亡折	乾隆二十九年十一月二十五日
575	02-02-007-000491-0017	宁夏将军	达色	题报宁夏驻防八旗官兵军械目情形事	乾隆三十年二月初十日
576	02-02-021-001390-0003	宁夏将军	达色	题报乾隆八年至二十八年发遣至宁夏当差人数目事	乾隆三十年二月初十日
577	03-0181-2143-007	宁夏将军	达色	奏闻十六阿哥薨恭请圣安折	乾隆三十年五月初四日
578	03-0181-2144-020	宁夏将军	达色	奏将巡查汉城时酗酒伤人之披甲克星额并管教不严之防御治罪折	乾隆三十年五月十六日
579	03-0177-1768-030	宁夏将军	达色	奏为补参右翼副都统福终福任意行事折	无朗年（未标注）
580	02-01-04-15747-008	大学士兼管户部事务	傅恒	题为遵旨察核甘省平罗县拨供宁夏满营乾隆二十八年应需兵粮用过运脚银两事	乾隆三十年六月十五日
581	03-0181-2162-013	宁夏将军	达色	奏请进京陛见折	乾隆三十年九月初九日
582	02-02-021-001392-0021	宁夏将军	达色	题报查看宁夏驻防八旗官兵军械情形事	乾隆三十年十一月初三日
583	03-18-009-000033-0003-0097		弘历	为宁夏将军达色著授正蓝旗蒙古都统事	乾隆三十年十一月二十一日

续表

序号	档号	官职爵位	责任者	题 名	原纪年
584	03-18-009-000033-0003-0099		弘历	为提督永泰著补授宁夏将军事	乾隆三年十一月二十二日
585	03-0181-2172-021	宁夏副都统	德云	奏报恩赏罪奴并未逃跑折	乾隆三十年十一月二十六日
586	02-01-04-15766-015	署陕甘总督	和其衷	题为甘省平罗县运供宁夏满营乾隆二十九年应高料豆用过运脚银两事	乾隆三十年十二月十七日
587	02-02-021-001394-0008	宁夏将军	永泰	题为到任谢恩事	乾隆三十一年二月初七日
588	02-02-021-001394-0029	宁夏将军	永泰	题报查验宁夏驻防八旗官兵军械情形事	乾隆三十一年三月十九日
589	03-0182-2185-019	宁夏将军	永泰	奏请圣安折	乾隆三十一年四月十六日
590	02-02-021-001395-0011	护理宁夏将军	德云	题报接印日期事	乾隆三十一年四月二十三日
591	02-02-021-001395-0009	宁夏将军	永泰	题为病势垂危不能报答圣恩哀祈事	乾隆三十一年四月二十三日
592	03-18-009-000034-0001-0090		弘历	为额僧僧格著补授宁夏将军事	乾隆三十一年五月初七日
593	02-01-04-15845-001	议政大臣兼管户部事务	傅恒	题为遵旨察核宁夏平罗县拨供宁夏满营乾隆三十八年料豆用过运脚银两事	乾隆三十一年五月初九日
594	02-01-04-15824-007	议政大臣兼管户部事务	傅恒	题为遵旨察核宁夏驻防满营乾隆三十年份收支生息银两各项数目事	乾隆三十一年六月初六日
595	03-0182-2202-021	新授宁夏将军	额僧僧格	奏请进京陛见再任折	乾隆三十一年八月十六日
596	03-0182-2202-056	宁夏副都统	德云	奏请进京陛见折	乾隆三十一年九月十五日
597	03-0182-2210-017.2	哈密办事大臣	萨瀚	奏宁夏将军额僧僧格等回京经过哈密得给盘费片	乾隆三十一年十一月二十四日
598	02-02-021-001397-0012	署理宁夏将军	德云	题报上年发遣至宁夏当差犯人并无病故逃亡情形事	乾隆三十二年二月十七日

续表

序号	档号	官职爵位	责任者	题　名	原纪年
599	03-0182-2220-028	兵部		题录送宁夏骁骑校等员呈呈林致清赏请赏给半俸本	乾隆三十二年二月
600	03-0182-2220-021	宁夏将军	额僧格	奏接任谢恩折	乾隆三十二年三月初六日
601	03-18-009-000034-0004-0025		弘历	为福禄著调补西安将军额僧格著调补杭州将军穆尔泰著授为宁夏将军事	乾隆三十二年三月二十二日
602	02-02-021-001398-0007	宁夏将军	额僧格	题报查验宁夏八旗官兵军械情形事	乾隆三十二年四月初九日
603	03-0182-2225-036	宁夏将军	额僧格	奏请陛见折	乾隆三十二年四月二十八日
604	02-02-007-000496-0007	管户部大学士	傅恒	题为查报宁夏驻防八旗地方乾隆三十一年生息银两收支数目情形事	乾隆三十二年五月十五日
605	02-01-04-15939-009	大学士兼管户部事务	傅恒	题为核察宁夏驻防满洲营乾隆三十一年份收支过生息银两造册题销事	乾隆三十二年五月十五日
606	02-01-04-15930-018	大学士兼管户部事务	傅恒	题为遵旨察核甘省平罗县运供宁夏满营乾隆三十一年兵粮用过脚价银两准其开销事	乾隆三十二年五月十八日
607	02-02-021-001398-0028	宁夏将军	穆尔泰	题报到任日期事	乾隆三十二年六月初九日
608	02-02-021-001398-0027	宁夏将军	额僧格	题报交印日期事	乾隆三十二年六月初九日
609	03-0182-2236-005	宁夏将军	穆尔泰	奏为增加养廉银而谢恩折	乾隆三十二年七月二十四日
610	02-02-021-001398-0040	宁夏将军	穆尔泰	题报查验宁夏驻防官兵军械情形事	乾隆三十二年七月二十六日
611	03-0182-2242-007	宁夏将军	穆尔泰	奏查宁夏八旗兵丁挑补情形折	乾隆三十二年八月十三日
612	02-02-021-001399-0014	宁夏将军	穆尔泰	题报宁夏驻防八旗官员军政考选情形事	乾隆三十二年九月二十四日
613	02-02-021-001399-0013	宁夏将军	穆尔泰	题为开列宁夏驻防八旗军政考选应入八法参劾官员职名请旨事	乾隆三十二年九月二十四日

续表

序号	档号	官职爵位	责任者	题　名	原纪年
614	03-0183-2257-026	宁夏将军	穆尔泰	奏赏福字而谢恩折	乾隆三十三年正月
615	02-02-007-000498-0001	宁夏将军	穆尔泰	题报乾隆三十二年宁夏驻防八旗滋生银两支存数目情形事	乾隆三十三年三月十九日
616	03-1352-008	陕甘总督	吴达善	奏报原任宁夏驻防领四格等在巴里坤效力俱满三年事	乾隆三十三年三月初四日
617	02-01-04-16005-008	陕甘总督	吴达善	题请动支乾隆三十三年建旷银两奏销平罗县运供驻防宁夏营兵马粮料脚价银两事	乾隆三十三年三月二十七日
618	02-01-04-16005-016	大学士兼管户部事务	傅恒	题为察核宁夏将军穆尔泰奏销乾隆三十二年收支生息银两数目事	乾隆三十三年四月十三日
619	03-0183-2268-008	宁夏将军	穆尔泰	奏报筹办宁夏满营官兵红白喜事所需赏赉银折	乾隆三十三年四月二十四日
620	02-01-04-16007-011	大学士兼管户部事务	傅恒	题为议催陕甘总督吴达善奏销平罗县运供宁夏满洲营三十官兵粮脚价银两请旨事	乾隆三十三年六月十五日
621	03-18-009-000035-0003-0168		弘历	为穆尔泰著调补杭州将军善著补授宁夏将军事	乾隆三十三年九月二十四日
622	03-0183-2287-010	宁夏将军	伟善	奏请陛见折	乾隆三十三年十月十三日
623	02-02-021-001403-0002	宁夏将军	穆尔泰	题报查验宁夏驻防八旗官兵军械情形事	乾隆三十三年十一月初二日
624	02-02-021-001403-0004	宁夏将军	伟善	题报到任日期事	乾隆三十三年十一月初六日
625	02-02-021-001403-0003	宁夏将军	穆尔泰	题报交印起程进京陛见日期事	乾隆三十三年十一月初六日
626	02-02-021-001403-0017	宁夏将军	伟善	题为镶黄正白满洲旗协领扎拉甘奏老病不能当差请休致事	乾隆三十三年十二月初四日
627	03-0183-2292-030	宁夏将军	伟善	奏报宁夏驻防八旗甲披甲情形折	乾隆三十三年十二月初四日

续表

序号	档号	官职爵位	责任者	题 名	原纪年
628	02-02-021-001403-0028	宁夏将军	伟善	题报查验宁夏驻防八旗官兵军械情形事	乾隆三十三年十二月十六日
629	03-0183-2303-027	宁夏将军	伟善	奏接任宁夏将军日期及查看官兵训练情形折	乾隆三十三年十二月二十一日
630	03-18-009-000036-0001-0011		弘历	为宁夏满城兵丁无多将军一员副都统一员足敷管辖其右翼副都统员缺即行裁汰德云著来京事	乾隆三十四年正月十七日
631	02-02-007-000499-0015	宁夏将军	伟善	题报上年宁夏驻防八旗官兵支用生息银两情形事	乾隆三十四年二月二十一日
632	03-18-009-000036-0001-0054		口口口	奏为遵旨查报伟善现任为宁夏将军七十现为正红旗护军参领事	乾隆三十四年二月初二日
633	03-0183-2310-005	宁夏将军	伟善	奏报均齐宁夏八旗满军披甲拜唐阿折	乾隆三十四年二月初七日
634	02-01-04-16090-004	协办大学士暂署户部尚书	官保	题为遵旨查核宁夏驻防满洲营乾隆三十三年正月至三十四年正月止收支滋生银数准销事	乾隆三十四年四月十二日
635	05-13-002-000022-0131	宁夏将军	伟善	为恭请成造万寿节无量寿佛事致内务府	乾隆三十四年四月二十八日
636	03-0183-2324-015	宁夏将军	伟善	奏裁撤宁夏八旗匠役等坐养马匹折	乾隆三十四年七月十七日
637	03-0183-2324-025	宁夏将军	伟善	奏裁汰次宁夏八旗步军首领折	乾隆三十四年七月十七日
638	03-0183-2338-021	宁夏将军	伟善	奏请补放宁夏骁骑校员缺折	乾隆三十四年十月十六日
639	02-02-021-001407-0001	宁夏将军	伟善	题报查验宁夏驻防八旗官兵军械情形事	乾隆三十四年十一月初一日
640	02-02-021-001407-0005	宁夏将军	伟善	题报交印起程进京陛见日期事	乾隆三十四年十一月十二日
641	02-02-021-001407-0006	宁夏副都统	常格里	题报接印护理将军印务日期事	乾隆三十四年十一月十二日
642	02-01-04-16101-014	陕甘总督	明山	题请核销甘省平罗县拨供宁夏满营本年兵马粮料用过运脚银钱两事	乾隆三十四年十一月三十日

续表

序号	档号	官职爵位	责任者	题　　名	原纪年
643	03-0184-2360-004	署宁夏将军印务副都统	常格里	奏简员朴放宁夏蒙古正白旗防御员缺折	乾隆三十四年十二月二十一日
644	02-02-026-001869-0010	署理宁夏将军	常格里	题为汇奏乾隆三十四年宁夏所有遗犯数目事	乾隆三十五年二月十二日
645	02-02-021-001408-0012	宁夏将军	伟善	题报到任接印日期事	乾隆三十五年二月二十七日
646	02-02-021-001408-0013	署理宁夏将军	常格里	题报交署印日期事	乾隆三十五年二月二十七日
647	03-0184-2366-027	宁夏将军	伟善	参奏宁夏满洲正黄旗渎职防御玛什泰折	乾隆三十五年三月二十五日
648	03-0184-2380-028	宁夏将军	伟善	奏报驻防宁夏八旗协领兼理佐领印务折	乾隆三十五年六月二十九日
649	03-0184-2378-019	宁夏将军	伟善	奏因拨给宁夏驻防八旗官兵办差需用银两谢恩折	乾隆三十五年六月初四日
650	02-01-04-16195-009	山西巡抚	鄂宝	题报委解甘省宁夏驻防官兵用银数目日期事	乾隆三十五年七月十六日
651	02-01-04-16197-010	陕甘总督	明山	题为奏销乾隆三十五年平罗县拨供宁夏满营兵马粮料支过脚银两事	乾隆三十五年八月初六日
652	02-01-006-002197-0013	吏部尚书暂行兼管兵部事务	托庸	为核议宁夏将军题请镶白正蓝二旗满洲协领双明兼管正红旗满洲佐领等事	乾隆三十五年八月二十日
653	02-02-021-001410-0014	宁夏将军	伟善	题为查验宁夏驻防八旗官兵军械情形事	乾隆三十五年十一月初六日
654	02-01-04-16222-003	户部尚书	素尔讷	题为遵旨察核甘省平罗县本年换运供支驻防宁夏满兵粮料垫支过脚价供银准其开销事	乾隆三十五年十一月初一日
655	02-02-021-001410-0035	宁夏将军	伟善	题为佐领松阿等自陈老病不能当差准休致事	乾隆三十五年十二月十八日

续表

序号	档号	官职爵位	责任者	题名	原纪年
656	02-01-04-16266-003	陕甘总督	明山	题为平罗县拨运宁夏满洲营兵马粮料垫支脚文银两请在本年旬价银动支事	乾隆三十六年二月二十四日
657	02-02-021-001412-0002	宁夏将军	伟善	题为参劾违禁正蓝满洲旗佐领协领旗兵丁事	乾隆三十六年四月初四日
658	02-01-006-002235-0016	工部尚书暂行兼管兵部事务	福隆安	为核议正蓝旗佐领素什等贝失察宁夏驻防八旗兵丁安行奢侈题请参处事	乾隆三十六年五月十五日
659	02-02-021-001413-0003	宁夏将军	伟善	题为镶黄满洲旗佐领宫兰泰自陈老病不能办事请准休致事	乾隆三十六年七月十五日
660	05-08-030-000038-0051		总理万寿庆典工程处	为收讫宁夏驻防将军等交到庆典经费银两事	乾隆三十六年七月
661	05-08-030-000038-0062		总理万寿庆典工程处	为收讫宁夏副都统常格里交到经费银两事	乾隆三十六年十一月
662	02-02-021-001414-0018	宁夏将军	伟善	题报正红蒙古旗协领六格祝六格里兼管佐领情形事	乾隆三十六年十二月初七日
663	02-01-04-16287-024	陕甘总督	明山	题为题销甘肃省平罗县运供宁夏满营乾隆三十五年分兵粮用过脚价银两事	乾隆三十六年
664	02-02-021-001415-0005	宁夏将军	伟善	题报上年发住宁夏军充军犯人情形事	乾隆三十七年二月初三日
665	02-01-007-021572-0015	大学士管理刑部事务	刘统勋	题为会审宁夏驻防马甲四十三因当借当皮袄要被羞杀死塔思哈一案依律拟斩监候请旨事	乾隆三十七年六月二十五日
666	04-01-01-0308-014	西安将军	富僧阿	奏为商酌通格西安塔思恩巴里坤应行筹办宁夏满兵移驻事款事	乾隆三十七年九月二十一日
667	02-02-021-001417-0023	宁夏将军	伟善	题报查验宁夏八旗官兵军械情形事	乾隆三十七年十一月初六日

续表

序号	档号	官职爵位	责任者	题　名	原纪年
668	02-01-04-16383-002	陕甘总督	勒尔谨	题为奏销乾隆三十七年平罗县平夏拨运宁夏满洲营兵马粮料垫支脚文脚价银两事	乾隆三十七年十二月二十日
669	03-0185-2505-010	宁夏将军	伟善	奏报宁夏移驻巴里坤满洲官兵数目折	乾隆三十七年十二月三十日
670	02-02-021-001419-0006	宁夏将军	伟善	题报乾隆十三年至三十七年发至宁夏当差披甲平等满洲人情形事	乾隆三十八年二月初八日
671	03-0185-2511-008	乌鲁木齐参赞大臣	索诺木策凌	奏行文西安宁夏将军移驻哈密等处官兵携带服装片	乾隆三十八年二月十九日
672	03-0185-2518-016	宁夏将军	伟善	奏报宁夏满洲官兵移驻巴里坤等处日期折	乾隆三十八年闰三月十五日
673	03-0185-2518-030	宁夏将军	伟善	奏由京城移驻宁夏满洲官兵安置事宜事	乾隆三十八年闰三月十五日
674	02-01-04-16480-003	署理户部尚书	永贵	题为遵旨察核甘肃省题销平罗县运供宁夏满营乾隆三十七年兵粮用过脚价银两复核无异事	乾隆三十八年闰三月十六日
675	04-01-35-0914-029	陕甘总督	勒尔谨	奏请估交宁夏副都统衙署事	乾隆三十八年五月初十日
676	03-0185-2536-034	宁夏副都统	常格里	奏移驻巴里坤之宁夏满洲兵丁请拨给马匹折	乾隆三十八年七月十三日
677	03-0185-2537-044	宁夏将军	伟善	奏宁夏移驻巴里坤满洲兵丁拨给马匹折	乾隆三十八年七月二十一日
678	03-0185-2538-040	宁夏将军	伟善	奏闻宁夏移驻巴里坤满洲官兵及其家眷起程情形折	乾隆三十八年七月二十六日
679	03-18-009-000039-0002-0009		弘历	为宁夏将军伟善与副都统常格里不睦著申饬伟善并交部严加议罪事	乾隆三十八年八月十六日
680	02-01-006-002397-0003	礼部尚书兼署兵部尚书事务	永贵	为遵旨核议宁夏将军伟善办事未妥协办理移驻巴里坤兵丁马匹事宜事毋庸议该过下属具奏掩饰殊属不职照例处分事	乾隆三十八年九月十一日
681	03-0185-2544-042	宁夏将军	伟善	奏宁夏移驻巴里坤满洲兵丁拨给马匹事宜小理人安奉旨申饬复奏折	乾隆三十八年九月十三日

续表

序号	档号	官职爵位	责任者	题名	原纪年
682	03-18-009-000039-0002-0057		弘历	为伟善年力衰老不胜将军之任著降补福州副都统员缺四年无过再行开复著傅良补授宁夏将军事	乾隆三十八年十月初二日
683	03-0186-2548-028	宁夏副都统	常格里	奏护送宁夏移驻巴里坤满洲携眷官兵俱已移交等情折	乾隆三十八年十月初六日
684	03-0186-2552-006	宁夏将军	伟善	奏谢降补福州副都统之恩折	乾隆三十八年十月二十一日
685	02-02-021-001421-0020	暂署宁夏将军	伟善	题报接印起程日期事	乾隆三十八年十一月十七日
686	02-01-006-002385-0039	护理宁夏将军	常格里	为题报接印护理将军事务日期情形事	乾隆三十八年十一月十七日
687	02-02-021-001421-0024	护理宁夏将军	常格里	题报查验宁夏驻防八旗官兵军械情形事	乾隆三十八年十一月二十二日
688	03-18-009-000039-0002-0146		弘历	为凉州现有满兵驻防副都统兆奇身为汉军著调宁夏副都统常格里调凉州副都统事	乾隆三十八年十二月初九日
689	02-02-021-001421-0033	宁夏将军	傅良	题报交署印任职日期事	乾隆三十八年十二月十三日
690	02-02-021-001421-0032	护理宁夏将军	常格里	题报交署印任职日期事	乾隆三十八年十二月十三日
691	03-0186-2572-001	宁夏将军	傅良	奏报所赏十五名奴才无一逃跑折	乾隆三十八年十二月十三日
692	03-0186-2572-002	宁夏将军	傅良	奏任宁夏将军谢恩折	乾隆三十八年十二月十三日
693	03-0186-2573-012	凉州副都统	兆奇	奏谢授宁夏副都统之恩折	乾隆三十八年十二月三十日
694	03-0186-2574-017	宁夏将军	傅良	奏将移驻巴里坤兵丁所留马匹分给京师调来兵丁拴养等情折	乾隆三十九年正月初四日
695	03-0186-2574-016	宁夏将军	傅良	奏京城调至宁夏兵之兵丁全部抵达并均齐满蒙八旗官兵折	乾隆三十九年正月初四日

续表

序号	档号	官职爵位	责任者	题　名	原纪年
696	03-0186-2574-048	宁夏副都统	兆奇	奏举荐护送军队队有功之西安笔帖式图萨等请酌情升用折	乾隆三十九年正月十六日
697	02-02-021-001422-0010	宁夏副都统	兆奇	题报到任日期事	乾隆三十九年正月二十九日
698	03-0186-2575-022	宁夏副都统	兆奇	奏请进入京陛见折	乾隆三十九年正月二十九日
699	02-02-021-001422-0023	宁夏将军	傅良	题报查验宁夏驻防八旗官兵军械情形事	乾隆三十九年三月初十日
700	03-0186-2580-014	宁夏将军	傅良	奏到任后查看官兵武艺折	乾隆三十九年三月初十日
701	02-01-04-16575-008	大学士管理户部事务	于敏中	题为遵旨察核甘省平罗县拨运宁夏满营乾隆三十八年兵马粮料用过脚价银两事	乾隆三十九年三月二十三日
702	02-02-021-001423-0007	宁夏将军	傅良	题为右翼镶黄旗御石伦石伦请乞病休请事	乾隆三十九年五月二十五日
703	02-01-04-16581-008	署理户部尚书	永贵	题为查核宁夏将军傅良等将宁夏驻防官兵乾隆三十八年赏过红白事件银两各部核销事	乾隆三十九年六月二十日
704	03-0186-2590-030	宁夏将军	傅良	奏请宁夏满营协领出缺亦不分翼从佐领中挑补折	乾隆三十九年七月初二日
705	03-18-009-0001340002-0049		弘历	尚书忠勇公福隆安为著严饬伤伊寄信宁夏将军傅良谨字不得苛扣头与寄将军等事	乾隆三十九年八月初七日
706	03-0186-2591-013	军机大臣	福隆安	奏议宁夏满营协领出缺不分翼从八旗佐领中择优挑补事	乾隆三十九年八月十五日
707	03-0186-2594-035	宁夏将军	傅良	奏因用折子用宁夏抬营错误奉旨申饬折	乾隆三十九年九月初三日
708	02-01-006-002437-0015	工部尚书兼管兵部事务	福隆安	为核议宁夏将军伯傅良降级留任罚满并勒数交纳罚俸银两题请开复事	乾隆三十九年十月二十一日
709	03-18-009-000039-0004-0105		弘历	为以正白旗汉军副都统森布与宁夏副都统赵琦对调事	乾隆三十九年十二月二十二日

续表

序号	档号	官职爵位	责任者	题　名	原纪年
710	03-0186-2614-025	宁夏将军	傅良	奏谢开复隆三级留任处分之恩折	乾隆三十九年十二月十一日
711	03-0186-2615-019	宁夏将军	傅良	奏请将宁夏正黄满洲旗佐领散多等交部议处折	乾隆三十九年十二月二十二日
712	03-0186-2615-018	宁夏将军	傅良	奏请酌减宁夏驻防官兵马匹以便养折	乾隆三十九年十二月二十二日
713	03-0186-2617-034	宁夏将军	傅良	奏宁夏满洲八旗披甲常通偿还其父所借俸银折	乾隆四十年正月初十日
714	03-0186-2617-033	宁夏将军	傅良	奏谢赏福宁之恩折	乾隆四十年正月初十日
715	03-0186-2618-005	军机大臣	舒赫德	奏议傅良所奏酌减宁夏驻防官兵马匹折	乾隆四十年二月初三日
716	02-01-006-002468-0022	工部尚书兼管兵部事务	福隆安	为宁夏将军所属镶白正红二旗满洲协领领久登布等员失查披甲拉什儿挂词支领赏银两题请两请销事	乾隆四十年二月十一日
717	02-01-04-16691-003	陕甘总督	勒尔谨	题为本年平罗县拨运宁夏满洲营兵河料等用过脚价银两请销事	乾隆四十年三月初四日
718	03-18-009-000040-0001-0049		弘历	为西安将军富曾阿痢故著傅良调补西安将军三全补放宁夏将军多霭调补热河副都统明贝补授江宁副都统事	乾隆四十年三月初十日
719	03-18-009-000134-0003-0017	热河副都统	弘历	尚书忠勇公福隆安为著侯多霭到热河详细交待诸事事后来米京请讪进任京宁夏将军三全	乾隆四十年三月十四日
720	03-0186-2622-016	新授宁夏将军	三全	奏朴放宁夏将军多霭而谢恩折	乾隆四十年三月十五日
721	03-0186-2622-026	热河副都统	三全	奏侯多霭达热河后再进京请训折	乾隆四十年三月十六日
722	03-0186-2625-016	宁夏将军	傅良	奏谢调补西安将军之恩折	乾隆四十年三月二十五日
723	02-02-021-001425-0024	宁夏将军	傅良	题报交印起程日期事	乾隆四十年四月初三日
724	02-02-021-001425-0025	护理宁夏将军	富森布	题报接印护理将军事务日期事	乾隆四十年四月初三日

续表

序号	档号	官职爵位	责任者	题名	原纪年
725	03-0186-2634-026	宁夏将军	三全	奏接任日期折	乾隆四十年五月二十九日
726	02-01-04-16696-012	署理户部尚书	永贵	题为遵旨查核甘肃省题销平罗县运供宁夏满洲乾隆四十年兵粮用过脚价银两事	乾隆四十年六月初八日
727	02-01-04-16697-017	署理户部尚书	永贵	题为遵旨查核宁夏驻防官兵乾隆三十九年份贫过红白事件银两等事	乾隆四十年六月十九日
728	02-02-021-001426-0008	宁夏将军	三全	题报查验宁夏驻防八旗官兵械情形事	乾隆四十年七月初六日
729	03-0187-2644-036	宁夏将军	三全	奏恭贺金川报捷折	乾隆四十年八月二十六日
730	03-0187-2660-004	宁夏将军	三全	奏谢木放伊子萨阿灵阿三等侍卫之恩折	乾隆四十年十一月十二日
731	02-02-021-001427-0012	宁夏将军	三全	题报查验宁夏驻防八旗官兵军械情形事	乾隆四十年十一月二十八日
732	03-0549-031	宁夏将军	三全	奏请马厂余地报垦升科事	乾隆四十年十二月初五日
733	04-01-22-0034-006	宁夏将军	三全	奏为宁夏县所属马厂地亩请文勘定界酌定升科事	乾隆四十年十二月初五日
734	02-02-021-001427-0024	宁夏将军	三全	题报新任协领阿玉锡兼管前任错佐领事	乾隆四十年十二月十二日
735	03-0187-2664-004	兵部尚书	蔡新	为宁夏副都统富森布抵京陛见事咨文	乾隆四十年十二月十三日
736	03-0187-2674-005	宁夏将军	三全	汇奏宁夏一年所办偷盗案件折	乾隆四十一年正月二十九日
737	02-02-021-001428-0011	宁夏将军	三全	题报上年内宁夏八旗属下发配马奴入犯并无病故逃跑情形事	乾隆四十一年二月初九日
738	02-01-006-002585-0002	署理兵部尚书	舒赫德	为核议宁夏将军等题请将甘肃平罗县所属马厂地亩仍留满营牧放马匹等事	乾隆四十一年二月十七日
739	03-0187-2676-006	宁夏将军	三全	奏恭贺罗平定金川折	乾隆四十一年二月十八日
740	03-0187-2677-049	宁夏将军	三全	奏谢名列右班之恩折	乾隆四十一年三月初二日
741	02-01-04-16807-021	陕甘总督	勒尔谨	题请核销乾隆四十一年份供宁夏驻防兵马料用过脚价银两事	乾隆四十一年八月十三日

续表

序号	档号	官职爵位	责任者	题　　名	原纪年
742	03-0187-2694-009	宁夏将军	三全	奏请进京陛见折	乾隆四十一年八月二十三日
743	02-01-006-002603-0006	兵部尚书	福隆安	为核议宁夏满营牧马场地可耕余地酌定章程事	乾隆四十一年十月十四日
744	02-01-04-16814-008	大学士管理户部事务	于敏中	题为遵旨核议甘省平罗县运供宁夏满洲营乾隆四十一年兵粮用过脚价银两于年项内支销事	乾隆四十一年十一月初三日
745	02-02-021-001430-0005	宁夏将军	三全	题报查验宁夏八旗官军械情形事	乾隆四十一年十一月初九日
746	02-02-021-001430-0003	护理宁夏将军	富森布	题报护理将军印务日期事	乾隆四十一年十一月初九日
747	02-02-021-001430-0004	宁夏将军	三全	题报交印起程陛见日期事	乾隆四十一年十一月初九日
748	03-0187-2704-048	宁夏副都统	富森布	奏报赏给之罪奴无逃亡情形折	乾隆四十一年十一月二十九日
749	03-0187-2721-005	宁夏将军	三全	奏宁夏驻防官兵买补马匹折	乾隆四十二年六月二十日
750	03-0187-2721-004	宁夏将军	三全	奏谢赏禄米之恩折	乾隆四十二年六月二十日
751	02-01-006-002619-0006	兵部尚书	福隆安	为核议宁夏将军三全降级留任三年无过题请开复事	乾隆四十二年十一月二十一日
752	02-02-021-001436-0011	宁夏将军	三全	题报查验宁夏驻防八旗官兵军械情形事	乾隆四十二年十一月二十一日
753	03-0187-2728-014	宁夏将军	三全	奏报拿获河州异教徒折	乾隆四十二年十一月二十日
754	03-0187-2727-053	宁夏将军		奏严加缉拿河州地方在逃之异教徒折	乾隆四十二年十一月二十八日
755	03-18-009-000042-0002-0175		弘历	为兵部开列各省驻防副都统领队大臣内齐齐哈尔副都统倭升额宁夏副都统富森布俱不能胜任著来京以参领补用事	乾隆四十二年十一月二十九日
756	03-0187-2728-037	宁夏将军	三全	奏谢开复宁夏将军之恩折	乾隆四十二年十一月三十日

序号	档号	官职爵位	责任者	题名	原纪年
757	03-18-009-000042-0002-0184		弘历	为官福著任齐齐哈尔副都统德尔赛授任宁夏副都统事	乾隆四十二年十二月初二日
758	03-0188-2731-008	协领	德尔赛	奏谢授宁夏副都统之恩并请陛见折	乾隆四十二年十二月十八日
759	02-02-021-001437-0001	宁夏将军	三全	题报上年宁夏地方发遣犯人并无病故及逃亡情形事	乾隆四十三年正月二十五日
760	02-02-021-001437-0011	宁夏副都统	德尔赛	题报到任日期事	乾隆四十三年二月二十八日
761	03-18-009-000043-0001-0122		弘历	为三全现有审问之事著革职其宁夏将军之缺以和隆武补放并将三全解京事	乾隆四十三年四月二十八日
762	02-01-007-022761-0009	刑部尚书	德福	题为会审宁夏驻防兵丁苏精郭因买肉还价起衅伤毙马五一案依律绞监候请旨事	乾隆四十三年五月十一日
763	02-01-07-07311-003	户部尚书兼管刑部事务	英廉	题为会审宁夏驻防满兵福金太因被剥衣抵久起衅伤死张建第案依律绞监候请旨事	乾隆四十三年六月十二日
764	05-13-002-001832-0113	户部	户部	为知照对宁夏将军三全之子三等侍卫伊灵阿居住房难以图画武样缘由一案抄单事致内务府等	乾隆四十三年六月
765	03-0188-2747-018	宁夏将军	和隆武	奏查看宁夏官兵技艺并训练兵丁折	乾隆四十三年闰六月初六日
766	03-0188-2747-017	宁夏将军	和隆武	奏宁夏官兵训练折	乾隆四十三年闰六月初六日
767	03-0188-2747-016	宁夏将军	和隆武	奏宁夏满营马匹停止雇汉人牧养改派官兵放牧折	乾隆四十三年闰六月初六日
768	05-13-002-000443-0144		户部	为咨查衙前侍卫和隆武因在果郡王藻鉴堂闲游讨债令朴放宁夏将军应照何任扣词一案抄单事致内务府等	乾隆四十三年闰六月十五日
769	03-0188-2748-013	宁夏将军	和隆武	奏报宁夏副都统德尔赛官兵老力装片	乾隆四十三年闰六月十八日
770	03-0188-2748-011	宁夏将军	和隆武	奏请将宁夏军需马匹仍交兵丁喂养折	乾隆四十三年闰六月十八日
771	03-0188-2748-012	宁夏将军	和隆武	奏请于秋季率颁宁夏官兵行猎习武并作为定例折	乾隆四十三年闰六月十八日

续表

序号	档号	官职爵位	责任者	题　名	顺纪年
772	03-18-009-000043-0002-0018		弘历	为宁夏满洲营牧放马匹竟出银雇汉人牧放实属不当实著严宣谕各省满洲驻防将军等务必严加管束官兵事	乾隆四十三年闰六月二十六日
773	03-18-009-000135-0001-0055		弘历	大学士阿桂等为操练官兵骑射出众者可酌情赏银事寄信宁夏将军和隆武	乾隆四十三年闰六月二十七日
774	03-18-009-000135-0001-0056		弘历	大学士阿桂等为德尔赛去年由荆州协领于任宁夏副都统的奏事迈不能小事为何不据实陈奏事寄信荆州将军兴肇	乾隆四十三年七月初七日
775	03-18-009-000043-0002-0028		弘历	为宁夏副都统德尔赛年老休致著永铎调任黑龙江副都统之缺著庆森补授事	乾隆四十三年七月初九日
776	03-0188-2750-014	盛京将军	弘晌	奏授其长子永铎为宁夏副都统而谢恩折	乾隆四十三年七月十六日
777	03-0188-2750-023	盛京将军	弘晌	奏其子宁夏副都统永铎奉旨赏戴花翎而谢恩折	乾隆四十三年七月二十三日
778	03-0188-2755-041	宁夏将军	和隆武	奏请陛见折	乾隆四十三年八月二十二日
779	03-0188-2758-012	宁夏将军	和隆武	奏谢赏犯人折	乾隆四十三年九月初十日
780	02-02-021-001439-0015	宁夏副都统	永铎	题报到任日期事	乾隆四十三年九月二十日
781	02-02-021-001439-0014	宁夏将军	和隆武	题报文印领兵打围日务日期事	乾隆四十三年九月二十日
782	02-02-021-001439-0016	署理宁夏将军	永铎	题报接署将军印务日期事	乾隆四十三年九月二十日
783	03-0188-2759-016	宁夏副都统	永铎	奏报到宁夏副都统任谢恩折	乾隆四十三年九月二十日
784	03-0188-2759-014	宁夏将军	和隆武	奏率领宁夏官兵行围训练折	乾隆四十三年九月二十日
785	03-0188-2760-034	宁夏将军	和隆武	奏闻率领宁夏官兵行围训练情形折	乾隆四十三年十月初三日
786	03-0188-2761-021	荆州将军	兴肇	奏原品休致宁夏副都统德尔赛红满洲旗护荆州并安置于镶红满洲旗折	乾隆四十三年十月初八日
787	03-0188-2764-012	宁夏将军	和隆武	参奏宁夏协领永平等预扣俸饷助差费折	乾隆四十三年十一月十六日

续表

序号	档号	官职爵位	责任者	题　名	原纪年
788	02-02-021-001439-0029	宁夏将军	和隆武	题报查验宁夏驻防八旗官兵军械情形事	乾隆四十三年十一月十六日
789	03-18-009-000135-0002-0090		弘历	大学士阿桂为乘驿来京陛见事寄信宁夏将军和隆武	乾隆四十三年十一月二十一日
790	03-18-009-000043-0002-0148		弘历	为宁夏将军著扎什木素调任事	乾隆四十三年十一月二十八日
791	03-0188-2770-011	宁夏将军	和隆武	年终汇奏所赐犯人并未逃亡折	乾隆四十三年十一月二十九日
792	02-02-021-001440-0012	署理宁夏将军	永铎	题报接署将军印务日期事	乾隆四十三年十一月二十九日
793	03-0188-2765-019	宁夏将军	和隆武	奏将宁夏将军印务交副都统永铎署理进京陛见折	乾隆四十三年十一月二十九日
794	05-13-002-001833-0089		户部	为咨查原任宁夏将军三全名下入官契内刘玉川于二系何等人房屋坐落何处事致内务府等	乾隆四十三年十一月
795	03-0188-2769-018	宁夏副都统	永铎	奏朴放宁夏左翼防御折	乾隆四十三年十二月初二日
796	03-0188-2765-022	副都统	扎什木素	奏谢授宁夏副都统折	乾隆四十三年十二月初四日
797	02-01-04-16957-012	陕甘总督	勒尔谨	题为甘省题销平罗县拨运宁夏驻防满营本年兵马草料应需脚价银两复核无异事	乾隆四十三年十二月十六日
798	03-0188-2777-004	宁夏副都统	永铎	为参奏宁夏协领公差等预扣官兵饷银作公差盘费等咨呈	乾隆四十三年十二月十五日
799	03-0188-2779-018	宁夏将军	扎什木素	奏到宁夏将军任并谢恩折	乾隆四十四年正月二十二日
800	05-13-002-001834-0010		户部	为查办原任宁夏将军三全入官房间地亩奴仆等事宜其人官房应由府查收事致内务府等	乾隆四十四年正月

续表

序号	档号	管职爵位	责任者	题　名	原纪年
801	05-13-002-001834-0067	署理正红旗满洲都统	申保	为原任宁夏将军三全入官房亲契内有康熙年间刘玉川将房屋卖与于二房买一纸相应查明房亲契来源缘由咨复事致内务府	乾隆四十四年正月
802	02-02-027-001934-0014	宁夏将军	札什礼木素	题报乾隆四十三年宁夏地区流人遭犯病故并脱逃数目事	乾隆四十四年二月十二日
803	03-0188-2785-025	宁夏将军	札什礼木素	奏请递补宁夏满洲蒙古旗协领折	乾隆四十四年三月初一日
804	03-0188-2785-026	宁夏将军	札什礼木素	奏请酌拨房地租银以补宁夏官兵公差用银之不足折	乾隆四十四年三月初一日
805	02-01-008-001997-0007	兵部尚书兼管工部事务	福隆安	为核议宁夏甘总督题请核估补修甘肃宁夏满城需用工料银两事	乾隆四十四年三月初九日
806	02-02-021-001441-0019	宁夏将军	札什礼木素	题报查验宁夏驻防八旗官兵木械情形事	乾隆四十四年三月十三日
807	03-18-009-000044-0001-0105		弘历	为宁夏将军扎什木素今降三级调用伊缺著以莽古赛补放并著盛京德福兼副都统事	乾隆四十四年三月二十一日
808	06-02-007-000264-0013	宗人府左司		为宗室莽古赛已放宁夏将军行各该处事	乾隆四十四年三月二十九日
809	03-0188-2790-040	宁夏副都统	永铎	奏将记名左领德善坐补宁夏镶黄正白满洲旗协领折	乾隆四十四年五月初一日
810	02-02-021-001442-0014	署宁夏将军	永铎	题报交署印日期事	乾隆四十四年六月十二日
811	02-01-04-17078-008	户部尚书	英廉	题为前任宁夏将军扎什木素题销乾隆四十三年宁夏驻防官兵红白事件银两查核相符准销事	乾隆四十四年七月初八日
812	05-13-002-001836-0034		户部	为咨查原任宁夏将军三全入官地亩一案抄单事致内务府等	乾隆四十四年七月
813	05-13-002-000042-0114	宁夏将军	莽古赛	为赍送补造无量寿佛应交工料银两事致内务府	乾隆四十四年八月初十日

续表

序号	档号	官职爵位	责任者	题名	顺纪年
814	03-0188-2799-004	宁夏将军	莽古赉	奏奉宁夏官兵护送六世班禅额尔德尼过黄河至横城折	乾隆四十四年九月初六日
815	02-01-008-002006-0020	兵部尚书兼管工部事务	福隆安	为核议陕甘总督题销清查驻防宁夏宁朔二县供支驻防宁夏满兵乾隆四十三年份操演枪炮用过药铅等项银两事	乾隆四十四年十月二十三日
816	02-02-021-001443-0021	宁夏将军	莽古赉	题报查验宁夏驻防八旗官兵军械情形事	乾隆四十四年十一月二十二日
817	02-01-04-17089-002	陕甘总督	勒尔谨	题为题销甘省平罗县运供宁夏满营乾隆四十三年兵粮用过脚价银两事	乾隆四十四年十二月初二日
818	02-02-021-001443-0037	宁夏将军	莽古赉	题为汇奏宁夏驻防正蓝等旗补放佐领防御等缺情形事	乾隆四十四年十二月十六日
819	03-0188-2817-014	宁夏将军	莽古赉	奏谢赏福字之恩折	乾隆四十五年正月十八日
820	02-02-021-001444-0012	宁夏将军	莽古赉	题报上年内发生宁夏当差犯人并无病故逃亡情形事	乾隆四十五年二月十六日
821	03-0188-2824-002	宁夏将军	莽古赉	奏谢赏觐班次之恩折	乾隆四十五年三月十八日
822	03-0188-2824-015	宁夏将军	莽古赉	奏将驻防宁夏小理红白事伴赏银有误之协领德鲁等交部议处折	乾隆四十五年三月二十一日
823	03-0188-2824-033	宁夏将军	莽古赉	奏将致使宁夏安置之俄罗斯脱逃之满洲佐领三福等交部议处折	乾隆四十五年三月二十九日
824	02-02-007-000525-0021	管理户部事务大学士	英廉	题为核销上年甘肃平罗县拨解宁夏驻防满营兵粮沿途用过脚价银两事	乾隆四十五年四月初四日
825	03-0188-2824-034	宁夏将军	莽古赉	奏将宁夏逃拿获之俄罗斯人严加管束折	乾隆四十五年四月初十日
826	03-0188-2823-011	宁夏将军	莽古赉	奏报六世班禅额尔德尼经过宁夏城日期折伴随日期呈泰览折	乾隆四十五年四月十二日

续表

序号	档号	官职爵位	责任者	题　名	原纪年
827	03-0188-2823-010	宁夏将军	莽古赉	奏报前来陛见之六世班禅额尔德尼经过宁夏城日期等事折	乾隆四十五年四月十二日
828	05-13-002-000451-0029		□□□	为宁夏将军莽古赉等因公降革留任各官应否开复请旨事等	乾隆四十五年四月三十日
829	03-0188-2830-028	宁夏将军	莽古赉	奏将发遣宁夏逃逸拿获罗斯就地正法折	乾隆四十五年五月初九日
830	03-0188-2832-035	宁夏将军	莽古赉	奏谢赏御制诗之恩折	乾隆四十五年五月二十日
831	02-01-04-17169-017	大学士管理户部事务	英廉	题为遵旨察核乾隆四十四年份赏给宁夏驻防红白事件银数事	乾隆四十五年七月初八日
832	02-01-008-002039-0001	工部尚书	绰克托	为核议陕甘总督题销甘肃宁夏宁朔二县供文驻防宁夏满兵乾隆四十四年价操演枪炮用过火药等项银两事	乾隆四十五年七月初十日
833	03-0189-2838-031	宁夏将军	莽古赉	奏谢加级之恩折	乾隆四十五年七月十一日
834	04-01-23-0095-025	宁夏将军	莽古赉	奏为据实陈明宁夏平罗二县满营马厂所余同旷召垦之地误行丈入满营款部核复事	乾隆四十五年七月二十四日
835	03-0189-2842-004	宁夏将军	莽古赉	奏请陛见折	乾隆四十五年八月初二日
836	02-02-021-001446-0003	署理宁夏将军	永铎	题报署理将军印务日期事	乾隆四十五年九月初六日
837	02-02-021-001446-0006	署理宁夏将军	永铎	题报交署印日期事	乾隆四十五年九月二十一日
838	03-0189-2858-015	宁夏将军	莽古赉	奏报宁夏蒙古八旗管束披甲不严之协领八十六交部议处折	乾隆四十五年十一月十二日
839	03-0189-2864-001	宁夏副都统	永保	奏请赴五台山瞻觐折	乾隆四十五年十二月二十日
840	03-0189-2864-002	宁夏将军	莽古赉	奏请赴五台山迎驾折	乾隆四十五年十二月二十日
841	03-0189-2864-018	宁夏将军	莽古赉	奏谢赏福字之恩折	乾隆四十五年十二月二十八日
842	03-0189-2868-014	宁夏将军	莽古赉	汇奏宁夏地方已结未结盗命案折	乾隆四十六年正月二十九日

续表

序号	档号	官职爵位	责任者	题名	顺纪年
843	03-0189-2868-028	宁夏将军	莽古赉	奏谢免罪之恩折	乾隆四十六年二月初二日
844	03-0189-2868-029	宁夏将军	莽古赉	奏谢赏御制古稀说之恩折	乾隆四十六年二月初二日
845	02-02-021-001448-0007	宁夏将军	莽古赉	题报交印起程进京日期事	乾隆四十六年二月初四日
846	02-02-021-001448-0008	署理宁夏将军	永铎	题报接署印务日期事	乾隆四十六年二月初四日
847	04-01-30-0373-009		永铎	奏为宁夏将军莽古赉已遵旨回任西安将军永铎已来军营四品职衔尚安驻前往平凉驻扎事	乾隆朝
848	02-02-021-001448-0032	宁夏将军	莽古赉	题报回任被印日期事	乾隆四十六年四月初三日
849	03-0189-2876-009	宁夏将军	莽古赉	奏请恩准宁夏副都统永铎赴绥远城护送其父弘晌灵柩回京折	乾隆四十六年四月初四日
850	03-0189-2874-030	宁夏将军	莽古赉	奏请率兵前赴河州等处协剿折	乾隆四十六年四月初四日
851	03-0189-2874-042	宁夏将军	莽古赉	奏六世班禅额尔德尼呈利路经宁夏折	乾隆四十六年四月初八日
852	03-0189-2875-008	宁夏将军	莽古赉	奏请赏借赴河州等处兵勘贼之处官兵银两折	乾隆四十六年四月初八日
853	02-02-027-001945-0009	宁夏将军	莽古赉	题报宁夏满洲营应入秋审之秋犯之拟斩犯镶蓝旗蒙古事由情实事	乾隆四十六年四月十二日
854	02-01-04-17241-006	山东巡抚	国泰	题为遵议平罗县及运宁夏驻满营乾隆四十五年兵马粮料应需脚价银两在建旷银肉动支开销事	乾隆四十六年四月十四日
855	03-0189-2876-045		阿桂	谕为申饬宁夏将军莽古赉事	乾隆四十六年四月十四日
856	03-0189-2878-011		阿桂	奏报宁夏将军莽古赉率兵已抵兰州片	乾隆四十六年五月初三日
857	02-01-04-17242-013	署理户部尚书	英廉	题为遵旨查核甘肃省平罗县供平夏满营乾隆四十五年兵粮用过脚价银两准销事	乾隆四十六年闰五月二十九日
858	02-01-04-17243-004	署理户部尚书	英廉	题为遵旨查明宁夏奏销乾隆四十五年份赏给宁夏驻防红白事件银两各数相符事	乾隆四十六年六月十一日

续表

序号	档号	官职爵位	责任者	题　名	原纪年
859	04-01-37-0039-013	陕甘总督	李侍尧	奏为派委甘省西宁道刘光煜验收宁夏满城工程事	乾隆四十六年六月十八日
860	02-01-008-002060-0013	陕甘总督	李侍尧	为题请核销补修宁夏满城等项用过银两事	乾隆四十六年七月二十六日
861	02-01-008-002071-0006	兵部尚书兼管工部事务	福隆安	为核议陕甘总督题请核销宁夏宁朔二县供支驻防宁夏满兵乾隆四十五年份操演枪炮用过铅火绳等项银两事	乾隆四十六年十月初八日
862	02-01-008-002062-0002	兵部尚书兼管工部事务	福隆安	为核议陕甘总督题请核销宁夏宁朔二县修理宁夏满城城楼等工用过工料银两事	乾隆四十六年十月十二日
863	03-0189-2901-006	宁夏将军	莽古赉	奏拣选宁夏闲散派赴凉州庄浪以补该处兵丁缺额折	乾隆四十六年十月十九日
864	03-0189-2908-014	宁夏副都统	永铎	奏谢袭奉恩将军之恩折	乾隆四十六年十一月二十九日
865	03-0189-2908-012	宁夏将军	莽古赉	奏宁夏披甲六十四等聚赌令行治罪并将该副都统永铎交部议处折	乾隆四十六年十一月
866	03-0189-2905-009	宁夏将军	莽古赉	奏授臣子续小传卫将领而谢恩折	乾隆四十六年十一月
867	03-18-009-000045-0004-0142		弘历	为宁夏副都统衙署大门值班兵丁赌博该管协领任领等员著交该部分别议处事	乾隆四十六年十二月十九日
868	03-0189-2911-034	宁夏将军	莽古赉	奏谢赏福字恩折	乾隆四十七年正月初二日
869	03-0189-2918-041	宁夏将军	莽古赉	奏派宁夏官兵补充凉州庄浪等处兵缺折	乾隆四十七年二月二十日
870	03-0189-2920-012	宁夏将军	莽古赉	奏谢赏舆图等物恩折	乾隆四十七年三月初三日
871	02-01-04-17310-028	陕甘总督	李侍尧	题为遵议甘省平罗县运供驻防宁夏满营乾隆四十六年兵马粮料应需脚价银两题销事	乾隆四十七年四月十二日
872	02-02-027-001952-0013	宁夏将军	莽古赉	题为奏闻秋审情实满洲镶白正白旗拟绞缓决犯节略节册事	乾隆四十七年四月十三日

续表

序号	档号	官职爵位	责任者	题　名	顺纪年
873	03-0189-2929-043	宁夏将军	莽古赉	奏补放宁夏镶红镶蓝满洲旗协领等员缺折	乾隆四十七年六月初六日
874	03-0368-067	宁夏将军	莽古赉	奏议凉州庄浪添兵事	乾隆四十七年七月初九日
875	02-01-04-17315-005	大学士暂管户部事务	英廉	题为遵察甘肃平凉平罗县运供宁夏满营乾隆四十六年兵粮用过脚价银两准其开销事	乾隆四十七年七月十三日
876	02-01-04-17315-007	大学士暂管户部事务	英廉	题为核销宁夏驻防官兵乾隆四十六年份赏过红白事件银两事	乾隆四十七年七月十七日
877	02-02-021-001453-0026	署理宁夏将军	永铎	题报接署将军印务日期事	乾隆四十七年九月十二日
878	02-02-021-001453-0027	宁夏将军	莽古赉	题报率兵行围交印起程日期事	乾隆四十七年九月十二日
879	02-02-021-001454-0005	宁夏将军	莽古赉	题报回任将军印务日期事	乾隆四十七年九月二十四日
880	02-02-021-001454-0002	署理宁夏将军	永铎	题报卸署将军印务日期事	乾隆四十七年九月二十四日
881	02-02-021-001454-0011	宁夏将军	莽古赉	题报宁夏驻防八旗考选军政卓异应子孙荐子举荐官员职名事	乾隆四十七年九月二十六日
882	02-02-027-001956-0009	宁夏将军	莽古赉	题为奏明军政考核事	乾隆四十七年九月二十六日
883	02-01-04-17319-009	陕甘总督	李侍尧	题请豁免宁夏满营乾隆四十六年份病故阵亡等官兵借欠各项银两事	乾隆四十七年十一月初五日
884	02-02-021-001455-0011	宁夏将军	莽古赉	题报查验宁夏驻防八旗官兵军械情形事	乾隆四十七年十一月十五日
885	02-01-008-002098-0001	兵部尚书兼管工部事务	福隆安	为核议陕甘总督题销宁夏宁朔二县修宁夏满城用过工料银两并参处宁夏宁朔二县知县造册迟延事	乾隆四十七年十一月二十八日
886	03-0190-2948-017	宁夏将军	莽古赉	奏谢王公闲散宗室子弟赏戴四品顶子其次子赖恒蒙赐之恩折	乾隆四十七年十二月初一日

289

续表

序号	档号	官职爵位	责任者	题　　名	原纪年
887	02-02-021-001455-0029	宁夏将军	莽古赉	题报宁夏正白满洲等旗补放防御等员事	乾隆四十七年十二月十三日
888	03-0190-2952-033	宁夏将军	莽古赉	奏谢赏福宁之恩折	乾隆四十八年正月十三日
889	03-0190-2954-033	宁夏将军	莽古赉	奏报宁夏已完未完命案情形折	乾隆四十八年二月初四日
890	03-0190-2956-025	宁夏将军	莽古赉	奏排补宁夏满蒙八旗兵丁折	乾隆四十八年二月十九日
891	03-18-009-000046-0003-0102		弘历	为兵部带领引见之宁夏副都统衔协领善德著候补八旗蒙古副都统宁夏协领八十六杭州协领佛志著交军机处记名事	乾隆四十八年四月初十日
892	03-18-009-000046-0003-0103		弘历	为宁夏副都统衔协领善德著留京署理正蓝旗蒙古副都统事	乾隆四十八年四月十二日
893	03-0190-2968-033	宁夏将军	莽古赉	奏请擢升宁夏正黄满洲旗佐领三多为协领折	乾隆四十八年六月初六日
894	03-18-009-000047-0001-0023		弘历	为宁夏协领八十六著补授河南城守尉事	乾隆四十八年七月二十七日
895	02-01-008-002119-0022	陕甘总督	李侍尧	为题请核销宁夏宁朔二县补修宁夏满城用过工料银两事	乾隆四十八年七月二十九日
896	03-0190-2973-045	宁夏将军	莽古赉	奏请陛见折	乾隆四十八年八月初二日
897	02-02-022-001457-0040	宁夏将军	莽古赉	题报查验宁夏驻防八旗官兵军械情形事	乾隆四十八年十一月初一日
898	02-02-022-001457-0039	宁夏将军	莽古赉	题报交印起程进京日期事	乾隆四十八年十一月初一日
899	02-02-022-001457-0038	署理宁夏将军	永铎	题报署理印务日期事	乾隆四十八年十一月初一日
900	03-0190-2986-011	宁夏将军	莽古赉	奏报宁夏满营官兵训练情形折	乾隆四十八年十一月初一日
901	02-01-008-002120-0018	署工部尚书	福康安	为核议陕甘总督题销宁夏宁朔二县补修宁夏满城用过工料银两并参处宁夏县知县欧阳立魁等造册迟延事	乾隆四十八年十一月三十日

续表

序号	档号	官职爵位	责任者	题名	原纪年
902	02-01-04-17395-009	户部尚书	和珅	题为遵察甘省平罗县运供宁夏满营乾隆四十七年兵粮用过脚价银两与例相符事	乾隆四十八年十二月十七日
903	03-18-009-000047-0002-0045		弘历	为西安增设副都统一员著永铎调补伊所出宁夏副都统缺著阿拉善王旺沁班巴尔补授事	乾隆四十九年三月二十六日
904	06-02-007-001389-0014		宗人府右司	为将内阁抄出宁夏副都统宗室永铎奉旨调补西安副都统知会各该处事	乾隆四十九年闰三月初七日
905	03-0190-3007-040	宁夏副都统	永铎	奏谢补授宁夏副都统之恩折	乾隆四十九年闰三月十一日
906	03-0190-3010-032	宁夏将军	莽古赉	奏选宁夏满营兵千名以备前往固原镇压回民起义折	乾隆四十九年四月二十二日
907	03-0190-3017-018	宁夏副都统	旺沁班巴尔	奏报接任谢恩折	乾隆四十九年五月初六日
908	03-0190-3016-025	宁夏将军	莽古赉	奏报率满洲官兵赴通渭起程日期折	乾隆四十九年五月十八日
909	03-0190-3016-024	宁夏副都统	旺沁班巴尔	奏请率阿拉善蒙古兵前往通渭防守折	乾隆四十九年五月十八日
910	03-18-009-000137-0001-0119		弘历	尚书和珅为著宁夏副都统旺沁班巴尔率兵前往甘肃剿抚事寄信钦差大学士阿桂等	乾隆四十九年五月二十六日
911	03-0190-3021-003	宁夏将军	莽古赉	奏报率兵抵达隆德县以防回民攻城折	乾隆四十九年五月二十七日
912	03-0190-3022-001	参赞大臣	福康安	奏请暂留宁夏将军莽古赉在平凉府管理军务片	乾隆四十九年六月初五日
913	02-01-04-17421-004	工部尚书暂署刑部事务	金简	题为遵察甘肃省奏销乾隆四十八年平罗县运供宁夏满营兵粮用过脚价银数事	乾隆四十九年六月十六日
914	03-18-009-000047-0002-0161		弘历	为富玉著授散秩大臣莽古赉调回杭州将军嵩椿调宁夏驰驿赴任乌尔图纳逊授绥远城将军积福补授哈尔察衔示都统事	乾隆四十九年六月二十一日
915	03-0191-3028-021	宁夏将军	莽古赉	奏报回到宁夏日期折	乾隆四十九年六月二十三日
916	06-02-007-000234-0049		宗人府左司	为将内阁抄出嵩椿调补放镶蓝旗汉军都统等例行各该处事	乾隆四十九年六月二十六日

续表

序号	档号	官职爵位	责任者	题名	原纪年
917	03-0191-3025-005	绥远将军	嵩椿	奏报卸任起赴宁夏将军任日期折	乾隆四十九年六月二十六日
918	03-0191-3030-034	宁夏将军	莽古赉	奏调朴杭州将军谢恩折	乾隆四十九年七月初四日
919	03-0191-3028-036	宁夏将军	嵩椿	奏报接任日期折	乾隆四十九年七月初六日
920	03-18-009-000047-0002-0183		弘历	为旺沁班巴尔带宁夏满兵阿拉善兵奋力剿贼甚为可嘉著加恩赏一公爵令旺沁班巴尔于其弟中择一贤令承袭事	乾隆四十九年七月十一日
921	03-0191-3030-035	宁夏副都统	旺沁班巴尔	奏请指选伊弟玛哈巴拉等承袭公爵折	乾隆四十九年七月二十二日
922	03-0191-3033-044	宁夏副都统	旺沁班巴尔	奏报率官兵撤回宁夏日期并请带伊弟进京陛见折	乾隆四十九年八月初四日
923	03-0191-3033-045	宁夏副都统	旺沁班巴尔	奏代伊弟一等台吉玛哈巴拉等谢赏戴花翎之恩折	乾隆四十九年八月初四日
924	03-0191-3040-043	宁夏副都统	旺沁班巴尔	奏报服阙回署日期折	乾隆四十九年九月十五日
925	03-0191-3043-001	宁夏将军	嵩椿	奏谢赏鹿肉之恩折	乾隆四十九年十月初五日
926	03-0191-3048-034	宁夏副都统	旺沁班巴尔	奏赏伊弟公爵谢恩折	乾隆四十九年十一月十七日
927	05-13-002-000466-0104		兵部	为议叙甘肃剿灭匪出力之宁夏将军令调杭州将军茶古赉等奖员奖赏加级录抄原题照事致内务府等	乾隆四十九年十二月二十日
928	03-0191-3055-012	宁夏副都统	旺沁班巴尔	奏谢赏福宁字折	乾隆五十年正月十四日
929	03-0191-3055-014	陕甘总督	福康安	奏宁夏满洲八旗繁衍日众请自凉州庄浪调八百披甲折	乾隆五十年正月十五日
930	03-0191-3057-023	署宁夏将军印务副都统	旺沁班巴尔	奏照例汇报宁夏满洲正白旗披甲西昌阿打死妻子命案缘由折	乾隆五十年正月二十七日

续表

序号	档号	官职爵位	责任者	题名	原纪年
931	02-02-022-001460-0008	署宁夏将军印务副都统	旺沁班巴尔	题报乾隆二十八至四十九年发往宁夏当差为奴旗人病故逃亡情形事	乾隆五十年二月初三日
932	03-0191-3058-030	署宁夏将军印务副都统	旺沁班巴尔	奏谢赐一等功牌折	乾隆五十年二月初七日
933	03-0191-3072-009	署宁夏将军印务副都统	旺沁班巴尔	奏谢假折	乾隆五十年五月初二日
934	03-0191-3072-010	宁夏将军	嵩椿	奏谢赏药折	乾隆五十年五月初四日
935	02-02-022-001460-0028	宁夏将军	嵩椿	题为宁夏满洲正红旗防御德克金自陈老病请准休致事	乾隆五十年七月十八日
936	02-02-007-000536-0002	工部尚书暂署户部	金简	题为核销甘肃平罗县运供宁夏满营上年兵粮用过价脚银两事	乾隆五十年八月二十三日
937	03-0191-3093-005	宁夏将军	嵩椿	奏谢赏毘肉折	乾隆五十年十月初八日
938	03-0191-3090-003	宁夏将军	嵩椿	奏请将私自从牧地回家之佐领富贵等交部议处折	乾隆五十年十月
939	06-02-007-001427-0002		吏部	为动用铅药不能分晰声明奉旨宁夏将军嵩椿等均训饬并曹文填司佐之处注于纪录抵销抄单事致宗人府	乾隆五十年十二月二十一日
940	06-02-007-001427-0001		宗人府右司	为动用铅药不能分晰声明奉旨宁夏将军公嵩椿已经奉旨行户部该旗事	乾隆五十一年正月初九日
941	03-0191-3103-001	宁夏将军	嵩椿	奏谢赏福字折	乾隆五十一年正月二十一日
942	03-0191-3111-001	宁夏将军	嵩椿	奏报宁夏剿贼官兵偿还所借置装银两折	乾隆五十一年三月二十五日
943	03-0191-3111-029	宁夏将军	嵩椿	奏谢赏紫疆折	乾隆五十一年三月二十八日
944	03-0191-3125-026	宁夏将军	嵩椿	奏报筹办宁夏驻移凉州官兵起程官及日期折	乾隆五十一年闰七月十三日

续表

序号	档号	官职爵位	责任者	题　名	原纪年
945	03-18-009-000049-0001-0042		弘历	为绥远城将军之缺甚是重要蒙古事务甚多著调嵩椿宁夏将军著调积福事	乾隆五十一年八月二十日
946	03-18-009-000138-0003-0082		弘历	大学士和珅为著留心查看据实具奏宁夏将军积福能否胜任事寄信陕甘总督福康安	乾隆五十一年八月二十日
947	06-02-007-001436-0037		宗人府右司	为宁夏将军公嵩椿奉旨调补绥远城将军行户部该旗事	乾隆五十一年九月初五日
948	03-0192-3130-013	宁夏将军	积福	奏请陛见折	乾隆五十一年九月初六日
949	03-0192-3133-002	宁夏将军	嵩椿	奏报自宁夏移驻凉州之官兵及家口已办理完毕并起程往事	乾隆五十一年九月十三日
950	03-0192-3132-013	宁夏将军	嵩椿	奏调补绥远将军而谢恩折	乾隆五十一年九月十三日
951	03-0192-3134-030	新授绥远城将军	嵩椿	奏报将军宁夏将军印暂交副都统掌管伊当起程赴新任折	乾隆五十一年十月初一日
952	03-0192-3136-021	宁夏副都统	旺沁班巴尔	奏情动用库银发给新到凉州官兵朴茓兵器等项折	乾隆五十一年十月十五日
953	03-0192-3143-035	宁夏将军	积福	奏报接任日期及查看库存银两等项折	乾隆五十一年十一月二十日
954	03-0192-3143-036	宁夏将军	积福	奏报宁夏民人查无私藏私造枪支者折	乾隆五十一年十一月二十日
955	02-02-022-001461-0032	宁夏将军	积福	题报拣员朴放宁夏驻防八旗佐领防御员缺事	乾隆五十一年十二月初十日
956	03-0192-3150-012	宁夏将军	积福	奏赏福宁谢恩折	乾隆五十二年正月二十二日
957	03-0192-3150-013	宁夏副都统	旺沁班巴尔	奏赏福宁谢恩折	乾隆五十二年正月二十二日
958	03-0192-3159-017	宁夏将军	积福	奏赏千叟宴诗谢恩折	乾隆五十二年五月初二日
959	03-0192-3160-017	宁夏将军	积福	奏请入京陛见折	乾隆五十二年五月初八日

续表

序号	档号	官职爵位	责任名	题名	原纪年
960	03-0192-3160-012	宁夏将军	积福	奏赏药谢恩折	乾隆五十二年五月初八日
961	03-0192-3160-026	宁夏副都统	旺沁班巴尔	奏伊多罗格格恩慈入京陛见折	乾隆五十二年五月初八日
962	03-18-009-000139-0001-0047		弘历	大学士和珅为著本年年班入京陛见事寄信宁夏将军积福等	乾隆五十二年六月初二日
963	03-1139-015	陕甘总督	福康安	奏请动项兴修宁夏驻防协箭门事	乾隆五十二年六月初三日
964	03-0192-3174-005	宁夏将军	积福	奏谢赏鹿肉折	乾隆五十二年十月十五日
965	03-18-009-000049-0003-0136		弘历	为积福年力衰迈著留京所遗宁夏将军员缺著旺沁班巴尔朴授副都统之缺著达明阿朴授事	乾隆五十二年十二月十一日
966	03-18-009-000139-0003-0008		弘历	大学士阿桂等为著现在毋庸前来仍于年班前来陛见事寄信宁夏将军旺沁班巴尔	乾隆五十三年正月十八日
967	02-02-022-001464-0012	宁夏将军	旺沁班巴尔	题为宁夏满洲正蓝旗佐领七十一告病乞休事	乾隆五十三年二月十八日
968	02-02-022-001464-0020	宁夏副都统	达明阿	题报到任日期事	乾隆五十三年三月十六日
969	03-0192-3183-011	宁夏副都统	达明阿	奏报接任日期折	乾隆五十三年三月十六日
970	03-0192-3189-040	宁夏将军	旺沁班巴尔	奏赏给锭子药谢恩折	乾隆五十三年五月初四日
971	02-01-04-17501-024	工部尚书兼署户部尚书	金简	题为奉旨察核署陕甘总督请销甘肃省平罗县运供宁夏满营乾隆五十二年兵粮用过脚价银事	乾隆五十三年七月十八日
972	03-0192-3203-027	宁夏将军	旺沁班巴尔	奏请年终带妻一同进京陛见折	乾隆五十三年八月十八日
973	02-02-022-001465-0033	宁夏将军	旺沁班巴尔	题报父卸起程进京日期事	乾隆五十三年九月十八日

续表

序号	档号	官职爵位	责任者	题 名	原纪年
974	02-02-022-001465-0034	宁夏副都统	达明阿	题报接署宁夏将军印务日期事	乾隆五十三年九月十八日
975	02-02-022-001466-0011	署理宁夏将军	达明阿	题报查验宁夏驻防八旗官兵军械情形事	乾隆五十三年十一月初十日
976	03-0192-3217-029	宁夏副都统	达明阿	奏报所赏罪犯并无逃亡折	乾隆五十三年十一月初十日
977	03-0192-3218-041	宁夏副都统	达明阿	奏照例汇报宁夏满城商民没有私藏兵器者折	乾隆五十三年十一月十九日
978	02-02-022-001466-0024	署理宁夏将军	达明阿	题报拣员补放正蓝满洲等旗防御事	乾隆五十三年十二月初三日
979	02-01-04-17554-003	管理甘总督	巴延三	题请核销乾隆五十三年甘肃平罗平县拨运驻防宁夏满营兵马粮支用脚价银两事	乾隆五十四年二月二十九日
980	03-0193-3237-040	宁夏将军	旺沁班巴尔	奏满赏药之恩折	乾隆五十四年五月十五日
981	03-0193-3241-055	宁夏将军	旺沁班巴尔	奏请动用正项钱粮赡养宁夏无依靠之兵丁家眷折	乾隆五十四年闰五月
982	03-18-009-000140-0002-0005		弘历	大学士和珅为著详议奏用库储正项银两生息利银赡养寄信宁夏将军旺沁班巴尔等	乾隆五十四年六月十四日
983	03-0193-3242-036	宁夏将军	旺沁班巴尔	奏为谢赏诗经乐谱之恩折	乾隆五十四年六月
984	03-0193-3251-001	宁夏将军	旺沁班巴尔	奏议复宁夏以库存银两生息补贴官兵遗孤事折	乾隆五十四年八月初三日
985	03-0193-3256-024	宁夏将军	旺沁班巴尔	奏报率领宁夏官兵行围折	乾隆五十四年九月二十六日
986	03-0193-3256-025	宁夏将军	旺沁班巴尔	奏年班入京陛见折	乾隆五十四年九月二十六日
987	03-0193-3257-011	宁夏将军	旺沁班巴尔	奏将宁夏历年积余银两交商人滋生以赡养官兵家眷而谢恩折	乾隆五十四年十月初三日

续表

序号	档号	官职爵位	责任者	题　名	原纪年
988	03-0193-3258-013	宁夏将军	旺沁班巴尔	为宁夏历年剩余银两交商人生息以养赡孤寡等事咨呈	乾隆五十四年十月初五日
989	03-0193-3259-009	宁夏将军	旺沁班巴尔	奏谢赏鹿肉折	乾隆五十四年十月初八日
990	02-02-022-001468-0029	署理宁夏将军	达明阿	题报接署日期事	乾隆五十四年十一月初八日
991	03-0193-3263-021	宁夏副都统	达明阿	奏报赏赐之罪犯双仆并无逃亡者折	乾隆五十四年十一月初八日
992	03-0193-3265-011	宁夏副都统	达明阿	奏报宁夏无私自造枪者折	乾隆五十四年十一月十九日
993	02-01-04-17564-003	陕甘总督	勒保	题为宁夏满营标等乾隆五十四年请改拨本色粮并行折给守营军束等项事	乾隆五十四年十二月初二日
994	03-0193-3274-033	宁夏副都统	达明阿	汇奏宁夏命盗案件折	乾隆五十五年正月十六日
995	02-02-028-001995-0005	署理宁夏将军	达明阿	题报遭犯三年期满并无窃犬循例编入丁册等情事	乾隆五十五年二月初八日
996	02-01-04-17607-005	署理户部尚书	金简	题为遵察甘省平罗县运供宁夏满营乾隆五十四年兵粮支用脚价银两事	乾隆五十五年五月十五日
997	02-02-022-001469-0034	署理宁夏将军	达明阿	题报署理将军印务日期事	乾隆五十五年五月十八日
998	03-0193-3287-006	宁夏将军	旺沁班巴尔	奏谢赏药品之恩折	乾隆五十五年五月二十四日
999	03-0193-3299-017	仓场侍郎	苏凌阿	奏行至平阳府遇宁夏将军旺沁班巴尔一同赴阿拉善牧查小界务折	乾隆五十五年十月十七日
1000	02-02-022-001470-0029	署理宁夏将军	达明阿	题报查验宁夏驻防八旗官兵军械情形事	乾隆五十五年十一月初八日
1001	03-0193-3305-029	宁夏副都统	达明阿	奏赏为奴罪犯并无病故逃亡者折	乾隆五十五年十一月初八日

续表

序号	档号	官职爵位	责任者	题名	原纪年
1002	02-02-022-001471-0001	宁夏将军	旺沁班巴尔	题报年内宁夏驻防八旗官员情形事	乾隆五十五年十二月初八日
1003	03-0193-3304-007	宁夏将军	旺沁班巴尔	奏奉旨申饬谢恩折	乾隆五十五年十一月十六日
1004	03-0193-3304-008	宁夏将军	旺沁班巴尔	奏回任日期折	乾隆五十五年十一月十六日
1005	03-0193-3307-026	宁夏将军	旺沁班巴尔	奏护送多罗格格棺椁回游牧下葬并接宁夏将军印折	乾隆五十五年十一月二十二日
1006	02-02-022-001470-0038	署理宁夏将军	达明阿	题报交卸署印务日期事	乾隆五十五年十一月二十五日
1007	03-0193-3305-011	宁夏将军	旺沁班巴尔	奏谢赏诗文之恩片	乾隆五十五年十一月二十五日
1008	03-18-009-000052-0002-0146		弘历	为旺沁班巴尔年轻尚有出息故补授宁夏将军而伊待将军职任乾清压平民争占地界著革职在乾清门效力行走事	乾隆五十五年十二月十三日
1009	03-18-009-000140-0004-0030		弘历	大学士阿桂等为著查得原任宁夏将军情弊据实奏闻署得新任宁夏将军图桑阿事	乾隆五十五年十二月十四日
1010	03-0194-3317-024	荆州将军	图桑阿	奏将荆州将军印务交卸都统护理后起程赴宁夏将军任折	乾隆五十五年十二月二十四日
1011	03-0194-3322-014	宁夏将军	旺沁班巴尔	奏报宁夏已完未完命案折	乾隆五十六年正月十九日
1012	03-0194-3325-011	宁夏副都统	达明阿	奏暂理宁夏将军印务折	乾隆五十六年正月二十九日
1013	02-02-022-001471-0016	宁夏将军	图桑阿	题报到任日期事	乾隆五十六年二月初六日
1014	02-02-022-001471-0017	护理宁夏将军宁夏副都统	达明阿	题报交印日期事	乾隆五十六年二月初六日

续表

序号	档号	官职爵位	责任者	题名	原纪年
1015	02-02-028-001998-0009	宁夏将军	图桑阿	题报发配本地服役及为奴犯人情形事	乾隆五十六年三月十二日
1016	03-0194-3331-004	宁夏将军	图桑阿	奏谢赏福字折	乾隆五十六年三月初四日
1017	02-01-04-17639-001	甘肃巡抚	勒保	题为乾隆五十五年驻防宁夏满洲营兵马粮料数目清于上年建旷银内还项开销事	乾隆五十六年三月初七日
1018	02-02-022-001471-0028	宁夏将军	图桑阿	题报到任后照例查验属下八旗官兵军械情形事	乾隆五十六年三月十六日
1019	03-0194-3332-019	宁夏副都统	达明阿	奏署理宁夏将军印务后未报原将军旺汇班巴尔有无过错而奉旨申饬折	乾隆五十六年三月十八日
1020	03-0194-3333-027	宁夏将军	图桑阿	奏到任后查看春季银及校阅军训折	乾隆五十六年三月二十六日
1021	02-01-008-002251-0012	陕甘总督	勒保	为题请核销甘肃宁夏宁朔二县供支驻防宁夏满营乾隆五十五年春秋二季操演枪炮用过铅药等项银两事	乾隆五十六年四月十五日
1022	03-0194-3337-036	宁夏将军	图桑阿	奏谢赏药物折	乾隆五十六年五月初九日
1023	02-01-008-002253-0004	工部尚书	金简	为核议请核销乾隆五十五年宁夏宁朔二县供支驻防宁夏满营兵操演枪炮用过铅子火药等项银两事	乾隆五十六年六月二十九日
1024	02-02-022-001472-0032	宁夏将军	图桑阿	题报查验宁夏驻防八旗官兵军械情形事	乾隆五十六年十一月初八日
1025	02-02-022-001473-0019	宁夏将军	图桑阿	题为汇奏本年一年内宁夏驻防八旗补放官员情形事	乾隆五十六年十二月初八日
1026	03-0194-3365-033	宁夏将军	图桑阿	奏谢赏唐朝颜真卿字画折	乾隆五十六年十二月初八日
1027	03-0194-3373-020	宁夏将军	图桑阿	奏谢授伊犁参将并子松龄管佐领之恩折	乾隆五十七年正月初三日
1028	02-02-028-002005-0009	宁夏将军	图桑阿	题为循例汇报上年本地发配服役及发配为奴犯人情形事	乾隆五十七年二月初七日

续表

序号	档号	官职爵位	责任者	题 名	原纪年
1029	02-01-04-17702-021	大学士管理户部事务	和珅	题为遵旨察核甘省乾隆五十六年份平罗县运供宁夏满洲营兵粮用过脚价银两事	乾隆五十七年闰四月初一日
1030	03-0194-3392-010	宁夏将军	图桑阿	奏谢赏药品折	乾隆五十七年五月二十七日
1031	03-0194-3393-034	宁夏将军	图桑阿	奏请年班陛见折	乾隆五十七年六月二十五日
1032	02-01-04-17708-015	陕甘总督	勒保	题为题销甘省平罗县拨运乾隆五十七年驻防宁夏满营兵马粮价银两事	乾隆五十七年十月十二日
1033	03-0194-3406-039	宁夏将军	图桑阿	奏进京陛见折	乾隆五十七年十月十九日
1034	02-02-022-001476-0017	署宁夏将军	达明阿	题报宁夏驻防八旗一年内补放官员情形事	乾隆五十七年十二月初九日
1035	02-01-04-17712-015	大学士管理户部事务	和珅	题为遵旨察核甘省乾隆五十七年份平罗县运供宁夏满营兵马粮料用过脚价银两事	乾隆五十七年十二月初十日
1036	03-0194-3420-043	署宁夏将军	达明阿	奏宁夏地方并无未结命案盗案折	乾隆五十八年正月二十五日
1037	02-02-028-002013-0015	署宁夏将军	达明阿	题报发配本地服役及为奴犯人情形事	乾隆五十八年二月初八日
1038	02-02-022-001477-0008	宁夏将军	隆兴	题报到任接印日期事	乾隆五十八年二月初九日
1039	03-0194-3421-034	宁夏将军	隆兴	奏报接任日期折	乾隆五十八年二月十二日
1040	03-0194-3421-033	宁夏将军	隆兴	奏谢赏台湾战图之恩折	乾隆五十八年二月十二日
1041	03-0194-3427-017	宁夏将军	隆兴	奏为谢赏书籍之恩折	乾隆五十八年三月二十一日
1042	02-02-022-001477-0025	宁夏将军	隆兴	题报到任后查验属下官兵军械并无短缺情形事	乾隆五十八年四月初五日

续表

序号	档号	管职爵位	责任者	题　名	原纪年
1043	03-0194-3428-023	宁夏将军	隆兴	奏宁夏蒙古八旗协领玛喇因病请求休致折	乾隆五十八年四月初五日
1044	03-18-009-000054-0001-0093		弘历	为隆兴不堪宁夏将军任著来京候旨以永琨调补宁夏将军以庆桂为荆州将军事	乾隆五十八年四月二十九日
1045	03-0194-3432-009	荆州将军	永琨	奏为调补宁夏将军而谢恩折	乾隆五十八年五月十六日
1046	03-0194-3432-011	荆州将军	永琨	奏谢授宁夏将军并请觐见折	乾隆五十八年五月十六日
1047	03-0194-3432-052	宁夏将军	隆兴	奏为赏药而谢恩折	乾隆五十八年五月十九日
1048	02-01-006-003146-0051	大学士管理兵部事务	阿桂	为核议甘肃宁夏八旗蒙古协领兼镶蓝旗满洲佐领玛瑺老病休致事	乾隆五十八年五月二十七日
1049	02-01-007-024459-0011	大学士管理刑部	阿桂	题为会审宁夏驻防前锋噶布拉因备马惊行被夺鞍扎死马甲噶尔丙阿一案依律拟绞监候事	乾隆五十八年六月十五日
1050	03-0195-3436-015	宁夏将军	隆兴	奏谢授镶红汉军旗都统之恩折	乾隆五十八年六月二十二日
1051	02-02-022-001478-0016	荆州将军调宁夏将军	永琨	题报奉旨调任宁夏将军交印日期事	乾隆五十八年六月二十四日
1052	02-02-022-001479-0006	护理宁夏将军	隆兴	题报交出将军印敕起程日期事	乾隆五十八年九月初六日
1053	03-0195-3444-020	宁夏将军	永琨	奏报接任日期折	乾隆五十八年九月初六日
1054	03-0195-3444-019	宁夏将军	隆兴	奏卸任回京觐见折	乾隆五十八年九月初六日
1055	03-0195-3448-013	宁夏将军	永琨	奏报宁夏官兵训练情形折	乾隆五十八年十月十九日
1056	03-0195-3448-032	宁夏将军	永琨	奏为赏衣衣料而谢恩折	乾隆五十八年十月二十四日

续表

序号	档号	官职爵位	责任者	题名	原纪年
1057	03-0195-3449-017	宁夏将军	永琨	奏宁夏满洲正蓝旗佐领额勒格酗酒渎职请革职折	乾隆五十八年十月二十八日
1058	03-0195-3449-016	宁夏将军	永琨	奏宁夏协领庆善因病请求休致折	乾隆五十八年十月二十八日
1059	02-02-022-001479-0025	宁夏将军	永琨	题报照例查验宁夏驻防八旗官兵军械并无短缺情形事	乾隆五十八年十一月十五日
1060	02-02-022-001480-0001	宁夏将军	永琨	题为汇奏一年内宁夏驻防八旗记名官员补放实缺情形事	乾隆五十八年十二月初三日
1061	03-0195-3459-020	宁夏将军	永琨	奏谢赏福字折	乾隆五十九年正月十一日
1062	02-01-006-003176-0018	大学士管理兵部事务	阿桂	为核议宁夏八旗蒙古协领兼镶蓝旗满洲佐领青山年老患病休致事	乾隆五十九年正月二十八日
1063	03-0195-3460-018	宁夏将军	永琨	遵例汇奏宁夏命案盗案折	乾隆五十九年正月二十九日
1064	02-02-028-002018-0008	宁夏将军	永琨	题报发配本地服役之遣犯情形事	乾隆五十九年二月初七日
1065	03-0195-3462-011	宁夏将军	永琨	奏宁夏地方蒙古旗佐领等出缺不分左右翼选补折	乾隆五十九年二月十三日
1066	03-0195-3469-022	宁夏将军	永琨	奏请陛见折	乾隆五十九年四月初九日
1067	02-01-04-17858-014	大学士管理户部事务	和珅	题为遵旨察核甘省平罗县乾隆五十八年运供宁夏满营兵马粮料用过脚价银两事	乾隆五十九年五月二十日
1068	03-0195-3471-054	宁夏将军	永琨	奏谢赏药物折	乾隆五十九年五月二十四日
1069	03-0195-3475-014	宁夏将军	永琨	奏宁夏镶红镶蓝旗协领希喇布病免另行选员补缺折	乾隆五十九年七月十八日
1070	02-01-04-17862-008	陕甘总督	勒保	题为本年宁夏满营兵马粮料请在平罗县建旷银内估拨事	乾隆五十九年八月二十一日
1071	02-02-022-001482-0004	宁夏将军	永琨	题报交印起程陛见日期事	乾隆五十九年十月二十二日

续表

序号	档号	官职爵位	责任者	题　名	原纪年
1072	02-02-022-001482-0005	署理宁夏将军	达明阿	题报接署宁夏将军印务日期事	乾隆五十九年十月二十二日
1073	02-02-022-001482-0011	署理宁夏将军	达明阿	题报遵例查验宁夏驻防八旗官兵军械并无短缺情形事	乾隆五十九年十一月初十日
1074	03-0195-3486-006	署理宁夏将军	达明阿	奏报所赏奴才并未脱逃折	乾隆五十九年十一月初十日
1075	02-02-022-001482-0020	署理宁夏将军	达明阿	题报一年内宁夏驻防八旗新补放协领兼管佐领情形事	乾隆五十九年十二月初三日
1076	02-02-022-001482-0019	署理宁夏将军	达明阿	题为汇奏一年内宁夏驻防八旗补放官员情形事	乾隆五十九年十二月初三日
1077	03-0195-3486-052	宁夏将军	永琨	奏请拨银修缮宁夏官兵住房折	乾隆五十九年十二月十二日
1078	03-18-009-000055-0002-0116		弘历	为著调舒为黑龙江将军调图案阿为西安将军调永琨为宁夏将军以保成补授宁夏将军事	乾隆五十九年十二月二十六日
1079	03-0195-3489-005	热河副都统	保成	奏谢补放宁夏将军之恩折	乾隆六十年正月初二日
1080	03-0195-3492-006	署宁夏将军	达明阿	汇奏宁夏命案及已结情形折	乾隆六十年正月二十四日
1081	02-01-008-002358-0014	陕甘总督	勒保	为题请核销甘肃宁夏宁朔二县乾隆五十九年份办小供驻防宁夏满营官兵操演枪炮用过铅药等项银两事	乾隆六十年三月十二日
1082	03-0520-046	陕甘总督	勒保	奏为拨给宁夏驻防官兵借修营房银款事	乾隆六十年四月十一日
1083	02-02-022-001483-0021	宁夏将军	保成	题报到任接印日期事	乾隆六十年四月二十七日
1084	02-02-022-001483-0020	署理宁夏将军	达明阿	题报交印卸任署宁夏将军日期事	乾隆六十年四月二十二日

续表

序号	档号	官职爵位	责任者	题 名	原纪年
1085	03-0195-3502-019	宁夏将军	保成	奏报接任宁夏将军日期折	乾隆六十年四月二十七日
1086	02-02-022-001483-0025	宁夏将军	保成	题报到任后查验属下官兵军械并无短缺情形事	乾隆六十年五月十八日
1087	03-0195-3504-029	宁夏将军	保成	奏闻查看宁夏官兵技艺及库储情形折	乾隆六十年五月十八日
1088	03-0195-3504-028	宁夏将军	保成	奏闻查看宁夏官兵借银修缮住房情形折	乾隆六十年五月十八日
1089	02-01-008-002360-0006	工部尚书	彭元瑞	为核议陕甘总督题请核销宁夏宁朔二县办驻防宁夏满营兵操演枪炮需用铅药等项用过工料银两事	乾隆六十年六月三十日
1090	02-01-04-17950-004	署理陕甘总督	秦承恩	题请核销甘省平罗县运供驻防宁夏满营乾隆六十年兵马粮料用过脚价银两事	乾隆六十年九月初四日
1091	02-02-022-001483-0040	宁夏将军	保成	题报交印率军起程打围日期事	乾隆六十年九月十二日
1092	02-02-022-001483-0039	署理宁夏将军	达明阿	题报接印署理宁夏将军日期事	乾隆六十年九月十二日
1093	02-02-022-001483-0043	宁夏将军	保成	题报回任接印日期事	乾隆六十年九月二十四日
1094	02-02-022-001483-0042	署理宁夏将军	达明阿	题报交印卸署宁夏将军日期事	乾隆六十年九月二十四日
1095	02-01-04-17953-008	陕甘总督	宜绵	题为酌拨秦兰等县仓贮粮石供支督标五营并宁夏满营乾隆六十年兵马粮料事	乾隆六十年十一月十五日
1096	03-0195-3517-051	宁夏将军	保成	奏宁夏将军印务暂交副都统双喜后进京赴军台效力折	乾隆六十年十一月二十八日

续表

序号	档号	官职爵位	责任者	题　　名	原纪年
1097	02-01-04-17955-001	大学士管理户部事务	和珅	题为遵察甘肃省题销平罗县乾隆六十年分运供宁夏驻防满营兵马粮料用过脚价银两复核无异事	乾隆六十年十二月初六日
1098	03-0196-3537-001	八旗协领	双喜	奏谢授宁夏副都统并署理将军印务折	乾隆六十年十二月十三日
1099	03-0196-3540-006	宁夏将军	保成	奏闻任宁夏将军日期折	嘉庆元年三月初五日
1100	02-02-028-002041-0016	宁夏将军	保成	题为将宁夏蔗营应人秋审情实缓决人犯各案略节造册呈览事	嘉庆元年四月初十日
1101	02-01-008-002392-0024	陕甘总督	宜绵	为题请核销甘肃宁夏满营兵操演枪炮用过铅药等项银两事	嘉庆元年五月二十日
1102	03-0196-3544-023	宁夏将军	保成	奏谢赏药恩折	嘉庆元年五月二十七日
1103	02-01-008-002394-0016	工部尚书	彭元瑞	为核议甘总督题请核销甘肃宁夏二县供办宁夏满营乾隆六十年份操演枪炮用过铅药等项银两事	嘉庆元年八月十五日
1104	03-18-009-000056-0002-0034		颙琰	为今日引见保成色达色色恭领之宁夏协领之宁尉之职人又庸懦木称其职著将保成审成严行申饬事	嘉庆元年九月初七日
1105	02-02-022-001488-0027	宁夏将军	保成	题报年终各验查各旗佐官兵甲胄军械并无短缺情形事	嘉庆元年十一月初六日
1106	03-18-009-000056-0003-0001		颙琰	为富楞泰参奏甘肃浪城守尉孟兴保私用兵丁马价银著将孟兴保革职拿交宁夏将军保成审拟具奏事	嘉庆二年正月初七日
1107	03-0196-3558-015	宁夏将军	保成	奏谢赏福字恩折	嘉庆二年正月十五日
1108	02-01-04-18054-003	大学士管理户部事务	和珅	题为遵察题销甘肃省嘉庆元年份平罗县供运宁夏驻防满洲营兵马粮料用过脚价银料复核无异事	嘉庆二年正月三十日

续表

序号	档号	官职爵位	责任者	题名	顺纪年
1109	02-02-022-001489-0005	宁夏将军	保成	题报上年发配宁夏当为奴犯人并无病故逃跑等情请编入丁册事	嘉庆二年二月初四日
1110	03-0196-3559-046	宁夏将军	保成	奏庄浪城守尉孟兴保私存银两请革职发遣伊犁地方折	嘉庆二年二月十九日
1111	03-0196-3563-027	宁夏将军	保成	为将庄原任城守尉孟兴保送往伊犁将罪事呈文	嘉庆二年四月十一日
1112	03-0196-3565-010	宁夏将军	保成	奏谢赏药恩折	嘉庆二年五月二十五日
1113	03-0196-3565-011	宁夏将军	保成	奏请宁夏等处增加火药以备训练折	嘉庆二年五月二十九日
1114	03-18-009-000142-0002-0015		颙琰	大学士和珅为宁夏兵丁操演增发火药之处照保成所奏并著伊等妥为办理宁夏将军保成	嘉庆二年六月二十三日
1115	03-0196-3577-014	宁夏将军	保成	奏谢赏福字恩折	嘉庆三年正月十七日
1116	02-02-022-001491-0009	宁夏将军	保成	题查报上年宁夏各处发遣为奴人犯并无病故逃跑情形事	嘉庆三年二月初一日
1117	02-01-04-18126-022	刑部右侍郎代办陕甘总督	英善	题请核销平罗县拨运驻防宁夏满营嘉庆二年兵马粮料应需脚两事	嘉庆三年二月十五日
1118	02-02-003-000169-0013	署宁夏将军	双喜	题为报明暂署宁夏将军事	嘉庆三年四月二十六日
1119	03-18-009-000056-0006-0075		颙琰	为以永庆为绥远城将军以富伦泰为宁夏将军事	嘉庆三年五月十二日
1120	03-0196-3583-030	凉州副都统	富伦泰	奏谢授宁夏将军恩折	嘉庆三年六月初七日
1121	02-02-008-000579-0015	署理户部尚书	德明	题为核销上年甘肃平罗县婪运宁夏驻防满营官兵口粮用过脚价银事	嘉庆三年六月二十日
1122	03-0196-3583-044	宁夏副都统	双喜	奏新授宁夏将军富伦泰病故折	嘉庆三年六月二十八日

续表

序号	档号	官职爵位	责任者	题　　名	原纪年
1123	03-18-009-000056-0006-0094		颙琰	为著以崇尚为广州将军以德勒格楞贵为宁夏将军事	嘉庆三年七月初七日
1124	03-18-009-000142-0003-0012		颙琰	军机大臣为德勒格楞贵接旨后将所带回人交司员伊昌阿送至京城立即接任宁夏将军寄信宁夏将军德勒格楞贵	嘉庆三年八月十八日
1125	03-0196-3586-039	满洲正白旗副都统	德勒格楞贵	奏谢授予宁夏将军恩折	嘉庆三年九月初四日
1126	03-0196-3587-041	护军统领	德勒格楞贵	奏报萨木萨克远通地方安宁并遵旨赴任宁夏将军等情折	嘉庆三年九月二十五日
1127	05-13-002-001887-0057		户部	为正白旗蒙古护军统领德勒格楞贵补授宁夏将军其认买官房应交一半房价银两在于任所完报等事致内务府等	嘉庆三年十月十八日
1128	02-02-022-001492-0035	署理宁夏将军印信都统	双喜	题报按例派员查看各营军械并无短缺情形事	嘉庆三年十一月初九日
1129	03-18-009-000057-0001-0080		颙琰	为以成德调补镶黄旗汉军都统其所出镶黄旗蒙古都统缺以德勒格楞贵补放宁夏将军缺以斌宁补放事	嘉庆三年十月十八日
1130	02-02-022-001494-0032	宁夏将军	斌宁	题报到任接印日期事	嘉庆四年五月初六日
1131	02-02-022-001494-0034	署理宁夏将军印信都统	双喜	题报交卸署理将军事务交印日期事	嘉庆四年五月初六日
1132	06-02-007-000276-0003	宗人府左司		为镶白旗宁夏驻防红带子松龄今因归宗行该旗由旗转行宁夏将军事	嘉庆四年五月二十四日
1133	02-01-008-002486-0018	署理工部尚书	盛住	为核议陕甘总督题销宁夏朔二县嘉庆三年办供宁夏满营药铒用过银两价事	嘉庆四年十二月初五日
1134	03-0196-3606-005	宁夏副都统	双喜	奏宁夏将军斌宁病故折	嘉庆四年十二月三十日

续表

序号	档号	官职爵位	责任者	题　名	原纪年
1135	03-18-009-000058-0001-0006		颙琰	为宁夏将军斌宁病故其应得恤典著交该部查例具奏事	嘉庆五年正月初十日
1136	03-18-009-000058-0001-0005		颙琰	为以苏宁阿补放宁夏军事	嘉庆五年正月初十日
1137	05-13-002-001889-0023		户部	为咨报前任宁夏将军德勒格格贵扣呢甘肃宁夏府库在京认买官房价银造入嘉庆五年春季拨册事致内务府等	嘉庆五年二月
1138	02-01-005-023176-0018	礼部尚书	德明	题为宁夏将军斌宁病故按例赐恤事	嘉庆五年四月初八日
1139	02-01-005-023176-0038	宗人府宗令	永璇	题为宁夏将军奉恩镇国公斌宁病故应否与谥请旨事	嘉庆五年闰四月初四日
1140	02-01-005-023177-0020	宗人府宗令	永璇	题为宁夏将军奉恩镇国公斌宁身故伊子果勒丰阿承袭奉恩镇国公事	嘉庆五年五月初十日
1141	04-01-16-0091-019	宁夏将军兼甘肃提督	苏宁阿	奏为钦赐干叟诗谢恩事	嘉庆五年六月十三日
1142	03-1700-082	宁夏将军兼甘肃提督	苏宁阿	奏为甘肃补额征兵分起自兰州起程拨赴军营事	嘉庆五年六月二十二日
1143	04-01-20-0007-085	宁夏将军兼甘肃提督	苏宁阿	奏为甘肃补额征兵自兰州起程拨赴军营事	嘉庆五年六月二十二日
1144	03-1700-084	宁夏将军兼甘肃提督	苏宁阿	奏报宁夏等三镇补额丁自省起程全数走竣事	嘉庆五年六月二十六日
1145	04-01-20-0007-084	宁夏将军兼甘肃提督	苏宁阿	奏报宁夏西宁肃州三镇补额兵丁自省起程赴成县交督臣长麟分拨全数走竣事	嘉庆五年六月二十六日
1146	03-1700-085	宁夏将军兼甘肃提督	苏宁阿	奏为调取存省补额兵丁自兰州起程日期事	嘉庆五年六月二十八日

续表

序号	档号	官职爵位	责任者	题名	原纪年
1147	04-01-38-0109-004	陕甘总督	长麟	奏请以宁夏将军苏宁阿监临武闱乡试事	嘉庆五年八月二十八日
1148	04-01-22-0040-030	宁夏将军兼甘肃提督	苏宁阿	奏报甘州府地方及所属各镇营夏秋田禾收成分数事	嘉庆五年十月二十五日
1149	02-02-028-002070-0007	护理宁夏将军	双喜	题报上年本地发遣当差为奴人犯并无病故逃亡一等情事	嘉庆六年二月初一日
1150	02-01-04-18352-010	陕甘总督	长麟	题报甘肃省平罗县拨运驻防宁夏满营嘉庆五年兵马粮料应需脚价银两数目事	嘉庆六年二月十六日
1151	02-01-04-18352-024	陕甘总督	长麟	题请核销甘肃省平罗县运供驻防宁夏满营官兵马匹嘉庆六年份粮料应需脚价银两事	嘉庆六年三月十四日
1152	04-01-01-0484-001	宁夏将军兼甘肃提督	苏宁阿	奏为贼匪扑窜边界两筹撤回派赴隆德官兵事	嘉庆六年四月十八日
1153	02-01-04-18356-013	户部尚书	成德	题为遵查甘肃省嘉庆五年份平罗县运驻防宁夏兵马匹粮料用过脚价银两事	嘉庆六年七月三十日
1154	05-13-002-001751-0014	宁夏将军兼甘肃提督	苏宁阿	为咨送嘉庆六年份哈密恭进鲜瓜事致理藩院	嘉庆六年八月十九日
1155	02-01-04-18357-008	户部尚书	成德	题为遵查甘肃省嘉庆六年份平罗县运供宁夏驻防满洲官兵马匹粮料用过脚价银两事	嘉庆六年八月二十三日
1156	02-01-006-003454-0006	兵部尚书	丰伸济伦	为核议宁夏将军兼甘肃提督苏宁阿革职留任罚俸期满题请开复事	嘉庆六年八月二十四日
1157	02-01-04-18358-014	户部尚书	成德	题为遵查甘肃省嘉庆六年份赏给各营并凉州宁夏驻防官兵红白事件银两事	嘉庆六年九月十九日
1158	02-02-035-002613-0010	工部尚书	缊布	题核销甘肃宁夏宁朔两县办解宁夏驻防满兵操演所需火药铅子等项用过银两事	嘉庆六年十二月初六日
1159	03-1712-012	宁夏将军兼甘肃提督	苏宁阿	奏为宁夏兵粮饷请仍照旧例支给事	嘉庆七年三月十二日
1160	03-1658-010	宁夏将军兼甘肃提督	苏宁阿	奏请暂办甘肃提督事务并谢恩事	嘉庆七年三月十五日

续表

序号	档号	官职爵位	责任者	题名	原纪年
1161	03-0197-3639-010	西安将军	赛冲阿	奏为调任宁夏将军而谢恩折	嘉庆七年四月初六日
1162	02-01-04-18426-008	陕甘总督	惠龄	题为题销平罗县本年拨运宁夏满营兵马粮料支过脚价银两事	嘉庆七年四月十三日
1163	02-01-008-002573-0014	陕甘总督	惠龄	为题请核销甘肃宁夏嘉庆六年春秋二季办供驻防宁夏嘉庆营春秋二季操演枪炮需用药铅等项用过银两事	嘉庆七年六月初八日
1164	02-01-04-18431-008	户部尚书	禄康	题为题销甘省嘉庆七年份平罗县运供宁夏驻防满洲营兵用过脚价银两事	嘉庆七年九月初九日
1165	02-02-022-001504-0001	署理宁夏将军印务副都统	双喜	题报宁夏八旗官员考选军政举荐官员职名考情形事	嘉庆七年九月二十六日
1166	02-02-022-001503-0029	署理宁夏将军印务副都统	双喜	题为开列宁夏驻防八旗考选官员政应幼官员职名交部事	嘉庆七年九月二十六日
1167	02-01-008-002574-0020	工部尚书	缊布	为核议陕甘总督题请核销甘肃宁夏朔二县办供平罗县嘉庆六年份操演枪炮用过药铅等项工料银两事	嘉庆七年九月三十日
1168	02-01-04-18432-013	户部尚书	禄康	题为遵察甘省嘉庆五年份平罗县运供宁夏满营兵马粮料用过脚价银两事	嘉庆七年十月十二日
1169	02-02-022-001504-0013	署理宁夏将军印务副都统	双喜	题报照例查验宁夏满营官兵甲胄军械并无短缺情形事	嘉庆七年十一月初三日
1170	03-18-009-000060-0001-0056		颙琰	为恩准宁夏副都统双喜所请借给宁夏驻防官员两年俸饷兵丁二年钱粮修缮住房分八年扣还事	嘉庆八年二月初九日
1171	02-01-006-003506-0028	大学士兼管兵部事务	保宁	为核议宁夏将军属正黄旗满洲佐领额林泰革老力衰林致事	嘉庆八年五月初三日
1172	04-01-20-0007-031	陕甘总督	惠龄	奏为遵照部咨答拨给宁夏驻防官兵借铺各署兵房银两事	嘉庆八年六月初八日

续表

序号	档号	官职爵位	责任者	题　　名	原纪年
1173	02-01-006-003509-0006	大学士兼管兵部事务	保宁	为核议甘肃宁夏八旗蒙古协领兼镶蓝旗满洲佐领佛领保半身麻木不能动转照例休致事	嘉庆八年六月十五日
1174	04-01-30-0174-033	宁夏将军	赛冲阿	奏为遵旨带兵回归营伍回营伍并接任事	嘉庆八年九月初七日
1175	03-0197-3662-019	原宁夏将军	苏宁阿	奏谢任镶黄蒙古都统折	嘉庆八年九月二十六日
1176	03-0197-3654-015	宁夏副都统	双喜	奏请给宁夏驻防官兵借银修缮住房折	嘉庆八年
1177	04-01-16-0095-054	宁夏将军	赛冲阿	奏为曾两次奉旨冬季年班起京陛见故应在任后再令都统双喜起京事	嘉庆八年
1178	03-18-009-000061-0001-0009		颙琰	为著将西安将军兴奎宁夏将军赛冲阿互调事	嘉庆九年正月十七日
1179	03-0197-3664-047	宁夏将军	赛冲阿	奏谢调任西安将军折	嘉庆九年二月初二日
1180	02-02-022-001508-0004	宁夏将军	兴奎	题报到任接印日期事	嘉庆九年二月二十四日
1181	02-01-04-18530-004	陕甘总督	惠龄	题请核销本年平罗县拨运驻防宁夏满洲营兵马粮料支过脚价银数事	嘉庆九年四月初二日
1182	02-02-008-000605-0004	户部尚书	禄康	题为核销本年甘肃平罗县运供宁夏驻防满洲营官兵用过脚价银两事	嘉庆九年八月二十五日
1183	02-02-022-001510-0011	宁夏将军	兴奎	题报年终按例查验宁夏满洲营官兵军械并无短缺情形事	嘉庆九年十一月初七日
1184	02-02-022-001510-0029	宁夏将军	兴奎	题报宁夏镶黄满洲旗佐领老病不能当差请休致事	嘉庆九年十二月初四日
1185	02-02-035-002616-0014	工部尚书	缊布	题核销甘肃宁夏朔两县办解宁夏满洲营操演所需火药铅弹用过工价银事	嘉庆九年十二月十七日
1186	02-01-008-002618-0010	工部尚书	缊布	为核议陕甘总督题请核销宁夏朔两县小供宁夏满洲营嘉庆八年操演药铅等项用过银两事	嘉庆九年十二月十七日

续表

序号	档号	官职爵位	责任者	题　名	顺纪年
1187	04-01-30-0380-036			奏为侯宁夏将军兴奎到日即与之筹商剿办贼番事	嘉庆九年
1188	02-01-006-003605-0009	大学士兼管兵部事务	保宁	为核议甘肃宁夏将军属镶红旗防御色克金太患病休致事	嘉庆十一年五月二十六日
1189	02-01-008-002685-0011	陕甘总督	倭什布	为题请核销嘉庆十年甘肃宁夏宁朔二县办供宁夏满营火药等项用过银两事	嘉庆十一年七月十一日
1190	03-0198-3707-001	宁夏将军	兴奎	奏请派宁夏旗兵前往镇压宁陕厅绿营兵变折	嘉庆十一年九月初四日
1191	03-18-009-000144-0001-0032		颙琰	军机大臣为宁夏奏采统宁夏满汉官兵会同德楞泰剿贼著申防等番信宁夏将军兴奎	嘉庆十一年九月十四日
1192	02-02-022-001517-0014	宁夏将军	兴奎	题报按例派员盘查各属下旗营兵械坚整并无短缺情形呈	嘉庆十一年十一月初四日
1193	02-02-022-001517-0015	宁夏将军	兴奎	题报交印起程进京陛见日期事	嘉庆十一年十一月初四日
1194	02-02-022-001517-0016	署理宁夏将军印务副都统	双喜	题报署理将军印务日期事	嘉庆十一年十一月初四日
1195	02-01-008-002689-0002	大学士管理工部事务	朱珪	为核议陕甘总督题核销甘肃宁夏宁朔二县办供宁夏满营嘉庆十年份操演药铅用过工料等项银两事	嘉庆十一年十一月二十八日
1196	03-18-009-000063-0004-0092		颙琰	为宁夏将军兴奎著今年停止进京觐见事	嘉庆十一年十二月初十日
1197	03-0198-3711-043	兵部尚书	明亮	奏宁夏副都统双喜回青州洽丧请派员署理宁夏将军印信事折	嘉庆十一年十二月初十日
1198	03-1716-021	宁夏将军	兴奎	奏为兵丁户口增多通融劝养赡事	嘉庆十二年三月十五日
1199	04-01-01-0504-031	宁夏将军	兴奎	奏为宁夏满营孤寡人口繁多请准将库贮兵丁马价银两交商生息养赡事	嘉庆十二年三月十五日

续表

序号	档号	官职爵位	责任者	题名	顺纪年
1200	03-18-009-000144-0002-0009		颙琰	军机大臣为著令奎兴著统领得力满洲兵丁五百名会同贵城兑扎布等剿捕青海番贼事寄信宁夏将军兴奎	嘉庆十二年四月初五日
1201	03-1702-033	宁夏将军	兴奎	奏报挑派官兵起程日期事	嘉庆十二年四月十五日
1202	03-1666-040	宁夏将军	兴奎	奏为遵旨宁夏将至等各员事	嘉庆十二年四月二十四日
1203	03-1702-032	宁夏将军	兴奎	奏为遵旨驰任马厂并移咨贵楚兑扎布来攻剿办事	嘉庆十二年四月二十四日
1204	04-01-16-0099-086	宁夏将军	兴奎	奏为奉旨申饬遵训分别缓急具奏事	嘉庆十二年五月十三日
1205	04-01-16-0099-085	宁夏将军	兴奎	奏为派令丁忧在籍前巴里坤副总兵萧福禄前敌驻带兵事	嘉庆十二年五月十三日
1206	03-18-009-000064-0002-0038		颙琰	为格布舍著补授宁夏副都统杨桑阿著赏副都统职衔授为伊犁领队大臣事	嘉庆十二年五月十九日
1207	04-01-01-0504-025	宁夏将军	兴奎	奏为调来宁夏满兵甘州绿营兵乘骑多有疲乏酌为调拨事	嘉庆十二年五月二十九日
1208	03-1704-003	宁夏将军	兴奎	奏为筹酌调甘州等营马匹运赴大营以资接济事	嘉庆十二年六月十三日
1209	03-0198-3724-049	宁夏将军	兴奎	奏请递补宁夏满营佐领防御骁骑校等员缺折	嘉庆十二年七月二十三日
1210	03-18-009-000064-0003-0026		颙琰	为著补授宁夏满营佐领防御骁骑校等员缺事	嘉庆十二年八月初七日
1211	03-1666-076	宁夏将军	兴奎	奏为保泰军营出力各员事	嘉庆十二年八月二十五日
1212	03-1666-087	宁夏将军	兴奎	奏为保泰军营出力各员事	嘉庆十二年八月二十五日
1213	04-01-16-0099-113	宁夏将军	兴奎	奏为佐领阿宁阿等剿贼最为出力请奖事	嘉庆十二年八月二十五日
1214	03-9985-019	宁夏将军	兴奎	奏为查核捐升采补人员郑英等请留省补用事	嘉庆十二年九月初九日
1215	03-1510-050	宁夏将军	兴奎	奏为续保办理后路粮运各员恩恩奖励事	嘉庆十二年九月二十一日
1216	04-01-12-0279-121	宁夏将军	兴奎	奏为续保小理后路粮运署理西宁县沙泥州判李耀等请奖事	嘉庆十二年九月二十一日

续表

序号	档号	官职爵位	责任者	题名	顺纪年
1217	03-1666-092	宁夏将军	兴奎	奏请调补大通协副将等员事	嘉庆十二年九月二十七日
1218	04-01-16-0099-131	宁夏将军	兴奎	奏请以李英多调补大通协副将等事	嘉庆十二年九月二十七日
1219	04-01-23-0155-026	宁夏将军	兴奎	奏为敬陈变通酌筹黄河北岸拨兵屯田以利边防固事	嘉庆十二年九月二十七日
1220	03-1666-093	宁夏将军	兴奎	奏为循化同知同明安会办军务病故请恤事	嘉庆十二年九月二十七日
1221	04-01-16-0099-133	宁夏将军	兴奎	奏为拜折后分别回查阅回营伍回省办理乡理武试事	嘉庆十二年九月二十七日
1222	03-1510-058	宁夏将军	兴奎	奏报即行起身回任武试事	嘉庆十二年十月十二日
1223	02-02-022-001520-0001	宁夏将军	兴奎	题报宁夏八旗官员考选军政情形事	嘉庆十二年十月十五日
1224	03-2078-036	宁夏将军	兴奎	奏为挖渠民工为口粮钱文搬段宁朔县知县陈珙繁事	嘉庆十三年三月十一日
1225	03-0198-3742-023	宁夏将军	兴奎	奏恭贺皇帝得孙折	嘉庆十三年五月二十七日
1226	02-02-022-001522-0002	宁夏将军	兴奎	题报宁夏正红蒙古旗防御长明患病不能供职请准休致事	嘉庆十三年六月初九日
1227	02-02-022-001523-0007	宁夏将军	兴奎	题报年底应例查验满营官兵军械齐全并无短缺情形事	嘉庆十三年十一月十一日
1228	04-01-30-0385-025	陕甘总督	长龄	奏报遵查宁夏满营等处满营官兵打仗是否得力情形事	嘉庆十三年
1229	03-18-009-000066-0001-0020		颙琰	为珠隆阿著补授宁夏将军员缺事	嘉庆十四年正月二十四日
1230	03-0198-3757-033	宁夏将军	兴奎	奏调补乌鲁木齐都统谢恩折	嘉庆十四年二月初八日
1231	02-02-022-001524-0003	宁夏将军	兴奎	题报奉旨调任乌鲁木齐都统印起程日期事	嘉庆十四年二月初九日
1232	02-02-022-001524-0006	署理宁夏将军印务副都统	格布舍	题报接署将军印务日期事	嘉庆十四年二月初九日

续表

序号	档号	官职爵位	责任者	题　　　名	顺纪年
1233	02-02-022-001524-0020	宁夏将军	珠隆阿	题报到任接印日期事	嘉庆十四年三月十八日
1234	02-02-022-001524-0019	署理宁夏将军印务副都统	格布舍	题报交卸将军印务日期事	嘉庆十四年三月十八日
1235	03-0198-3763-034	宁夏将军	珠隆阿	奏请圣安折	嘉庆十四年四月初六日
1236	02-02-022-001524-0034	宁夏将军	珠隆阿	题报接任后应例查验宁夏旗营官兵器械完整并无短缺情形事	嘉庆十四年四月二十一日
1237	03-0198-3766-013	宁夏将军	珠隆阿	奏请圣安折	嘉庆十四年五月十二日
1238	03-0198-3766-014	宁夏将军	珠隆阿	奏为因病请将军关防交副都统格布舍护理折	嘉庆十四年五月二十四日
1239	03-0198-3764-023	宁夏副都统	格布舍	奏报宁夏将军珠隆阿病故暂行护理将军关防事	嘉庆十四年五月二十四日
1240	03-18-009-000066-0002-0049		颙琰	为宁夏将军朴奏授宁夏将军阴春等赏给一等侍卫授为驻藏帮办大臣令其著赏给三等待卫授为和田办事大臣等情事	嘉庆十四年六月初五日
1241	03-18-009-000066-0002-0048		颙琰	为宁夏将军珠隆阿病故著照例赏给恤并准其灵柩送京进城事	嘉庆十四年六月初五日
1242	02-02-022-001525-0020	署理宁夏将军印务副都统	富色锒额	题报接署将军印务日期事	嘉庆十四年六月二十七日
1243	02-02-022-001526-0010	宁夏将军	隆福	题报到任接印日期事	嘉庆十四年十月初三日
1244	02-02-022-001526-0009	署理宁夏将军印务副都统	富色锒额	题报交卸印务署将军事务日期事	嘉庆十四年十月初三日
1245	02-01-07-2398-003	大学士管理刑部事务	董诰	题为宁夏将军隆福驻防安置遣犯造册报部事	嘉庆十四年十一月初五日
1246	03-0198-3787-036	宁夏副都统	格布舍	奏报宁夏将军隆福骑马摔伤伊暂时护理将军印折	嘉庆十五年七月二十三日

续表

序号	档号	官职爵位	责任者	题名	原纪年
1247	03-18-009-000067-0003-0040		颙琰	为富色镊额著补授宁夏将军事	嘉庆十五年八月初四日
1248	03-1535-054	陕甘总督	那彦成	奏报遵办原宁夏将军隆福身后事宜情事	嘉庆十五年九月初九日
1249	03-0198-3791-024		军机处	奏报询问宁夏将军隆福堕马跌伤身故情形片	嘉庆十五年十月
1250	04-01-16-0101-039			奏为遵旨办理宁夏将军隆福身后各事运送进京事	嘉庆十五年
1251	02-02-023-001529-0015	署理宁夏将军印务副都统	格布舍	题报年底应例查验宁夏满营官兵一切军火器械并无短缺情形事	嘉庆十五年十一月初九日
1252	02-02-023-001530-0008	宁夏将军	富色镊额	题报接任应例盘查宁夏满营一切军火器械并无短缺情形事	嘉庆十六年二月二十日
1253	03-0199-3798-047	宁夏将军	富色镊额	奏请支宁夏官兵俸饷修补所住官房事折	嘉庆十六年三月二十八日
1254	02-02-023-001531-0022	宁夏将军	富色镊额	题报宁夏镶红满洲旗御巴英阿等老病不能当差请准休致事	嘉庆十六年十月十九日
1255	02-02-023-001531-0024	宁夏将军	富色镊额	题报交印起程进京陛见日期事	嘉庆十六年十月二十二日
1256	02-02-023-001531-0025	署理宁夏将军印务副都统	格布舍	题报接署将军印务日期事	嘉庆十六年十月二十二日
1257	02-02-023-001531-0027	署理宁夏将军印务副都统	格布舍	题报年底应例查看宁夏各旗官兵一切军火器械并无短缺情形事	嘉庆十六年十一月初二日
1258	02-01-04-19186-014	大学士管理户部事务	庆桂	题为故员宁夏将军隆福等人员未完借俸银两与宽免定例相符请汇题请销事	嘉庆十六年十二月十九日
1259	03-0199-3812-023	宁夏副都统	格布舍	奏为恭奉训谕八旗箴言一十而谢恩折	嘉庆十六年十二月二十六日

续表

序号	档号	官职衔位	责任者	题　　名	顺纪年
1260	02-02-023-001532-0003	宁夏将军	富色镌额	题报京城到任接任日期事	嘉庆十七年三月初九日
1261	02-02-023-001532-0002	署理宁夏将军印务副都统	格布舍	题报署将军印务日期事	嘉庆十七年三月初九日
1262	03-0199-3815-037	宁夏将军	富色镌额	奏报宁夏将军印文模糊请换印折	嘉庆十七年三月十三日
1263	02-02-023-001532-0029	宁夏将军	富色镌额	题报将军印务父子副都统统兵起程打围日期事	嘉庆十七年九月初六日
1264	02-02-023-001532-0028	署理宁夏将军印务副都统	格布舍	题报署理将军印务日期事	嘉庆十七年九月初六日
1265	02-02-023-001532-0033	署理宁夏将军印务副都统	格布舍	题报署署将军印务日期事	嘉庆十七年九月十九日
1266	02-02-023-001532-0034	宁夏将军	富色镌额	题报宁夏八旗满蒙官员考选军政情形事	嘉庆十七年九月二十二日
1267	03-0199-3824-044	宁夏将军	富色镌额	奏报接奉新换宁夏将军印信折	嘉庆十七年十一月初四日
1268	02-01-008-002919-0004	陕甘总督兼管甘肃巡抚事	那彦成	为题请核销甘肃宁夏宁朔二县小供宁夏满营嘉庆十一二三四等四年庆演习云梯火药用过工料银两事	嘉庆十七年十一月十二日
1269	03-18-009-000069-0004-0073		颙琰	为宁夏副都统格布舍等调补镶红旗汉军副都统仍在乾清门侍卫行走且走宁夏庆调补宁夏副都统事	嘉庆十七年十二月二十三日
1270	03-0199-3826-045	宁夏将军	富色镌额	奏其家人私收阿克苏铸钱局钱文而自行参折	嘉庆十八年正月十一日
1271	06-01-002-000087-0009	军机大臣	勒保等	为宁夏将军富色镌额降级调用头等侍卫折罚讨世职半俸事	嘉庆十八年二月二十三日

续表

序号	档号	官职爵位	责任者	题名	原纪年
1272	03-18-009-000070-0001-0035		颙琰	为福会奏著补授宁夏将军晋隆著补授正蓝旗蒙古都统景安著管理正白旗汉军都统事	嘉庆十八年二月二十三日
1273	03-1673-014	大学士管理兵部事务	勒保	奏为严议失察家人得受钱局佐之宁夏将军富色镇额事	嘉庆十八年二月二十三日
1274	06-01-002-000087-0008		宗人府右司	为将内阁抄出宁夏将军富色镇额降级调用头等侍卫并折讨养赡银所降上谕行各处事	嘉庆十八年三月初一日
1275	03-0199-3828-028	宁夏将军	富色镇额	奏报暂理宁夏将军印信折	嘉庆十八年三月十二日
1276	02-01-008-002957-0013	大学士管理工部事务	刘权之	为核议陕甘总督题请核销甘肃宁夏宁朔二县办造枪炮药铅等项嘉庆十一二等年操演用过银两事	嘉庆十八年三月二十四日
1277	03-18-009-000070-0001-0064		颙琰	为富色镇额著暂署宁夏将军印务新任将军福会到任交接后再返回京城事	嘉庆十八年三月三十日
1278	02-02-023-001534-0025	宁夏将军	福会	题报到任接印日期事	嘉庆十八年四月二十八日
1279	02-02-023-001534-0024	暂署宁夏将军印务头等侍卫	富色镇额	题报交印卸署理将军日期事	嘉庆十八年四月二十八日
1280	02-01-006-004008-0042	宁夏将军	福会	为题报到任后盘查宁夏驻防八旗官兵军械情形事	嘉庆十八年六月十六日
1281	02-02-023-001536-0001	宁夏将军	福会	题报回任接印日期事	嘉庆十八年十月初一日
1282	02-02-023-001536-0015	宁夏将军	福会	题报年底应例查看宁夏各营官兵一切军火器械整齐并无短缺情形事	嘉庆十八年十一月初八日
1283	03-18-009-000071-0001-0049		颙琰	为福会年老著回京穆克登布署西安将军喜明授驻藏小事大臣珂什克赏保副都统衔授驻藏帮办大臣事	嘉庆十九年闰二月初六日

续表

序号	档号	官职爵位	责任者	题　名	原纪年
1284	03-0199-3843-044	西安将军	穆克登布	奏谢调宁夏军折	嘉庆十九年闰二月二十三日
1285	03-18-009-000071-0001-0070		颙琰	为兴肇年老著回京穆克登布著调朴江宁将军德宁阿朴授宁夏将军达斯呼勒岱朴授宁夏古塔副都统事	嘉庆十九年闰二月二十八日
1286	03-0199-3844-037	汉军镶黄旗副都统	童连第	为让宁夏将军福会回京另用事呈文	嘉庆十九年闰二月
1287	03-0199-3847-003	署理吉林将军印务由吉林副都统	松宁	为宁古塔副都统德宁阿授为宁夏将军现由吉林起程兵起程赴京事咨呈	嘉庆十九年四月二十六日
1288	02-02-023-001538-0003	宁夏将军	德宁阿	题报到任印日期事	嘉庆十九年七月二十四日
1289	02-02-023-001538-0002	暂署宁夏将军	福会	题报交卸印务日期事	嘉庆十九年七月二十四日
1290	02-02-023-001538-0018	宁夏将军	德宁阿	题报接任后查验宁夏旗营一切军火器械并无短缺情形事	嘉庆十九年八月二十八日
1291	02-02-023-001538-0028	宁夏将军	德宁阿	题报交印带领官兵起程行闰日期事	嘉庆十九年九月十六日
1292	02-02-023-001538-0027	署理宁夏将军印务	宁庆	题报接署军印务日期事	嘉庆十九年九月十六日
1293	02-02-023-001539-0017	宁夏将军	德宁阿	题报年终照例查验宁夏满营军火器械并无短缺情形事	嘉庆十九年十一月初三日
1294	03-0199-3859-054	宁夏将军①	穆克登布	参奏宁夏镶黄旗协领拉当阿折	嘉庆二十年三月初四日

① 穆克登布已于嘉庆十九年闰二月调任江宁将军，此条疑有误。

续表

序号	档号	官职爵位	责任者	题　名	原纪年
1295	02-02-023-001541-0029	宁夏将军	德宁阿	题报宁夏正红满洲旗佐领老病不能当差请休致事	嘉庆二十年十月二十日
1296	02-02-023-001542-0001	宁夏将军	德宁阿	题报年终照例查看宁夏满营切军械并无短缺情形事	嘉庆二十年十一月初二日
1297	03-18-009-000073-0001-0001		颙琰	为成都协领常忠著补授宁夏副都统事	嘉庆二十一年正月初五日
1298	03-0200-3872-050	成都协领	常忠	奏谢放宁夏副都统折	嘉庆二十一年正月二十六日
1299	02-02-023-001543-0008	宁夏将军	德宁阿	题报一年内宁夏驻防八旗逃人数目情形事	嘉庆二十一年二月二十七日
1300	03-18-009-000145-0005-0002		颙琰	军机大臣为传谕常忠补授宁夏副都统接旨后立即赴任年终再来京城觐见事寄信新授宁夏副都统常忠	嘉庆二十一年二月二十八日
1301	02-02-023-001543-0035	宁夏将军	德宁阿	题报宁夏正黄蒙古旗佐领老患病不能当差请准休致事	嘉庆二十一年五月十七日
1302	04-01-12-0318-019	陕甘总督	先福	奏为核实取中驻防武举并请敕令宁夏将军等于科场之年先行甄别送考事	嘉庆二十一年十月二十四日
1303	02-02-023-001545-0019	宁夏将军	德宁阿	题报年底按例盘查宁夏满营切兵械并无短缺情形事	嘉庆二十一年十一月初三日
1304	02-02-023-001546-0014	宁夏将军	德宁阿	题报一年内宁夏驻防八旗逃人数目情形事	嘉庆二十二年二月二十八日
1305	03-18-009-000074-0002-0032	察哈尔都统	颙琰	为德宁阿著调补成都将军祥保著补授宁夏将军事	嘉庆二十二年六月初二日
1306	03-0200-3893-007		祥保	奏调补宁夏将军谢恩折	嘉庆二十二年六月十一日
1307	03-0200-3896-051	宁夏副都统	常忠	奏请补宁夏镶黄满旗正白旗满协领之缺折	嘉庆二十二年八月初三日
1308	03-0200-3896-052	宁夏将军	祥保	奏报接任宁夏将军日期折	嘉庆二十二年八月二十四日

续表

序号	档号	官职爵位	责任者	题　名	顺纪年
1309	03-0200-3898-025	宁夏将军	祥保	奏报接任后循例校阅宁夏官兵及盘查仓库存贮"银物情形折	嘉庆二十二年九月二十六日
1310	03-0200-3898-026	宁夏将军	祥保	奏请按例准许副都统常忠忠明年人京陛见片	嘉庆二十二年九月二十六日
1311	02-02-023-001547-0027	宁夏将军	祥保	题报查看宁夏八旗官兵并无短缺情形事	嘉庆二十二年十一月初三日
1312	02-02-030-002198-0002	宁夏将军	祥保	题为奏闻宁夏旗内逃人情形事	嘉庆二十三年二月二十一日
1313	02-02-023-001549-0014	宁夏将军	祥保	题报交常官兵起程行围日期事	嘉庆二十三年九月初六日
1314	02-02-023-001549-0015	署理宁夏将军	常忠	题报接署印务日期事	嘉庆二十三年九月初六日
1315	02-02-023-001549-0018	宁夏将军	祥保	题报回任所接印务日期事	嘉庆二十三年九月二十日
1316	02-02-023-001549-0017	宁夏将军	常忠	题报交印务起程操演兵丁日期事	嘉庆二十三年九月二十日
1317	02-02-023-001550-0008	宁夏将军	祥保	题报查看宁夏满洲营军火器械并无短少情形事	嘉庆二十三年十一月初六日
1318	02-01-04-19854-021	大学士管理户部事务	托津	题为遵察陕省查明题复尾案第九案支付宁夏满营官兵各项钱粮事	嘉庆二十三年十二月初一日
1319	03-18-009-000075-0004-0079		颙琰	为色玉慎奏朴授墨尔根副都统荆州协领德星保著朴授宁夏副都统西安协领七克腾阿著朴授荆州左翼副都统事	嘉庆二十三年十二月十七日
1320	03-0200-3928-040	宁夏将军	祥保	奏修筑宁夏城墙及官兵营房请准赏借官兵俸银折	嘉庆二十四年八月初六日
1321	03-18-009-000076-0003-0047		颙琰	为扎拉芬任福州将军久著调宁夏将军之缺著以格布令甘补放镶黄旗蒙古都统之缺著扎拉芬补放事	嘉庆二十四年九月二十一日

321

续表

序号	档号	官职爵位	责任者	题名	原纪年
1322	02-02-023-001552-0026	宁夏将军	祥保	题报宁夏正蓝蒙古旗佐领年老疾病请休致事	嘉庆二十四年十月十三日
1323	02-02-023-001552-0035	宁夏将军	祥保	题报年底查看宁夏各满洲营官兵军械并无短少情形事	嘉庆二十四年十一月初七日
1324	03-0200-3935-041	宁夏将军	格布舍	奏报接任宁夏将军并查兵例查官兵训练等情形折	嘉庆二十四年十二月二十日
1325	02-02-030-002210-0022	宁夏将军	格布舍	题为年终汇奏宁夏脱逃旗人数目情形事	嘉庆二十五年二月十八日
1326	02-01-04-19996-006	大学士管理户部事务	托津	题为遵查陕西省题复尾案平常第九案内吸查应付宁夏满营官兵支过盐米口粮等项银米一案事	嘉庆二十五年三月初四日
1327	03-0200-3938-037	宁夏将军	格布舍	奏宁夏镶红镶蓝两满洲旗协领硕隆喔因病请休致折	嘉庆二十五年三月二十日
1328	03-0200-3943-038	宁夏将军	格布舍	奏报宁夏副都统德兴保因病请休致折	嘉庆二十五年七月十五日
1329	03-18-009-000076-0007-0016		颙琰	为格布舍奏请副都统德兴保因病解任著黑龙江协领卓尔珲保补放宁夏副都统事	嘉庆二十五年八月初九日
1330	03-0200-3944-027	宁夏将军	格布舍	奏满准人京叩拜祥梓宫折	嘉庆二十五年八月十四日
1331	03-0200-3946-051	宁夏将军	格布舍	奏请补宁夏镶白正蓝两旗满洲协领之缺折	嘉庆二十五年九月二十六日
1332	04-01-01-0597-047	陕甘总督	长龄	奏请准宁夏满营兵马粮料照凉州庄浪满营之例办理事	嘉庆二十五年十月初九日
1333	03-1723-080	陕甘总督	长龄	奏为宁夏满营兵粮请照凉州庄满营办理事	嘉庆二十五年十月十四日
1334	03-0200-3949-028	宁夏副都统	卓尔珲保	奏接任宁夏副都统谢恩折	嘉庆二十五年十一月初九日
1335	03-0201-3957-018	宁夏将军	格布舍	奏请新铸宁夏军印信折	道光元年四月二十一日
1336	03-0201-3960-029	宁夏副都统	卓尔珲保	奏谢子巴尔佳木保任荫生折	道光元年六月二十一日

续表

序号	档号	官职爵位	责任者	题　名	原纪年
1337	03-0201-3960-028	宁夏将军	格布舍	奏谢子务俊任荫生折	道光元年六月二十一日
1338	03-0201-3961-040	宁夏将军	格布舍	奏请宁夏正黄正红旗协领等年迈患病告免职折	道光元年七月二十八日
1339	03-0201-3968-016	宁夏将军	格布舍	奏宁夏官兵训练条例折	道光元年十二月二十一日
1340	03-0201-3977-003	宁夏将军	格布舍	奏请陛见折	道光二年八月十六日
1341	03-0201-3978-025	宁夏将军	格布舍	奏宁夏考绩官兵折	道光二年九月十一日
1342	03-0201-3981-001	宁夏将军	格布舍	奏考绩宁夏官兵后奏折内未详例留任官员情况并奉饬谕恩折	道光二年十一月初一日
1343	02-02-023-001562-0015	宁夏将军	格布舍	题报交卸印务起程进京陛见日期事	道光二年十一月初二日
1344	02-02-023-001562-0016	署宁夏将军印务副都统	卓尔珲保	题报接署将军印务日期事	道光二年十一月初二日
1345	02-02-023-001562-0020	署宁夏将军印务副都统	卓尔珲保	题报照例年终查验各满营军械并无短缺情形事	道光二年十一月初十日
1346	03-0201-3984-070	宁夏将军	格布舍	奏到任宁夏将军折	道光三年二月初四日
1347	02-02-030-002244-0020	宁夏将军	格布舍	题报宁夏驻防八旗一年内逃人数目事	道光三年二月二十四日
1348	03-0201-3990-010	宁夏将军	格布舍	奏整齐宁夏八旗闲散幼丁折	道光三年七月初一日
1349	03-0201-3992-049	宁夏将军	格布舍	奏宁夏镶黄正白两旗协领富尼干奏请病免折	道光三年九月十七日
1350	02-02-023-001564-0018	宁夏将军	格布舍	题报宁夏镶红旗古蒙佐领老病不能当差请准休致事	道光三年十月初七日
1351	03-3007-058	陕甘总督	那彦成	奏为宁夏满营应需兵粮不敷请旨加增采买事	道光三年十一月二十九日
1352	03-0201-3995-006	宁夏将军	格布舍	奏请补放宁夏镶黄正白旗协领折	道光三年十一月二十七日
1353	03-2875-019	陕甘总督	那彦成	奏为宁夏委令庆廉署理宁夏将军印务五十九扩理凉州副都统简员补授宁夏将军事	道光四年正月十七日
1354	03-0201-4000-003	凉州副都统	庆廉	奏宁夏副都统卓尔珲保入京陛见回任折	道光四年二月初十日

续表

序号	档号	官职爵位	责任者	题名	原纪年
1355	03-0201-4000-002	凉州副都统	庆廉	奏署理宁夏将军印务折	道光四年二月初十日
1356	03-0201-4000-004	凉州副都统	庆廉	奏将署理之宁夏将军印务转交副都统卓尔珲保折	道光四年二月十三日
1357	03-0201-4000-005	宁夏副都统	卓尔珲保	奏署理宁夏将军印务折	道光四年二月十三日
1358	02-01-04-20154-015	陕甘总督	那彦成	题为大通等县上年应供宁夏满营等兵马粮料原估额不敷请改拨事	道光四年二月十七日
1359	03-0201-4015-009	宁夏将军	格布舍	奏谢赏福字恩折	道光五年正月十九日
1360	02-02-031-002262-0014	宁夏将军	格布舍	题报宁夏驻防八旗一年内逃人数目事	道光五年二月十八日
1361	03-0201-4016-022	宁夏将军	格布舍	奏宁夏协领齐兴保因病请求卸任折	道光五年二月十八日
1362	02-01-006-004472-0009	兵部尚书	玉麟	为核议甘肃宁夏协领齐兴保老患病怀致事	道光五年四月二十一日
1363	03-18-009-000079-0008-0034		奕宁	为凉州副都统之缺著以乌尔卿额调补所出西安右翼副都统之缺著以卓尔珲保调补所出宁夏副都统之缺著福克精阿补放事	道光五年十二月初四日
1364	03-0202-4028-034	宁夏副都统	卓尔珲保	奏因调补西安右翼副都统谢恩折	道光五年十二月二十一日
1365	03-0202-4028-033	河南城守尉	福克精阿	奏谢授宁夏副都统折	道光五年十二月二十六日
1366	03-0202-4029-062	宁夏将军	格布舍	奏谢赏福字恩折	道光六年正月十七日
1367	03-18-009-000080-0001-0021	宁夏将军	奕宁	为著调福克金阿山海关副都统以国祥调补宁夏副都统以富珲调补镶白旗蒙古副都统事	道光六年二月初十日
1368	02-02-031-002272-0003	宁夏副都统	格布舍	题报造具宁夏满营应入秋审实缓决人犯名册进呈事	道光六年三月二十四日
1369	03-0202-4034-011	宁夏副都统	国祥	奏报接任宁夏副都统而谢恩折	道光六年四月二十六日

序号	档号	官职爵位	责任者	题　名	顺纪年
1370	03-18-009-000080-0003-0013		旻宁	为格布舍现出防派出堵逆回奢国祥暂行护理宁夏将军印务事	道光六年七月二十二日
1371	03-0202-4037-034	宁夏将军	格布舍	奏率宁夏等处官兵前赴哈密以防回子逆贼侵扰折	道光六年八月初四日
1372	03-0202-4037-035	宁夏将军	格布舍	奏请带伊子荫生秀俊一同赴哈密剿灭回子逆贼片	道光六年八月初四日
1373	03-0202-4038-011	宁夏副都统	国祥	奏闻暂理宁夏将军印务折	道光六年八月初五日
1374	03-0202-4038-012	宁夏副都统	国祥	奏谢准署理宁夏将军之恩折	道光六年八月初六日
1375	03-18-009-000146-0006-0005		旻宁	军机大臣为传谕格布舍带兵赴哈密防堵毋庸携带印信旋即后奢即派员将印信送交署理将军等官宁夏将军格布舍	道光六年八月十二日
1376	03-0202-4039-027	署宁夏将军印务副都统	国祥	奏闻署理宁夏将军印务日期折	道光六年九月初三日
1377	04-01-01-0679-067	参赞大臣	杨遇春	奏为酌留宁夏满兵驻防吐鲁番事	道光六年九月十七日
1378	03-0202-4039-046	宁夏将军	格布舍	奏闻率领宁夏等处官兵前赴哈密备等处折	道光六年九月二十日
1379	03-18-009-000080-0003-0068		旻宁	为以格布舍为乌里雅苏台参台著不必来京请训驰驿前往新任苏以庆山为宁夏将军以萨炯阿为西安将军等事	道光六年九月二十五日
1380	03-0202-4040-027	宁夏将军	格布舍	奏率宁夏官兵前往库车折	道光六年十月初四日
1381	03-0202-4040-017	西安将军	庆山	奏因调补宁夏将军而谢恩折	道光六年十月初四日
1382	03-3010-035	署理陕甘总督	鄂山	奏为宁夏满营明岁兵粮不敷请加增采买事	道光六年十月初六日
1383	03-0202-4041-017	宁夏将军	格布舍	奏调补左定边副将军而谢恩折	道光六年十月二十三日
1384	02-02-023-001576-0006	署理宁夏将军	国祥	题报年终验看宁夏各营一切情弊并无短少事	道光六年十一月初八日

续表

序号	档号	官职爵位	责任者	题　名	原纪年
1385	02-02-031-002284-0022	暂署宁夏将军	国祥	题报一年内宁夏满营逃人数目情形事	道光六年十一月十五日
1386	02-02-023-001576-0013	署理宁夏将军印务副都统	国祥	题报宁夏正蓝满洲旗防御年迈疾病请休致事	道光六年十一月十九日
1387	02-02-023-001576-0024	署理西安将军事务宁夏将军	庆山	题报验看西安八旗官兵军械等并无短少情形事	道光六年十二月初七日
1388	03-0202-4043-002	西安将军	庆山	奏将西安将军印务交接病阿及赴任宁夏将军情形折	道光六年十二月十五日
1389	03-0202-4043-043	署宁夏将军	国祥	奏将宁夏将军印务交接庆山折	道光七年正月初九日
1390	03-0202-4043-042	宁夏将军	庆山	奏闻接任宁夏将军日期折	道光七年正月初九日
1391	03-0202-4044-002	宁夏将军	庆山	奏谢赏福字恩折	道光七年正月二十三日
1392	03-0202-4044-046	宁夏将军	庆山	奏闻宁夏官兵训练情形折	道光七年二月二十五日
1393	03-0202-4044-047	宁夏将军	庆山	奏驻防吐鲁番等处之宁夏官兵均已返回原营片	道光七年二月二十五日
1394	03-0202-4050-054	宁夏将军	庆山	奏请暂缓赴京觐见折	道光七年九月十八日
1395	02-02-023-001578-0019	宁夏将军	庆山	题报军政考核宁夏八旗武职病退应参官员事	道光七年九月二十二日
1396	02-02-023-001578-0018	宁夏将军	庆山	题报军政考绩宁夏驻防满洲营官员情形事	道光七年九月二十二日
1397	03-0202-4051-012	宁夏将军	庆山	奏闻宁夏八旗官员军政考核情形折	道光七年九月二十二日
1398	03-18-009-000081-0002-0011		旻宁	为宁夏八旗军政考验逾岁十员精力未裹勤勉当差著仍留任事	道光七年十月十六日
1399	03-18-009-000081-0002-0013		旻宁	为以富祥为杭州将军以国祥为宁夏副都统以阿都统以噶普唐阿为宁夏副都统以阿尔邦阿为正蓝旗汉军副都统事	道光七年十月十七日
1400	03-0202-4052-059	宁夏副都统	国祥	奏调补青州副都统而谢恩折	道光七年十一月初九日

续表

序号	档号	官职爵位	责任名	题　名	原纪年
1401	02-02-023-001579-0012	宁夏将军	庆山	题根照例验看宁夏满洲营军械并无亏缺事	道光七年十一月十二日
1402	03-0202-4054-003	宁夏副都统	喀普唐阿	奏接任宁夏副都统而谢恩折	道光七年十二月二十一日
1403	05-13-002-001937-0090		户部	为正白旗蒙古新授宁夏副都统喀普唐阿认买官房未完价银催其在丁世职俸银内坐扣事致内务府	道光七年十二月二十日
1404	03-0202-4055-015	宁夏将军	庆山	奏谢赏赐福字恩折	道光八年正月十八日
1405	03-0202-4055-032	宁夏将军	庆山	奏恭贺生擒张格尔折	道光八年正月二十七日
1406	03-0202-4055-013	宁夏将军①	格布舍	奏恭贺生擒张格尔折	道光八年二月初二日
1407	03-0202-4055-051	宁夏副都统②	国祥	奏恭贺生擒张格尔折	道光八年二月十九日
1408	03-0202-4056-032	宁夏将军	庆山	奏宁夏满洲正白旗防御富筠因病免职折	道光八年二月十九日
1409	03-0202-4056-033	宁夏副都统	喀普唐阿	参奏宁夏将军庆山未能具实呈陈该处防御富筠之履历折	道光八年二月二十日
1410	03-0202-4056-034	宁夏副都统	喀普唐阿	参奏宁夏将军庆山出外游玩携带兵丁鸣炮迎送使下属劳累不堪片	道光八年二月二十日
1411	03-0202-4056-035	宁夏副都统	喀普唐阿	参奏宁夏将军庆山玩忽职守游劳累下属折	道光八年二月二十七日
1412	03-18-009-000081-0003-0036		旻宁	为以安楚拉为宁夏副都统事	道光八年三月初四日
1413	03-0202-4057-025	宁夏将军	庆山	奏宁夏官兵所居房屋倒塌甚多请给银两修缮折	道光八年三月十三日

① 格布舍道光六年九月二十五日已任乌里雅苏台将军（实际未赴任），此条有误。
② 国祥道光七年十月十七日已任青州副都统，此条疑有误。

续表

序号	档号	官职爵位	责任者	题　名	原纪年
1414	03-0202-4057-018	内大臣	博启图	奏新任宁夏副都统安楚拉因病免职折	道光八年三月二十二日
1415	03-0202-4058-032	宁夏副都统	噶普唐阿	奏俟新任宁夏副都统安楚拉到任后即卸任回京折	道光八年四月二十六日
1416	04-01-16-0132-079	宁夏副都统	噶普唐阿	奏为将军庆山挂伏祈严参各款自剖实情伏祈圣鉴请旨事	道光八年四月二十六日
1417	03-0202-4058-031	署理宁夏将军	昇寅	奏报署理宁夏将军印务日期折	道光八年四月二十七日
1418	04-01-01-0702-045	署理宁夏将军	昇寅	奏为查明前宁夏将军庆山副都统噶普唐阿互参各重款并请将通武协领科普重满武阿等解任严讯事	道光八年五月二十九日
1419	04-01-01-0698-071	署理宁夏将军	昇寅	奏为筹议调剂宁夏满兵差务帮贴预支饷银事	道光八年六月二十九日
1420	04-01-01-0703-013	署理宁夏将军	昇寅	奏为遵旨查明宁夏将军庆山副都统噶普唐阿互相参揭各款分别请旨交部议处事	道光八年六月二十九日
1421	04-01-01-0703-011	署理宁夏将军	昇寅	奏为宁夏副都统噶普唐阿送来折件附驿代奏并恭呈所递原呈事	道光八年六月二十九日
1422	04-01-01-0703-012	署理宁夏将军	昇寅	奏为现任议城会审庆山副都统噶普唐阿互揭一案俟完案后再移满城事	道光八年六月二十九日
1423	03-18-009-000081-0005-0007		旻宁	为以吉林协领伊勒东阿为宁夏副都统事	道光八年七月初九日
1424	03-18-009-000081-0005-0005		旻宁	为以英和为宁夏将军以昇寅为热河都统事	道光八年七月初九日
1425	03-0202-4061-011	热河都统	英和	奏谢授宁夏将军折	道光八年七月十三日
1426	03-0202-4062-029	新授宁夏副都统	伊勒东阿	奏谢授宁夏副都统折	道光八年七月二十七日
1427	03-0202-4061-035	蒙古正白旗都统	格布舍	奏将正白蒙古被革宁夏副都统噶普唐阿之轻车都尉等世职是否免职折	道光八年七月二十八日
1428	03-18-009-000081-0005-0015		旻宁	为革职之宁夏副都统噶普唐阿本身袭之一等轻车都尉及云骑尉世管佐领之爵职著仍留伊本身罚半俸三年事	道光八年七月二十八日

续表

序号	档号	官职爵位	责任者	题　名	原纪年
1429	03-0202-4063-055	热河都统	昇寅	奏谢授宁夏将军折	道光八年九月初六日
1430	03-3010-042	陕甘总督	杨遇春	奏请加增采买宁夏满营兵粮事	道光八年九月十一日
1431	04-01-01-0698-041	陕甘总督	杨遇春	奏为宁夏满营应需明年兵粮不敷供支请暂加增采买事	道光八年九月十一日
1432	03-0202-4064-051	宁夏将军	昇寅	奏谢赏御制诗恩折	道光八年九月二十五日
1433	03-0202-4064-061	宁夏将军	昇寅	奏闻宁夏官兵训练及查核军械马匹情形折	道光八年十月初二日
1434	02-02-023-001581-0037	宁夏将军	昇寅	题报查看宁夏满洲八旗官兵操演并无短少事	道光八年十一月初八日
1435	03-0202-4066-054	宁夏副都统	伊勒东阿	奏接任宁夏副都统而谢恩折	道光九年十一月十八日
1436	03-0202-4070-039	宁夏将军	昇寅	奏因赏福字谢恩折	道光九年正月十七日
1437	03-18-009-000082-0001-0044	宁夏将军①	昱宁	为富尔嵩阿所出宁夏将军之缺著格布舍朴授调德英阿为正白旗蒙古都统以悖亲王绵愷为镶红旗汉军都统事	道光九年三月十二日
1438	03-0202-4073-025	宁夏将军	昇寅	奏谢调任成都将军折	道光九年三月二十七日
1439	03-0202-4075-040	宁夏将军	昇寅	奏报交宁夏将军印务起程赴任成都将军日期折	道光九年五月二十一日
1440	03-0202-4075-042	新任宁夏将军	格布舍	奏接任宁夏将军并谢恩折	道光九年五月二十一日
1441	03-0202-4075-041	宁夏将军	昇寅	奏查赏药之恩折	道光九年五月二十一日
1442	03-0202-4076-053	宁夏将军	格布舍	奏看守宁夏官兵技艺及兵器折	道光九年六月二十九日
1443	03-0202-4077-031	宁夏将军	格布舍	奏宁夏协领阿尼扬阿呈请休致折	道光九年七月初三日
1444	04-01-01-0706-021	陕甘总督	杨遇春	奏为办宁夏满营应需明岁兵粮不敷估支请准加增采买事	道光九年十月二十日

①　昇寅道光九年二月即调任成都将军，此条疑有误。

329

续表

序号	档号	官职爵位	责任者	题　　名	原纪年
1445	03-3011-060	陕甘总督	杨遇春	奏为驻防宁夏满营明岁兵粮不敷估支请准照短缺实数采买事	道光九年十月二十一日
1446	03-0202-4085-026	宁夏将军	格布舍	奏谢赏赉福字恩折	道光十年正月二十日
1447	03-0202-4087-002	宁夏副都统	伊勒东阿	奏宁夏将军格布舍病故及暂行署理折	道光十年三月十六日
1448	03-18-009-000082-0005-0055		旻宁	为宁夏将军格布舍病故著该部查葬礼具奏伊任内一应降罚宽免并赏银三百两事	道光十年三月二十七日
1449	03-18-009-000082-0005-0058		旻宁	为调特依将军以宁夏将军以富僧德为黑龙江将军特依顺保到前任前以副都统伊勒东阿护理宁夏军印务事	道光十年三月二十七日
1450	03-2886-057	陕甘总督	杨遇春	奏报宁夏将军格布舍因病出缺奔请简放事	道光十年三月二十七日
1451	04-01-16-0136-032	陕甘总督	杨遇春	奏为宁夏将军格布舍因病出缺奔请迅赐简简放事	道光十年三月二十九日
1452	05-13-002-000626-0060	兵部		为宁夏副都统伊勒东阿奏将军格布舍病故并护理印信清宁上谕事致总管内务府	道光十年四月十二日
1453	03-0202-4088-007	黑龙江将军	特依顺保	奏调任宁夏将军谢恩并赴京请训折	道光十年四月十五日
1454	03-0202-4091-031	宁夏将军	特依顺保	奏接任宁夏将军印信日期折	道光十年七月十三日
1455	03-18-009-000146-0010-0008		旻宁	军机大臣为伊勒东阿著派往新疆接旨后速整装前往甘肃等候大学士长龄随行事寄信宁夏副都统伊勒东阿	道光十年九月初五日
1456	03-0202-4092-049	宁夏将军	特依顺保	奏查看宁夏官兵技艺及军械折	道光十年九月初七日
1457	03-0202-4093-030	宁夏副都统	伊勒东阿	奏由宁夏起程随大学士长龄赴喀什噶尔进剿逆延集回折	道光十年九月二十四日
1458	04-01-01-0715-045	署理陕甘总督	鄂山	奏为驻防宁夏满营兵粮不敷估支暂请加增采买事	道光十年十月十三日

续表

序号	档号	官职爵位	责任者	题　　名	原纪年
1459	03-0202-4096-007	宁夏将军	特依顺保	奏宁夏满营官兵撤回该营折	道光十年十一月初二日
1460	02-02-023-001585-0017	宁夏将军	特依顺保	题报查看各满洲营军械坚整并无缺少事	道光十年十一月十一日
1461	02-02-023-001585-0020	宁夏将军	特依顺保	题报九年宁夏各旗散逃跑闲散等数目事	道光十年十一月十八日
1462	03-0202-4098-003			谕为著务伦袭已故宁夏将军格布合骑都尉职衔事	道光十年十二月十六日
1463	03-0202-4098-051	宁夏将军	特依顺保	奏赏福宁谢恩折	道光十一年正月初八日
1464	03-0202-4099-050	宁夏副都统	伊勒东阿	奏闻回任宁夏副都统日期折	道光十一年二月初一日
1465	02-02-023-001586-0012	宁夏将军	特依顺保	题报宁夏正黄红两满洲蕉协领告病请休致事	道光十一年二月十六日
1466	03-0202-4104-020	宁夏将军	特依顺保	奏宁夏副都统伊勒东阿回回吉林乌拉奔丧折	道光十一年六月二十四日
1467	04-01-01-0725-066	陕甘总督	杨遇春	奏为暂请加增明岁宁夏满营兵粮事	道光十一年十月初八日
1468	03-3014-022	陕甘总督	杨遇春	奏为驻防宁夏满营岁需兵粮宁夏宁朔二县仓贮不敷估拨请照数采买事	道光十一年十月初八日
1469	02-02-023-001588-0025	宁夏将军	特依顺保	题报查看各满洲营军装器械并无短少事	道光十一年十一月初八日
1470	03-18-009-000083-0006-0036		受宁	为著宁古塔副都统和福与宁夏副都统伊勒东阿对调事	道光十一年十一月二十九日
1471	03-0202-4111-029	宁古塔副都统	和福	奏奉旨调任宁夏副都统谢恩折	道光十一年十二月二十五日

续表

序号	档号	官职爵位	责任者	题名	原纪年
1472	03-0202-4111-057	宁夏将军	特依顺保	奏赏福宁谢恩折	道光十二年正月十九日
1473	03-18-009-000084-0002-0002		旻宁	为以存华调补宁夏副都统所出山海关副都统以和福岳副都统补调补事	道光十二年四月初八日
1474	03-0202-4114-031	山海关副都统	存华	奏奉旨调授宁夏副都统谢恩折	道光十二年四月十八日
1475	02-01-008-003724-0018	大学士管理工部事务	曹振镛	为核议陕甘总督题请核估甘肃宁夏镇标中营代造宁夏满营制造帐房等项需用工料银两事	道光十二年五月二十九日
1476	03-18-009-000084-0003-0020		旻宁	为阿拉善亲王玛哈巴拉病故著宁夏副都统存华携茶酒祭奠并赏银治丧事	道光十二年九月初三日
1477	03-0202-4119-009	宁夏将军	特依顺保	奏奉旨调任西安将军谢恩折	道光十二年九月十三日
1478	03-0202-4119-015	宁夏副都统	存华	奏报接任日期谢恩折	道光十二年九月十九日
1479	03-0202-4119-042	宁夏副都统	存华	奏察奠阿拉善亲王玛哈巴拉事毕回任折	道光十二年闰九月初一日
1480	02-02-023-001589-0034	署理宁夏将军	存华	题报接署印务日期事	道光十二年闰九月初六日
1481	02-02-023-001589-0033	宁夏将军①	特依顺保	题报军政考核宁夏八旗官员情形事	道光十二年闰九月初六日
1482	03-0202-4119-055	宁夏将军②	特依顺保	奏宁夏八旗满蒙官员军政考核折	道光十二年闰九月初六日
1483	04-01-01-0738-078	陕甘总督	杨遇春	奏为宁夏满营岁兵粮不敷应估支请加增采买事	道光十二年十月初九日
1484	03-3016-039	陕甘总督	杨遇春	奏为驻防宁夏满营岁兵粮不敷估支请加增采买事	道光十二年十月初九日
1485	02-02-023-001590-0003	署宁夏将军印务	存华	题报交卸署理印务日期事	道光十二年十月十三日

①② 特依顺保道光十二年八月已调任西安将军，此二条疑有误。

续表

序号	档号	官职爵位	责任者	题 名	阴纪年
1486	02-02-023-001590-0004	宁夏将军	和世泰	题报接任日期事	道光十二年十月十三日
1487	03-0202-4121-017	宁夏将军	和世泰	奏接任日期谢恩折	道光十二年十月十三日
1488	03-0202-4122-034	宁夏将军	和世泰	奏查看宁夏官兵技艺及兵器等折	道光十二年十一月十二日
1489	03-0202-4124-040	宁夏将军	和世泰	奏为赏赐字谢恩折	道光十三年正月二十日
1490	02-01-008-003764-0009	陕甘总督兼管甘肃巡抚事	杨遇春	为题请核估甘肃宁夏镇标中营代造宁夏满营补制道光六年份回疆军需案内官兵带缺账房等物需用工料银两事	道光十三年二月初六日
1491	03-0202-4132-001	宁夏将军	和世泰	奏宁夏记名佐领富勒鸿阿坐补协领折	道光十三年九月十七日
1492	02-01-008-003766-0014	大学士管理工部事务	曹振镛	为核议陕甘总督题奏核估道光六年甘肃宁夏镇标中营代宁宁夏驻防各满营需制带缺账房等物需用工料银两事	道光十三年九月二十四日
1493	03-0202-4132-048	宁夏将军	和世泰	奏宁夏满洲正黄正红旗协领阔步通逋武病免折	道光十三年十月二十二日
1494	02-02-024-001592-0030	宁夏将军	和世泰	题报十二年宁夏镇标中营各旗逃跑闲散数目事	道光十三年十一月十八日
1495	02-02-024-001592-0031	宁夏将军	和世泰	题报验看各满洲营军械并无短少事	道光十三年十一月十八日
1496	03-0202-4136-002	宁夏将军	和世泰	奏记名佐领富忠顶补满洲正黄正红二旗协领折	道光十三年十二月二十日
1497	03-0202-4137-010	宁夏将军	和世泰	奏为赏赐福字谢恩折	道光十四年正月二十四日
1498	02-02-032-002345-0009	宁夏将军	和世泰	题报宁夏内营秋审案犯于十三年缓决一次情形事	道光十四年三月二十日
1499	03-0202-4145-054	宁夏将军	和世泰	奏朋封祖祐禄氏皇贵妃为皇后代全家谢恩折	道光十四年十月十八日
1500	05-08-005-000162-0006	会计司	会计司	为办理前任宁夏将军英和呈换伊次子奎耀认买马驹桥等处地亩为垦事	道光十四年十一月初四日

333

续表

序号	档号	官职爵位	责任者	题　名	原纪年
1501	02-02-024-001594-0020	宁夏将军	和世泰	题报查看宁夏满洲营兵军械并无缺少事	道光十四年十一月十六日
1502	05-13-002-001944-0098	宁夏将军	户部	为正白旗满洲前任宁夏将军英和咨请兑换大兴县地亩为奎一案抄奉内务府等	道光十四年十二月二十一日
1503	03-0203-4149-016	宁夏将军	和世泰	奏赏福字谢恩折	道光十五年正月十九日
1504	03-18-009-000146-0015-0002		旻宁	军机大臣为本年十月皇太后七旬万寿和世泰于九月十五日前到京后祝暇将军印信交存华署理事寄信宁夏将军和世泰	道光十五年二月十三日
1505	03-0203-4151-016	宁夏将军	和世泰	奏奉旨进京恭贺皇太后万寿其印信交存华署理折	道光十五年三月初一日
1506	03-3536-053	宁夏将军	和世泰	呈陈柱等案供单	道光十五年三月初六日
1507	04-01-16-0145-043	宁夏将军	和世泰	奏为特参步营协领阿玺达富忠聚混积压请交部严加议处事	道光十五年三月初六日
1508	03-3536-052	宁夏将军	和世泰	奏为特参管理步营协领阿玺达富富忠蒙混积压民人聚众控告渠工行事	道光十五年三月初六日
1509	03-2638-072	宁夏将军	和世泰	奏为宽免议处谢恩事	道光十五年四月二十八日
1510	04-01-16-0145-061		和世泰	奏为自请议处奉旨宽免谢恩事	道光十五年四月二十八日
1511	05-13-002-001945-0042	宁夏将军	户部	为前任宁夏将军英和呈出红白契呈请将次子奎耀认买马驹桥地亩兑换内务府革退庄头刘十格原圈地亩致内务府等	道光十五年五月二十三日
1512	03-0203-4157-009	宁夏将军	和世泰	奏赴京恭贺皇太后万寿宁夏将军印务交副都统存华护理折	道光十五年七月二十六日
1513	02-02-024-001596-0037	署理宁夏将军	存华	题报年终查看宁夏满洲营军械并无缺少事	道光十五年十一月二十日
1514	03-0203-4162-007	宁夏将军	和世泰	奏报回署接印日期折	道光十五年十二月十六日

续表

序号	档号	官职爵位	责任者	题　名	原纪年
1515	03-0203-4162-008	宁夏副都统	存华	奏请陛见折	道光十五年十二月十六日
1516	02-02-032-002357-0001	宁夏将军	和世泰	题为秋审缓决斩绞人犯系由案由恭呈御览事	道光十六年三月十二日
1517	05-13-002-000650-0056		兵部	为宁夏将军三等承恩公和世泰等员封典事令各员出具印领赴部请领执照事致内务府	道光十六年三月十四日
1518	06-01-001-000360-0054	宁夏将军	和世泰	为造具宁夏副都统宗室存华之子额勒锦额禄肯情愿预挑差使清册等事致宗人府等	道光十六年三月二十三日
1519	05-13-002-001946-0022		户部	为查办前任宁夏将军英和将次子奎耀认买马驹桥地亩兑换革退庄头刘十格原领圈地一案抄单事致内务府等	道光十六年四月十八日
1520	02-01-006-004753-0007	大学士管理兵部事务	阮元	为核议西陵承办宁夏将军谭运总督题报应行开复各官职名事	道光十六年五月初十日
1521	03-0203-4170-031	宁夏将军	和世泰	奏请照例借支宁夏八旗官兵俸饷维修所居官房折	道光十六年八月二十六日
1522	03-18-009-000087-0001-0038		旻宁	为宁夏官兵所住官房历年久失修奢照宁夏将军和世泰所请借给官兵俸饷钱粮修缮分作八年扣还事	道光十六年九月二十七日
1523	03-0203-4174-054	宁夏将军	和世泰	奏赏福字谢恩折	道光十七年正月十二日
1524	03-0203-4176-006	宁夏将军	和世泰	奏请将伊孙存诚留任所协办小家务折	道光十七年三月初七日
1525	03-18-009-000087-0004-0005	宁夏将军	旻宁	为奢照宁夏将军和世泰所请将伊孙留于任所协办小家务事	道光十七年四月初九日
1526	02-02-024-001602-0020	宁夏将军	和世泰	题报军政考核宁夏旗营应参病休等武官情形事	道光十七年九月二十一日
1527	03-0203-4181-010	宁夏将军	和世泰	奏为宁夏八旗官员军政考核折	道光十七年九月二十一日
1528	03-18-009-000087-0006-0018		旻宁	为宁夏满洲蒙古八旗军政考核官员内年已适岁精力未衰之协领佐领御等员俱准留任事	道光十七年十月二十三日

续表

序号	档号	官职爵位	责任者	题名	原纪年
1529	03-0203-4184-019	宁夏将军	和世泰	奏谢赏福字之恩折	道光十八年正月十九日
1530	02-02-024-001603-0027	宁夏将军	和世泰	题报宁夏正白满洲旗佐领年老病残请休致事	道光十八年二月十九日
1531	03-3977-020	宁夏将军①	特依顺	奏为审讯正黄旗前锋依克唐阿控告该旗协领富忠等克扣兵饷一案情形事	道光十八年三月初一日
1532	03-0203-4189-010	宁夏副都统	存华	奏赴任宁夏已满三年请准入京陛见折	道光十八年六月二十四日
1533	03-18-009-000088-0002-0054		昱宁	为以和世泰调授杭州将军特依顺补放宁夏将军善英补放密云副都统事	道光十八年六月二十七日
1534	03-0203-4189-008	密云副都统	特依顺	奏调补宁夏将军谢恩折	道光十八年七月初九日
1535	03-0203-4189-065	宁夏将军	和世泰	奏调补杭州将军谢恩折	道光十八年七月二十六日
1536	02-01-008-003934-0012	陕甘总督兼管甘肃巡抚事	瑚松额	为题请核销甘肃宁夏镇标中营代造宁夏满营道光十一年补制六年回疆等案内派防官兵带缺赈房等物用过银两事	道光十八年八月十二日
1537	02-02-024-001605-0005	宁夏将军	特依顺	题报接任日期事	道光十八年九月二十日
1538	03-0203-4191-061	宁夏将军	特依顺	奏报接任谢恩折	道光十八年九月二十日
1539	03-0203-4191-062	宁夏将军	和世泰	奏报卸任启程赴杭州将军任日期折	道光十八年九月二十日
1540	03-18-009-000088-0004-0014		昱宁	为以存华为镶蓝旗蒙古副都统以恒通为宁夏副都统以巴雅尔为伯都讷副都统事	道光十八年十月二十九日

① 特依顺道光十八年六月二十七日方任宁夏将军，此条疑有误。

续表

序号	档号	官职爵位	责任者	题　名	原纪年
1541	03-0203-4193-017.1	宁夏将军	特依顺	奏报接任循例校阅官兵盘查库储等情形折	道光十八年十一月十五日
1542	03-0203-4193-017.2	宁夏将军	特依顺	奏报校阅宁夏盘查官兵盘查库贮及参处管理右司满洲镶红镶蓝旗协领兴阿等挪用库等情等弊片	道光十八年十一月十五日
1543	02-02-024-001605-0024	宁夏将军	特依顺	题报查看宁夏旗营军械并无缺少事	道光十八年十一月十八日
1544	03-2962-089	宁夏将军	特依顺	参奏宁夏八旗官兵操练不精挪用库款兑扣兵饷等事	道光十八年十二月初六日
1545	03-0203-4194-057	宁夏将军	特依顺	奏明俟恒通到任后共审兑扣兵饷案片	道光十八年十二月二十八日
1546	03-0203-4194-056	宁夏将军	特依顺	奏谢赏赍福字之恩折	道光十八年十二月二十八日
1547	04-01-19-0056-005	署理黑龙江将军	舒伦保	奏为校阅宁夏满营官兵技艺情形事	道光十八年
1548	03-0203-4195-010	宁夏副都统	恒通	奏报接任谢恩折	道光十九年正月十二日
1549	03-0203-4195-011	宁夏副都统	恒通	奏遵旨到任后会同将军特依顺审办伊克唐阿呈控兑扣兵饷案片	道光十九年正月十二日
1550	03-2908-019	宁夏副都统	恒通	奏报遵旨与将军特依顺会同审办伊克唐阿呈控一案且期事	道光十九年二月初三日
1551	03-3977-028	刑部尚书	隆文	奏为会审宁夏营兵扣兵饷一案咒出解任将军和世泰等眰私实迹清革审审事	道光十九年六月初七日
1552	03-0203-4201-020	宁夏将军	特依顺	奏补宁夏满洲正黄正黄红两旗协领缺折	道光十九年八月初三日
1553	03-0203-4201-021	宁夏将军	特依顺	奏请补宁夏因恕扣兵饷已革协领富勒妈妈等缺片	道光十九年八月初三日
1554	03-2963-047	宁夏将军	特依顺	奏报校阅宁夏满营官兵枪中靶实任成数事	道光十九年八月初八日

续表

序号	档号	官职爵位	责任者	题名	原纪年
1555	03-3023-042	宁夏将军	特依顺	奏为宁夏请添设拾炮腰刀事	道光十九年八月初八日
1556	03-3311-021	宁夏将军	特依顺	奏为查核车员那朗阿修理堆拨各重文入己事	道光十九年九月十一日
1557	02-02-024-001607-0016	宁夏将军	特依顺	题报年终查看满洲营军械并无缺少事	道光十九年十一月初九日
1558	02-02-032-002379-0031	宁夏将军	特依顺	题为汇奏十八年旗营脱逃兵丁等数目事	道光十九年十一月初九日
1559	03-3024-005	宁夏将军	特依顺	奏报宁夏驻防制造拾炮腰刀等完竣事	道光十九年十二月二十日
1560	03-3977-032		军机处	奏为讯问宁夏御萨勒航阿等称前任将军和世泰等受礼摊扣等情核与隆文查奏原折相符事	道光十九年
1561	03-3024-006	宁夏将军	特依顺	奏为新添拾炮演放出数案档书写错误自请议处事	道光二十年元月二十六日
1562	03-0203-4206-014	宁夏将军	特依顺	奏谢赏福寿字之恩折	道光二十年正月二十七日
1563	04-01-01-0797-048	宁夏将军	特依顺	奏为通益银库被窃拿获库守巡逻兵丁马甲德合哺等审讯并值防御庆福等文部议处事	道光二十年二月二十八日
1564	03-3946-016	宁夏将军	特依顺	奏为银库被窃请将案犯舒德等解审办理事	道光二十年二月二十八日
1565	02-01-006-004875-0012	兵部尚书	裕诚	为宁夏将军特依顺并副都统恒桶通题奏本章内错写错误拾炮出数遵旨察本事	道光二十年三月初四日
1566	02-02-032-002382-0007	宁夏将军	特依顺	题为满洲营秋审缓决人犯由造册呈览事	道光二十年三月二十二日
1567	03-2693-008	兵部尚书	裕诚	奏为遵旨议处宁夏防御庆福轮应值宿遭回家事	道光二十年四月初三日
1568	02-02-024-001608-0019	宁夏将军	特依顺	题报宁夏镶蓝蒙古旗防御年迈病残请休致事	道光二十年四月十六日
1569	03-0203-4208-032	宁夏将军	特依顺	奏请补放宁夏满洲镶白正蓝二旗协领之缺折	道光二十年四月二十五日
1570	03-2964-055	宁夏将军	特依顺	奏报校阅宁夏满营新设拾炮并拾箭中靶成数事	道光二十年九月初六日
1571	04-01-18-0042-021	宁夏将军	特依顺	奏为校阅新设拾炮并枪箭中靶成数事	道光二十年九月初六日

续表

序号	档号	官职爵位	责任者	题　　名	原纪年
1572	04-01-01-0791-069	宁夏将军	特依顺	奏为八旗官兵自行积贮库银按月生息作为兵丁红白事作赏恤事	道光二十年九月初六日
1573	04-01-01-0799-055	宁夏将军	特依顺	奏为督辖宁原审厅县严讯宁夏满营通益库案按律定拟事	道光二十年九月初八日
1574	03-3948-007	宁夏将军	特依顺	奏为督审通益库被窃案事	道光二十年九月初八日
1575	03-3025-010	宁夏将军	特依顺	奏为八旗官兵自行积剩平余银两依限转借聚多做为赏恤事	道光二十年九月二十九日
1576	02-02-024-001609-0022	宁夏将军	特依顺	题报年终查看宁夏满洲营军火器械并无亏缺事	道光二十一年十一月初十日
1577	03-0204-4217-038	宁夏将军	特依顺	奏谢赏福字之恩折	道光二十一年正月二十六日
1578	03-0204-4219-032	宁夏将军	特依顺	奏请补宁夏满洲正黄正红旗协领之缺折	道光二十一年三月初三日
1579	03-18-009-000090-0002-0023		旻宁	为特依顺未京觐见舒伦保奏补授宁夏将军未到任前恒通署理英隆调补齐齐哈尔副都统白文洽补授广州汉军副都统事	道光二十一年五月初三日
1580	03-0204-4221-042	宁夏将军	特依顺	奏报历任已满三年请准入京陛见折	道光二十一年五月初九日
1581	03-0204-4222-032		舒伦保	奏奉旨调补宁夏将军谢恩折	道光二十一年六月初二日
1582	03-0204-4222-038	宁夏将军	特依顺	奏报卸任起程回京折	道光二十一年六月初九日
1583	03-0204-4222-039	宁夏副都统	恒通	奏接署宁夏将军印务谢恩折	道光二十一年六月初九日
1584	03-2709-047	宁夏将军	特依顺	奏为前往广东接领参赞大臣关防请随带御前御前端云等赴粤事	道光二十一年七月十九日
1585	02-01-008-004033-0013	大学士管理工部事务	穆彰阿	为核议陕甘总督题核估甘肃宁夏镇标中营代造宁夏满洲营制补项道光六年回疆军需案肉账房等项军械需用银两事	道光二十一年九月初一日
1586	03-0204-4227-024	宁夏副都统	恒通	奏报卸任署理宁夏将军年日期折	道光二十一年九月二十一日
1587	03-0204-4227-023	宁夏将军	舒伦保	奏接任谢恩折	道光二十一年九月二十一日

续表

序号	档号	官职爵位	责任者	题　名	顺纪年
1588	03-3028-046	宁夏将军	特依顺	奏为浙省军务吃紧遵旨率官兵携枪炮会同剿办事	道光二十一年九月二十三日
1589	03-0204-4228-045	宁夏将军	舒伦保	奏报到任校阅官兵情形折	道光二十一年十月二十五日
1590	02-02-024-001610-0033	宁夏将军	舒伦保	题报查看宁夏满洲营军火器械并无缺少事	道光二十一年十一月十二日
1591	02-02-032-002391-0007	宁夏将军	舒伦保	题为汇报一年本地逃跑旗人数目事	道光二十一年十一月十二日
1592	03-0204-4230-019	宁夏副都统	恒通	奏补放宁夏副都统任满三年请准入京陛见折	道光二十一年十一月十二日
1593	02-02-024-001610-0036	宁夏将军	舒伦保	题报宁夏镶黄蒙古旗佐领年老请病休致事	道光二十一年十一月二十二日
1594	03-0204-4231-051	宁夏将军	舒伦保	奏谢赏福字之恩折	道光二十二年正月十九日
1595	03-0204-4236-001	宁夏将军	舒伦保	奏报校阅宁夏兵丁枪炮马步射情形折	道光二十二年五月十二日
1596	03-0204-4235-049	宁夏将军	舒伦保	奏均齐宁夏八旗各佐领下闲散幼丁折	道光二十二年五月十二日
1597	03-2966-026	宁夏将军	舒伦保	奏报春闱校阅兵丁枪炮弓步射成数折	道光二十二年六月十三日
1598	03-0204-4237-028	宁夏副都统	恒通	奏报陛见回任日期并谢恩折	道光二十二年六月二十六日
1599	03-0204-4239-026	宁夏将军	舒伦保	奏报宁夏军政逾岁精力未衰官员名单片	道光二十二年九月初六日
1600	03-0204-4239-025	宁夏将军	舒伦保	奏请将宁夏八旗政逾岁精力未衰之满蒙官员留任折	道光二十二年九月初六日
1601	03-18-009-000091-0002-0002		旻宁	为宁夏八旗考选军政佐领领舒泰等员年已逾岁精力未衰著准留任事	道光二十二年十月初一日
1602	02-02-024-001612-0023	署理宁夏将军	恒通	题报接署宁夏军印务日期事	道光二十二年十月十二日
1603	02-01-008-004064-0005	陕甘总督兼管甘肃巡抚事	富呢扬阿	为奏核销甘肃宁夏镇标中营代造宁夏满营道光六年回疆案内截留收贮账房等物用过工料银两事	道光二十二年十一月十七日

续表

序号	档号	官职爵位	责任者	题　　名	原纪年
1604	02-02-024-001612-0030	宁夏将军	舒伦保	题报接任日期事	道光二十二年十月二十六日
1605	03-2966-045	宁夏将军	舒伦保	奏报遵旨增添演习马上鸟枪兵丁情形事	道光二十二年十一月初六日
1606	03-0204-4244-033	宁夏将军	舒伦保	奏谢赏福宁之恩折	道光二十三年正月初八日
1607	02-02-024-001614-0003	宁夏将军	舒伦保	题报宁夏正黄满洲旗防御年老病残诸休致事	道光二十三年二月初十日
1608	03-18-009-000091-0003-0020		受宁	为禄普著调补广州将军恒通著补授荆州将军伊勒当阿著补授宁夏副都统事	道光二十三年二月二十四日
1609	03-0204-4247-008	宁夏副都统	恒通	奏奉旨调补荆州将军谢恩折	道光二十三年三月十七日
1610	03-0204-4248-034	宁夏副都统	伊勒当阿	奏报接任日期并谢恩折	道光二十三年四月二十六日
1611	02-01-008-004100-0009	大学士管理工部事务	穆彰阿	为核议修造宁夏满营补制道光六年回疆军需案内收眹账房等物用过银两事	道光二十三年五月初九日
1612	04-01-01-0808-010	宁夏将军	舒伦保	奏为满营闲散众多清将每月所余利银仍行挑补挑补闲散事	道光二十三年七月二十六日
1613	03-3354-022	宁夏将军	舒伦保	奏为生息利银归足原本羡余息银仍行挑补闲散以资养赡事	道光二十三年七月二十六日
1614	04-01-18-0043-064	宁夏将军	舒化保	奏报奉旨操演兵丁枪炮马步射日期事	道光二十三年七月二十六日
1615	03-2968-011	宁夏将军	舒化保	奏为宁夏满营操演兵丁枪炮马步射闲散等逃跑数目事	道光二十三年闰七月二十六日
1616	02-02-024-001615-0024	宁夏将军	舒伦保	题报二十二年宁夏满洲营闲散等逃跑数目事	道光二十三年十一月初十日
1617	03-18-009-000091-0006-0048		受宁	为阿拉善扎萨克和硕亲王囊都布苏隆病故应得恤典该部照例办理著加恩派宁夏副都统伊勒当阿当差事	道光二十三年十二月二十日
1618	03-0204-4258-009	宁夏将军	舒伦保	奏谢赏福宁之恩折	道光二十四年正月二十二日

续表

序号	档号	官职爵位	责任者	题　名	原纪年
1619	03-0204-4258-010	宁夏副都统	伊勒当阿	奏遵旨委员祭奠吕阿拉善亲王襄都布素隆情形折	道光二十四年正月二十三日
1620	03-0204-4263-008	宁夏将军	舒伦保	奏接任满三年请准入京陛见折	道光二十四年六月二十七日
1621	02-02-024-001616-0018	署理宁夏将军	伊勒当阿	题报交卸署理将军印务日期折	道光二十四年十月初四日
1622	02-02-024-001616-0025	宁夏将军	舒伦保	题报年终查看宁夏满洲营军火器械并无缺少事	道光二十四年十一月初九日
1623	03-0204-4268-064	宁夏将军	舒伦保	奏谢赏福字之恩折	道光二十五年正月二十日
1624	16-01-027-000023-0150	湖南提塘官	曹亮清	宁夏将军公文数目清单	道光二十五年二月
1625	16-01-027-000023-0173	江西提塘官	邬经邦	宁夏将军等公文数目清单	道光二十五年四月初七日
1626	02-02-024-001618-0008	宁夏将军	舒伦保	题报宁夏正红满洲旗防御年老病残情休致事	道光二十五年五月二十六日
1627	16-01-027-000023-0188	云贵提塘官	周凤兆	宁夏将军等公文数目清单	道光二十五年五月
1628	16-01-027-000023-0202	江西提塘官	邬经邦	宁夏将军等公文数目清单	道光二十五年六月
1629	16-01-027-000023-0245	山西提塘官	傅续祖	宁夏将军等公文数目清单等	道光二十五年十月初三日
1630	16-01-027-000023-0255	山东提塘官	朱燮元	宁夏将军等公文数目清单等	道光二十五年十月
1631	02-02-024-001619-0012	宁夏将军	舒伦保	题报年终查看宁夏满洲旗营军械并无缺少事	道光二十五年十一月十一日
1632	03-0204-4279-011	宁夏将军	舒伦保	奏请补宁夏蒙古八旗协领之缺折	道光二十五年十二月十八日
1633	03-0204-4279-012	宁夏副都统	伊勒当阿	奏请准入京陛见折	道光二十五年十二月十八日

续表

序号	档号	官职爵位	责任者	题　名	原纪年
1634	03-0204-4280-023	宁夏将军	舒伦保	奏谢赏福字之恩折	道光二十六年正月二十六日
1635	02-02-024-001620-0011	宁夏将军	舒伦保	题报宁夏正黄满洲旗佐领年老病残请休致事	道光二十六年二月十三日
1636	03-0204-4285-003	宁夏副都统	伊勒当阿	奏接任谢恩折	道光二十六年闰五月二十七日
1637	03-2992-014	宁夏将军	舒伦保	奏请添设抬枪四十杆事	道光二十六年六月二十四日
1638	02-02-024-001621-0019	宁夏将军	舒伦保	题报宁夏镶白旗佐领年老病残请休致事	道光二十六年七月十五日
1639	02-02-033-002424-0018	宁夏将军	舒伦保	题为照例汇奏宁夏八旗内逃人数目事	道光二十六年十一月十一日
1640	03-0205-4291-014	宁夏将军	舒伦保	奏报宁夏蒙古镶黄旗佐领请休致事	道光二十六年十二月十九日
1641	03-3037-004	宁夏将军	舒伦保	奏为宁夏满营制造抬枪完竣事	道光二十六年十二月十九日
1642	03-3037-008	宁夏将军	舒伦保	奏为借项修理宁夏满洲营衙署兵房事	道光二十六年十二月二十八日
1643	03-0205-4292-018	宁夏将军	舒伦保	奏谢赏福字之恩折	道光二十七年正月二十五日
1644	03-0205-4295-027	宁夏将军	舒伦保	奏请准入京陛见折	道光二十七年六月初七日
1645	03-0205-4295-026	宁夏将军	舒伦保	奏赏戴花翎交部议叙谢恩折	道光二十七年六月初七日
1646	02-02-024-001622-0018	宁夏将军	舒伦保	题报军政考劳宁夏八旗官员内并无应保幼小人员事	道光二十七年八月二十九日
1647	03-0205-4297-034	宁夏将军	舒伦保	奏报宁夏八旗军政逾岁人员请留任折	道光二十七年八月二十九日
1648	03-18-009-000093-0007-0042	陕甘总督	昊宁	为宁夏八旗满营官员军政考选协领法福哩年虽逾岁适力未衰著准留任事	道光二十七年九月二十四日
1649	04-01-01-0824-012	陕甘总督	布彦泰	奏为宁夏驻防满营应需明岁兵粮不敷仍支籌请加增事	道光二十七年十月初一日
1650	02-02-033-002428-0025	宁夏将军	舒伦保	题为汇奏宁夏满营逃人数目事	道光二十七年十一月初十日

续表

序号	档号	官职爵位	责任者	题　名	原纪年
1651	04-01-30-0458-030	宁夏将军	舒伦保	奏为制造抬枪全数完竣事	道光二十七年十一月十七日
1652	03-0205-4302-037	宁夏将军	舒伦保	奏谢赏福字之恩折	道光二十八年正月二十四日
1653	02-01-007-032599-0017	陕甘总督	布彦泰	题报宁夏满营道光二十七年兵粮等改拨数目事	道光二十八年二月十二日
1654	02-01-04-21416-007	大学士管理户部事务	潘世恩	题为遵议陕甘总督布彦泰奏请改拨宁夏县仓粮供支甘肃省道光二十七年宁夏满营不敷兵粮事	道光二十八年八月十四日
1655	03-3038-058	陕甘总督	布彦泰	奏为宁夏满营应需明岁兵粮不敷恳请加增采买事	道光二十八年十月初五日
1656	04-01-01-0826-012	陕甘总督	布彦泰	奏为宁夏驻防满营应需明岁粮不敷估支谨请加增采买事	道光二十八年十月初五日
1657	02-02-033-002432-0018	宁夏将军	舒伦保	题报宁夏本年并无逃亡事件事	道光二十八年十一月初九日
1658	03-0205-4314-017	宁夏副都统	伊勒当阿	奏请入京陛见折	道光二十九年正月二十三日
1659	03-0205-4314-016	宁夏将军	舒伦保	奏谢赏福字之恩折	道光二十九年正月二十三日
1660	03-3039-006	陕甘总督	布彦泰	奏为查明宁夏满营岁需兵粮委难照例采买恳请加增事	道光二十九年正月二十六日
1661	02-02-033-002435-0012	宁夏将军	舒伦保	题报本年宁夏旗人并无逃亡情形事	道光二十九年十一月初三日
1662	03-2941-044	宁夏将军	舒伦保	奏为特参管理八旗蒙古协领镶蓝旗佐领法福理等人察漏报册籍事	道光二十九年十一月二十日
1663	16-01-027-000023-0313	漕河提塘官	刘锦方	宁夏将军等公文数目清单	道光二十九年十一月
1664	03-3039-084	陕甘总督	琦善	奏为宁夏满营明岁兵粮不敷估支谨请加增采买事	道光二十九年十二月初六日
1665	03-0205-4324-061	宁夏将军	舒伦保	奏谢赏福字之恩折	道光三十年正月二十六日

续表

序号	档号	官职爵位	责任者	题　名	原纪年
1666	03-0205-4329-013	宁夏将军	舒伦保	奏请催入京陛见折	道光三十年六月初六日
1667	03-0205-4331-010	宁夏将军	舒伦保	奏报交卸宁夏将军印务起程进京陛见折	道光三十年八月初二日
1668	03-0205-4331-011	宁夏副都统	伊勒当阿	奏报接署宁夏将军印务折	道光三十年八月初二日
1669	03-3040-061	陕甘总督	琦善	奏为宁夏驻防满营应需明岁兵粮不敷请加增采买事	道光三十年十月二十五日
1670	02-02-033-002440-0012	宁夏副都统	伊勒当阿	题为照例汇奏宁夏旗人逃亡情形事	道光三十年十一月初八日
1671	03-0205-4334-039	宁夏副都统	伊勒当阿	奏报交卸宁夏将军日期折	道光三十年十一月二十五日
1672	03-0205-4334-038	宁夏将军	舒伦保	奏报接任日期并谢恩折	道光三十年十一月二十五日
1673	03-0206-4336-047	宁夏副都统	伊勒当阿	奏谢赏臣子荫生恩折	咸丰元年二月初十日
1674	03-0206-4336-046	宁夏将军	舒伦保	奏谢赏臣子荫生之恩折	咸丰元年二月初十日
1675	03-4258-013	宁夏将军	舒伦保	奏为遵议营用鸟枪并挑选领催委官随时考验事	咸丰元年三月初六日
1676	03-18-009-000096-0002-0010		奕訢	为舒伦保著调补西安将军成凯著补授宁夏将军事	咸丰元年五月十二日
1677	03-0206-4340-002	宁夏将军	舒伦保	奏奉旨调西安将军谢恩折	咸丰元年六月初八日
1678	03-0206-4342-025	宁夏将军	舒伦保	奏交卸宁夏将军印赴西安将军任折	咸丰元年八月二十六日
1679	03-0206-4342-026	宁夏将军	成凯	奏接任日期折	咸丰元年八月二十六日
1680	03-0206-4343-041	宁夏将军	成凯	奏报接任并校阅营伍折	咸丰元年九月初十日
1681	03-0206-4345-058	宁夏副都统	伊勒当阿	奏请陛见折	咸丰元年十一月初九日

续表

序号	档号	官职爵位	责任者	题 名	原纪年
1682	03-4234-058	宁夏将军	成凯	奏为接奉未谕心办理训练骑射等事	咸丰元年十一月初九日
1683	02-02-024-001629-0026	宁夏将军	成凯	题报道光三十年宁夏驻防旗营闲散兵丁逃跑数目事	咸丰元年十一月十八日
1684	03-0206-4349-012	宁夏副都统	伊勒当阿	报回宁夏副都统任咨文	咸丰二年三月二十九日
1685	03-0206-4353-027	宁夏副都统	伊勒当阿	奏报回宁夏副都统原任折	咸丰二年六月初八日
1686	03-0206-4357-004	宁夏将军	成凯	奏宁夏军政卓异人员留任折	咸丰二年九月初四日
1687	03-18-009-000097-0002-0001		奕詝	为宁夏八旗军政逾岁佐领防御等精力未衰着留任等情事	咸丰二年十月初一日
1688	03-0206-4361-009.1	宁夏将军	成凯	奏谢赏福字折	咸丰三年正月初十折
1689	03-0206-4361-006	宁夏将军	成凯	奏谢因捐输军需交部从优议叙之恩折	咸丰三年正月初十日
1690	03-0206-4361-009.2	宁夏将军	成凯	奏遵旨训练宁夏官兵情形折	咸丰三年正月初十日
1691	03-4235-015	宁夏将军	成凯	奏报遵奉未谕训练兵丁情形等事	咸丰三年二月初十日
1692	03-0206-4367-022	宁夏将军	成凯	奏因孙升升为三等侍卫谢恩折	咸丰三年七月初一日
1693	03-4260-011	署理陕甘总督	易棠	奏请加增采买宁夏满营兵粮事	咸丰三年十月初八日
1694	03-4261-042	宁夏将军	成凯	奏为捐输铜钱制造枪枪事	咸丰三年十二月十五日
1695	04-01-01-0848-060	宁夏将军	成凯	奏遵札续次捐资并拟请拨解事	咸丰三年十二月十五日
1696	03-0206-4375-018	宁夏将军	成凯	奏谢赏福字荷包折	咸丰四年二月初二日
1697	03-0206-4380-006	宁夏将军	成凯	奏靖隆见屉	咸丰四年四月二十八日
1698	04-01-35-1370-008	宁夏将军	成凯	奏报八旗官员捐资接济鼓转铜铁钱文事	咸丰四年闰七月二十三日
1699	04-01-01-0853-060	宁夏将军	成凯	奏报撤回宁夏满营头起出征兵到营日期事	咸丰四年闰七月二十三日
1700	02-01-007-033256-0011	陕甘总督兼管甘肃巡抚事	易棠	题为审理宁夏驻防闲散郭忍因斥禁拿纸花争闹伤毙刘狗娃一案依律拟绞监候情事	咸丰四年八月二十八日
1701	04-01-35-0686-017	宁夏将军	成凯	奏报遵旨酌核各官捐输银两请俟随时奖励事	咸丰四年十一月初一日

续表

序号	档号	官职爵位	责任者	题名	原红年
1702	03-4266-017	宁夏将军	成凯	奏为遵旨随时奖励捐输各员事	咸丰四年十一月初一日
1703	02-02-024-001633-0036	宁夏将军	成凯	题报年终查看满营营军械并无缺少事	咸丰四年十一月初七日
1704	02-02-024-001633-0035	宁夏将军	成凯	题为汇报三年宁夏驻防旗闲散跑等逃跑数目事	咸丰四年十一月初七日
1705	03-4199-115	陕西巡抚	王庆云	奏为据情代奏宁夏副都统伊勒当阿患病属实请准其开缺事	咸丰四年十二月初三日
1706	03-4199-116	陕西巡抚	王庆云	奏为据情代奏宁夏副都统伊勒当阿患病属实请准其开缺事	咸丰四年十二月初三日
1707	04-01-16-0165-116	宁夏将军	成凯	奏请以和勒敦拔补晓骑校等员缺事	咸丰四年十二月初十日
1708	03-18-009-000098-0004-0045		奕詝	为宁夏副都统伊勒当阿患疾著以奕梁补放回原籍调理所出之缺著以奕梁补放事	咸丰四年十二月十五日
1709	06-01-006-000028-0050		宗人府左司	为奉恩镇国公奕梁补放宁夏副都统出左翼近支第一族一缺将近支贝子公等衔名缮单奏请简派事	咸丰四年十二月十七日
1710	06-01-001-000430-0075	署镶白旗第三族族长宗室	受纶	为呈报镶白旗已故宁夏副都统宗室存华履历事	咸丰四年
1711	04-01-30-0212-029	宁夏将军	成凯	奏报捐资添造合枪数目事	咸丰四年
1712	03-0206-4390-049	宁夏将军	成凯	奏谢赏福字折	咸丰五年正月二十二日
1713	06-01-002-000243-0013	宗人府左司		为新放宁夏副都统镶白旗奉恩镇国公奕梁借米留京由京文领行户部事	咸丰五年二月初十日
1714	03-4200-037	宁夏将军	成凯	奏为拣选宁夏满营员缺情形事	咸丰五年二月十三日
1715	06-01-002-000243-0015	镶白旗满洲都统	阿灵阿	为新放宁夏副都统镶白旗奉恩镇国公奕梁咸丰五年秋季起公爵养米留京养赡家口行宗人府事	咸丰五年二月
1716	06-01-002-000243-0014	镶白旗满洲都统	阿灵阿	为新放宁夏副都统镶白旗奉恩镇国公奕梁咸丰王五年秋季起公爵俸银由京文领行宗人府事	咸丰五年二月

续表

序号	档号	官职爵位	责任者	题　名	原纪年
1717	03-0206-4393-012	宁夏副都统	奕湤	奏到宁夏副都统任折	咸丰五年三月二十九日
1718	03-0207-4397-001	宁夏将军	成凯	奏请陛见折	咸丰五年七月初三日
1719	03-4202-052		和福	奏请吉星升补宁夏满营镶蓝旗蒙古佐领等事	咸丰五年十月二十一日
1720	03-0207-4400-008	西安将军	瑞麟	奏回旗养病之前宁夏副都统伊勒当阿请休致折	咸丰五年十月二十二日
1721	03-18-009-000099-0002-0015		奕訢	为宁夏副都统伊勒当阿患疾著原品休致如何食俸交兵部照例办小理事	咸丰五年十一月初七日
1722	03-18-009-000099-0002-0034		奕訢	为乌里雅苏台合将军之缺著以庆如调补成凯调补绥远城将军宁夏将军之缺著以托云保补放事	咸丰五年十二月十六日
1723	03-18-009-000099-0002-0036		奕訢	为绥远城将军成凯到任前著西安副都统双成署理宁夏将军托云保到任前著前署西安副都统双成署理事	咸丰五年十二月十七日
1724	03-18-009-000099-0002-0045		奕訢	为双成既已署理宁夏将军务俟新任将军托云保到任后再进京陛见事	咸丰五年十二月十九日
1725	03-0207-4402-018	西安副都统	双成	奏谢署宁夏将军之恩折	咸丰六年正月初四日
1726	03-0207-4403-008	宁夏将军	成凯	奏调任绥远将军而谢恩折	咸丰六年正月十五日
1727	03-0207-4403-059	新授绥远城将军	成凯	奏交卸宁夏将军印信起程回京折	咸丰六年二月初一日
1728	03-0207-4403-058	宁夏将军	双成	奏接署宁夏将军印信而谢恩折	咸丰六年二月初一日
1729	03-0207-4405-003	宁夏将军	双成	奏报文卸宁夏将军印信起程赴京折	咸丰六年三月十六日
1730	03-0207-4405-002	宁夏将军	托云保	奏接署宁夏将军印信折	咸丰六年三月十六日
1731	03-0207-4406-006	宁夏将军	托云保	奏报查验宁夏官兵操演技艺折	咸丰六年四月二十日
1732	04-01-01-0858-077	宁夏将军	托云保	奏为遵旨安议演习马队并请暂缓行围事	咸丰六年十一月十二日
1733	03-4236-078	宁夏将军	托云保	奏为兵饷到迟兵丁困苦暂借官军银接济事	咸丰六年十一月十二日
1734	04-01-01-0858-005	宁夏将军	托云保	题报年终查看宁夏满洲营军火器械并无缺少事	咸丰六年十一月十八日
1735	02-02-024-001635-0043	宁夏将军	托云保		

续表

序号	档号	官职爵位	责任者	题名	顺纪年
1736	02-02-033-002461-0013	宁夏将军	托云保	题为照例造册汇奏宁夏满营年内逃亡旗人数目事	咸丰六年十一月十八日
1737	06-02-004-000179-0002		宁夏将军衙门	为宁夏副都统奕渌之媵妾咸丰六年十二月初四日生一子载锡事	咸丰六年十二月十三日
1738	03-4279-076	宁夏将军	托云保	奏为因兵困苦暂借库银接济事	咸丰六年十二月十四日
1739	03-0207-4415-033	宁夏副都统	奕渌	奏谢赏弟一等侍卫之恩折	咸丰七年二月初一日
1740	03-0207-4415-028	宁夏将军	托云保	奏谢赏赐福字折	咸丰七年二月初一日
1741	03-4251-015	宁夏将军	托云保	奏报安徽凯撤官兵归营日期事	咸丰七年三月初七日
1742	04-01-16-0168-054	宁夏将军	托云保	奏为酌拟查缉绿营溃散官兵及逃回兵丁严订章程事	咸丰七年四月初六日
1743	03-4188-025	宁夏将军	托云保	奏为酌拟惩办小溃散逃散兵章程事	咸丰七年四月初六日
1744	03-0207-4417-013	宁夏将军	托云保	奏请补放宁夏镶红镶蓝满洲旗协领折	咸丰七年四月初六日
1745	16-01-027-000023-0395	陕甘提督琳等	安世泽	宁夏将军等公文数目清单	咸丰七年闰五月
1746	06-01-001-000430-0111		奉恩镇国公宁夏副都统奕渌门上	为呈报奉恩镇国公宁夏副都统奕渌妾媵张氏病故事	咸丰七年闰五月
1747	02-02-024-001636-0028	宁夏将军	托云保	题报军政之考核宁夏八旗应参年老休致等武官事	咸丰七年八月二十八日
1748	03-0207-4421-023	宁夏将军	托云保	奏请将军政之考核宁夏军政适岁官员留任折	咸丰七年八月二十八日
1749	03-0207-4424-007	宁夏副都统	奕渌	奏请陛见折	咸丰七年十一月初一日
1750	02-02-033-002464-0007	宁夏将军	托云保	题为照例汇奏宁夏满营年内脱旗旗人数目情形事	咸丰七年十一月初九日

续表

序号	档号	官职爵位	责任者	题　名	原纪年
1751	06-02-007-000678-0045		镶白旗满洲	宁夏副都统奉镇国公奕梁补领咸丰五年秋季至七年春季公爵俸米清册	咸丰七年
1752	06-02-007-000678-0044	镶白旗满洲都统固伦额驸	德木楚克扎布	为造送宁夏副都统奉镇国公奕梁补领咸丰五年秋季至七年春季公爵俸米册事致咸宗人府	咸丰七年
1753	03-0207-4425-066	宁夏将军	托云保	奏报赏福字折	咸丰八年正月二十二日
1754	03-0207-4427-066	宁夏将军	托云保	奏报均齐宁夏八旗闲散余丁折	咸丰八年四月十六日
1755	04-01-01-0867-008	宁夏将军	托云保	奏为军兴以来经费支绌宁夏满营官兵困苦请饬陕甘总督速支大发饷银事	咸丰八年四月十六日
1756	06-01-001-000364-0078	宁夏副都统奉镇国公奕梁	门上	为呈报宁夏副都统奉镇国公奕梁奉谕旨回原任起程日期事	咸丰八年四月
1757	03-0207-4429-055	宁夏副都统	奕梁	奏报回任宁夏副都统日期折	咸丰八年六月二十五日
1758	04-01-35-0968-008	陕甘总督	乐斌	奏报拨解宁夏满营兵饷并请救部催各省筹拨协甘饷银事	咸丰八年七月二十八日
1759	03-4298-087	陕甘总督	乐斌	奏为遵旨拨解宁夏满洲营兵饷并请救部严催山西等省协甘饷银事	咸丰八年七月二十八日
1760	03-0207-4431-057	宁夏将军	托云保	奏因病恳请开去宁夏将军之缺折	咸丰八年十月二十四日
1761	03-0207-4432-060	宁夏将军	托云保	奏请将宁夏恩赏银造册错误之官员交部议处折	咸丰八年十一月十一日
1762	03-18-009-000100-0008-0028	乌鲁木齐都统	奕訢	为宁夏将军之缺著以倭什珲布放乌鲁木齐都统事著庆英署理事	咸丰八年十一月二十四日
1763	03-0207-4434-039		倭什珲布	奏谢调任宁夏将军之恩折	咸丰八年十二月二十九日
1764	03-0207-4435-005	宁夏将军	托云保	奏奉旨回京养病而谢恩折	咸丰九年正月二十四日

续表

序号	档号	官职爵位	责任者	题　名	原纪年
1765	03-0207-4435-006	宁夏将军	托云保	奏请将军营保健蒙古防御调回宁夏满洲旗翼以符旧制片	咸丰九年正月二十四日
1766	03-4590-012	宁夏将军	倭什珲布	奏为审拟陕西民人王添灌案钱斗杀一案事	咸丰九年二月十二日
1767	03-4217-099	宁夏将军①	托云保	奏为左翼所遗正白旗满洲防御一缺仍照旧制办理事	咸丰九年三月十七日
1768	03-4139-075	宁夏将军	倭什珲布	奏为选用知州花连布请改归武职挑补防御事	咸丰九年三月二十四日
1769	03-4139-050	宁夏将军	倭什珲布	奏请原直隶阜城县知县曾锡龄接充乌鲁木齐地方总办汉文事件事	咸丰九年三月十四日
1770	02-01-006-005204-0028	兵部尚书	全庆	为核议宁夏将军托云保弁领下马甲色苞图肯误旗满洲柯什布佐领乌甲色苞图因病故题请议处事	咸丰九年四月十一日
1771	03-4219-067	宁夏将军	倭什珲布	奏为降级留任谢恩事	咸丰九年四月二十六日
1772	03-4142-079	宁夏将军	倭什珲布	奏请喀喇巴尔噶逊粮员贵勋调补尔尾喀喇乌苏粮员事	咸丰九年五月初四日
1773	03-0207-4439-047	乌鲁木齐都统	倭什珲布	奏报交卸乌鲁木齐都统印信起程赴宁夏将军任折	咸丰九年六月十三日
1774	03-4185-189	山西巡抚	英桂	奏报河水涨发冲失接递宁夏将军等处分咨户部等衙门文册事	咸丰九年七月十四日
1775	03-4220-042	乌鲁木齐都统	图伽布	奏为新授宁夏将军倭什珲布折随呈夹板一并进呈事	咸丰九年七月二十四日

① 托云保咸丰八年十一月二十四日宁夏将军一职就被倭什珲布取代，此条疑有误。

续表

序号	档号	官职爵位	责任者	题　名	顺纪年
1776	06-01-001-000504-0211		宁夏副都统奉恩镇国公奕梁门上	为查明宁夏副都统奉恩镇国公奕梁门上并无年至二十岁以后应封宗室报考之人事	咸丰九年八月
1777	03-0207-4442-008	宁夏将军①	托云保	奏报交卸宁夏将军印信起程返京折	咸丰九年九月二十五日
1778	03-0207-4442-007	宁夏将军	倭什珲布	奏报接任宁夏将军并请赴京陛见折	咸丰九年九月三十日
1779	03-4221-011	陕甘总督	乐斌	奏报审察宁夏副都统奕梁情形事	咸丰九年十月初十日
1780	03-18-009-000101-0004-0021		奕詝	为宁夏将军倭什珲布著照陛见请来京著奕梁署理事	咸丰九年十月二十六日
1781	03-0207-4443-034	宁夏将军	倭什珲布	奏报到宁夏将军任并查阅官兵技艺折	咸丰九年十一月初六日
1782	03-0207-4444-033	宁夏将军	倭什珲布	奏报交卸宁夏将军印信起程回京折	咸丰九年十二月初十日
1783	03-0207-4444-032	宁夏副都统	奕梁	奏报接署宁夏将军印信折	咸丰九年十二月初十日
1784	03-18-009-000101-0005-0001		奕詝	为原宁夏将军托云保病故著加恩祭葬如例事	咸丰十年正月初三日
1785	03-0207-4444-076	署理宁夏将军	奕梁	奏报原宁夏将军托云保之子呈请转递伊父遗折事	咸丰十年正月初三日
1786	03-0207-4445-021	宁夏将军	倭什珲布	奏谢赏赏福字之恩折	咸丰十年二月初一日
1787	03-18-009-000101-0005-0027		奕詝	为宁夏将军之缺著以奕梁补放所出宁夏副都统之缺著以多廉补放事	咸丰十年二月二十四日

① 托云保咸丰八年十一月二十四日宁夏将军一职就被倭什珲布取代，此条疑有误。

续表

序号	档号	官职爵位	责任者	题名	原纪年
1788	03-4238-003	宁夏将军	奕湥	奏为宁夏满营令练习鸟枪已见成效事	咸丰十年三月初十日
1789	02-01-008-004339-0004	大学士管理工部事务	彭蕴章	为核议陕甘总督请诸核估补制宁夏满洲营咸丰三四两年奉派河南等处进剿并遣关防堵官兵用缺铅药火绳角弓用银两事	咸丰十年闰三月初二日
1790	03-0207-4447-026	宁夏将军	奕湥	奏汇报任宁夏副都统期间校阅营伍抽查库储军械马匹等项情形片	咸丰十年闰三月初二日
1791	03-0207-4447-025	宁夏将军	奕湥	奏谢补宁夏将军之恩并请陛见折	咸丰十年闰三月初二日
1792	03-0207-4447-004	宁夏副都统	多廉	奏报授宁夏副都统之恩折	咸丰十年闰三月初九日
1793	03-4238-004	宁夏将军	奕湥	奏为简命以来竭尽血诚整饬营伍等事	咸丰十年闰三月二十四日
1794	03-0207-4449-051	宁夏将军	奕湥	奏谢授弟复宁州城守尉之恩折	咸丰十年六月二十六日
1795	03-18-009-000101-0007-0005		奕訢	为宁夏副都统之缺著以杰纯补放事	咸丰十年七月初九日
1796	03-4254-059	宁夏将军	奕湥	奏为檄拟派官兵走通助剿事	咸丰十年八月二十一日
1797	03-4225-098	杭州将军	瑞昌	奏为代宁夏新任宁夏副都统杰纯谢恩折事	咸丰十年九月二十日
1798	02-02-024-001640-0003	宁夏将军	奕湥	题报宁夏镶红镶蓝满洲两旗协领听老病残请休致事	咸丰十年十二月十七日
1799	03-4188-069	宁夏将军	奕湥	奏为遵檄走通听遣官兵截留道关现已撤回归伍日期等事	咸丰十年十二月十七日
1800	03-0207-4453-070	宁夏将军	奕湥	奏谢赏房间之恩折	咸丰十年十二月十七日
1801	03-0207-4453-029	宁夏副都统	杰纯	奏谢署杭州副都统之恩折	咸丰十年十二月二十六日
1802	03-0207-4454-045	宁夏将军	奕湥	奏请将宁夏满洲佐领多福由左翼调右翼片	咸丰十一年二月初十日
1803	03-0207-4454-046	宁夏将军	奕湥	奏谢赏福字之恩折	咸丰十一年二月初十日
1804	03-18-009-000102-0002-0016		奕訢	为广储副都统之缺著以杰纯调补所遗宁夏副都统之缺著常升补放事	咸丰十一年四月二十五日
1805	03-0207-4457-008	宁夏副都统	常升	奏谢放宁夏副都统之恩折	咸丰十一年五月二十七日

续表

序号	档号	官职爵位	责任者	题名	原纪年
1806	06-02-005-000013-0023	宗人府宗令和硕怡亲王	载垣	为宁夏将军奏请镇国公奕粱捐输银两拟请给与公衔一次再加尚书纪录一次事	咸丰十一年六月二十八日
1807	06-01-002-000279-0029		宗人府左司	为奉恩镇国公宁夏将军奕粱捐输京饷从优议叙已经奉旨行户部等处事	咸丰十一年七月初四日
1808	03-0207-4458-037	宁夏副都统	杰纯	奏调乍浦副都统而谢恩折	咸丰十一年七月二十七日
1809	03-4179-065	宁夏将军	奕粱	奏请叩谒梓宫并请觐见事	咸丰十一年九月二十一日
1810	02-02-024-001640-0029	宁夏将军	奕粱	题报年终查看宁夏满洲营军械并无缺少事	咸丰十一年十一月十二日
1811	02-02-024-001640-0028	宁夏将军	奕粱	题为年终汇报宁夏驻防旗散兵丁逃跑数目折	咸丰十一年十一月十二日
1812	03-0208-4463-010	宁夏将军	奕粱	奏捐银千两赏公爵记录加级记录谢恩折	咸丰十一年十二月初八日
1813	03-0207-4462-099		□□□	记名宁夏协领巴颜珠之履历单	咸丰朝
1814	03-0207-4462-100		□□□	记名宁夏协领巴颜珠之履历单	咸丰朝
1815	03-0207-4462-072		□□□	记名宁夏协领额腾额之履历单	咸丰朝
1816	03-0207-4462-054		□□□	记名宁夏协领根富之履历单	咸丰朝
1817	03-0207-4462-062		□□□	记名宁夏协领根富之履历单	咸丰朝
1818	03-0207-4462-098		□□□	记名宁夏协领瑞筠之履历单	咸丰朝
1819	03-0207-4462-087		□□□	记名宁夏协领安祥之履历单	咸丰朝
1820	03-0208-4463-061	宁夏副都统	常升	奏因赏功牌谢恩折	同治元年正月二十七日
1821	06-01-002-000330-0001		宗人府左司	为户部奏准宁夏将军奕粱捐输俸银给子随带加级呈明存案事	同治元年二月初四日
1822	03-4789-003	宁夏将军	奕粱	奏为动用库存兵丁马价银两接济兵食事	同治元年五月二十九日
1823	04-01-30-0213-002	宁夏将军	奕粱	奏为宁夏满洲营兵困苦动用本营库款暂济着兵事	同治元年五月二十九日

续表

序号	档号	官职爵位	责任者	题　名	原纪年
1824	03-0208-4466-066	宁夏将军	奕梁	奏补放宁夏满洲协领折	同治元年七月初三日
1825	04-01-30-0181-024	宁夏将军	奕梁	奏请以多福坐补镶红镶蓝两旗满洲协领事	同治元年七月初三日
1826	03-0208-4467-045	宁夏将军	奕梁	奏派宁夏协领云署理凉州副都统事务折	同治元年八月二十七日
1827	03-4706-211	宁夏将军	奕梁	奏为遵旨委令端云署理凉州副都统印务事	同治元年八月二十七日
1828	03-4707-028	宁夏将军	奕梁	呈六十五岁以上堪以留任官员衔名清单	同治元年八月十六日
1829	03-0208-4467-071	宁夏将军	奕梁	奏请陛见折	同治元年闰八月十六日
1830	03-0208-4467-073	宁夏将军	奕梁	奏请将宁夏军政逾岁之佐领等官员留任折	同治元年闰八月十六日
1831	03-4707-026	宁夏将军	奕梁	奏为届满三年循例请陛见事	同治元年闰八月十六日
1832	03-4707-027	宁夏将军	奕梁	奏为考验军政堪以留任人员事	同治元年闰八月十六日
1833	03-4707-075	宁夏将军	奕梁	奏为因病请假调理等事	同治元年闰八月二十六日
1834	03-4707-076	宁夏将军	奕梁	奏为因病请假调理等事	同治元年闰八月二十六日
1835	03-4707-079	宁夏副都统	常升	奏为暂行接护将军印信等事	同治元年闰八月二十六日
1836	03-4707-080	宁夏副都统	常升	奏为暂行接护将军印信等事	同治元年闰八月二十六日
1837	06-01-001-0000751-0018		宁夏将军奉恩镇国公奕梁门上	为查明宁夏将军奉镇国公奕梁第三子名载铼生辰及并无应封事件事	同治元年闰八月
1838	03-4710-062	署宁夏将军副都统	常升	奏报交卸将军印务事	同治元年十一月初十日
1839	04-01-30-0181-011	署宁夏将军副都统	常升	奏据交卸宁夏将军印务日期事	同治元年十一月初十日
1840	03-0208-4469-004	署宁夏将军副都统	奕梁	奏回任宁夏将军日期折	同治元年十一月初十日

续表

序号	档号	官职爵位	责任者	题名	原纪年
1841	03-0208-4469-005	署宁夏将军副都统	常升	奏交卸所署宁夏将军印务折	同治元年十一月初十日
1842	03-4782-044	宁夏将军	奕梁	奏为查核整顿马政事	同治元年十一月初十日
1843	03-4710-063	宁夏将军	奕梁	奏为假满接印筹办本营防务事	同治元年十一月初十日
1844	04-01-30-0206-026	宁夏将军	奕梁	奏为年终遵旨整顿马政查核马匹额数事	同治元年十一月初十日
1845	04-01-30-0181-014	宁夏将军	奕梁	奏为销假接印筹办本营防务官事	同治元年十一月初十日
1846	04-01-30-0374-001	宁夏将军	奕梁	奏为莠遇回匪接仗复命自请处分并求速发大饷以抒危急事	同治元年十一月十二日
1847	02-02-024-001641-0030	宁夏将军	奕梁	题报年终查看宁夏满洲营军械钱粮马匹并无亏缺事	同治元年十一月十五日
1848	02-02-024-001641-0029	宁夏将军	奕梁	题报年终汇报宁夏驻防旗兵丁闲散逃跑数目事	同治元年十一月十五日
1849	03-4704-077	宁夏副都统	常升	奏为到任谢恩事	同治元年
1850	04-01-30-0190-029	宁夏将军	奕梁	奏为旧疾复发弗能办事请准来京就医事	同治元年
1851	04-01-30-0377-046	宁夏将军	奕梁	奏为宁夏等处回民伺机蠢动郡城吃紧请速发兵驰援并就近调取阿拉善蒙兵济急事	同治元年
1852	04-01-30-0377-047	宁夏将军	奕梁	奏为与甘省平罗县贼匪接仗失利退守府城请防陕西军营拨兵援剿事	同治元年
1853	04-01-30-0374-011	宁夏将军	奕梁	奏为遵旨请备查陈军务情形及现办抚局官兵归伍事	同治二年正月初二日
1854	04-01-30-0374-009	宁夏将军	奕梁	奏为宁夏平罗南北各堡回回投诚地方渐靖官兵万分困苦事	同治二年正月二十八日
1855	04-01-16-0173-182	绥远城将军	德勒克多尔济	奏为新授宁夏将军奏折夹板代为转呈事	同治二年二月十四日
1856	03-18-009-000103-0005-0027		载淳	为庆昀着补授宁夏将军事	同治二年二月十五日

续表

序号	档号	官职爵位	责任者	题　名	顺纪年
1857	03-4608-071	宁夏将军	奕梁	奏请赴京治病事	同治二年三月十五日
1858	03-4712-077	察哈尔都统	庆昀	奏为补放宁夏将军谢恩事	同治二年三月十九日
1859	03-4712-078	察哈尔都统	庆昀	奏为补放宁夏将军谢恩事	同治二年三月十九日
1860	04-01-30-0181-005	新授宁夏将军	庆昀	奏报交卸察哈尔都统印务起程日期事	同治二年三月初六日
1861	03-4712-136	察哈尔副都统	庆昀	奏为交卸起程赴宁夏将军任日期事	同治二年三月初六日
1862	03-4713-089	宁夏协领	瑞云	奏为补授凉州副都统谢恩请觐事	同治二年三月十二日
1863	03-4713-090	宁夏协领	瑞云	奏为补授凉州副都统谢恩请觐事	同治二年三月十二日
1864	03-4609-134	宁夏将军	奕梁	奏报遵查讯宁夏道侯云登不治舆情情形请台议处事	同治二年三月十四日
1865	04-01-30-0374-010	宁夏将军	奕梁	奏为遵旨详查宁夏道侯云登不治舆情之处请台交部议处事	同治二年三月十四日
1866	04-01-30-0374-012	新授宁夏将军	庆昀	奏为驰抵绥远与该城将军德勒克多尔济核明前途道路趱趱遄行事	同治二年三月二十四日
1867	06-02-004-000371-0008		奉恩镇国公奕梁门上	为查得奉恩镇国公奕梁现在宁夏将军任内尚未到任京验军械呈报宗人府事	同治二年三月
1868	03-4713-066	绥远城将军	德勒克多尔济	奏报新授宁夏将军庆昀抵离日期并该将军移送奏折夹板一副事	同治二年四月十二日
1869	02-02-024-001641-0042	宁夏将军	奕梁	题报宁夏正白蒙古旗领催年老病残请休致事	同治二年四月十六日
1870	04-01-30-0181-003	宁夏将军	庆昀	奏报到任接印日期事	同治二年四月二十八日
1871	03-0208-4469-069	宁夏将军	奕梁	奏为筹措宁夏官兵军饷事务移交新任将军庆昀片	同治二年四月二十八日
1872	03-0208-4469-068	宁夏将军	奕梁	奏文卸宁夏将军印务回京折	同治二年四月二十八日

续表

序号	档号	官职爵位	责任者	题名	原纪年
1873	03-0208-4469-070	新任宁夏将军	庆昀	奏接任宁夏将军日期折	同治二年四月二十八日
1874	03-4794-021	宁夏将军①	奕梁	奏清迅防陕甘总督甲解军饷事	同治二年五月二十一日
1875	04-01-30-0181-006	宁夏将军	庆昀	奏为特参宁夏左翼协领兼正红旗满洲佐领依银额掌管佐务率忍不清请摘顶勒限清理事	同治二年六月初九日
1876	02-02-024-001641-0048	宁夏将军	庆昀	题报宁夏镶红蒙古旗佐领老疾病请休致事	同治二年八月初八日
1877	06-01-002-000338-0075		宗人府左司	为前任宁夏将军镶白旗奉恩镇国公奕梁因病到旗日期行各该处事	同治二年八月二十三日
1878	04-01-16-0173-050	宁夏将军	庆昀	奏为特参协领色鲁征额阿芳阿积习不除交查应办事件任催闯应请先行摘去顶戴事	同治二年九月二十日
1879	03-0208-4471-022	察哈尔都统	阿克敦布	奏前任察哈尔都统庆昀升任宁夏将军时带往张家口官兵全行撤回片	同治二年十月初三日
1880	04-01-30-0181-004	宁夏将军	庆昀	奏为佐领骁骑校等缺请照宁夏将军庆昀奏请之章由外随时扒补事	同治二年十一月初四日
1881	04-01-01-0878-040	宁夏将军	庆昀	奏为满城守城铅药不足请自防等拨解并查明阵亡伤亡及逃走官兵等拟请逐案分别办理事	同治二年十一月二十五日
1882	04-01-12-0495-067	宁夏将军	庆昀	奏为进呈官员积缺请点放事	同治二年十二月十五日
1883	04-01-12-0495-068	宁夏将军	庆昀	奏为特参步营御佛尔果棒不顾危城诈肥已请照军法从事事	同治二年十二月十五日
1884	04-01-16-0174-106	宁夏将军	庆昀	奏为恩赏福宁谢恩事	同治三年正月十六日
1885	04-01-16-0174-104	宁夏将军	庆昀	奏为甄别镶黄旗满洲佐领柯升额员表庸不职请休致事	同治三年正月十六日
1886	03-0208-4472-049	宁夏将军	庆昀	奏谢赏福宁恩折	同治三年正月十六日

① 新任将军庆昀于四月二十八日已经到任,此条疑有误。

续表

序号	档号	官职爵位	责任者	题　名	原纪年
1887	04-01-12-0497-045	宁夏将军	庆昀	奏为本处各旗官缺积渐增多现拟定正陪之员缮单进呈请旨点放事	同治三年二月十八日
1888	04-01-16-0174-085	宁夏将军	庆昀	奏为特参正蓝旗满洲防御庆昌私动公项又在省撞骗被人控告请旨革职事	同治三年二月十八日
1889	04-01-01-0882-024	宁夏将军	庆昀	奏为遵旨行知阿拉善旗就近筹济粮饷并驿路未通及近日防守情形事	同治三年三月初七日
1890	04-01-12-0497-005	宁夏将军	庆昀	奏为其长子工部笔帖式曾锡蒙恩列入京察一等各因谢恩事	同治三年四月初七日
1891	03-0208-4475-009	宁夏将军	庆昀	奏因伊子工部笔帖式曾锡京察一等记名谢恩折	同治三年四月初七日
1892	04-01-16-0174-023	宁夏将军	庆昀	奏为查明协领克什布年力就衰请旨给予原品休致事	同治三年四月二十六日
1893	04-01-16-0174-024	宁夏将军	庆昀	奏为续将各旗官员积缺拟定正陪请旨点放事	同治三年四月二十六日
1894	04-01-16-0174-025	宁夏将军	庆昀	奏为遵照部咨骁骑校等员缺亦行拟定正陪开单请旨简放事	同治三年四月二十六日
1895	04-01-01-0882-049	宁夏将军	庆昀	奏为遵旨再陈郡城近日情形请旨饬催部拨山东应解军需事	同治三年六月初五日
1896	04-01-35-0970-053	宁夏将军	庆昀	奏报奉到上谕并提到协饷铅药等项事	同治三年六月十一日
1897	04-01-16-0175-098	宁夏将军	庆昀	奏为佐领骁骑校等员缺拟定正陪请旨简放事	同治三年七月十三日
1898	04-01-30-0124-008	宁夏将军	庆昀	奏报接奉由驿驰递本年四月初四日寄信谕旨六月初八日始行递到各日期事	同治三年七月十三日
1899	04-01-01-0881-010	宁夏将军	庆昀	奏为遵旨拨兵援剿平罗逆匪及防剿宁郡贼匪事	同治三年七月十三日
1900	04-01-30-0374-027	宁夏将军	庆昀	奏为分营击贼大获胜仗请饬拨铅丸火药事	同治三年八月二十一日
1901	04-01-16-0175-157	宁夏将军	庆昀	奏为各旗官缺拟定正陪请旨简放事	同治三年九月十三日
1902	04-01-30-0374-053	宁夏将军	庆昀	奏为带队官员骁骑校吉勒杭阿并吉隆阿奉差不慎以致蒙古兵丁遇贼被害请旨即行革职事	同治三年十月十七日

续表

序号	档号	官职爵位	责任者	题 名	原纪年
1903	04-01-30-0213-018	宁夏将军	庆昀	奏为凉州劝办捐输饷银已有成效请准奖励出力人员事	同治三年十月十七日
1904	04-01-30-0213-017	宁夏将军	庆昀	奏为委员由归绥道库提到军饷银两如数兑收分别动支事	同治三年十月十七日
1905	04-01-30-0374-055	宁夏将军	庆昀	奏为遵旨查明前次轻赍移营原委各营兵失械情形并参奏总协领依额银领等事	同治三年十一月初五日
1906	04-01-01-0882-090	西安将军	都兴阿	奏为改剿宁夏兵力不敷图攻请旨令宁夏将军庆军谨图防守事	同治三年十一月十七日
1907	03-4612-135	宁夏将军	庆昀	呈同治三年十一月镶黄旗满洲骁骑校等四缺遴选拟定正陪清单	同治三年十一月二十六日
1908	03-4983-022	宁夏将军	庆昀	奏报遵查宁夏满营马匹情形单	同治三年十一月二十六日
1909	03-4612-134	宁夏将军	庆昀	奏请点放续得骁骑校额缺事	同治三年十一月二十六日
1910	04-01-30-0182-010	宁夏将军	庆昀	奏为续将骁骑校缺拟定正陪缮单呈请点放故事	同治三年十一月二十六日
1911	03-18-009-000104-0004-0049		载淳	为杜嘎尔著调补宁夏副都统事	同治三年十二月初三日
1912	04-01-16-0175-111	西安将军兼署陕甘总督	都兴阿	奏为代奏调补宁夏副都统杜嘎尔一时未能兼顾本任请仍令常升带罪暂行署理事	同治三年十二月二十日
1913	04-01-30-0374-057	宁夏将军	庆昀	奏为委员提到军饷迎到马匹并酌核绶急动用期免胶葛等事	同治三年十二月二十三日
1914	03-4796-028	宁夏将军	庆昀	奏为委员迎提河东道库银并伊克昭盟捐马到城事	同治三年十二月二十三日
1915	03-0208-4479-039	京口副都统	杜嘎尔	奏谢调宁夏副都统折	同治三年十二月二十九日
1916	04-01-01-0882-064	宁夏将军	庆昀	奏为遵旨严密侦探慎加防宁及劝捐马匹解营事	同治四年正月二十八日
1917	03-4716-066	宁夏将军	庆昀	呈镶白旗满洲骁骑校平福等员履历单	同治三年
1918	03-4716-065	宁夏将军	庆昀	呈镶黄旗前锋哈哈初先等员履历单	同治四年正月二十八日
1919	03-4716-064	宁夏将军	庆昀	奏请拣补防御骁骑校等缺事	同治四年正月二十八日

续表

序号	档号	官职爵位	责任者	题名	原纪年
1920	04-01-30-0182-029	宁夏将军	庆昀	奏为续将宁夏营防御骁骑等缺拟定正陪各员缮单呈请点放事	同治四年正月二十八日
1921	04-01-30-0060-009	宁夏将军	庆昀	奏为御赏福字一件谢恩事	同治四年正月二十八日
1922	04-01-30-0375-003	宁夏将军	庆昀	奏为遵旨督饬各部遵镇防守城池并陈近日防守情形事	同治四年正月二十八日
1923	03-0208-4479-061	宁夏将军	庆昀	奏谢赏福字恩折	同治四年正月二十八日
1924	03-4716-063	宁夏将军	庆昀	奏为转行知照常升同治四年正月初六日军机大臣字寄事	同治四年二月二十日
1925	04-01-30-0399-005	宁夏将军	庆昀	奏为江宁克复奉旨加赏缓谢恩事	同治四年二月二十三日
1926	04-01-30-0375-001	宁夏将军	庆昀	奏为山西省奉拨铅药业已提到城并近日军情事	同治四年二月二十三日
1927	03-0208-4480-008	宁夏将军	庆昀	奏因加级谢恩折	同治四年二月二十三日
1928	02-01-006-005301-0055	大学士管理兵部事务	贾桢	为核议甘肃宁夏协领兼佐领色普征额等疏察道犯富贵出城与伊妻买药末回错报病故题复参处事	同治四年二月二十九日
1929	04-01-30-0375-006	宁夏将军	庆昀	奏为分营兵单现撤营归城相机再图夹击情形事	同治四年三月十六日
1930	04-01-30-0213-011	宁夏将军	庆昀	奏为凉州劝办接济宁夏捐输现在竭蹶难令补交事	同治四年三月十六日
1931	04-01-30-0375-008	宁夏将军	庆昀	奏为探粮委员防御塔尔哈春中途遇贼被害请青赐血事	同治四年四月二十五日
1932	04-01-30-0375-009	宁夏将军	庆昀	奏为续将协领等缺拟定正陪请旨点放事	同治四年四月二十五日
1933	03-4717-033	宁夏将军	庆昀	奏为续请点放协领各缺事	同治四年四月二十五日
1934	04-01-30-0375-004	宁夏将军	庆昀	奏为遵旨仍令常升带罪署理宁夏副都统帮同庆明城守事宣认真筹办事	同治四年
1935	04-01-30-0377-019	宁夏将军	庆昀	奏报遵旨确查阿拉善蒙兵情形及其余事件遵旨分别办理情形事	同治四年

续表

序号	档号	官职爵位	责任者	题名	原纪年
1936	03-18-009-000104-0006-0055		载淳	为穆图善著调补宁夏将军事	同治四年闰五月十四日
1937	03-5232-053			著为加恩赐恤已故宁夏将军庆昀准其入城治丧等谕旨	同治四年闰五月十四日
1938	03-4717-139	护理宁夏将军	常升	奏请点放佐领等积缺事	同治四年闰五月二十二日
1939	03-4717-158	护理宁夏将军	常升	奏报移文将军印信日期事	同治四年六月初六日
1940	03-0208-4482-004	荆州将军	穆图善	奏谢授宁夏将军折	同治四年六月初六日
1941	04-01-16-0177-159	西安将军	都兴阿	奏为心力不及请饬令陕甘总督杨岳斌或宁夏将军穆图善署小甘肃军务事	同治四年八月初七日
1942	04-01-16-0177-162	西安将军	都兴阿	奏为已革护理宁夏将军常升奉命护理宁夏将军印务请赏还顶戴事	同治四年八月初七日
1943	03-4718-146	署理宁夏将军	常升	呈同治四年闰五月正蓝旗满洲佐领凌福缺出拟补人员清单	同治四年九月二十六日
1944	03-4718-145	署理宁夏将军	常升	呈同治四年闰五月至七月正白旗满洲防御凌福等出缺应选人员清单	同治四年九月二十六日
1945	03-4718-147	署理宁夏将军	常升	呈同治四年三月镶白旗满洲骁骑校平福等缺出拟补人员清单	同治四年九月二十六日
1946	03-4718-134	署理宁夏将军	常升	奏为续请拣补旗佐领等缺事	同治四年九月二十六日
1947	03-0208-4483-055	宁夏副都统	常升	奏谢赏顶戴恩折	同治四年九月二十六日
1948	03-4783-039	宁夏副都统	常升	呈伊克昭盟各旗捐马官员请议叙清单	同治四年十一月二十四日
1949	03-4783-037	宁夏副都统	常升	奏请奖叙伊克昭盟劝捐马匹各员并保奖守城出力官员事	同治四年十一月二十四日
1950	04-01-30-0375-036	宁夏副都统	常升	奏请奖叙伊克昭盟劝捐马匹各员及保奖历年打仗出力官员事	同治四年十一月二十四日
1951	04-01-30-0182-034	宁夏副都统	常升	奏报已故前任宁夏将军庆昀灵板起程回籍日期事	同治四年十一月二十四日

续表

序号	档号	官职爵位	责任者	题　名	原纪年
1952	04-01-30-0206-001	宁夏副都统	常升	奏为因草料缺乏宁夏满营马匹倒毙甚多事	同治四年十一月二十四日
1953	03-4783-038	宁夏副都统	常升	奏为本年终请展限查验商营驿马额事	同治四年十二月二十日
1954	03-4719-128	署理宁夏将军	常升	奏为委员护送前将军庆防灵柩回旗事	同治四年十二月二十日
1955	04-01-30-0377-028			奏为陈明宁夏旗营饥困安插情形事	同治四年
1956	04-01-12-0501-001	宁夏将军	穆图善	奏为甘省军务吃紧催将丁忧陕西拣发知县国文暂留军营事	同治五年正月十一日
1957	04-01-16-0180-057	宁夏将军	穆图善	奏为奉旨督办甘肃军务谢恩事	同治五年正月十六日
1958	03-0208-4485-015	宁夏将军	穆图善	奏因督办甘肃军务谢恩折	同治五年正月十六日
1959	04-01-16-0180-058	宁夏将军	穆图善	奏为奉旨接收都兴阿原带营兵粮台等并分别委署义武各员事	同治五年正月十六日
1960	04-01-16-0180-059	宁夏将军	穆图善	奏为特参宁夏将军常手漠视兵民困苦贩运渔利请革去顶戴饬令回旗事	同治五年正月十六日
1961	04-01-12-0501-003	宁夏将军	穆图善	奏为委任舒之翰署理宁夏府知府并请准将商州直隶州知州曹熙及前平罗知县长谦留于甘省事	同治五年正月二十四日
1962	04-01-16-0180-068	宁夏将军	穆图善	奏报启用督办甘肃军务宁夏将军木质关防日期事	同治五年正月二十四日
1963	04-01-01-0891-003	宁夏将军	王格吉	奏为宁夏兵力单薄都兴阿欲调马队入队庸庸抽拨事	同治五年正月二十四日
1964	03-4804-031	护理山西巡抚	穆图善	奏为分解宁夏军穆图善等营军饷事	同治五年二月初一日
1965	04-01-01-0891-022	宁夏将军	穆图善	奏报大营筹饷稽不继万分紧急立待拨解军饷情形事	同治五年二月初三日
1966	03-4804-069	宁夏将军	穆图善	奏请仍催四川等省久解宁夏军饷事	同治五年二月初三日
1967	03-18-009-000105-0001-0005		载淳	为著宁夏副都统杜嘎尔缺随都兴阿前任盛京所遗之缺以金顺调补事	同治五年二月初五日
1968	03-4620-139	宁夏将军	穆图善	奏请曹熙长谦二员留于甘肃随同办理宁夏善后事宜事	同治五年二月初五日

363

续表

序号	档号	官职爵位	责任者	题　名	原纪年
1969	03-4720-043	宁夏将军	穆图善	奏为已革留任宁夏副都统常升贪鄙庸愚废弛营务请革去顶戴饬令回旗不准升营事	同治五年二月初五日
1970	03-4720-106	宁夏将军	穆图善	呈宁夏满营各项官缺次拟升营单	同治五年二月二十日
1971	04-01-30-0375-031	宁夏将军	穆图善	奏为满防前锋特克什肯采办兵食途中被贼戕役请旨敕部议恤事	同治五年二月二十日
1972	03-4720-104	宁夏将军	穆图善	奏为宁夏满营缺拟照军定章依次递升事	同治五年二月二十日
1973	03-4720-105	宁夏将军	穆图善	奏为宁夏满营节年打仗守城在事出力官员遵旨核实缮具清单请奖事	同治五年二月二十日
1974	04-01-30-0183-016	宁夏将军	穆图善	奏为宁夏营所出官缺拟升营定章依次递升谨缮单请准补放事	同治五年二月二十日
1975	04-01-30-0375-030	宁夏将军	穆图善	奏为已革协领依徐徐额防御略屯参革后备勉出力请旨分别赏还顶戴开复议处事	同治五年二月二十日
1976	04-01-30-0375-032	宁夏将军	穆图善	奏为遵旨将宁夏满营节年打仗守城在事出力各员核实请奖事	同治五年二月二十日
1977	04-01-30-0213-039	宁夏将军	穆图善	奏报提到山西解来兵饷银数事	同治五年二月二十日
1978	03-0208-4490-071	宁夏副都统衔佐领	丰绅	奏因交军机处记名候补副都统缺谢恩折	同治五年三月初三日
1979	03-4683-039	宁夏将军	穆图善	奏为遵旨查明奉旨折报夹片详请事	同治五年三月初三日
1980	04-01-01-0881-080	宁夏将军	穆图善	奏为遵旨查苊折报短少拆动情形事	同治五年三月初五日
1981	03-0208-4485-044	西安左翼副都统	金顺	奏因调补宁夏副都统恩折	同治五年三月初五日
1982	03-4805-048	宁夏将军	穆图善	奏报宁夏大营裁汰挑补兵丁等情形事	同治五年三月初十日
1983	03-4720-101	宁夏将军	穆图善	奏请务尽先副将罗攀勋留营管带楚勇侯甘肃军务完竣再行起赴部引见事	同治五年三月二十一日

续表

序号	档号	官职爵位	责任名	题　名	原纪年
1984	03-4720-100	宁夏将军	穆图善	奏为记名副都统本福不加管束跟役致成事端著将该员革职留营事	同治五年三月二十一日
1985	03-4805-050	宁夏将军	穆图善	奏请优恤防御吉丰额等公差遇害事	同治五年三月二十二日
1986	03-4805-051	宁夏将军	穆图善	奏为山西协饷收到数量为数太小难以济急事	同治五年三月二十二日
1987	03-4720-103	宁夏将军	穆图善	奏已革协领依仓阿等员随营效力均皆奋勉请赏还顶戴等事	同治五年三月二十二日
1988	04-01-16-0180-010	齐齐哈尔副都统	宝善	奏为原任宁夏副都统杜嘎尔嘎充行营充翼长事	同治五年四月初五日
1989	03-4940-034	署理山西巡抚	王榕吉	奏为筹拨宁夏满营俸饷马干等项银两事	同治五年四月初七日
1990	03-4770-101	宁夏将军	穆图善	奏为设防晋兵骤难全撤酌挑二百名拣派得力将弁管带回晋事	同治五年四月二十五日
1991	03-4770-102	宁夏将军	穆图善	奏为丁晋兵内酌挑二百名拣派得力将弁管带回晋听候派拨事	同治五年四月二十五日
1992	04-01-14-0071-059	宁夏将军	穆图善	奏为乾清门二等侍卫德福奉旨派往库充诺尔赐莫因道路阻隔请旨暂行回京当差事	同治五年五月初一日
1993	04-01-12-0501-043	宁夏将军	穆图善	奏为舒之翰署理宁夏知府等员缺均属人地相宜请敕陕甘总督杨岳斌暂勿改委别处事	同治五年五月初一日
1994	04-01-16-0178-004	宁夏将军	穆图善	奏为特参记名副都统绶额英山假有目疾出营赌博请革职留营效力事	同治五年五月初一日
1995	03-4807-002	护理山西巡抚	王榕吉	奏为分解宁夏将军穆图善军营军饷事	同治五年五月初三日
1996	03-4807-001	护理山西巡抚	王榕吉	奏为委解盐引加费前赴宁夏将军穆图善军营交纳事	同治五年五月初三日
1997	03-4807-023	宁夏将军	穆图善	奏请饬下四川等省督抚加紧委解甘饷事	同治五年五月初十日
1998	03-4940-062	宁夏将军	穆图善	奏报宁夏满营委员提饷银到城请形并请饬山西巡抚按季拨解饷银事	同治五年五月十三日

续表

序号	档号	官职爵位	责任者	题名	原纪年
1999	04-01-30-0213-040	宁夏将军	穆图善	奏为宁夏满营委员提解饷银到城并请饬山西抚臣将此项银两按季拨解事	同治五年五月十三日
2000	04-01-30-0183-002	宁夏将军	穆图善	奏请将达三布补授镶白旗满洲晓骑校事	同治五年五月十三日
2001	04-01-30-0375-034	宁夏将军	穆图善	奏为防御连升等或打仗阵亡或在营病故请照例议恤事	同治五年五月十三日
2002	04-01-30-0375-033	宁夏将军	穆图善	奏为将分扎镇北堡等处疏通粮路官兵撤回归伍团勇遣散事	同治五年五月十三日
2003	04-01-30-0183-001	宁夏将军	穆图善	奏为特参正白旗满洲协领佐领萨荣英额精力已衰办事含糊请即将伊革职事	同治五年五月十三日
2004	03-4623-030	宁夏将军	穆图善	奏为现署宁夏府知府舒之翰等四员均属人地相宜请暂不改委以资治理事	同治五年五月十四日
2005	03-4721-056	宁夏将军	穆图善	奏请以达三补授镶白旗晓骑校事	同治五年六月初八日
2006	03-4721-055	宁夏将军	穆图善	奏为正白旗满洲佐领萨英额于交卸事件不肯认真请即行革职事	同治五年六月初八日
2007	04-01-16-0178-037	宁夏将军	穆图善	奏请以穆克德布升补黑龙江墨尔根城正白旗防御等员缺事	同治五年六月初八日
2008	04-01-01-0892-019	宁夏将军	穆图善	奏为筹拨援陕马步官兵添派队伍继进并解散东路溃勇安辑兰州省城事	同治五年六月十七日
2009	04-01-01-0892-032	宁夏将军	穆图善	奏请饬山西巡抚速解宁夏大营饷银事	同治五年六月十七日
2010	03-4721-086	宁夏将军	穆图善	奏请以穆克德布等补黑龙江墨尔根城防御员缺事	同治五年六月二十三日
2011	03-4808-049	宁夏将军	穆图善	奏请饬下山西按月委解大营饷银等情事	同治五年七月初三日
2012	03-4940-084	山西巡抚	赵长龄	奏报筹解宁夏满营饷银数目起解日期事	同治五年七月初六日
2013	04-01-16-0178-070	宁夏将军	穆图善	奏为遵旨保举官军收复宁夏郡城等仗出力员弁胡世英等请奖事	同治五年七月十八日
2014	04-01-16-0178-071	宁夏将军	穆图善	奏请留协领富勒浑在军营当差遣事	同治五年七月十八日

续表

序号	档号	官职爵位	责任者	题　　名	原纪年
2015	04-01-16-0178-069	宁夏将军	穆图善	奏为候补参将王泰来等员分别批请免议处开复起用等事	同治五年七月十八日
2016	04-01-12-0502-005	宁夏将军	穆图善	奏为记名知府李宗尝等随营出力请旨奖叙事	同治五年七月十八日
2017	04-01-01-0892-051	宁夏将军	穆图善	奏为宁夏大营饷银全赖山西陕西源源协济请奖励两省司道事	同治五年七月十八日
2018	04-01-12-0502-004	宁夏将军	穆图善	奏为已革叶尔羌参赞大臣景廉随营防剿出力请旨开复以四品京堂补用赏戴花翎事	同治五年七月十八日
2019	03-4722-072	宁夏将军	穆图善	呈甘肃宁夏镇标各营暨宁夏府属各州县历年防守城池村堡出力及弁员奖保奖恤清单	同治五年七月二十日
2020	04-01-16-0178-068	宁夏将军	穆图善	奏为酌保连年打仗出力弁甘肃宁夏道三寿等员请奖事	同治五年七月二十日
2021	03-4722-071	宁夏将军	穆图善	奏为酌保宁夏连年防剿打仗守城出力大小员弁兵勇核实择尤请奖事	同治五年七月二十日
2022	03-4724-005	宁夏将军	穆图善	奏请以玛禄堪等升补宁夏满营弁朴等协领等缺事	同治五年九月初六日
2023	03-4771-038	宁夏将军	穆图善	奏为委派茶勒珲接带花马池驻防官兵事	同治五年九月初八日
2024	03-4723-021	大学士管理户部事务	贾桢	奏为已革副将放天印等保案造例请将温保之宁夏将军穆图善交部议处事	同治五年九月初八日
2025	04-01-01-0892-045	宁夏将军	穆图善	奏请将萨尼布所带吉林黑龙江马队拨归穆图善军营并星驰来甘事	同治五年九月初八日
2026	04-01-16-0179-088	宁夏将军	穆图善	奏请赏给回弁马朝靖副将衔事	同治五年九月初八日
2027	03-4771-049	宁夏将军	穆图善	奏报驰抵中卫日期及查看灵州情形事	同治五年九月二十八日
2028	04-01-01-0890-020	宁夏将军	穆图善	奏报驰抵中卫日期及查看灵州情形事	同治五年九月二十八日
2029	04-01-12-0502-032	宁夏将军	穆图善	奏为饬令舒之翰将署理宁夏知府印务移交本任知府孙家珏等事	同治五年九月二十八日
2030	04-01-01-0890-021	宁夏将军	穆图善	奏为遣散勇营事	同治五年九月二十八日

续表

序号	档号	官职爵位	责任者	题　　名	原纪年
2031	04-01-16-0179-077	宁夏将军	穆图善	奏为檄调已革叶尔羌参赞大臣景廉驰抵中卫大营事	同治五年九月二十八日
2032	03-4810-008	山西巡抚	赵长龄	奏报筹拨宁夏满营饷银数目起程日期事	同治五年十月初五日
2033	04-01-01-0892-101	宁夏将军	穆图善	奏为军营需饷急迫请饬抚臣仍照前章迅速筹拨事	同治五年十月初六日
2034	03-4810-030	宁夏将军	穆图善	奏为再行沥陈军营需饷急迫情形请饬山西巡抚速拨饷银等事	同治五年十月初六日
2035	04-01-01-0890-084	宁夏将军	穆图善	奏为遣撤精锐右营并请到晋后找领该营欠饷事	同治五年十月初六日
2036	03-4724-034	宁夏将军	穆图善	奏报檄调已革叶尔羌参赞大臣景廉驰抵中卫日期事	同治五年十月二十日
2037	03-4771-050	宁夏将军	穆图善	奏请饬山西巡抚赵长龄将营款抵拨宁夏满营兵饷事	同治五年十月二十日
2038	03-4674-030	宁夏将军	穆图善	奏为署宁夏府知府舒之翰移交文府篆事	同治五年十月二十日
2039	03-4783-070	宁夏将军	穆图善	奏为旧土尔扈特贝勒勒达什捐马匹抵营驼只请奖叙事	同治五年十月二十四日
2040	03-4810-031	宁夏将军	穆图善	奏为调晋兵勇兵饷请饬山西巡抚在藩库支领等事	同治五年十月二十四日
2041	03-0208-4489-038	副都统衔佐领	丰绅	奏护理宁夏副都统谢恩折	同治五年十一月初八日
2042	04-01-16-0179-040	护理宁夏副都统	丰绅	奏报接护宁夏副都统印务并谢恩事	同治五年十一月初八日
2043	03-0208-4489-037	宁夏副都统	金顺	奏因护理宁夏将军印务谢恩折	同治五年十一月初八日
2044	04-01-01-0890-086	宁夏将军	穆图善	奏为沥陈军营情形势难拨兵赴陕并请变通办理事	同治五年十一月初十日
2045	03-4771-079	宁夏将军	穆图善	奏为沥陈军营情形兼筹陕省军务事	同治五年十一月十九日

续表

序号	档号	官职爵位	责任者	题名	原纪年
2046	04-01-01-0890-023	宁夏将军	穆图善	奏为再行沥陈军营情形并筹省陕省军务事	同治五年十一月十九日
2047	04-01-01-0892-090	宁夏将军	穆图善	奏为饥军需饷万殷请将山西应解固本饷银仍照旧章拨解花马池事	同治五年十一月十九日
2048	03-4724-147	宁夏副都统	金顺	奏请以色拉本等补宁夏镶蓝旗满洲佐领等缺事	同治五年十一月二十日
2049	04-01-01-0890-085	宁夏将军	穆图善	奏为甘省军务吃紧未敢移师东向事	同治五年十一月二十五日
2050	03-4811-063	宁夏将军	穆图善	奏请防下山西起紧拨解饷银事	同治五年十一月二十八日
2051	04-01-16-0179-063	宁夏将军	穆图善	奏为部汉温保照例革职奉旨加恩改降一级留任谢恩事	同治五年十一月二十九日
2052	03-0208-4489-053	宁夏将军	穆图善	奏因降级留任谢恩折	同治五年十一月二十九日
2053	03-4983-062	宁夏将军	穆图善	奏为查明蒙古驿站迟误报形事	同治五年十二月初四日
2054	03-4811-093	宁夏将军	穆图善	奏请准将山西应解固本饷银仍照旧章拨解龙马池等情事	同治五年十二月初六日
2055	03-4724-148	宁夏副都统	金顺	奏报同治五年宁夏满营马匹倒毙情事	同治五年十二月十三日
2056	03-4811-103	宁夏副都统	金顺	奏为催拨晋省批解久解银两事	同治五年十二月十三日
2057	04-01-01-0892-034	宁夏将军	穆图善	奏为军营需饷万分紧急密封陈奏事	同治五年十二月十六日
2058	03-4812-005	宁夏将军	穆图善	奏为沥陈军营需饷万分紧急请饬四川等各省迅解饷银事	同治五年十二月十六日
2059	04-01-01-0892-078	宁夏将军	穆图善	奏请饬荆州将军迅防任领塔清阿星速来营清厘经手账目事	同治五年十二月十六日
2060	04-01-01-0890-026	宁夏将军	穆图善	奏请咨调兵丁防剿事	同治五年十二月十六日
2061	03-4811-123	山西巡抚	赵长龄	奏报筹拨宁夏满需银两数目事	同治五年十二月二十一日
2062	03-4987-041	绥远城将军	福兴	奏为包头地方万余人请宁夏将军处等调回汉商民均应领照管理事	同治五年十二月二十一日
2063	04-01-01-0892-080	宁夏将军	穆图善	奏请仿山西巡抚源源拨解宁夏满营饷银事	同治五年十二月二十一日

序号	档号	官职爵位	责任者	题　　名	原纪年
2064	04-01-16-0180-096	宁夏将军	穆图善	奏请催乌什帮办大臣伊昌阿开缺回旗调治病体事	同治五年十二月二十一日
2065	04-01-16-0180-098	宁夏将军	穆图善	奏为出关道路不通请暂留新授哈密帮办大臣景廉在营襄办一切事	同治五年十二月二十一日
2066	03-4722-042	宁夏将军	穆图善	呈收复宁夏府城在事尤为出力文武员弁兵勇核实拟奖清单	同治五年
2067	03-4722-043	宁夏将军	穆图善	呈收复宁夏府城在事尤为出力文武员弁兵勇核实拟奖清单	同治五年
2068	04-01-03-0060-012	绥远城将军	福兴	奏为请饬宁夏将军转饬宁夏道府州县遇有走包头顺货回汉商民均令发给执照以便查验事	同治五年
2069	03-4725-004	宁夏将军	穆图善	奏请饬荆州在领塔清阿回哈密军营清厘经手粮台账目事	同治六年正月初五日
2070	04-01-14-0072-123	宁夏将军	穆图善	奏为恩赏福字等物谢恩事	同治六年正月初九日
2071	03-0208-4490-045	宁夏将军	穆图善	奏谢赏福字恩折	同治六年正月初九日
2072	06-01-002-000418-0024	宁夏将军	穆图善	为官军围攻宁夏郡城复克复宁夏州攻城破卡打仗出力之宁夏副都统宗室谦禧赏给头品顶戴事致宗人府	同治六年二月十五日
2073	03-4812-090	山西巡抚	赵长龄	奏报筹解宁夏满营兵饷数目日期事	同治六年二月二十八日
2074	03-4813-030	宁夏将军	穆图善	奏请饬催晋省迅速筹拨兵饷等事	同治六年二月二十八日
2075	03-0208-4490-070	护理宁夏将军印务副都统	金顺	奏仍护理宁夏将军印务谢恩折	同治六年三月初三日
2076	03-4726-031	宁夏将军	穆图善	奏宁夏叙同治二年十一月至四年十二月防剿打仗方选等带队打仗备勉事	同治六年三月十三日
2077	03-4726-071		□□□	呈宁夏满营同治二年十一月至四年十二月防剿打仗尤为出力官员清单	同治六年三月二十二日

续表

序号	档号	官职爵位	责任者	题　　名	原纪年
2078	03-4813-056	署理宁夏将军	金顺	奏为飞咨晋省迅筹批解宁夏满营饷银事	同治六年三月二十九日
2079	03-0208-4492-007	宁夏将军	穆图善	奏接署陕甘总督宁夏篆务折	同治六年四月二十六日
2080	03-4942-083	宁夏将军	穆图善	奏为拟将各省协饷变通办理并请饬催各省协饷事	同治六年四月二十六日
2081	03-4728-055	署理宁夏将军	穆图善	奏请派员署理宁夏将军印务仍令副都统金顺随营襄办军务事	同治六年五月二十三日
2082	03-0208-4492-064	署宁夏副都统	丰绅	奏接护宁夏将军篆务谢恩折	同治六年七月十三日
2083	03-0208-4493-001	新署宁夏副都统	三寿	奏接署宁夏副都统日期折	同治六年七月十三日
2084	03-0208-4492-065	护理宁夏将军印务副都统	金顺	奏移交宁夏将军印务起程回营折	同治六年七月十三日
2085	04-01-03-0061-008			奏请派员署理宁夏将军印务或交割副都统丰绅新护护护仍仿金顺未奴才军营襄小一切事	同治朝
2086	02-02-024-001643-0045	护理宁夏将军	丰绅	题报军政考核八旗武职职情形事	同治六年九月二十日
2087	03-0208-4494-001	护理宁夏将军	丰绅	奏请将宁夏军政员逾岁官员留任折	同治六年九月二十日
2088	03-4816-042	护理宁夏将军	丰绅	奏报解到山西协饷数目日期等事	同治六年九月二十五日
2089	03-4914-058	宁夏将军兼署陕甘总督	穆图善	呈甘肃省官绅士民第九次捐输银钱粮石面斤数目并报捐官职衔名清单	同治六年十月初七日
2090	03-4914-057	宁夏将军兼署陕甘总督	穆图善	奏报甘肃省绅民同治六年正月至六月第九次捐输银钱粮石面斤数目请核奖事	同治六年十月初七日
2091	03-4841-064	护理宁夏将军	丰绅	奏为详查宁夏满营情形请酌补兵款等事	同治六年十月十三日
2092	03-4842-007	宁夏将军兼署陕甘总督	穆图善	奏为遵旨查明复奏前督臣杨岳斌等互参一案事	同治六年十月十六日

续表

序号	档号	官职爵位	责任者	题名	顺纪年
2093	03-4842-084	宁夏将军兼署陕甘总督	穆图善	呈杨岳斌亲供单	同治六年十月十六日
2094	03-4841-065	护理宁夏将军	丰绅	奏请挑选步甲养育兵充补马甲等事	同治六年十一月初十日
2095	03-5044-039	陕西巡抚	乔松年	奏请饬令宁夏将军穆图善将恭案要犯天印押解缘像事	同治六年十一月十六日
2096	03-4783-138		丰绅	奏报年终查核宁夏满营马匹数目事	同治六年十一月二十三日
2097	04-01-30-0206-028		丰绅	奏为年终查核宁夏满营马匹数目事	同治六年十一月二十三日
2098	03-4817-046		丰绅	奏请饬催山西抚臣迅速解宁夏满营兵饷银事	同治六年十二月初九日
2099	03-4944-008		丰绅	奏请饬宁夏省筹解宁夏满营兵饷事	同治六年十二月初九日
2100	04-01-30-0206-025			奏为宁夏满营兵饷告罄仍请由晋筹解事	同治六年十二月初九日
2101	03-4828-039	署理宁夏将军	金顺	奏为饬下定安采办军粮并饬拉善奏来王筹办驼只转运事	同治六年十二月二十一日
2102	04-01-30-0213-045		丰绅	奏为宁夏精兵置善饷现又议停请饬山西省仍照从前奏案迅速筹解事	同治六年
2103	04-01-17-0102-033	宁夏将军兼署陕甘总督	穆图善	奏为待卫谦禧署理宁夏副都统实堪胜任请仍令该员署理事	同治六年
2104	03-4842-003	宁夏将军兼署陕甘总督	穆图善	奏为军中士卒粮饷两缺出现匿名讦贴已设法严查究办等事	同治七年二月十四日
2105	03-0208-4496-029	宁夏将军兼署陕甘总督	穆图善	奏赏福宁字荷包谢恩折	同治七年二月初四日
2106	03-5088-046	宁夏将军兼署陕甘总督	穆图善	为呈送朴禄大奏折并上年十一月十二两月折作清单事致军机处咨呈	同治七年二月初八日
2107	03-4734-004	署理宁夏副都统	三寿	奏请开缺回旗养病事	同治七年二月十九日

续表

序号	档号	官职爵位	责任者	题名	原纪年
2108	04-01-30-0126-009	署理宁夏副都统	三寿	奏为旧疾复发请派员接署宁夏副都统催任臣开缺回旗调理事	同治七年二月十九日
2109	03-4675-012	宁夏将军兼署陕甘总督	穆图善	奏为甘州府城关庙灵应请发颁发匾额事	同治七年三月初十日
2110	03-18-009-000106-0002-0002		载淳	为以善山保署宁夏副都统事	同治七年四月初三日
2111	03-4915-044	宁夏将军兼署陕甘总督	穆图善	呈甘肃省绅民第一次捐输银钱粮石面厅数目并报捐官衔衔名清单	同治七年闰四月十二日
2112	03-4915-043	宁夏将军兼署陕甘总督	穆图善	奏报甘肃省绅民同治六年十月至十二月第十一次捐输银钱粮石各数并请奖叙官职事	同治七年闰四月十二日
2113	03-4944-086	宁夏副都统	金顺	奏为甘军机困请饬山陕抚臣筹拨银两星解前来事	同治七年闰四月十七日
2114	03-4945-004		丰绅	奏为宁夏满营兵生计维艰请防饷催山西协拨并令本省拨给用粮事	同治七年五月二十日
2115	03-4735-063	宁夏署理宁夏副都统	穆图善	奏为署理宁夏副都统善山保现办防堵拟令谦禧留署事	同治七年六月初三日
2116	03-4718-012	护理宁夏将军	常升	奏报接护军印务日期事	同治七年七月十七日
2117	03-4738-068		丰绅	呈遵保宁夏满营节次巡防地方等择其尤为出力为兵请奖清单	同治七年九月初八日
2118	04-01-16-0185-012		丰绅	奏请以达杭额照军营定章借补宁夏满营正白旗防御等缺员事	同治七年九月初八日
2119	04-01-16-0185-011		丰绅	奏为遵保宁夏满营节次捕土匪催运军需出力官兵择优请奖励事	同治七年九月初八日
2120	04-01-16-0185-010	署理宁夏副都统	谦禧	奏报接署宁夏副都统日期事	同治七年九月初十日

续表

序号	档号	官职爵位	责任者	题　名	原纪年
2121	03-4643-049	署宁夏副都统	三寿	奏报交卸署理副都统日期事	同治七年九月初十日
2122	04-01-16-0185-009	署宁夏副都统	三寿	奏报交卸署宁夏副都统日期事	同治七年九月初十日
2123	03-0208-4499-011	新署宁夏副都统	谦禧	奏接署宁夏副都统谢恩折	同治七年九月初十日
2124	04-01-01-0900-073	宁夏副都统	金顺	奏请迅拨马队来榆追剿窜匪事	同治七年十一月初三日
2125	04-01-01-0899-063	宁夏副都统	丰绅	奏报查核宁夏满营马匹数目事	同治七年十一月初九日
2126	03-4784-023	护理宁夏将军	丰绅	奏报年终查核宁夏满营马匹数目事	同治七年十一月初九日
2127	03-4823-024	宁夏副都统	金顺	奏请将天津拨解陈国端等所饷改拨协甘饷银等事	同治七年十一月十三日
2128	03-4739-029	宁夏副都统	金顺	奏为将参尽先协领霍尔青额委笔帖式胜贵任意安为请分别革职酌顶事	同治七年十一月十三日
2129	03-4739-032	宁夏副都统	金顺	奏为循例刊刻宁夏副都统木质关夹防并开用日期事	同治七年十一月十三日
2130	03-4644-109	署理宁夏将军	金顺	奏为将新选甘肃正宁县知县何福海暂行留营事	同治七年十二月初九日
2131	03-4739-080	宁夏副都统	金顺	奏为游击玉隆在营病故请照例议恤并请托云布暂行留营带队事	同治七年十二月初九日
2132	03-4644-190	署理宁夏将军	金顺	奏为署理宁夏府谷县试用知县彭会榜筹备各军粮出力请准以直隶州知州尽先补用事	同治七年十二月二十九日
2133	04-01-30-0377-057			奏为晋省等拨宁夏满营兵饷解到酌酌发官兵摔饷并晋催提欠久解各饷事	同治七年
2134	04-01-01-0905-048	陕甘总督	左宗棠	奏为勺拨署宁夏将军金顺等各驼只事	同治八年正月三十日
2135	03-4703-002	宁夏副都统	金顺	奏报裁撤吉林黑龙江马队官兵数目事	同治八年二月初五日
2136	03-4740-069	宁夏副都统	金顺	奏为记名总兵胡世英给假令其回籍省亲就医事	同治八年二月初五日
2137	03-4780-056	醇郡王	奕譞	奏为核议宁夏副都统金顺更调定安所部吉林黑龙江马队请赴榆林事	同治八年二月十二日

续表

序号	档号	官职爵位	责任者	题　名	原纪年
2138	02-01-005-023608-0012	宁夏将军署理陕甘总督	穆图善	题为庆贺皇上圣诞事	同治八年二月十三日
2139	03-4946-043		丰绅	奏为宁夏满营官兵生计维艰请迅饬晋抚照案协拨饷银源源接济事	同治八年二月十七日
2140	04-01-01-0906-036	宁夏副都统	金顺	奏为绥德营勇猝变饬令所部官兵严加备戒相机办理情形事	同治八年二月十七日
2141	04-01-30-0406-022	宁夏副都统	金顺	奏为相机办理绥德营勇猝变盘踞州城事	同治八年二月十七日
2142	03-4918-036	宁夏将军兼署陕甘总督	穆图善	奏报陕省捐输甘饷同治五年二月至七年五月收捐花蓝翎贡监衔名及收银数目请核奖事	同治八年二月二十八日
2143	04-01-01-0905-015	宁夏副都统	金顺	奏为会派官兵剿办边外窜匪获胜情形事	同治八年三月初十日
2144	03-4740-110	宁夏副都统	金顺	奏请以春福借补直隶提标右营游击事	同治八年三月十五日
2145	03-4740-170		丰绅	奏请凌云等升补宁夏满营协领等缺事	同治八年三月十三日
2146	04-01-01-0904-012		丰绅	奏为宁夏满营现出官缺请以凌云升补八旗蒙古协领等员缺事	同治八年三月十三日
2147	03-4825-037	宁夏副都统	金顺	奏请将山西应解京饷酌量借拨军饷事	同治八年三月十九日
2148	03-4780-057	宁夏副都统	金顺	奏为察哈尔官兵由绥经榆遣撤事	同治八年三月十九日
2149	04-01-16-0188-074	宁夏将军兼署陕甘总督	穆图善	奏为恩赏福字等物谢恩事	同治八年四月十三日
2150	03-0208-4502-025	宁夏将军兼署陕甘总督	穆图善	奏谢赏福字荷包等物之恩折	同治八年四月十三日
2151	03-4767-011	宁夏将军兼署陕甘总督	穆图善	奏报校阅省标各营新募兵丁情形事	同治八年五月二十一日
2152	03-4741-033	署理宁夏将军	金顺	奏为湖南绥宁营游击李考祥暂留军营带队请旨敕部先发署札俟引见后再实授事	同治八年五月二十六日
2153	03-0208-4502-066	宁夏将军兼署陕甘总督	穆图善	奏谢宽免议处之恩折	同治八年五月二十七日

续表

序号	档号	官职爵位	责任者	题名	原纪年
2154	03-4647-087	宁夏将军兼署陕甘总督	穆图善	奏请王佐暂留甘肃襄办军务暂缓给咨赴部引见事	同治八年六月初二日
2155	03-4647-088	宁夏将军兼署陕甘总督	穆图善	奏为湖北按察使王文韶办理甘肃后路粮台出力请赏加布政使衔事	同治八年六月初二日
2156	03-4647-081	宁夏将军兼署陕甘总督	穆图善	奏为署理甘肃宁远县知县向景灏短解军粮请旨革职勒限交结事	同治八年六月初二日
2157	02-01-005-023609-0022	宁夏将军兼署陕甘总督	穆图善	题为庆贺恭遘慈安皇太后圣寿事	同治八年六月十五日
2158	02-01-006-005362-0023	兵部尚书	载龄	为核议甘肃提督梅开泰自行拟保升衔班次递请奖叙并署陕甘总督宁夏军穆图善未能查明公罪罚俸题请抵销事	同治八年六月十九日
2159	04-01-01-0904-051	宁夏副都统	金顺	奏为筹备各营兵行粮率师西进剿匪事	同治八年六月二十日
2160	04-01-16-0188-046	宁夏将军兼署陕甘总督	穆图善	奏为驻扎凉州路振威等营营委令记名提督新授凉州镇总兵傅先宗总统事	同治八年六月二十日
2161	03-4767-017	宁夏将军兼署陕甘总督	穆图善	奏报办理高台勇丁溃变情形事	同治八年六月二十三日
2162	03-4826-018	署理宁夏将军	金顺	奏请奖励阿普哈喀四品台吉台尚金等员小心解送驼只等事	同治八年六月二十五日
2163	03-4647-155	宁夏副都统	金顺	奏为候选州同刘钤奉委派带执照等赴晋提催抗不回营请旨革职并查抄寓所财物备抵事	同治八年六月二十五日
2164	03-4648-034	宁夏副都统	金顺	奏请鼓励山西同薛拉齐同知文山等捐助军粮襄理局务出力事	同治八年七月初六日
2165	03-4741-092		口口	呈署宁夏副都统赏请勇另人员职名清单	同治八年七月十三日
2166	04-01-01-0906-054	山西巡抚	李宗羲	奏为筹解宁夏副都统金顺军饷并前欠军饷请作正开销事	同治八年七月二十六日
2167	04-01-01-0906-055	山西巡抚	李宗羲	奏为遵旨筹解宁夏满营火药等项事	同治八年七月二十六日

续表

序号	档号	责任者	官职爵位	题　名	原纪年
2168	03-4741-118	穆图善	宁夏将军兼署陕甘总督	奏为察看署署宁夏副都统郭统谦善晓畅营务堪胜其任事	同治八年八月初八日
2169	03-4826-082	金顺	署理宁夏将军	奏请防下山西巡抚严檄河东道分批拨解宁夏军饷事	同治八年八月二十二日
2170	03-4741-137	金顺	署理宁夏将军	奏请以富春调补黑龙江墨尔根城佐领塔尔通阿借补特哈佐领公中佐领事	同治八年八月二十二日
2171	03-4919-034	穆图善	宁夏将军兼署陕甘总督	呈甘肃省第十六次管土庶捐输银钱粮石面斤数目报捐官职清单	同治八年八月二十五日
2172	03-4919-033	穆图善	宁夏将军兼署陕甘总督	奏报甘肃省同治八年正月三月绅民第十六次捐输银钱粮石面斤各数请核奖事	同治八年八月二十五日
2173	04-01-01-0906-018	穆图善	宁夏将军兼署陕甘总督	奏为遵旨率兵赴剿河州股匪咨商督臣左宗棠迅拨粮饷事	同治八年八月二十六日
2174	03-4826-098	金顺	署理宁夏将军	奏请防下通商大臣崇厚采买洋药铜帽等军火事	同治八年九月二十日
2175	03-4826-099	金顺	署理宁夏将军	奏请恩赏营官兵棉衣银两事	同治八年九月二十日
2176	03-4742-078	丰绅	护理宁夏将军	奏请达三布等递补镶黄旗蒙古佐领等员缺事	同治八年九月二十六日
2177	03-0208-4504-013	穆图善	宁夏将军兼署陕甘总督	奏为革职留任谢恩折	同治八年九月二十六日
2178	03-4742-017	金顺	署理宁夏将军	奏为西安驻防先晓骑校贵斌不守营规请旨革职等事	同治八年九月二十六日
2179	03-4649-062	金顺	署理宁夏将军	奏请将李宗亭暂留军营小理甘肃粮台营务缓赴新任事	同治八年九月三十日
2180	03-4827-008	穆图善	宁夏将军兼署陕甘总督	奏为甘省军营现在情形并飞催西征粮台迅拨饷银等事	同治八年十月初二日
2181	03-4742-009	金顺	署理宁夏将军	奏为黑龙江调赴甘肃参领贵庆等调防中途被水淹没请援没恤等事	同治八年十月初三日

续表

序号	档号	官职爵位	责任者	题　名	顺纪年
2182	04-01-01-0906-022	宁夏副都统	金顺	奏为所部各营饷项支绌请拨救急专款事	同治八年十月十一日
2183	03-4827-018	四川总督	吴棠	奏为委解宁夏将军穆图善营采买籽种银两数目日期事	同治八年十月十四日
2184	03-4977-064	宁夏将军兼署陕甘总督	穆图善	为咨查驿站遗失前署陕甘总督拜发奏折等事致军机处查呈	同治八年十月十八日
2185	03-4742-031	署理宁夏将军	金顺	奏请以常福补乌拉协领事	同治八年十月二十七日
2186	03-4784-042	护理宁夏将军	丰绅	奏报年终查核满营马匹数目事	同治八年十一月初三日
2187	04-01-30-0206-021		丰绅	奏报年终遴员查核宁夏满营马匹数目事	同治八年十一月初三日
2188	04-01-01-0905-041	宁夏将军	穆图善	奏为马步官军迎剿黑茨沟等处贼匪各有胜捷并尽先都司姚虎信于总营作桐阵亡请优恤事	同治八年十一月初七日
2189	03-4650-094	宁夏副都统	金顺	奏为署陕西葭州知州胡有志参后粮石运清请还顶藏事	同治八年十一月十二日
2190	03-4959-080	宁夏将军	穆图善	奏为拨协川省拨款尽数买买牛力籽种分给各处贫民布种事	同治八年十二月初九日
2191	03-4828-018		丰绅	奏请饬下山西抚臣酌提仓谷解宁夏满营兵米等事	同治八年十二月十七日
2192	04-01-16-0187-037	宁夏将军	穆图善	奏为上年攻克秋道州城官兵出力各员请旨奖叙事	同治八年十二月二十一日
2193	04-01-03-0163-015		丰绅	奏请饬山西巡抚协拨宁夏满营军饷事	同治八年
2194	04-01-17-0105-017	宁夏将军	穆图善	奏请奉补克齐哈尔副都统托克屯暂留甘肃军营当差非以常明升补黑龙江协领事	同治八年
2195	04-01-17-0105-015	宁夏将军	穆图善	奏请以保成升补吉林满洲正黄旗佐领等缺事	同治八年
2196	04-01-03-0163-030	山西巡抚	李宗羲	奏为筹拨宁夏军军营军火事	同治八年
2197	04-01-17-0105-012	宁夏将军	穆图善	奏为拨将吉林黑龙江各起马队带住宁夏差遣及原立团队一营随同前进请定夺事	同治八年

续表

序号	档号	官职爵位	责任者	题　名	顺纪年
2198	04-01-30-0377-060	宁夏将军	穆图善	奏为原保尽先游击孙铨唐达遵旨另核请奖并未能及时查明自请察议事	同治八年
2199	04-01-17-0105-013	宁夏将军	穆图善	奏为遵旨暂驻省城督小筹防筹饷等事	同治八年
2200	03-4776-003	宁夏将军	穆图善	奏为奉命回宁夏将军本任拟将各起马队仍归旧部带往宁夏差遣事	同治九年正月二十六日
2201	04-01-12-0512-022	宁夏将军	穆图善	奏为恩赏福字荷包等物谢恩事	同治九年正月二十六日
2202	03-0208-4505-032	宁夏将军	穆图善	奏谢赏福字之恩折	同治九年正月二十六日
2203	04-01-12-0509-090	宁夏副都统	金顺	奏为恩赏如意拔毒散谢恩事	同治九年二月初四日
2204	03-0208-4505-029	宁夏副都统	金顺	奏为赏如意拔毒散谢恩折	同治九年二月初四日
2205	03-4743-125	护理宁夏将军	丰绅	奏请以忠惠升补宁夏镶红旗满洲晓骑校等事	同治九年二月初八日
2206	03-4780-089	宁夏将军	穆图善	奏为遵旨因病赏假暂驻省城等事	同治九年二月十二日
2207	03-4743-060	宁夏副都统	金顺	奏请鼓励战功卓著河南候补道员汪景度事	同治九年二月二十二日
2208	03-4743-081	宁夏将军	穆图善	奏请以伊勒果木补授黑龙江布特哈镶黄旗晓骑校事	同治九年二月三十日
2209	03-4743-080	宁夏将军	穆图善	奏为委员管带官兵回旗日期事解退官吉林等处办残	同治九年二月三十日
2210	04-01-01-0909-024	宁夏副都统	金顺	奏为协饷无着请救山西巡抚李宗羲仍按月协拨事	同治九年三月初三日
2211	03-4948-046	宁夏副都统	金顺	为咨报暂署宁夏副都统谦禧应在任国将军任内加一级事致宗人府	同治九年三月初三日
2212	06-01-001-000446-0124	护理宁夏将军	丰绅	奏请饬令哈尔哈东西各盟筹备驼只三千匹等事	同治九年三月初十日
2213	03-4842-059	宁夏副都统	金顺	奏为查明候补知县王辑瑞参革案	同治九年三月十二日
2214	03-5068-001	宁夏副都统	金顺	请宽免补交加倍捐复银两事	同治九年三月十二日

续表

序号	档号	官职爵位	责任者	题　名	原纪年
2215	03-4745-033	护理宁夏将军	丰绅	奏为宁夏满营佐领阿东阿年老患病已成残废请废请品休致事	同治九年三月十六日
2216	03-4743-124	宁夏将军	穆图善	奏为已革游击希朗阿核参错误罪免革开复原官事	同治九年三月十七日
2217	03-4984-041	宁夏副都统	金顺	奏报遵查核递折报迟延情形事	同治九年四月十一日
2218	03-4780-104	署理宁夏将军	金顺	奏为直晋洋枪队疲弱不力弁兵遣撤归伍事	同治九年四月十一日
2219	04-01-30-0375-048	署理宁夏副都统	谦禧	奏为古剿洮河回回获胜在事出力著官赏给巴图鲁名号谢恩事	同治九年四月十三日
2220	04-01-30-0183-042	宁夏将军	丰绅	奏为宁夏满营正黄旗满洲佐领阿东阿年老患病休致原品休致事	同治九年四月十三日
2221	03-0208-4506-019	署宁夏副都统	谦禧	奏谢赏勇号之恩折	同治九年四月十三日
2222	04-01-35-0973-016	署理宁夏将军	金顺	奏报晋省河东两处仍照数按月协济军饷事	同治九年六月二十日
2223	04-01-12-0512-048	宁夏将军	穆图善	奏为原保劳绩各员遵照原部驳另核请奖事	同治九年六月二十日
2224	04-01-16-0195-056	宁夏将军	穆图善	奏为遵旨查明克复靖源城出力员弁请奖事	同治九年六月二十日
2225	04-01-16-0189-114		丰绅	奏为宁夏满营镶黄旗佐领官缺拟照军营定章拣选英核等员升补事	同治九年七月十六日
2226	04-01-01-0910-018	宁夏将军	丰绅	奏为晋省大解宁夏满营饷银等数甚巨派员驰赴山西省城赶紧催提事	同治九年七月十六日
2227	04-01-01-0915-058		穆图善	奏为查明帮办张金魁为首案饷滋事即行正法并请将出右翼正黄旗正名提督马洪胜革职事	同治九年七月十八日
2228	04-01-16-0189-094	宁夏将军	丰绅	奏为宁夏满营现出右翼正黄旗满洲佐领等缺拟照原章营定章以讷勒佰额等员请升事	同治九年八月二十八日
2229	04-01-01-0910-023	宁夏将军	丰绅	奏为晋省大解宁夏满营饷银为数甚巨派员驰赴山西省城催提事	同治九年八月二十八日
2230	04-01-30-0375-047	宁夏将军	穆图善	奏为陕回窜扰平番属境官兵出战先负后胜情形并请优恤阵亡记名提督张万美等员事	同治九年十月初二日

续表

序号	档号	官职爵位	责任者	题名	原纪年
2231	04-01-01-0909-051		丰绅	奏为大解宁夏满营饷银甚巨派员驰赴山西省城催提事	同治九年闰十月二十二日
2232	04-01-01-0910-003		丰绅	奏为年终循例奏报宁夏满营马匹数目事	同治九年闰十月二十二日
2233	04-01-16-0189-145		丰绅	奏为宁夏满营现出镶黄正白两旗协领拣选得兴会升补等事	同治九年十二月初三日
2234	04-01-01-0910-074		丰绅	奏请防山西省阿所迅解所扣宁夏满营仓谷米价并运费脚扣银两事	同治九年十二月初三日
2235	04-01-01-0910-071		丰绅	奏为宁夏满营现存火药铅丸为数甚少请由晋省军需局内赶紧拨给事	同治九年十二月初三日
2236	04-01-30-0375-044	宁夏将军	穆图善	奏为陕甘督标副将赵秉钧历年防守任事出力请旨赏衔事	同治九年十二月二十一日
2237	04-01-30-0375-040	宁夏将军	穆图善	奏为遵旨择保该次剿陕尤为出力记名副都统布哈特等请旨分别奖叙事	同治九年十二月二十一日
2238	03-0208-4510-047	宁夏将军	穆图善	奏谢赏福宁之恩折	同治十年正月十六日
2239	04-01-14-0074-016	署理宁夏副都统	金顺	奏为奉旨加恩赏穿黄马褂并交部从优叙议谢恩事	同治十年正月二十二日
2240	03-0208-4510-041	宁夏副都统	金顺	奏谢赏穿黄马褂并交部从优叙议之恩折	同治十年正月二十二日
2241	04-01-30-0376-006	宁夏将军	穆图善	奏为遵旨择保上年克复迪道州城尤为出力各员请旨奖叙事	同治十年三月初二日
2242	03-0208-4511-032	宁夏将军	穆图善	奏交部从优议叙谢恩折	同治十年三月初十日
2243	04-01-30-0376-005	宁夏将军	穆图善	奏为肃清金积堡匪出力奉旨优叙谢恩事	同治十年三月初十日
2244	04-01-16-0190-056	署理宁夏将军	丰绅	奏为拣选桂龄等员请旨升补宁夏镶红镶蓝两旗满洲协防领等各缺事	同治十年三月十九日
2245	04-01-16-0190-057	署理宁夏将军	丰绅	奏为左翼正白旗骁骑校玉灵即差清懒请旨即行革职事	同治十年三月十九日

续表

序号	档号	官职爵位	责任者	题 名	顺纪年
2246	03-5082-021	宁夏将军	穆图善	奏为复审定拟管带官巴尔佳布等误杀中卫营弁兵案并请留营赎罪事	同治十年四月初三日
2247	04-01-30-0376-007	宁夏将军	穆图善	奏为遵驳复审管带官巴尔佳布等误杀中卫营差弁案叩恳量减准其留营效力事	同治十年四月初二日
2248	03-18-009-000107-0006-0010		载淳	为以谦禧补授宁夏副都统事	同治十年四月二十六日
2249	03-18-009-000107-0006-0013		载淳	为以奕格补授吉林将军以丰绅补授锦州副都统并仍护理宁夏将军等事	同治十年四月二十七日
2250	04-01-16-0911-018	署理宁夏将军	金顺	奏为宁夏回务已竣现筹分兵布置事剿并遣撤伤病余勇归并营伍事	同治十年五月初五日
2251	04-01-16-0191-089	署理宁夏将军	金顺	奏为伤疾举发请假回旗调治事	同治十年五月初七日
2252	03-0208-4512-010	宁夏副都统	金顺	奏谢授定边左副将军折	同治十年五月十五日
2253	04-01-16-0191-067	宁夏副都统	谦禧	奏为本旨补授宁夏副都统谢恩事	同治十年五月十八日
2254	03-0208-4512-015	署宁夏副都统	谦禧	奏谢授宁夏副都统折	同治十年五月十八日
2255	04-01-16-0191-054	护理宁夏副都统	丰绅	奏为奉旨补授锦州副都统仍护宁夏将军谢恩并请陛见事	同治十年六月十六日
2256	03-0208-4512-026	锦州副都统	丰绅	奏谢授锦州副都统仍护宁夏将军并求请陛见折	同治十年六月十六日
2257	04-01-30-0376-019	宁夏将军	穆图善	奏为遵旨择保防守省城出力官兵并查明叠次运解镶饷军火无力出力各员请旨一并奖叙事	同治十年八月十五日
2258	04-01-16-0192-063	署理宁夏将军	丰绅	奏请以奇伸布借补左翼正白旗满洲晓骑校事	同治十年八月二十六日
2259	04-01-16-0192-062	署理宁夏将军	丰绅	奏为镶白旗云骑尉忠臣古防成老病残休致事	同治十年八月二十六日
2260	04-01-01-0912-038	署理宁夏将军	丰绅	奏报委员管解晋省火药到营日期事	同治十年八月二十六日
2261	04-01-01-0912-039	署理宁夏副都统	丰绅	奏为派员驰赴山西省城催提兵饷事	同治十年八月二十六日
2262	04-01-16-0192-014	宁夏副都统	谦禧	奏为子灵熙请赏假来宁帮办家务事	同治十年十一月初四日
2263	04-01-01-0912-018	宁夏将军	穆图善	奏为马队分驻要需临未能经轻调事	同治十年十一月初六日

续表

序号	档号	官职爵位	责任者	题　名	原纪年
2264	04-01-16-0192-013	署理宁夏将军	丰绅	奏为宁夏满营防御乌尔滚布老病成残请致仕事	同治十年十一月初六日
2265	03-4746-031	署理宁夏将军	丰绅	奏为宁夏满营防御乌尔滚布年老患病呈请休养事	同治十年十一月初六日
2266	04-01-16-0192-011	署理宁夏将军	丰绅	奏为遵旨查明宁夏满汉两城暨平罗中卫二县力保危城在事出力文武员弁兵民择优请奖事	同治十年十一月初六日
2267	04-01-01-0911-052	宁夏将军	穆图善	奏报年终查核宁夏满营马匹数目事	同治十年十一月初六日
2268	03-4746-040	宁夏将军	穆图善	奏为遵旨酌保奖励吉林黑龙江队官兵等事	同治十年十一月二十四日
2269	04-01-16-0192-010	宁夏将军	穆图善	奏为遵旨酌保马队分防尤为出力为核宁夏满营马匹请奖事	同治十年十一月二十四日
2270	03-4784-049	护理宁夏将军	丰绅	奏为循例年终查核宁夏满营马匹数目事	同治十年十二月十二日
2271	03-4746-036	宁夏将军	穆图善	奏为遵旨奖励正兴阿凌善事	同治十年十二月十四日
2272	03-0208-4514-076	宁夏将军	穆图善	奏保举布特哈镶白旗满洲副管委营总额尔庆额等三人揖胜副都统任折	同治十年十二月十五日
2273	03-0208-4514-075	宁夏将军	穆图善	奏请员查明凉州副都统瑞云病请准请开缺折	同治十年十二月十五日
2274	03-4746-105	宁夏将军	穆图善	奏为查明凉州副都统瑞云病难速痊请开缺迅赐简放事	同治十年十二月十五日
2275	03-4747-007	署理宁夏将军	丰绅	奏为宁夏协领阿芳阿患病成残请原品休养事	同治十年十二月十五日
2276	04-01-16-0193-028	署理宁夏将军	丰绅	奏为协领阿芳阿患病成残请休养事	同治十年十二月十五日
2277	04-01-16-0193-031	宁夏将军	穆图善	奏为遵旨汇保改克新路坡收复秦子寺尤为出力步队员弁兵勇请分别奖励事	同治十年十二月十五日
2278	04-01-16-0193-030	宁夏将军	穆图善	奏为遵旨派员查明凉州副都统瑞端云痊症难痊请开缺简放事	同治十年十二月十五日
2279	04-01-01-0912-075			奏为晋省欠解宁夏满营兵饷甚巨派员驰赴山西省城催提事	同治十年十二月十五日
2280	02-01-006-005399-0020	兵部尚书	载龄	为核议宁夏将军穆图善等应拟绞抵之犯率行减等免罪题请议处事	同治十年十二月十六日

383

续表

序号	档号	官职爵位	责任者	题　名	原纪年
2281	03-4746-052	宁夏副都统	谦禧	奏请准其子灵熙来宁帮办家务等事	同治十年十二月十六日
2282	03-4830-042	山西巡抚	鲍源深	奏为委员分别协解乌鲁木齐提督军营及宁夏满营军饷事	同治十年十二月二十日
2283	03-4655-108	宁夏将军	金顺	奏请奖叙办理协济军饷运解尤为出力理军同知庚楼械等各员事	同治十年十二月二十二日
2284	03-4655-107	宁夏将军	金顺	奏请奖叙陕西军需局实在出力各员树基等事	同治十年十二月二十二日
2285	06-01-006-000044-0117		宗人府右司	为宁夏副都统宗室灵禧奏请饬下正红旗饬知其子宗室灵熙赴任所帮办家务应毋庸议奏闻事	同治十年十二月二十三日
2286	06-01-006-000044-0113		宗人府右司	为宁夏副都统宗室灵禧奏请饬下正红旗传知其子宗室灵熙赴任所帮办家务应毋庸议奏闻事	同治十年十二月二十三日
2287	03-4746-037	宁夏将军	穆图善	呈历年防剿出力吉林黑龙江马队官兵叙明劳绩请奖清单	同治十年十二月二十四日
2288	06-01-002-000441-0137		宗人府右司	为宁夏副都统宗室灵禧奏请防传其子应封宗室灵熙赴宁帮办家务与向章不符已经奉旨行各处事	同治十年十二月二十七日
2289	06-02-005-000033-0021	宗人府宗令和硕惇亲王	奕誴	为宁夏副都统宗室灵熙请赴任帮办家务之处下该旗传知宗室灵熙赴任所帮办家务之处应毋庸议事	同治十年十二月二十七日
2290	03-4746-106	宁夏将军	穆图善	奏为已革知县刘淇等奉委解饷战功卓著能守护催撷妥速到营战功卓著请分别开复事	同治十年十二月三十日
2291	03-4746-005	宁夏将军	穆图善	奏为保举额尔庆额等三员堪胜副都统之任事	同治十年
2292	04-01-12-0512-090	宁夏将军	穆图善	奏为领催正兴阿六品蓝翎拔补甲凌善仍请按原保奖赏事	同治十年
2293	04-01-12-0512-021	宁夏将军	穆图善	奏为恩赏福之荷包等物赐恩事	同治十一年正月初六日
2294	03-0208-4515-047	宁夏将军	穆图善	奏谢赏福之恩折	同治十一年正月初六日
2295	03-4831-016	署理宁夏将军	丰绅	奏为委员赴山西催济军饷事	同治十一年正月二十一日

续表

序号	档号	官职爵位	责任者	题名	原纪年
2296	06-01-006-000045-0003	宗人府右司		为正红旗应封宗室灵熙请假三个月护送眷属前住其父宁夏副都统宗室谦禧任所核拟给假限事	同治十一年正月二十七日
2297	06-02-005-000101-0048	宗人府宗令和硕惇亲王	奕谅	为正红旗应封宗室灵熙请护送眷属前住其父宁夏副都统宗室谦禧任所拟准予假限事	同治十一年二月十一日
2298	03-4747-040	宁夏将军	穆图善	奏为遵旨饬令额尔庆额前赴凉州副都统新任事	同治十一年二月十四日
2299	06-01-002-000446-0020		宗人府右司	为正红旗应封宗室灵熙请假护送眷属前住伊父宁夏副都统宗室谦禧任所已经奉旨行各该处事	同治十一年二月十七日
2300	04-01-16-0194-122	署理宁夏将军	丰绅	奏请以依车春升补镶白旗蒙古防御等员缺事	同治十一年二月十七日
2301	03-4748-035	署理宁夏将军	丰绅	奏为宁夏满营现出防御官缺请以依车春等员升补事	同治十一年三月十七日
2302	02-01-006-005406-0045	兵部尚书	载龄	为核议宁夏将军穆图善等劳绩满兵先行寺备孙铨并于总杨兆元两次保案题请议处事	同治十一年三月初七日
2303	03-4781-020	宁夏将军	穆图善	奏报吉林黑龙江马队病残官兵遵撤拟由兰州起程日期事	同治十一年三月二十九日
2304	03-4831-083	宁夏将军	穆图善	奏请挑选马队跟役马夫作为马勇随队防剿等事	同治十一年三月二十九日
2305	03-4831-084	宁夏将军	穆图善	奏为分造本营各军军饷支销清册事	同治十一年三月二十九日
2306	03-4832-071	署理宁夏将军	丰绅	奏请豁免宁夏满营生息商生银两事	同治十一年五月二十七日
2307	03-4750-061	署理宁夏将军	丰绅	奏请以苏勒图等补授协领官缺事	同治十一年五月二十七日
2308	04-01-16-0195-070	署理宁夏将军	丰绅	奏请以苏勒图升补正黄正红两旗满洲协领等员缺事	同治十一年五月二十七日
2309	04-01-01-0915-085	署理宁夏将军	丰绅	奏报宁夏满营库储军火数目事	同治十一年五月二十七日
2310	03-4832-072	署理宁夏将军	丰绅	奏报宁夏军营收支火药数目情形事	同治十一年六月二十八日
2311	03-4892-084	署理宁夏将军	丰绅	奏为宁夏满营久疲租银无收所有紧要公费动用饷项接济等事	同治十一年六月二十八日
2312	03-4777-0481111	宁夏将军	穆图善	奏请宁夏镇总兵李佑清等随营赴乾营差事	同治十一年八月十六日

续表

序号	档号	官职爵位	责任者	题名	原纪年
2313	02-02-024-001647-0002	署理宁夏将军	丰绅	题报军政考核宁夏八旗武职并无应推荐人员事	同治十一年九月初二日
2314	04-01-16-0196-006	署理宁夏将军	丰绅	奏为查明阿拉善旗历年阵亡伤亡暨受伤蒙古官兵请分别照例议叙事	同治十一年十月初一日
2315	06-02-004-000219-0118	护理宁夏将军	丰绅	为应封宗室灵魁之妻那母鲁氏添生一子名明勋请查照施行事致宗人府	同治十一年十一月初九日
2316	03-4784-093	护理宁夏将军	丰绅	奏报年终查核宁夏满营马匹数目事	同治十一年十一月初九日
2317	04-01-35-0974-033	宁夏将军	丰绅	奏报宁夏满营年终循例查核马匹事	同治十一年十一月初九日
2318	03-4661-042	署理宁夏将军	丰绅	奏为遵奉改奖路耀先等各员城防出力事	同治十一年十一月十三日
2319	03-4781-063	宁夏将军	穆图善	奏为会商穆图善一军移扎泾州事	同治十一年十一月二十六日
2320	03-4835-045	署理宁夏将军	丰绅	奏请防下山西巡抚奏拨应解宁夏饷银以备散放兵饷修置军装马匹等事	同治十一年十二月十六日
2321	04-01-17-0107-009	宁夏副都统	谦禧	奏请准臣子灵熙留任帮办家务事	同治十一年十二月十六日
2322	03-4663-100	宁夏副都统	谦禧	奏为留子任帮办家务事	同治十一年十二月十六日
2323	04-01-01-0916-028	署理宁夏将军	丰绅	奏为宁夏地方甫靖满营困苦已极恳请整顿酌请先行筹款以济要需事	同治十一年十二月十六日
2324	03-4661-181	署理宁夏将军	丰绅	奏为前凉州副都统瑞云开缺回旗调理谢恩事	同治十一年十二月十八日
2325	03-4755-064	宁夏将军	穆图善	奏为恩赐赏福字等件谢恩事	同治十一年十二月二十三日
2326	04-01-16-0196-060	宁夏将军	穆图善	奏为恩赏福字荷包等物谢恩事	同治十一年十二月二十三日
2327	03-4747-011	宁夏将军	穆图善	奏为蒙赏赐福字谢恩事	同治十一年十二月二十四日
2328	04-01-01-0915-001	宁夏将军	穆图善	奏报遵旨移扎宁夏泾州情形明择布置情形事	同治十一年十二月二十四日
2329	04-01-01-0916-029			奏为晋省大解宁夏满营饷银为数甚巨派员驰往守提事	同治十一年十二月
2330	04-01-01-0919-036	宁夏将军	穆图善	奏为统率马步兵移扎泾州择要布置情形事	同治十二年正月十五日
2331	03-4781-100	宁夏将军	穆图善	奏为统率马步兵队移扎泾州事	同治十二年正月十五日

续表

序号	档号	官职爵位	责任者	题　名	原纪年
2332	03-4755-087	黑龙江将军	德英	奏为存营缺饷送宁夏将军穆图善军营拣放事	同治十二年正月二十四日
2333	03-4835-046	署理宁夏将军	丰绅	奏报山西守提饷银到宁夏饷数目日期并再行派员守提等事	同治十二年正月二十七日
2334	06-01-002-000383-0005		兵部	为宁夏副都统宗室谦禧将其子宗室灵熙留任帮办家务事致函宗人府	同治十二年三月初三日
2335	03-4756-005	宁夏将军	穆图善	奏为遵保历年各营防剿尤为出力员弁事	同治十二年三月二十三日
2336	04-01-16-0197-087	宁夏将军	穆图善	奏为遵旨择保历年各营防剿尤为出力员弁请奖事	同治十二年三月二十三日
2337	06-01-002-000383-0004		宗人府左司	为宁夏副都统宗室谦禧将其子应封宗室灵熙留任帮办家务兵部行各该处事	同治十二年四月初一日
2338	04-01-16-0197-038	宁夏将军	穆图善	奏为布特哈正黄旗佐领兴福等员熟悉边务请调赴乌里雅苏台差委事	同治十二年四月初十日
2339	03-4756-046	宁夏将军	穆图善	奏为派令正黄旗佐领兴福等人赴乌里雅苏台差委事	同治十二年四月初十日
2340	03-4836-032	宁夏将军	穆图善	奏为动用江宁协饷协置办饷职号衣等请防部先行立案等事	同治十二年四月二十一日
2341	03-0208-4519-073	宁夏副都统	谦禧	奏为伊犁劳谦华照例授子辅国将军国恩折	同治十二年五月二十七日
2342	03-4951-105	山西巡抚	鲍源深	奏为福建应协宁夏满营军饷遵旨先行筹垫委解事	同治十二年六月初三日
2343	03-4757-029	宁夏将军	穆图善	奏以鄂罗斯呼伦贝尔正白旗骁骑校事	同治十二年六月十五日
2344	04-01-01-0919-091	署理宁夏将军	丰绅	奏请防催普督宁夏积久满饷事	同治十二年六月二十日
2345	06-01-002-000451-0094		宗人府右司	为准宁夏副都统谦禧具奏留子应封宗室灵熙在任帮办家务已经本旨行各该处事	同治十二年八月十七日
2346	03-0208-4520-030	宁夏副都统	谦禧	奏为剿办宁夏回军有功交部从优议叙谢恩折	同治十二年八月二十七日

387

续表

序号	档号	官职爵位	责任者	题　　名	原纪年
2347	03-0208-4520-029	护理宁夏将军	丰绅	奏为剿办宁夏回民有功赏头品顶戴谢恩折	同治十二年八月二十七日
2348	04-01-01-0919-015	宁夏将军	穆图善	奏为酌拨吉林黑龙江马队队兵官兵驰赴关外助剿并迅拨月饷事	同治十二年十月初四日
2349	04-01-14-0075-126	宁夏将军	穆图善	奏为肃州克复关内肃请遵旨呼请陛见事	同治十二年十月十八日
2350	04-01-01-0920-090	署理宁夏将军	丰绅	奏为宁夏满营需饷甚殷请饬催欠饷并预筹来年营兵俸饷事	同治十二年十一月初三日
2351	03-0208-4520-055	宁夏将军	穆图善	奏为剿回出力赏世袭云骑尉谢恩折	同治十二年十一月十五日
2352	03-0208-4521-006	护理宁夏将军	丰绅	奏宁夏副都统谦禧丁忧起程回京折	同治十二年十二月二十九日
2353	04-01-01-0918-066	宁夏将军	穆图善	奏为遵旨复陈赴京际见后旋营办理步队遭撤事	同治十二年十二月二十九日
2354	06-01-002-0000451-0097		宗人府	为准宁夏副都统谦禧具奏留宁夏留守家务事务致兵部	同治十二年
2355	06-01-002-0000451-0095		宗人府	为准宁夏副都统谦禧具奏留宁夏留守家务事致吏部	同治十二年
2356	06-01-002-0000451-0096		宗人府	为准宁夏副都统谦禧具奏留宁夏留守家务事致正红旗满洲都统	同治十二年
2357	06-02-004-000142-0011	正红旗宗室佐领	春修	为宁夏副都统宗室谦禧之生母博尔济吉特氏病故日期呈报宗人府图结	同治十二年
2358	04-01-03-0165-030			奏请饬山西抚臣筹拨宁夏满营火药等项事	同治十二年
2359	04-01-35-0976-002	宁夏将军	穆图善	奏请救筹拨宁夏军饷事	同治十二年
2360	04-01-03-0165-073			奏请将兵丁饷粮以实银支给事	同治十二年
2361	04-01-03-0165-072			奏请将宁夏满营俸饷照案支发实银事	同治十二年
2362	04-01-17-0112-102			奏请以惠升朴宁夏驻防正白旗满洲佐领车登车多尔济降补防御事	同治十二年

续表

序号	档号	官职爵位	责任者	题 名	原纪年
2363	04-01-17-0112-070		金顺	奏为特参分省补用知府王辑瑞宁夏驻防正白旗佐领车登多尔济贻误要差分请革职降级事	同治十二年
2364	04-01-17-0112-015	宁夏将军	穆图善	奏为已革记名副都统巴尔佳布等员留营效力安属备勇请开复顶翎勇号事	同治十二年
2365	03-18-009-000109-0001-0015		载淳	为以西安将军充蒙额明额护宁夏署宁夏将军西安左翼副都统护西安将军事	同治十三年正月二十九日
2366	04-01-16-0199-051	署理宁夏将军	丰绅	奏请以丰阿拉拟补正黄旗蒙古佐领等员缺事	同治十三年二月十六日
2367	03-0208-4521-043	西安将军	充蒙额	奏奉旨署理宁夏将军印务谢恩折	同治十三年三月初三日
2368	04-01-16-0199-008	署理宁夏将军	丰绅	奏为宁夏满洲营佐领贵年老患病请休致事	同治十三年三月二十三日
2369	03-0208-4521-098	署理宁夏将军	充蒙额	奏接署宁夏将军印务谢恩折	同治十三年四月初十日
2370	03-0208-4521-097	护理宁夏将军	丰绅	奏报卸任宁夏将军起程赴黑龙江将军任折	同治十三年四月初十日
2371	04-01-16-0199-086	宁夏将军	穆图善	奏报到营日期事	同治十三年四月二十三日
2372	04-01-35-0827-009			奏为晋省大解宁夏满营饷银解运到城并夏催解事	同治十三年四月
2373	04-01-01-0925-046			奏请仿催晋省如数筹解指拨饷银并饬四川等省拨解协饷接济事	同治十三年四月
2374	04-01-01-0925-023	署理宁夏将军	充蒙额	奏原凉州副都统端云请准休致折	同治十三年六月初八日
2375	03-0208-4522-039	署理宁夏将军	充蒙额	奏照例校阅官兵云请准艺技折	同治十三年六月初八日
2376	03-0208-4522-040	署理宁夏将军	充蒙额	奏报陛见后回任日期折	同治十三年六月初八日
2377	03-0208-4522-041	宁夏副都统	谦禧	奏报陛见后回任日期折	同治十三年六月二十日
2378	04-01-01-0923-030	宁夏将军	穆图善	奏报伯都讷副都统双福赴任事	同治十三年七月初三日
2379	04-01-16-0200-073	署理宁夏将军	充蒙额	奏为拣选喀屯绿营补镶蓝旗满洲佐领等各员缺事	同治十三年八月十九日
2380	04-01-16-0200-040	宁夏将军	穆图善	奏为遵保甘省马步官兵各员随征年久出力请奖事	同治十三年九月初四日

续表

序号	档号	官职爵位	责任者	题名	原纪年
2381	04-01-01-0924-077	山西巡抚	鲍源深	奏为续拨乌鲁木齐饷及宁夏满营兵饷银两事	同治十三年十月二十八日
2382	04-01-01-0923-056	署理宁夏将军	克蒙额	奏为宁夏满营岁底查核马匹数目事	同治十三年十一月初三日
2383	04-01-16-0200-023	署理宁夏将军	克蒙额	奏为宁夏满营佐领什们1年老病残请品休致事	同治十三年十一月初三日
2384	04-01-16-0200-058	署理宁夏将军	克蒙额	奏请准宁夏满营缺仍照例拟定正陪请补事	同治十三年十一月初三日
2385	04-01-01-0924-104	署理宁夏将军	克蒙额	奏为山西省前大指拨宁夏满营兵饷解运到城并复催提事	同治十三年十一月初三日
2386	04-01-01-0955-069	宁夏将军	穆图善	奏为恭报宁夏马步各军备情形事	同治十三年十二月初八日
2387	04-01-01-0955-060	宁夏将军	穆图善	奏请将同治三年至十二年所有收支各款汇为一案奏销事	同治十三年十二月初八日
2388	06-01-002-000656-0002	领侍卫内大臣处		为宁夏副都统谦禧之子正红旗宗室灵照侍卫致宗人府	同治十三年十二月二十五日
2389	04-01-01-0923-032			奏报晋省大解宁夏满营兵饷解到日期并复派员催解	同治十三年
2390	04-01-01-0925-049			奏报晋省大解指拨宁夏满营兵饷解到日期并复催提事	同治十三年
2391	04-01-03-0010-013	宁夏将军	穆图善	奏为奉调来甘吉林黑龙江马队伤残官兵遣撤回旗事	同治十三年
2392	06-01-002-000656-0001		宗人府右司	为侍卫处咨报宁夏副都统谦禧之子正红旗宗室灵照侍卫上谕奉三等侍卫行各该处事	光绪元年正月初八日
2393	03-0209-4524-019	宁夏将军	穆图善	奏表请节饮折	光绪元年正月初八日
2394	06-01-001-000344-0002		兵部	为奉谕宁夏副都统宗室谦禧之子灵照赏给三等侍卫以示鼓励师致宗人府	光绪元年二月初三日
2395	04-01-30-0185-001	宁夏将军	穆图善	奏报进京起程日期并委夏允升暂行管带各营事	光绪元年二月二十四日
2396	06-01-001-000344-0003	署理宁夏将军	克蒙额	为办理宁夏副都统谦禧之子允丰封宗室灵照侍卫致宗人府	光绪元年三月十五日

续表

序号	档号	官职爵位	责任者	题　　名	原纪年
2397	03-5768-047	宁夏副都统	谦禧	奏为恩赏臣子三品侍卫衔谢恩事	光绪元年三月十五日
2398	04-01-16-0202-081	署理宁夏将军	兑蒙额	奏为防御常春依成额老病林致事	光绪元年三月十五日
2399	03-0209-4524-060	宁夏副都统	谦禧	奏为赏伊子凌凯三等侍卫而谢恩折	光绪元年三月十五日
2400	04-01-16-0202-080	宁夏副都统	谦禧	奏为子灵熙奉旨赏三等侍卫谢恩事	光绪元年三月十五日
2401	03-5768-085	署宁夏将军	兑蒙额	奏为宁夏满营请定章补请升缘由事	光绪元年四月初四日
2402	03-0209-4525-028	署理吉林将军印务宁夏将军	穆图善	奏报署理吉林将军日期折	光绪元年八月初八日
2403	06-01-001-000458-0016	署理宁夏将军	兑蒙额	宁夏副都统宗室谦禧之承荫次孙年岁姓名清册	光绪元年八月十九日
2404	06-01-001-000458-0031	宁夏副都统辅国将军宗室	谦禧	为次孙稚子宗室文灏尚可承荫出具供结事	光绪元年八月十九日
2405	06-01-001-000458-0029	署理宁夏将军	兑蒙额	为钦奉恩诏宁夏副都统宗室谦禧应得荫生请荫次孙文灏事致宗人府	光绪元年八月十九日
2406	06-01-001-000458-0030	署理宁夏将军	兑蒙额	为咨报副都统辅国将军宗室谦禧嫡子二等侍卫灵熙长子明勋在宁夏任所因病天亡事致宗人府	光绪元年八月十九日
2407	04-01-01-0929-071	署理吉林将军印务宁夏将军	穆图善	奏为宁夏将军木质关防业已销毁事	光绪元年八月二十六日
2408	03-5770-091	署理吉林将军印务宁夏将军	穆图善	奏报销毁宁夏将军木质关防事	光绪元年九月初九日
2409	03-6057-030	山西巡抚	鲍源深	奏报起解宁夏驻防满营兵饷等款银数日期事	光绪元年九月初十日
2410	03-6007-044	乌鲁木齐都统	金顺	奏报宁夏驻防正白旗满洲防御车登多尔济剿贼异常出力请开复原官衔开免捐复事	光绪元年十月十一日
2411	04-01-17-0177-006			奏为宁夏满洲防御车登多尔济参后愧奋请旨开复原官事	光绪朝

续表

序号	档号	官职爵位	责任者	题　名	原纪年
2412	04-01-16-0208-014	署理宁夏将军	克蒙额	奏报交印启程赴西安任所日期事	光绪元年十月十八日
2413	03-0209-4525-077	署理吉林将军印务宁夏将军	穆图善	奏谢免罪恩折	光绪元年十月二十五日
2414	06-01-001-000458-0033	宁夏将军	兵部	为片送宁夏副都统宗室谦禧应得荫生请荫次孙宗室文澜册结事致宗人府	光绪元年十一月初六日
2415	04-01-03-0105-007	署理宁夏将军	克蒙额	奏报宁夏满营买补马匹到营日期及岁岁终查核马匹实数事	光绪元年十一月初七日
2416	03-6048-036	署理宁夏将军	克蒙额	奏为宁夏满营买补马匹到营日期及岁终循例查核马匹实在数目事	光绪元年十一月初七日
2417	04-01-30-0459-004	署理宁夏将军	克蒙额	奏为晋饷拨解无期后兵丁困敝众怒宜亡拟请借银抚慰并自交部议处事	光绪元年十二月初六日
2418	04-01-03-0190-001			奏为派员驰赴山西省城守提久解宁夏满营兵饷事	光绪元年
2419	04-01-03-0192-017			奏为收到山西划拨宁夏满营兵饷并催提大解解饷银事	光绪元年
2420	03-6060-020	署理宁夏将军	克蒙额	奏为宁夏满营额兵饷有名无实请防部匀拨协甘正款事	光绪二年正月十九日
2421	04-01-03-0168-001	署理宁夏将军	克蒙额	奏为宁夏满营饷银有名无实请按月筹拨甘省军饷事	光绪二年正月十九日
2422	04-01-17-0121-056	署理宁夏将军	克蒙额	奏为遵旨查明协领苏勒图身故情形请旨豁免应追赔粮价等项银两事	光绪二年正月十九日
2423	03-6060-022	署理宁夏将军	克蒙额	奏报宁夏满营兵历次解到各项银两收支数目事	光绪二年三月初六日
2424	03-18-009-000110-0006-0022		载湉	为以克蒙额调补今宁夏将军西安将军仍著图明额署理事	光绪二年四月二十日
2425	03-18-009-000110-0006-0012		□□□	应放宁夏将军之八旗都统名单	光绪二年四月二十日

续表

序号	档号	官职爵位	责任者	题名	原纪年
2426	03-18-009-000110-0006-0009		口口口	应放宁夏将军之各省副都统名单	光绪二年四月二十日
2427	03-18-009-000110-0006-0011		口口口	应放宁夏将军之前锋统领护军统领副都统名单	光绪二年四月二十日
2428	03-18-009-000110-0006-0010		口口口	应放宁夏将军之外省都统名单	光绪二年四月二十日
2429	03-5110-082	宁夏副都统	谦禧	奏为代次孙文灏御赏六品荫生谢恩事	光绪二年四月二十八日
2430	04-01-13-0334-024	宁夏副都统	谦禧	奏为恩赏钦孙文灏六品荫生代孙谢恩事	光绪二年四月二十八日
2431	03-0209-4527-031	宁夏副都统	谦禧	奏为赏伊孙文灏荫生而谢恩折	光绪二年四月二十八日
2432	04-01-13-0334-005	宁夏将军	克蒙额	奏为恩赏长子一品荫生代子谢恩事	光绪二年五月初四日
2433	03-0209-4527-026	宁夏将军	克蒙额	奏为赏伊孙全善荫生而谢恩折	光绪二年五月初四日
2434	03-0209-4527-029	宁夏将军	克蒙额	奏请陛见折	光绪二年五月初八日
2435	04-01-17-0121-057	宁夏将军	克蒙额	奏为奉旨调补宁夏将军谢恩事	光绪二年闰五月初八日
2436	03-5777-037	宁夏将军	克蒙额	奏为奉旨调补宁夏将军谢恩呼请陛见事	光绪二年闰五月初八日
2437	04-01-23-0194-008	宁夏将军	克蒙额	奏为遵旨讯明理藩院候补主事补参各款事	光绪二年闰五月初八日
2438	03-5110-050	宁夏将军	克蒙额	奏为讯明被参候补主事详升贪心无厌放纵丁役百般尔索请饬理藩院核办事	光绪二年闰五月初八日
2439	04-01-01-0932-046	宁夏将军	克蒙额	奏为户部借拨银两如数领到并酌量散放各情形事	光绪二年六月十五日
2440	03-6542-073	宁夏将军	克蒙额	奏请敕下山西巡抚速拨积欠宁夏满营协饷事	光绪二年八月初八日
2441	03-6542-072	宁夏将军	克蒙额	奏请暂由晋饷项下酌给宁夏满营赴乡会试生员津贴事	光绪二年八月初八日
2442	03-5114-063	宁夏副都统	谦禧	奏为代子灵熙奉旨升授二等侍卫谢恩事	光绪二年八月二十八日
2443	03-0209-4527-094	宁夏副都统	谦禧	奏为授伊子二等侍卫而谢恩折	光绪二年八月二十八日

续表

序号	档号	官职爵位	责任者	题名	原纪年
2444	04-01-13-0335-030	宁夏副都统	谦禧	奏为子灵熙蒙恩升授二等侍卫代子谢恩事	光绪二年八月二十八日
2445	04-01-17-0121-058	宁夏将军	充蒙额	奏为正红旗满洲佐领莫纪镶黄旗满洲防御讷钦布年老患病已成残废诸准休致事	光绪二年九月初三日
2446	04-01-03-0168-032	护理四川总督	文格	奏为遵旨拨解宁夏满营军饷银两事	光绪二年九月二十二日
2447	03-6063-061	暂护四川总督	文格	奏为遵旨匀饷分济宁夏满营发交催饷委员领解回营事	光绪二年九月二十二日
2448	03-6063-056	山西巡抚	鲍源深	奏报筹拨宁夏满营饷银数目事	光绪二年十月初一日
2449	03-6048-072	宁夏将军	充蒙额	奏报年终循例查核宁夏满营马匹数目事	光绪二年十月二十七日
2450	03-6064-019	宁夏将军	充蒙额	奏为地方有司岁供宁夏满营八旗官兵米豆等项积习日深请复旧制办理事	光绪二年十月二十七日
2451	04-01-01-0931-026	宁夏将军	充蒙额	奏为年终循例查核宁夏满营马匹数目事	光绪二年十月二十七日
2452	04-01-01-0932-019	宁夏将军	充蒙额	奏为宁夏满营岁供米石等项请复旧制全数供支事	光绪二年十月二十七日
2453	03-5116-028	宁夏副都统	谦禧	奏请赏假调理病情事	光绪二年十月二十九日
2454	04-01-12-0522-018	宁夏副都统	谦禧	奏为骤患旧症势难速痊请赏假调理事	光绪二年十月二十九日
2455	03-0209-4528-072	宁夏副都统	谦禧	奏请陛见折	光绪二年十一月二十九日
2456	04-01-12-0522-015	宁夏副都统	谦禧	奏为病愈稍痊现已销假任事事	光绪二年十一月二十九日
2457	03-5783-049	宁夏副都统	谦禧	奏为三年期满满请陛见事	光绪二年十一月二十九日
2458	04-01-16-0204-087	宁夏副都统	谦禧	奏为三年期满满请陛见事	光绪二年十一月二十九日
2459	03-6595-131	宁夏将军	充蒙额	奏为宁夏军等应支俸银请仍随官兵俸饷等项一体遵照新章支给事	光绪二年十二月十四日
2460	03-6064-020	宁夏将军	充蒙额	奏为添造马队鸟枪所用火药等项工料请由宁夏满营历年积欠饷内核销事	光绪二年十二月十四日
2461	04-01-17-0181-055	宁夏将军	充蒙额	奏报致仕前任凉州副都统瑞云病故日期事	光绪二年

续表

序号	档号	官职爵位	责任者	题　　名	原纪年
2462	04-01-03-0168-005			奏请饬山西等筹拨宁夏满营火药事	光绪二年
2463	04-01-35-0980-027	宁夏将军	克蒙额	奏请救山西等管速解宁夏满营协饷事	光绪二年
2464	04-01-35-0980-028	宁夏将军	克蒙额	奏请救山西速拨宁夏满营协饷事	光绪二年
2465	04-01-35-0980-026	宁夏将军	克蒙额	奏请遵照新章文给将军副都统岁支俸银事	光绪二年
2466	04-01-17-0121-017			奏为保举宁夏满营佐云桂龄一员办差讲求堪胜专阃之任请旨交军机处存记等事	光绪二年
2467	04-01-17-0121-025			奏为拣选连泰拟补宁夏右翼满洲镶红旗防御吉勒图拟补宁夏驻防镶蓝旗满洲骁骑校事	光绪二年
2468	04-01-01-0934-030	宁夏将军	克蒙额	奏为现在北路草地游匪结伙滋扰道途便阻折报不通请暂由山陕大路行走事	光绪三年四月十二日
2469	03-6066-048	江西巡抚	鲍源深	奏报筹拨晋省久解宁夏满营兵饷银数事	光绪三年四月二十一日
2470	03-6066-050	江西巡抚	鲍源深	奏报筹解宁夏满营饷银数目事	光绪三年五月初一日
2471	03-6066-083	宁夏将军	克蒙额	奏报解到四川等地筹拨宁夏满营协饷日期等事	光绪三年六月初六日
2472	03-6067-026	宁夏将军	克蒙额	奏为四川等处应拨宁夏满营本年兵饷概系延抵推算救各该处按期给发事	光绪三年七月初九日
2473	04-01-01-0936-027	宁夏将军	克蒙额	奏为遵旨派员前往北路归绥一带确查有无匪徒匪肆扰各情形事	光绪三年七月十九日
2474	06-01-002-000668-0094	正红旗满洲都统	英桂	为咨报正红旗来京陛见之宁夏副都统宗室谦禧起程回任日期事致宗人府	光绪三年八月十七日
2475	06-01-002-000668-0093	宗人府右司		为正红旗来京陛见之宁夏副都统宗室谦禧起程回任日期行令各该处事	光绪三年八月
2476	03-7237-034	宁夏将军	克蒙额	奏为小理复审宁夏部员祥升被参收受费银两等各款一案事	光绪三年十月初四日
2477	03-5123-174	宁夏副都统	谦禧	奏报副任日期事	光绪三年十月初七日

续表

序号	档号	官职爵位	责任者	题名	原纪年
2478	04-01-30-0185-013	宁夏副都统	谦禧	奏报到任视事日期	光绪三年十月初七日
2479	03-0209-4530-073	宁夏副都统	谦禧	奏闻回任宁夏副都统都事日期折	光绪三年十月初七日
2480	03-6067-057	山西巡抚	曾国荃	奏报河东道委解宁夏满营军饷银数事	光绪三年十月二十三日
2481	03-6068-015	陕甘总督	左宗棠	奏为遵旨查明宁夏满营官兵岁需兵粮料草现在情形酌量办理事	光绪三年十一月初二日
2482	03-6597-123	大学士督办新疆军务	左宗棠	呈前宁夏将军穆图善原部各营现在安存暨饷需实数清单	光绪三年十一月初五日
2483	03-6048-107	宁夏将军	克蒙额	奏报年终查核宁夏满营军马匹数目事	光绪三年十一月初六日
2484	03-6067-068	山西巡抚	曾国荃	奏报筹解宁夏满营军饷并新拨哈密专款银数日期事	光绪三年十一月初十日
2485	03-6068-047	宁夏将军	克蒙额	奏为晋省天解宁夏满营兵饷不得一律缓解请救山西抚臣勾拨以重边防事	光绪三年十一月二十六日
2486	03-5580-069	宁夏副都统	谦禧	奏为赴任沿途察访山西灾荒情形事	光绪三年十一月二十八日
2487	04-01-38-0166-032			奏为宁夏满营八旗文武翻译举人赴乡会试借支川川山西两省饷项下酌给津贴银两事	光绪三年
2488	04-01-03-0191-024			奏为收到四川两省拨解宁夏满营协饷现复请派员赴山西等省催提大饷事	光绪三年
2489	03-5128-051	宁夏将军	克蒙额	奏为御赐福字谢恩事	光绪四年二月初二日
2490	03-0209-4531-050	宁夏将军	克蒙额	奏谢赏福字恩折	光绪四年二月初二日
2491	03-6069-033	山西巡抚	曾国荃	奏报筹解宁夏满营军饷银数事	光绪四年二月初四日
2492	03-6070-110	宁夏将军	克蒙额	奏为宁夏满营兵饷甚艰请准将甘省现拨粮草折银改为兵丁津贴事	光绪四年五月初四日
2493	04-01-30-0185-026	宁夏将军	克蒙额	奏为宁夏满营协饷兴会患病已成残废呈诸休致事	光绪四年五月初四日
2494	03-5582-101	宁夏将军	克蒙额	奏为山西奉拨宁夏满营饷项请饬部筹拨等事	光绪四年五月初四日

续表

序号	档号	官职爵位	责任者	题　名	原纪年
2495	03-18-009-000111-0006-0036		载湉	为果勒敏济禄均著来京当差杭州将军广利调补西安将军充蒙额调补宁夏将军善庆补授事	光绪四年六月十二日
2496	03-5796-010	宁夏将军	充蒙额	奏为宁夏满营生齿日增幼丁渐多请拨补马甲炮手事	光绪四年七月初十日
2497	04-01-30-0146-005	宁夏将军	充蒙额	奏为宁夏满营幼丁渐多生齿日增请援案拨补空缺马甲事	光绪四年七月初十日
2498	03-0209-4533-031	宁夏将军	充蒙额	奏谢补西安将军折	光绪四年七月二十四日
2499	03-0209-4533-049	宁夏将军	充蒙额	奏补放宁夏镶黄正白两旗满洲协领员缺折	光绪四年八月十六日
2500	04-01-0939-009	宁夏将军	充蒙额	奏为代奏阿拉善亲王多罗特色楞整台资接济旗营费银两请饬文理藩院核议资拨俾资接济旗属事	光绪四年八月十六日
2501	04-01-35-0982-016	宁夏将军	充蒙额	奏请救部严催四川山西及河东道等拨宁夏协饷事	光绪四年十月初十日
2502	04-01-30-0214-033	宁夏将军	充蒙额	奏为宁夏满营兵饷接济维艰拟将甘省拨补马料草折银改为津贴事	光绪朝
2503	04-01-16-0208-012	宁夏将军	善庆	奏报抵任接印日期事	光绪四年十月十八日
2504	03-0209-4534-022	宁夏将军	充蒙额	奏报交卸宁夏将军印务日期折	光绪四年十月十八日
2505	03-0209-4534-023	宁夏将军	善庆	奏报接任宁夏将军日期折	光绪四年十月十八日
2506	03-6071-104	山西巡抚	曾国荃	奏报河东筹解宁夏满营饷银数目日期事	光绪四年十一月初六日
2507	03-6048-131	宁夏将军	善庆	奏报年终查核宁夏满营马匹数目事	光绪四年十一月初十日
2508	04-01-01-0938-053	宁夏将军	善庆	奏为现届年终循例查核宁夏满营马匹数目事	光绪四年十一月初十日
2509	04-01-01-0938-002	宁夏将军	善庆	奏为解到山西四川饷酌量凑放宁夏满营银两事	光绪四年十一月初十日
2510	03-0209-4534-044	宁夏将军	善庆	奏报宁夏官兵训练情形及盘查马匹军械数目折	光绪四年十二月初九日
2511	04-01-18-0048-013	宁夏将军	善庆	奏为查阅宁夏满营操阵官兵技艺并点验马匹军械事	光绪四年十二月初九日

续表

序号	档号	官职爵位	责任者	题名	原纪年
2512	03-6073-048	宁夏将军	善庆	奏为宁夏满营晋省专饷停解请先拨部款并请部拨发先散救济等事	光绪四年十二月十五日
2513	04-01-01-0937-025	宁夏将军	善庆	奏为宁夏满营晋省专饷停解请先拨发部款救急并请借拨接济鄂事	光绪四年十二月十五日
2514	03-6072-029	山西巡抚	曾国荃	奏报河东筹解宁夏满营饷银数目日期事	光绪四年十二月二十三日
2515	03-6073-032	山西巡抚	曾国荃	奏报晋省续筹拨宁夏满营兵饷银数日期事	光绪五年正月二十七日
2516	03-5136-029	宁夏将军	善庆	奏为恩赏宁夏福字谢恩事	光绪五年三月初二日
2517	04-01-16-0209-084	宁夏将军	善庆	奏为恩赏福字谢恩事	光绪五年二月初二日
2518	03-0209-4534-076	宁夏将军	善庆	奏谢赏福字恩折	光绪五年二月初二日
2519	04-01-01-0941-013	宁夏将军	善庆	奏宁夏满营兵丁生计多艰恳请部筹议协饷军火器械等项最关紧要事分别严催等情	光绪五年五月初十日
2520	03-6076-029	宁夏将军	善庆	奏为宁夏满营办理军械要件等情款甚巨请防筹议分别严催事	光绪五年五月初十日
2521	04-01-16-0209-065	宁夏将军	善庆	奏为宁夏营防御多恩琛广禄二员旧疾复发已成残废请以原品休致事	光绪五年五月初十日
2522	03-5801-104	宁夏将军	善庆	奏发已成残废御多恩琛广禄二员旧疾复发请以原品休致事	光绪五年五月初十日
2523	04-01-01-0941-012	宁夏将军	善庆	奏报河东道暨山西省陆续解到饷银数目事	光绪五年五月初十日
2524	04-01-01-0941-011	宁夏将军	善庆	奏请饬下山西巡抚再行筹拨火药铅丸火绳等事	光绪五年五月初十日
2525	03-6075-061	湖广总督	李瀚章	奏为续筹本年三月及闰三月份宁夏军月饷并本年正二三及闰三月份宁夏满营银数目事	光绪五年五月十六日
2526	03-6075-064	山西巡抚	曾国荃	奏报筹解宁夏满营饷银数目日期事	光绪五年五月十九日
2527	03-6076-020	湖广总督	李瀚章	奏报江汉关筹解本年四月五两月份陕军月饷及宁夏满营兵饷银数事	光绪五年六月二十八日

续表

序号	档号	官职爵位	责任者	题　名	原纪年
2528	03-6076-025	宁夏将军	善庆	奏为宁夏满营操演火药匮乏请饬筹拨办事	光绪五年六月二十七日
2529	03-6601-021	山西巡抚	曾国荃	奏报筹解甘省宁夏满营饷银数目期事	光绪五年八月初六日
2530	03-6076-046	湖广总督	李瀚章	奏报江汉关拨解本年六、七两月陕军月饷及宁夏满营兵饷银数事	光绪五年八月初六日
2531	04-01-35-0395-048	宁夏将军	善庆	奏报江汉关解到宁夏协饷数目期事	光绪五年九月初三日
2532	04-01-35-0983-030	宁夏将军	善庆	奏报委员催领军饷事	光绪五年九月初三日
2533	03-6076-110	湖广总督	李瀚章	奏报江汉关应解本年九月份宁夏军月饷及本年八九两月份宁夏满营兵饷银数事	光绪五年十月十六日
2534	03-6049-022	宁夏将军	善庆	奏报年终查核宁夏满营马匹数目事	光绪五年十一月初三日
2535	04-01-01-0940-034	宁夏将军	善庆	奏报循例查核满营马匹数目事	光绪五年十一月初三日
2536	04-01-01-0940-028	宁夏将军	善庆	奏为派员分往四川等省提饷先后抵宁酌量散放稍救眉急事	光绪五年十一月初三日
2537	03-7152-070	陕西巡抚	谭钟麟	奏为宁夏满营城垣衙署等工程银两饬满防部改政事	光绪五年十二月十八日
2538	04-01-16-0210-075	宁夏副都统	谦禧	奏为臣子灵熙奉旨补授侍卫副领班领谢恩事	光绪六年二月初六日
2539	03-0209-4538-025	宁夏副都统	谦禧	奏为授伊子灵熙侍卫副领班领而谢恩折	光绪六年二月初六日
2540	04-01-16-0210-082	宁夏将军	善庆	奏为恩赏赏福字谢恩折	光绪六年二月十三日
2541	03-5148-123	宁夏将军	善庆	奏为旨赏福字谢恩事	光绪六年二月十三日
2542	03-0209-4538-024	宁夏将军	善庆	奏谢赏福字恩折	光绪六年二月十三日
2543	03-5148-122	宁夏副都统	谦禧	奏为伊子灵熙补授侍卫副领班领谢恩事	光绪六年三月二十日
2544	03-0209-4538-066	宁夏副都统	谦禧	奏请陛见事	光绪六年四月十六日
2545	03-5150-103	宁夏副都统	谦禧	奏为莅任期满请陛见事	光绪六年四月十六日
2546	04-01-16-0210-048	宁夏副都统	谦禧	奏为又届期满请陛见事	光绪六年四月十六日

续表

序号	档号	官职爵位	责任者	题名	原纪年
2547	04-01-20-0018-010	宁夏将军	善庆	奏为浙省拨解修理宁夏城垣等工银款不敷高用拟将最要之工先行动款兴修事	光绪六年四月十六日
2548	04-01-01-0943-046	宁夏将军	善庆	奏报江汉关解到饷银数目事	光绪六年四月十六日
2549	03-7068-089	陕甘总督	左宗棠	奏请颁赐宁夏满城关帝庙匾额事	光绪六年四月十八日
2550	04-01-01-0943-009	宁夏将军	善庆	奏为宁夏满营防御塔尔罕布旧疾复发致残请准原品休致事	光绪六年五月十九日
2551	04-01-01-0943-050	宁夏将军	善庆	奏为山西并江汉关解到饷银火药铅子火绳数目事	光绪六年五月十九日
2552	04-01-16-0212-043	宁夏副都统	谦禧	奏为臣子灵熙奉旨升授头等侍卫谢恩事	光绪六年七月十六日
2553	03-0209-4538-105	宁夏副都统	谦禧	奏为授伊子灵熙待卫而谢恩折	光绪六年七月十六日
2554	03-5152-084	宁夏副都统	谦禧	奏为伊子蒙恩升授头等侍卫恩谢事	光绪六年七月十六日
2555	03-6081-049	湖广总督	李瀚章	奏报江汉关委解陕军月饷宁夏满营兵饷塔城专队专饷银数事	光绪六年八月初四日
2556	03-6049-059	宁夏将军	善庆	奏报年终循例查核宁夏满营马匹数目事	光绪六年十一月初四日
2557	03-0209-4540-053	宁夏将军	善庆	奏赐赏福字恩折	光绪七年二月十九日
2558	03-6083-034	山西巡抚	卫荣光	奏报委解宁夏满营协饷银数日期事	光绪七年二月二十九日
2559	03-6085-002	宁夏将军	善庆	奏请宁夏满营仍借拨鄂饷事	光绪七年五月二十八日
2560	03-6049-080	宁夏将军	善庆	奏为宁夏满营马匹久缺拟请动用匣金项下解到草料折银及协饷内提银买补马匹事	光绪七年五月二十八日
2561	03-0209-4541-052	宁夏将军	善庆	奏请陛见折	光绪七年六月初六日
2562	02-01-04-22171-005	山西巡抚	卫荣光	题报委解盐课银两前赴宁夏满营交纳日期事	光绪七年闰七月初六日
2563	03-18-009-000113-0003-0021		载湉	为以祥亨补授荆州副将军宁夏谦禧补放察哈尔都统奕绅补授宁夏副都统事	光绪七年八月初九日
2564	03-0209-4542-035			谕当将祥亨补放荆州将军谦禧补放察哈尔都统奕绅补放宁夏副都统等事	光绪七年八月初九日

续表

序号	档号	官职爵位	责任者	题名	原纪年
2565	04-01-16-0213-032	库伦办事大臣	奕格	奏为奉旨补授宁夏副都统谢恩事	光绪七年十月二十五日
2566	03-5819-012	库伦办事大臣	奕格	奏为奉旨补授宁夏副都统谢恩事	光绪七年十一月十七日
2567	03-0209-4543-045	宁夏将军	善庆	奏兼署宁夏副都统事务而谢恩折	光绪七年十二月十八日
2568	03-5820-007	宁夏将军	善庆	奏为奉旨兼署宁夏副都统谢恩事	光绪七年十二月十八日
2569	04-01-16-0214-079	宁夏副都统	奕格	奏为奉旨补授宁夏副都统因驿路迢迢谢恩稍迟时日事	光绪八年二月二十三日
2570	04-01-16-0214-078	宁夏副都统	奕格	奏为谨陈交卸蒙古起程赴任日期奏折件事	光绪八年二月二十三日
2571	03-0209-4544-063	宁夏副都统	奕格	奏恭报接任宁夏副都统日期折	光绪八年六月二十日
2572	03-0209-4544-062	宁夏将军	善庆	奏交卸宁夏副都统印务折	光绪八年六月二十日
2573	04-01-01-0947-062	宁夏将军	善庆	奏请饬部增拨鄂饷支发干银事	光绪八年八月十三日
2574	02-02-024-001652-0041	宁夏将军	善庆	题报军政考核满蒙八旗官员并无懒散参讧人员事	光绪八年九月十三日
2575	03-6049-094	宁夏将军	善庆	奏为宁夏满营马匹缺额仍请买马补足事	光绪八年九月十三日
2576	03-6049-093	宁夏将军	善庆	奏为宁夏满营现已买补马匹吁请饬部增拨鄂饷支发干银事	光绪八年九月十三日
2577	04-01-01-0947-061	宁夏将军	善庆	奏为宁夏满营仍拟买补马匹齐足先就马干等划喂养展缓筹备料草事	光绪八年九月十三日
2578	03-6049-100	宁夏将军	善庆	奏报年终稽查核宁夏满营马匹数目事	光绪八年十一月初十日
2579	04-01-01-0947-048	宁夏将军	善庆	奏为宁夏满营马匹查无缺额事	光绪八年十一月初十日
2580	04-01-01-0947-011	宁夏将军	善庆	奏报四川并江汉关及山西先后解到饷银数目事	光绪八年十一月初十日
2581	04-01-20-0018-006	宁夏将军	善庆	奏为修建宁夏满营简署兵房教场等工竣并用过工料银两数目请款项核销事	光绪八年十一月初十日
2582	03-18-009-000114-0001-0028		载湉	为著常星阿调补宁夏副都统所遗正黄旗汉军副都统以文秀补授事	光绪九年二月二十四日

401

续表

序号	档号	官职爵位	责任者	题名	原纪年
2583	03-18-009-000114-0001-0027		载湉	为著希元调补吉林将军玉亮暂署所遗江宁将军以善庆调补宁夏副都统文秀以奕格补授事	光绪九年二月二十四日
2584	03-0209-4546-094			谕为将常星阿调补宁夏副都统文秀补放汉军正黄旗副都统等员缺事	光绪九年二月二十四日
2585	03-0209-4546-093			谕为著将希元调补吉林将军江宁将军奕格补放宁夏将军等员缺事	光绪九年二月二十四日
2586	04-01-01-0949-040	宁夏将军	善庆	奏报买马匹运解到营日期事	光绪九年二月二十四日
2587	04-01-16-0213-043	宁夏将军	善庆	奏为代奏副都统奕格病难速差请赏假调理事	光绪九年二月二十四日
2588	03-5178-005	宁夏将军	善庆	奏为宁夏副都统奕格请赏假治病事	光绪九年二月二十四日
2589	04-01-16-0213-067	宁夏副都统	奕格	奏为奉旨补授宁夏将军谢恩并请陛见事	光绪九年三月二十八日
2590	04-01-16-0213-066	宁夏将军	善庆	奏为奉旨调补江宁将军谢恩并请陛见事	光绪九年三月二十八日
2591	03-0209-4547-041	宁夏将军	奕格	奏谢授宁夏将军并请陛见事	光绪九年三月二十八日
2592	04-01-16-0211-031	宁夏将军	奕格	奏为随时体察营伍技艺情形并考验官兵力求精益求精事	光绪九年三月二十八日
2593	04-01-16-0213-078	宁夏将军	善庆	奏报奉旨调补江宁将军交印起程日期事	光绪九年四月初二日
2594	03-0209-4547-042	宁夏将军	善庆	奏报交卸宁夏将军印务日期折	光绪九年四月初二日
2595	03-0209-4547-043	宁夏将军	奕格	奏报任宁夏将军日期折	光绪九年四月初二日
2596	04-01-16-0213-080	宁夏将军	奕格	奏报接印任事日期事	光绪九年四月初二日
2597	03-0209-4547-044	宁夏将军	奕格	奏报宁夏兵训练情形片	光绪九年四月初二日
2598	03-0209-4548-007	新授宁夏副都统	常星阿	奏恭报任宁夏副都统日期折	光绪九年六月十九日
2599	03-6090-030	湖广总督	涂宗瀛	奏为江汉关筹解本年四五月份陕军月饷宁夏满兵饷及塔城果勇马队果勇两营专饷银两事	光绪九年七月二十三日
2600	03-5827-003	宁夏将军	奕格	奏为故员之子孙兴无力回京可否接例准子归入宁夏驻防旗籍事	光绪九年八月二十八日

续表

序号	档号	官职爵位	责任者	题　名	原纪年
2601	04-01-16-0215-051	宁夏将军	奕格	奏为阵亡西宁镇游击富隆阿之子裕兴无力回京呈请归入宁夏驻防旗籍当差袭职事	光绪九年八月二十八日
2602	04-01-35-0985-035	宁夏将军	奕格	奏报兑收四川等省解到饷银事	光绪九年八月二十八日
2603	04-01-01-0949-061	宁夏将军	奕格	奏报查核宁夏满营马匹数目事	光绪九年十一月初七日
2604	03-6049-132	宁夏将军	奕格	奏报年终查核宁夏满营马匹数目事	光绪九年十一月初七日
2605	04-01-01-0949-067	宁夏将军	奕格	奏报四川并湖北江汉关解到饷银数目事	光绪九年十一月初七日
2606	03-6095-008	署理湖广总督	卞宝第	奏报江汉关等解宁夏满营兵饷并塔城果勇马队入专饷银数事	光绪十年正月初九日
2607	03-0209-4550-047	宁夏将军	奕格	奏谢赏福字恩折	光绪十年二月十三日
2608	04-01-01-0952-054	宁夏将军	奕格	奏请宁夏满营仍食鄂饷事	光绪十年四月初八日
2609	04-01-35-0986-006	宁夏将军	奕格	奏报兑收协饷银两数目相符事	光绪十年四月初八日
2610	03-0209-4551-065	伊犁将军	金顺	奏伊犁军营内宁夏驻防镶蓝旗满洲佐领色拉祈病故请从优抚恤片	光绪十年五月十六日
2611	04-01-01-0951-047	宁夏将军	奕格	奏为遴拣选派马队官兵备齐候调事	光绪十年七月二十七日
2612	04-01-16-0216-090	宁夏将军	奕格	奏为旧伤复发新成残废难期速愈请准开缺回京就医调治事	光绪十年八月二十五日
2613	04-01-01-0951-065	宁夏将军	奕格	奏报奉调马队官兵起程日期事	光绪十年九月十一日
2614	03-6019-020	宁夏将军	奕格	奏报奉调宁夏满营马队官兵起程日期等事	光绪十年九月十一日
2615	04-01-01-0952-072	宁夏将军	奕格	奏请调神机营兵饷银饷部另行妥议事	光绪十年九月十一日
2616	02-02-018-001231-0018	宁夏将军	奕格	题为冬至恭进皇帝贺表事	光绪十年十一月初五日
2617	04-01-01-0951-085	宁夏将军	奕格	奏报查核宁夏满营马匹数目事	光绪十年十一月十六日
2618	03-6049-147	宁夏将军	奕格	奏报年终查核宁夏满营马匹数目事	光绪十年十一月十六日
2619	04-01-01-0951-076	宁夏将军	奕格	奏报由湖北等地解到饷银数目事	光绪十年十一月十六日

续表

序号	档号	官职爵位	责任者	题名	原纪年
2620	03-6019-062	前江宁将军	善庆	奏报绥远城驻防马队练军及宁夏驻防马队兵丁抵走通州到京日期并分防填扎要隘事	光绪十年十一月二十五日
2621	04-01-16-0216-123	宁夏将军	奕格	奏为假期届满满病势益增维期速愈请准开缺回京觅医调治事	光绪十年十二月十五日
2622	03-5192-070	宁夏将军	奕格	奏请因病恩请开缺调理事	光绪十年十二月十五日
2623	04-01-01-0952-053		卞宝第	奏请按季筹拨宁夏满营兵丁红白事件恩赏银两事	光绪十年
2624	03-6095-031	署理湖广总督	卞宝第	奏报江夫筹解宁夏满营兵饷并筹城果勇寿勇马队专饷银数事	光绪十一年正月二十日
2625	03-18-009-000115-0001-0007		载湉	为著维庆朴授宁夏将军所遗锦州副都统以崇善补授事	光绪十一年正月二十七日
2626	04-01-17-0137-042	锦州副都统	维庆	奏谢奉旨朴授宁夏将军谢恩事	光绪十一年二月二十二日
2627	03-0209-4554-047	锦州副都统	维庆	奏谢授宁夏将军折	光绪十一年二月二十二日
2628	04-01-16-0217-018	甘肃新疆巡抚	刘锦棠	奏为宁夏八旗蒙古协领凌云小理翻译事件毫无遗误循例请假离营即照准维译事	光绪十一年二月二十六日
2629	04-01-12-0532-024	宁夏将军	奕格	奏为恩赏福字谢恩事	光绪十一年二月二十七日
2630	03-0209-4554-063	宁夏将军	奕格	奏谢赏福字恩事	光绪十一年二月二十七日
2631	03-6020-011	甘肃新疆巡抚	刘锦棠	奏为翻译宁夏八旗蒙古协领凌云期满循例请假离营事	光绪十一年三月十七日
2632	04-01-01-0953-049	宁夏将军	奕格	奏报节次收到川鄂等省饷银数目事	光绪十一年四月初二日
2633	04-01-16-0217-059	宁夏将军	奕格	奏为奉上谕著准开缺调理谢恩事	光绪十一年四月初二日
2634	03-0209-4555-024	宁夏将军	奕格	奏为伊因病开缺而谢恩折	光绪十一年七月初二日
2635	03-5683-031			呈宁夏将军维庆革封奏等折拟旨单	光绪十一年七月二十八日
2636	04-01-03-0085-001	宁夏将军	奕格	奏报奉调前赴通州马队兵撤回到营日期事	光绪十一年九月十八日

续表

序号	档号	官职爵位	责任者	题　名	原纪年
2637	03-6050-020	宁夏将军	奕格	奏报年终查核宁夏满营马匹数目事	光绪十一年十一月初十日
2638	04-01-03-0107-007	宁夏将军	奕格	奏为年终循例查核宁夏满营马匹数目事	光绪十一年十一月初十日
2639	03-5839-067	宁夏将军	奕格	奏为宁夏满营防御魁寿旧疾复发呈恩赏原品休寿旧疾	光绪十二年正月十八日
2640	04-01-17-0138-043	宁夏将军	奕格	奏为宁夏满营防御魁寿旧疾复发已成残废呈请原品休致事	光绪十二年正月十八日
2641	04-01-17-0138-044	宁夏将军	奕格	奏为特参宁夏镶白旗蒙古领催高伸布在外安分竟自私行请解任归案讯办小事	光绪十二年正月十八日
2642	03-0210-4558-002	新授宁夏将军	维庆	奏报接任宁夏将军日期折	光绪十二年二月初一日
2643	04-01-17-0138-041	宁夏将军	奕格	奏报交卸军篆日期事	光绪十二年二月初一日
2644	03-0210-4558-001	宁夏将军	奕格	奏报交卸宁夏军印务日期折	光绪十二年二月初一日
2645	04-01-17-0138-042	宁夏将军	维庆	奏报抵宁夏接印任事日期事	光绪十二年二月初一日
2646	03-0210-4558-022	宁夏将军	维庆	奏报宁夏官兵训练情形及库储银两军械等项数目折	光绪十二年三月十六日
2647	03-0210-4558-023	宁夏副都统	常星阿	奏请陛见折	光绪十二年三月十六日
2648	04-01-17-0138-035	宁夏副都统	常星阿	奏为三年任满请陛见事	光绪十二年三月十六日
2649	04-01-19-0064-004	宁夏将军	维庆	奏为校阅满营官兵操演阵式技艺并请厘定操演款军装等情形事	光绪十二年三月十六日
2650	04-01-17-0138-030	宁夏将军	维庆	奏为宁夏满营任领佛尔果春年老患病呈请休致事	光绪十二年五月十八日
2651	04-01-01-0956-055	宁夏将军	维庆	奏报核查宁夏满营马匹数目事	光绪十二年十一月十五日
2652	03-6050-054	宁夏将军	维庆	奏报年终查核宁夏满营马匹数目事	光绪十二年十一月十五日
2653	04-01-16-0222-058	宁夏将军	维庆	奏为恩赏福字谢恩事	光绪十三年二月十六日
2654	03-0210-4561-048	宁夏将军	维庆	奏谢赏福字恩折	光绪十三年二月十六日

续表

序号	档号	官职爵位	责任者	题名	原纪年
2655	04-01-16-0220-103	宁夏将军	维庆	奏为宁夏边防瘠地异常清苦请援例加添将军副都统津贴银两劝勉人才裁革陋规事	光绪十三年五月十五日
2656	04-01-16-0220-140	宁夏将军	维庆	奏为胞弟连庆奉旨擢授正白旗蒙古副都统谢恩事	光绪十三年六月二十三日
2657	03-0210-4563-015	宁夏将军	维庆	奏为授伊胞弟连庆正白旗蒙古副都统而谢恩折	光绪十三年六月二十三日
2658	03-5851-003	陕甘总督	谭钟麟	奏为查明宁夏满营佐领奇克伸布被参擅责商民等款请交部察议事	光绪十三年七月十八日
2659	04-01-01-0961-006	陕甘总督	谭钟麟	奏为讯明宁夏满营佐领奇克伸布并无擅责商民议拟完结事	光绪十三年七月十八日
2660	03-0210-4564-008	宁夏将军	维庆	奏将裁革陋规以杜营私之处晓谕宁夏八旗官兵一体周知折	光绪十三年九月初九日
2661	02-02-024-001654-0054	宁夏将军	维庆	题报军政考核宁夏八旗武职佐领防御才勇兼优请推举事	光绪十三年十月初二日
2662	02-02-024-001654-0055	宁夏将军	维庆	题报军政考核宁夏满蒙八旗武职均精敏强干无一参罚事	光绪十三年十月初二日
2663	02-02-024-001654-0056	宁夏将军	维庆	题报军政考核宁夏满蒙古八旗武职并无懒惰无能人员事	光绪十三年十月初二日
2664	03-6050-094	宁夏将军	维庆	奏报年终查核宁夏满营马匹数目事	光绪十三年十一月十二日
2665	16-01-009-000062-0014	宁夏将军	维庆	为报明河南林县犯妇莫李氏拨给驻防宁夏镶蓝旗蒙古骁骑校云林收领为奴事致刑部	光绪十四年二月初七日
2666	03-5855-003	宁夏副都统	常星阿	奏为宁夏将军维庆病故遗缺请迅赐简放事	光绪十四年二月二十二日
2667	06-01-002-000520-0044		宗人府左司	为镶白旗前任宁夏将军宗室奕榕呈请将承继子载炑补行承荫行查吏部与例相符准予承荫行各该处事	光绪十四年三月初三日
2668	03-18-009-000116-0005-0017		载湉	为宁夏将军之缺著以钟泰补授到任前著常星阿护理事	光绪十四年三月初八日

续表

序号	档号	官职爵位	责任者	题　名	顺纪年
2669	03-5910-022			著为宁夏将军维庆病故加恩照将军例赐恤等事谕旨	光绪十四年三月初八日
2670	03-5711-108			著为宁夏将军维庆盖逝追封赏恤事谕旨	光绪十四年三月初八日
2671	03-5855-006		奕䜣	奏为遵旨查明已故宁夏将军维庆现有三子事奏事	光绪十四年三月十一日
2672	06-01-002-000520-0045		宗人府	为镶白旗前任宁夏将军宗室奕格呈请将承继子载依补行承荫行查吏部与例相符准子承荫行各该处事	光绪十四年三月
2673	03-0210-4566-038	宁夏副都统	常星阿	奏为准伊护理宁夏将军印务而谢恩折	光绪十四年四月初十日
2674	04-01-16-0223-015	广州汉军副都统	钟泰	奏为奉旨补授宁夏将军谢恩并恭请陛见事	光绪十四年四月十五日
2675	03-0210-4566-036	广州汉军副都统	钟泰	奏谢授予宁夏将军并请陛见折	光绪十四年四月十五日
2676	03-5857-041	宁夏副都统	常星阿	奏为宁夏满营额甲缺请援案逐年陆续拨补事	光绪十四年六月十一日
2677	03-5857-040	宁夏副都统	常星阿	奏为宁夏满营佐领丰阿拉防御哈达哈旧疾复发残废请休致事	光绪十四年六月十一日
2678	05-13-002-000287-0162			为宁夏将军钟泰奏添入听戏在李瀚章之次事	光绪十四年六月二十三日
2679	03-6050-104	宁夏副都统	常星阿	奏报年终稽查核宁夏满营马匹数目事	光绪十四年十月二十九日
2680	03-5242-033	宁夏副都统	常星阿	奏为满营协领讷勒亨额患病难痊恳请休致事	光绪十四年十月二十九日
2681	03-6113-012	宁夏副都统	常星阿	奏为宁夏防满营筹添马价生息停止提动正饷银两事	光绪十四年十月二十九日
2682	03-6113-011	宁夏副都统	常星阿	奏为遵部文查明光绪九年宁夏满营火饷初发情形请旨饬部核销事	光绪十四年十月二十九日
2683	03-0210-4568-023	新授宁夏将军	钟泰	奏报接任宁夏将军日期折	光绪十四年十一月初九日

续表

序号	档号	官职爵位	责任者	题名	顺纪年
2684	04-01-17-0140-006	宁夏将军	钟泰	奏报抵宁接印任事日期事	光绪十四年十一月初九日
2685	03-0210-4568-024	护理宁夏将军	常星阿	奏恭报交卸护理宁夏将军印务日期折	光绪十四年十一月初九日
2686	06-01-001-000373-0182	宁夏将军宗室	钟泰	为咨报接印任事日期事致宗人府	光绪十四年十一月二十三日
2687	03-5860-080	宁夏将军	钟泰	奏为代奏宁夏副都统常星阿因病呈请赏假调理事	光绪十四年十二月十三日
2688	04-01-17-0140-012	宁夏将军	钟泰	奏为代奏宁夏副都统常星阿因病请赏假调理事	光绪十四年十二月十三日
2689	03-5860-088	宁夏将军	钟泰	奏报校阅宁夏满营官兵操演查验库款马匹等事	光绪十四年十二月十六日
2690	04-01-19-0064-002	宁夏将军	钟泰	奏为校阅宁夏满营官兵操演技艺并盘查仓库款目军装等情形事	光绪十四年十二月十六日
2691	03-5247-156	宁夏将军	钟泰	奏为宁夏副都统常星阿因病出缺请旨迅赐简放事	光绪十五年正月二十三日
2692	03-5875-026			著为宁夏副都统常星阿溢逝加恩赐恤等事谕旨	光绪十五年三月二十七日
2693	03-5897-082			著宁夏副都统常星阿任内处分等事谕旨	光绪十五年三月二十七日
2694	03-18-009-000117-0001-0037	办理东三省练兵事宜	载湉	为宁夏副都统之缺著以苏鲁岱补授事	光绪十五年三月二十八日
2695	03-5861-124		定安	奏请新授正黄旗蒙古副都统钮祜禄额宁夏副都统苏鲁岱仍留齐齐哈尔当差著缓赴任事	光绪十五年四月十八日
2696	03-5863-111	宁夏将军	钟泰	奏请平福护理宁夏副都统事	光绪十五年七月初四日
2697	03-6116-024	陕甘总督	杨昌濬	奏为遵旨筹拨宁夏满营新式军火事	光绪十五年七月二十四日
2698	03-5706-109		钟泰	呈钟泰奏请以协领平福护理宁夏副都统事折清单	光绪十五年八月二十三日
2699	03-6050-132	宁夏将军	钟泰	奏报年终循例查核宁夏满营马匹数目事	光绪十五年十一月十五日

续表

序号	档号	官职爵位	责任者	题名	顺纪年
2700	04-01-01-0969-097	宁夏将军	钟泰	奏为循例查核宁夏满营马匹数目事	光绪十五年十一月十五日
2701	03-0210-4568-055	宁夏将军	钟泰	奏谢赏福字恩折	光绪十六年二月十五日
2702	04-01-18-0049-001	宁夏将军	钟泰	奏为陕甘酌拨枪炮等件运解到营及督饬满蒙官兵勤加操演事	光绪十六年四月十六日
2703	04-01-16-0229-013	宁夏将军	钟泰	奏为镶白正蓝两旗满洲协领玛鲁堪患病难期速痊请原品休致事	光绪十六年四月十六日
2704	04-01-16-0229-079	宁夏将军	钟泰	奏请以连泰坐补宁夏镶红镶蓝两旗满洲协领并照例兼管镶白旗满洲佐领事	光绪十六年六月十三日
2705	04-01-16-0229-078	宁夏将军	钟泰	奏为宁夏满洲佐领卓林年老患病已成残废请原品休致事	光绪十六年六月十三日
2706	03-5268-075	宁夏将军	钟泰	奏为正黄旗满洲花翎佐领卓林年老患病触发旧疾呈请原品休致事	光绪十六年六月十三日
2707	02-01-007-036186-0021	刑部尚书	嵩申	题为钦奉旨将宁夏将军甘肃新疆巡抚书造报发遣罪犯男妇遣犯分别核拟具题事	光绪十六年八月十九日
2708	04-01-16-0231-055	宁夏将军	钟泰	奏为宁夏正红旗满洲佐领兴泰年老患病请原品休致事	光绪十六年八月二十五日
2709	02-01-006-005725-0054	大学士管理兵部事务	额勒和布	为核议甘肃宁夏副都统衔镶白正蓝两旗满洲花翎协领玛鲁堪患病休致事	光绪十六年九月二十六日
2710	03-6050-167	宁夏将军	钟泰	奏报年终查核宁夏满营马匹数目事	光绪十六年十一月十一日
2711	04-01-01-0973-079	宁夏将军	钟泰	奏为查明宁夏满营马匹均无缺额事	光绪十六年十一月十一日
2712	04-01-16-0234-057	宁夏将军	钟泰	奏为宁夏满营防御阿江阿年老年表请其原品休致事	光绪十七年三月初二日
2713	04-01-20-0019-033	宁夏将军	钟泰	奏为宁夏满营官兵前借人饷修盖房间动用银数无从查造请旨准予核销事	光绪十七年四月二十二日

续表

序号	档号	官职爵位	责任者	题　名	原纪年
2714	04-01-16-0233-022	宁夏将军	钟泰	奏为正白旗蒙古防御穆隆阿年老患病请准休致事	光绪十七年四月二十二日
2715	04-01-01-0979-093	宁夏将军	钟泰	奏为宁夏各营制备弓衣修朴房军械等项用过银两造册报部核销事	光绪十七年四月二十二日
2716	03-5882-018	宁夏将军	钟泰	奏请孟赉借朴宁夏满营右翼满洲佐领事	光绪十七年七月二十四日
2717	04-01-16-0233-144	宁夏将军	钟泰	奏请以孟赉费补宁夏满营右翼满洲佐领事	光绪十七年七月二十四日
2718	04-01-18-0051-040	办理东三省练兵事宜	定安	奏为拟派宁夏副都统苏鲁岱查阅吉齐营伍事	光绪十七年八月十九日
2719	04-01-16-0232-037	宁夏将军	钟泰	奏为任满清陛见事	光绪十七年八月二十六日
2720	04-01-16-0232-043	练兵大臣	定安	奏为全营长宁夏副都统苏鲁岱丁忧请给假在营成服后再令回旗穿孝事	光绪十七年九月二十八日
2721	02-02-024-001661-0025	宁夏将军	钟泰	题报十六年宁夏驻防旗兵丁闲散走逃等数目事	光绪十七年十月二十四日
2722	03-6051-019	宁夏将军	钟泰	奏报年终查核宁夏满营马匹数目事	光绪十七年十月二十四日
2723	04-01-01-0978-010	宁夏将军	钟泰	奏为循倒查核宁夏满营马匹数目事	光绪十七年十月二十四日
2724	03-5891-086			著为前任宁夏将军奕榕溢赏恤事谕旨	光绪十七年十一月初九日
2725	03-5995-022	东三省练兵大臣	定安	奏为全营翼长宁夏副都统苏鲁岱点验校阅吉齐营操演事竣回营销差日期事	光绪十七年十一月十八日
2726	03-5882-084	东三省练兵大臣	定安	奏为全营翼长宁夏副都统苏鲁岱病故请旨暂给假半月在营成服事	光绪十七年十一月十八日
2727	03-5887-111	宁夏将军	钟泰	奏为护理宁夏副都统满洲协领平福闻讣丁忧事	光绪十八年四月二十七日
2728	04-01-16-0235-100	宁夏将军	钟泰	奏为平福回旗持服可否仍其服满后仍行接护宁夏副都统请旨事	光绪十八年四月二十七日

续表

序号	档号	官职爵位	责任者	题　名	原纪年
2729	04-01-16-0238-032	宁夏将军	钟泰	奏为代平福奏为奉旨俟服满后仍行护理宁夏副都统谢恩事	光绪十八年八月初十日
2730	03-5890-001	宁夏将军	钟泰	奏为代奏平福遵旨仍护宁夏副都统谢恩事	光绪十八年八月初十日
2731	02-02-024-001662-0024	宁夏将军	钟泰	题报军政考核宁夏八旗武职优务各者推荐举事	光绪十八年九月十一日
2732	02-02-024-001662-0025	宁夏将军	钟泰	题报军政考核宁夏满蒙八旗武职弓马射技情形事	光绪十八年九月十一日
2733	03-6051-046	宁夏将军	钟泰	奏报年终循例查核宁夏满营马匹数目事	光绪十八年十一月初八日
2734	04-01-01-0987-069	宁夏将军	钟泰	奏为年终查核宁夏满营马匹数目事	光绪十八年十一月初八日
2735	03-5995-062	东三省练兵大臣	定安	奏为委派全营翼长宁夏副都统苏鲁岱校阅吉齐两军练兵情形事	光绪十八年十一月初八日
2736	06-01-001-000376-0112		国史馆	为请查明已故前宁夏将军宗室奕格出身等事致宗人府	光绪十八年十一月初十日
2737	04-01-17-0151-019	宁夏将军	钟泰	奏为宁夏满营防御罕都屯旧疾复作已成残废请休致事	光绪十九年四月二十八日
2738	04-01-03-0178-038	宁夏将军	钟泰	奏请裁宁夏满营官兵应支俸饷折马干银两银照例加复全饷事	光绪十九年六月初四日
2739	03-6131-092	宁夏将军	钟春	奏请宁夏满营官兵赏复全饷事	光绪十九年六月初四日
2740	16-01-027-000027-0029	提塘官	杨长清	宁夏将军等公文数目清单	光绪十九年八月
2741	06-01-005-000010-0034	章京	荣凯	为呈请告假两个月前往住章京之宁夏将军宗室钟泰任所省视俟假满即行回京销假不敢在外逗留事	光绪十九年十月初七日
2742	06-01-002-000544-0142		宗人府左司	为奏准正蓝旗副理事官宁夏将军宗室荣凯告假前往住伊父宁夏将军宗室钟泰任所请假已经咨来行各处事	光绪十九年十月二十四日

续表

序号	档号	官职爵位	责任者	题　名	原纪年
2743	06-01-005-000010-0032		宗人府左司	为正蓝旗副理事官宗室荣凯呈请告假两个月前任其父宁夏将军钟泰任所省亲与例相符循例奏闻请旨事	光绪十九年十月
2744	06-02-007-000963-0034	正蓝旗第五族族长等宗室	文魁	为宗室荣凯请假赴宁夏将军衙门伊父钟泰任所省亲视起程日期出具图片呈报宗人府事	光绪十九年十一月十五日
2745	04-01-16-0241-048	钦差大臣办理东三省练兵事宜	定安	奏为饬派全营翼长宁夏副都统苏鲁岱校阅吉齐两军兵丹大操事片请旨暨现已一律竣事事	光绪十九年十一月二十四日
2746	04-01-03-0109-017	宁夏将军	钟泰	奏为查过全营满营马匹数目暨马匹数目事	光绪十九年十一月初六日
2747	03-6051-063	宁夏将军	钟泰	奏为年终循例查校宁夏满营马匹数目事	光绪十九年十一月初六日
2748	06-01-005-000010-0035	正蓝旗满洲广裕佐领下第五族族长等宗室	文魁	为副理事官宗室荣凯恩请告假两个月前往其父宁夏将军钟泰任所省亲视查明属实出具图片呈报宗人府事	光绪十九年
2749	04-01-17-0186-025			奏为宁夏副都统苏鲁岱丁母忧事	光绪朝
2750	04-01-13-0436-029			奏为宁夏副都统苏鲁岱等办练兵请暂缓回旗补缺事	光绪十九年
2751	06-02-007-001083-0022	宁夏将军宗室	钟泰	为副理事官正蓝旗宗室荣凯赴伊父宁夏将军钟泰任所省亲省其复其到任所及拟定起程回京日事致宗人府事	光绪二十年三月二十五日
2752	04-01-14-0089-050	宁夏将军	钟泰	奏为慈禧皇太后六旬六旬庆辰蒙恩交议叙谢恩事	光绪二十年三月二十五日
2753	16-01-027-000027-0032	提塘官	陈鸿翔	宁夏将军等公文数目清单	光绪二十年五月
2754	04-01-01-0997-016	宁夏将军	钟泰	奏为遵缴朱批折件事	光绪二十年六月十九日
2755	03-5316-107	宁夏将军	钟泰	奏为任满叩谢陛见事	光绪二十年九月十三日
2756	04-01-17-0153-023	宁夏将军	钟泰	奏为三年任满请陛见事	光绪二十年九月十三日

附录三　中国第一历史档案馆藏有关清代宁夏驻防八旗奏折索引表

序号	档号	官职爵位	责任者	题　名	原纪年
2757	03-5756-079	宁夏将军	钟泰	奏报本年终循例查核宁夏满营马匹数目事	光绪二十年十一月十二日
2758	04-01-30-0187-001	宁夏将军	钟泰	奏为镶蓝旗满洲副御前富伦富伦佐布年老患病请准以原品休致事	光绪二十年十一月十二日
2759	04-01-03-0109-021	宁夏将军	钟泰	奏为循例查核宁夏满营马匹数目臕分事	光绪二十年十一月十二日
2760	03-5320-035	宁夏将军	钟泰	奏为恩赏寿字等谢恩事	光绪二十年十一月二十九日
2761	04-01-13-0381-034	宁夏将军	钟泰	奏为蒙恩颁赏寿字等物谢恩事	光绪二十年十一月二十九日
2762	06-01-001-000459-0101	宁夏将军宗室	钟泰	宁夏将军造送请荫长孙年岁姓名清册	光绪二十年十二月三日
2763	06-01-001-000459-0100	宁夏将军宗室	钟泰	为宁夏将军宗室钟泰请荫长孙文汇花翎候补笔帖式咨送文汇岁荫佐来供职致宗人府	光绪二十年十二月十三日
2764	16-01-027-000027-0041	提塘官	严化鹏	宁夏将军等公文数目清单	光绪二十年十二月
2765	06-01-001-000459-0102	宁夏将军宗室	钟泰	为请荫长孙花翎候补笔帖式汇并文汇岁荫佐出具印结事	光绪二十年十二月
2766	06-01-001-000459-0099		□□□	宁夏将军宗室文汇请荫荫事由文封	光绪二十一年正月二十九日
2767	03-0210-4569-016	宁夏将军	钟泰	奏谢赏赉福字恩折	光绪二十一年二月十七日
2768	04-01-12-0566-056	宁夏将军	钟泰	奏为镶蓝旗蒙古花翎佐领诺诺车老患病步履维艰请休致事	光绪二十一年三月二十六日
2769	04-01-16-0244-165	宁夏将军	钟泰	奏为正红旗满洲防御伸达哈年老患病请准以原品休致事	光绪二十一年十月初三日
2770	03-18-009-000120-0004-0013		载洁	为以色普征额为宁夏副都统事	光绪二十一年十月十九日
2771	03-18-009-000120-0004-0012		□□□	应放宁夏副都统之人员名单	光绪二十一年十月十九日
2772	04-01-01-1007-104	宁夏将军	钟泰	奏为遵旨募勇成军并分扎宁夏各属事	光绪二十一年十月二十五日

413

续表

序号	档号	官职爵位	责任者	题名	原纪年
2773	03-6051-119	宁夏将军	钟泰	奏报年终循例查核宁夏满营马匹数目事	光绪二十一年十一月十二日
2774	04-01-01-1005-019	宁夏将军	钟泰	奏为查核宁夏满营马匹数目事	光绪二十一年十一月十二日
2775	03-5334-009	宁夏将军	钟泰	奏为护理宁夏副都统平福因病出缺请旨简放事	光绪二十一年十一月十二日
2776	04-01-16-0244-212	宁夏将军	钟泰	奏为护理宁夏副都统平福因病出缺请旨派员署理事	光绪二十一年十一月十二日
2777	04-01-16-0244-247	宁夏将军	钟泰	奏请以达巴礼坐补宁夏满营镶黄正白两旗满洲协领并照例兼管正黄旗满洲佐领事	光绪二十一年十二月十四日
2778	04-01-01-1004-084	宁夏将军	钟泰	奏为宁夏兵力仍单请厚兵事	光绪二十一年十二月十四日
2779	03-5337-101	宁夏将军	钟泰	奏为委令记名协领达巴礼坐补镶黄正白两旗满满洲协领事	光绪二十一年十二月十四日
2780	04-01-01-1004-087	宁夏将军	钟泰	奏为狄河吃紧请准赴敌剿办事	光绪二十一年十二月十四日
2781	04-01-12-0571-092	宁夏将军	钟泰	奏为驻扎宁夏办理蒙古等事务理军司员格图肯额因病出缺请委令达拉礼暂署事	光绪二十一年十二月十四日
2782	06-02-007-000972-0030	正蓝旗第五族旗族长宗室	文楷	为得荫生宗室文良之父祖现任宁夏将军并宗室钟泰现任户部郎中呈报宗人府事	光绪二十一年十二月
2783	06-01-001-000459-0109	正蓝旗满洲都统贝勒子	奕误	为正蓝旗现任宁夏将军宗室钟泰应得荫生请荫长孙宗室文良造送文良貌三代册事致宗人府事	光绪二十一年
2784	03-6640-080	宁夏将军	钟泰	奏为宁夏满营补发欠饷年久无从造报事	光绪二十二年正月二十日
2785	04-01-01-1013-025	宁夏将军	钟泰	奏为宁夏满营兵补发欠饷请免造细册事	光绪二十二年正月二十日
2786	03-5337-102	宁夏将军	钟泰	奏为委令达拉礼暂行署理宁夏办理蒙古事物理军司员事	光绪二十二年正月三十日
2787	03-5759-020		户部	为宁夏将军钟泰奏勇成军请防催饷需勇事致军机处片呈	光绪二十二年二月初七日
2788	04-01-12-0572-044	宁夏将军	钟泰	奏为恩赏福字一方谢恩事	光绪二十二年三月十二日
2789	04-01-12-0573-035	宁夏将军	钟泰	奏为奴才之孙文良以文员用谢恩事	光绪二十二年三月二十五日
2790	04-01-01-1012-044	宁夏将军	钟泰	奏为军火不敷需用咨领省各调应用事	光绪二十二年三月二十九日

续表

序号	档号	官职爵位	责任者	题　名	原纪年
2791	03-5759-082		户部	为宁夏将军钟泰咨创立振威营事务段预备调委派印委各员提款酌给薪水等事致军机处片行	光绪二十二年五月十八日
2792	04-01-01-1013-061	宁夏将军	钟泰	奏为遵旨遣撤五营并请仍照原军坐营章程开支勇饷事	光绪二十二年六月二十四日
2793	04-01-16-0249-028	宁夏将军	钟泰	奏为都司春恺补用知县吴人寿留营差委事	光绪二十二年六月二十四日
2794	03-6140-049		户部	为迅即录送宁夏将军钟泰谕旨过部原薪水等片原事创立振威营调员酌给薪新等事致军机处片呈	光绪二十二年八月初九日
2795	04-01-01-1011-049	宁夏将军	钟泰	奏为遵旨裁撤勇营完竣并肃清回匪叛乱新募出力各员择尤请奖事	光绪二十二年十一月十九日
2796	04-01-01-1014-025	宁夏将军	钟泰	奏为宁夏振威营勇裁撤请饬部筹拨专饷事	光绪二十二年十月二十七日
2797	03-6052-025	宁夏将军	钟泰	奏报年终循例查核宁夏满营马匹数目等事	光绪二十二年十一月初四日
2798	04-01-01-1012-069	宁夏将军	钟泰	奏为查核宁夏满营马匹数目并等换齿老疲瘦事	光绪二十二年十一月初四日
2799	16-01-027-000027-0045	提塘官	马魁元	宁夏将军等公文数目清单	光绪二十三年正月
2800	04-01-16-0251-023	宁夏将军	钟泰	奏请以奇兑伸布坐补宁夏满营镶黄正白两旗满洲协领事	光绪二十三年二月十五日
2801	04-01-12-0579-028	宁夏将军	钟泰	奏为御赐福宁谢恩事	光绪二十三年二月十五日
2802	16-01-027-000027-0050	提塘官	杨长清	宁夏将军等公文数目清单	光绪二十三年三月十六日
2803	16-01-027-000027-0051	提塘官	高连科	宁夏将军等公文数目清单	光绪二十三年三月二十九日
2804	04-01-35-1036-055	宁夏将军	钟泰	奏报宁夏振威军改造册送部核销事各款事	光绪二十三年四月初六日
2805	02-02-024-001667-0009	宁夏将军	钟泰	题报宁夏八旗武职精敏才知兼优各员保举事	光绪二十三年九月十二日

415

续表

序号	档号	官职爵衔位	责任者	题名	原纪年
2806	02-02-024-001667-0011	宁夏将军	钟泰	题报军政考核宁夏八旗武职卓异保举事	光绪二十三年九月十二日
2807	04-01-01-1020-056	宁夏将军	钟泰	奏为查明部驳振威军收支各款请仍照原册核销事	光绪二十三年九月二十日
2808	03-6052-038	宁夏将军	钟泰	奏报年终循例查核宁夏满营马匹数目事	光绪二十三年十一月初九日
2809	04-01-01-1019-048	宁夏将军	钟泰	奏为年终查核宁夏满营马匹数目事	光绪二十三年十一月初九日
2810	16-01-027-000027-0075	提塘官	严化鹏	宁夏将军等公文数目清单	光绪二十三年十一月
2811	04-01-14-0093-099	宁夏将军	钟泰	奏为恩赏福宁福宁谢恩事	光绪二十四年三月十九日
2812	04-01-01-1028-050	宁夏将军	钟泰	奏为呈缴闲旷马厂归公招垦事	光绪二十四年闰三月十三日
2813	03-9555-100	宁夏将军	钟泰	奏为闲旷马厂归公招垦事	光绪二十四年闰三月十三日
2814	04-01-16-0256-032	宁夏将军	钟泰	奏为因病请假回籍就医调治事	光绪二十四年四月初四日
2815	04-01-16-0256-089	宁夏将军	钟泰	奏为赏假回籍就医谢恩事	光绪二十四年七月二十八日
2816	04-01-16-0256-107	署理宁夏将军副都统	色普征额	奏报兼署宁夏将军接印日期事	光绪二十四年七月二十九日
2817	03-5928-073	黑龙江将军	恩泽	奏为已故宁夏副都统常星阿请补恤事	光绪二十四年九月二十五日
2818	03-6052-077	署理宁夏将军副都统	色普征额	奏报年终循例查核宁夏满营马匹数目事	光绪二十四年十月二十八日
2819	06-01-001-000414-0100	正蓝旗满洲佐领宗室	广裕	为正蓝旗宁夏将军宗室钟泰因病请假回旗调理到旗日期事	光绪二十四年十月二十九日
2820	03-0210-4573-012	署理宁夏将军副都统	色普征额	奏请陛见折	光绪二十四年十一月十九日
2821	04-01-16-0257-096	署理宁夏将军副都统	色普征额	奏为到任三年期满请陛见事	光绪二十四年十一月十九日
2822	03-5932-032	署理宁夏将军副都统	色普征额	奏为微领臣任满请准陛见事	光绪二十四年十一月十九日

续表

序号	档号	官职爵位	责任者	题　　名	顺纪年
2823	04-01-35-1046-024	署理宁夏将军副都统	色普征额	奏为叩谢钦点免扣三成养廉银两天恩事	光绪二十四年十二月十八日
2824	03-5998-030	署理宁夏将军副都统	色普征额	奏为宁夏满营挑练兵丁编立常操事	光绪二十五年三月初四日
2825	03-5932-186	署理宁夏将军副都统	色普征额	奏为宁夏满营协领玉升已成残废请准以原品休致事	光绪二十五年三月初五日
2826	03-18-009-000122-0002-0037		载洮	为绰哈布补授宁夏将军所遗锦州副都统著吉林协领承顺补授事	光绪二十五年五月二十一日
2827	03-18-009-000122-0002-0025		□□□	应放宁夏将军名单	光绪二十五年五月二十一日
2828	03-18-009-000122-0002-0026		□□□	应放宁夏将军名单	光绪二十五年五月二十一日
2829	03-18-009-000122-0002-0033		□□□	应放宁夏将军名单	光绪二十五年五月二十一日
2830	03-18-009-000122-0002-0034		□□□	应放宁夏将军名单	光绪二十五年五月二十一日
2831	03-18-009-000122-0002-0027		□□□	应放宁夏将军之八旗都统名单	光绪二十五年五月二十一日
2832	03-18-009-000122-0002-0032		□□□	应放宁夏将军之八旗都统名单	光绪二十五年五月二十一日
2833	03-18-009-000122-0002-0029		□□□	应放宁夏将军之各省副都统人员名单	光绪二十五年五月二十一日
2834	03-18-009-000122-0002-0030		□□□	应放宁夏将军之各省副都统人员名单	光绪二十五年五月二十一日

续表

序号	档号	官职爵位	责任者	题　名	原纪年
2835	03-18-009-000122-0002-0028		口口口	应放宁夏将军之前锋统领护军统领副都统名单	光绪二十五年五月二十一日
2836	03-18-009-000122-0002-0031		口口口	应放宁夏将军之前锋统领护军统领副都统名单	光绪二十五年五月二十一日
2837	03-18-009-000122-0002-0024		口口口	应放宁夏将军之外省都统名单	光绪二十五年五月二十一日
2838	03-18-009-000122-0002-0023		口口口	应调宁夏将军之各省将军名单	光绪二十五年五月二十一日
2839	03-18-009-000122-0002-0036			应调宁夏将军之各省将军名单	光绪二十五年五月二十一日
2840	04-01-17-0165-047	宁夏将军	绰哈布	奏为旨补授宁夏将军谢恩事	光绪二十五年五月二十二日
2841	03-18-009-000122-0002-0056		载湉	为以绰哈布调补成都将军锡振补授宁夏将军德魁调补西安右翼副都统事	光绪二十五年六月初四日
2842	03-5934-015	宁夏副都统	色普征额	奏请以常连补授镶黄正白两旗满洲协领事	光绪二十五年七月初三日
2843	04-01-17-0165-031	宁夏将军	锡振	奏为旨补授宁夏将军谢恩事	光绪二十五年七月初四日
2844	03-5933-153	西安右翼副都统	锡振	奏为旨新任宁夏将军谢恩事	光绪二十五年七月初四日
2845	03-0210-4574-020	西安右翼副都统	锡振	奏谢授宁夏将军并请陛见折	光绪二十五年七月初四日
2846	04-01-01-1033-013	宁夏副都统	色普征额	奏为宁夏满营兵丁赔补马匹苦累恳恩宽免赔补拟为存千补立事	光绪二十五年七月十九日
2847	03-6052-120	宁夏副都统	色普征额	奏为宁夏满营兵丁赔补马匹苦累呼请变通赔补章程事	光绪二十五年七月十九日
2848	03-0210-4574-049	宁夏将军	锡振	奏报起程赴任宁夏将军日期折	光绪二十五年八月初六日
2849	04-01-17-0165-032	宁夏将军	锡振	奏报由陕起程入觐日期事	光绪二十五年八月初六日

续表

序号	档号	官职爵位	责任者	题　名	原纪年
2850	03-6154-062	宁夏副都统	色普征额	奏为宁夏满营常操马步官兵请赏加津贴火药事	光绪二十五年九月初六日
2851	04-01-01-1035-081	署理宁夏将军	色普征额	奏为宁夏满营挑练马步常操官兵现已练有成效拟请少加津贴事	光绪二十五年九月初六日
2852	03-5934-093	奉天查办事件大臣	李秉衡	奏为密荐宁夏将军锡良振前保张国林沈毅廉明勇于任事请旨罹用事	光绪二十五年九月十四日
2853	04-01-01-1033-037	宁夏副都统	色普征额	奏报年终查核宁夏满营马匹数目事	光绪二十五年十月二十六日
2854	03-6052-125	宁夏副都统	色普征额	奏报年终循例查核宁夏满营马匹数目事	光绪二十五年十月二十六日
2855	03-5372-084	宁夏副都统	色普征额	奏为奉旨免扣三成荐廉谢恩事	光绪二十五年十二月十八日
2856	03-0210-4575-022	宁夏将军	锡振	奏谢赏富宁恩折	光绪二十六年正月十二日
2857	03-18-009-000122-0006-0007		载湉	为著色普征额补授宁夏将军事	光绪二十六年六月初一日
2858	03-18-009-000122-0006-0006		□□□	应放宁夏将军之八旗副都统名单	光绪二十六年六月初一日
2859	03-18-009-000122-0006-0003		□□□	应放宁夏将军之各省副都统人员名单	光绪二十六年六月初一日
2860	03-18-009-000122-0006-0004		□□□	应放宁夏将军之前锋统领护军统领副都统名单	光绪二十六年六月初一日
2861	03-18-009-000122-0006-0005		□□□	应放宁夏将军之外省副都统名单	光绪二十六年六月初一日
2862	03-18-009-000122-0006-0009		载湉	为著成鹤补授宁夏副都统事	光绪二十六年六月初二日
2863	03-18-009-000122-0006-0010		□□□	应放宁夏副都统各项人员名单	光绪二十六年六月初二日

续表

序号	档号	官职爵位	责任者	题　名	原纪年
2864	03-5942-137	宁夏将军	色普征额	奏为奉旨补授宁夏将军谢恩请觐事	光绪二十六年七月十二日
2865	03-0210-4576-052	宁夏将军	色普征额	奏谢授宁夏将军折	光绪二十六年七月十二日
2866	03-6053-032	宁夏将军	色普征额	奏报年终循例查核宁夏满营马匹数目事	光绪二十六年十一月初六日
2867	04-01-01-1041-055	宁夏将军	色普征额	奏报宁夏满营马匹数目事	光绪二十六年十一月初六日
2868	03-5395-102	宁夏副都统	成鹤	奏报到任接印日期事	光绪二十六年十一月十六日
2869	04-01-16-0265-117	宁夏副都统	成鹤	奏报到任日期谢恩事	光绪二十六年十一月十六日
2870	03-0210-4576-076	宁夏副都统	成鹤	奏报接任宁夏副都统日期折	光绪二十六年十一月十六日
2871	04-01-16-0267-003	宁夏将军	色普征额	呈宁夏满营镶黄满洲佐领一缺详加拣选拟定正陪履历清单	光绪二十七年正月十九日
2872	04-01-16-0267-017	宁夏将军	色普征额	奏为宁夏满营镶黄旗满洲佐领员缺拣选正陪人员请旨圈放事	光绪二十七年正月十九日
2873	03-5401-015	宁夏将军	色普征额	奏为宁夏满洲佐领出缺请旨圈放官缺事	光绪二十七年正月十九日
2874	03-5952-038	宁夏将军	色普征额	奏为拣选宁夏满营左右翼云骑尉骁骑校拟定正陪请旨圈放事	光绪二十七年五月十四日
2875	04-01-16-0268-085	宁夏将军	色普征额	奏为宁夏满营协领裕通年老患病呈请休致并请赏给全俸事	光绪二十七年五月十四日
2876	03-5952-037	宁夏将军	色普征额	奏为宁夏满营协领裕通年老患病呈请休致并赏全俸请旨事	光绪二十七年五月十四日
2877	04-01-12-0604-011	宁夏将军	色普征额	奏为请旨圈放宁夏满营左右翼防御遵照部咨拟定正陪缮单呈览事	光绪二十七年五月十四日

续表

序号	档号	官职爵位	责任者	题名	原纪年
2878	04-01-16-0268-086	宁夏将军	色普征额	呈宁夏满营正蓝旗满洲绰哈泰所遗防御一缺正黄旗满洲什德珲所遗防御一缺拣选正陪清单	光绪二十七年五月十四日
2879	04-01-16-0269-088	宁夏将军	色普征额	奏请以达拉哈补正红黄正黄两旗满洲协领事	光绪二十七年八月二十日
2880	04-01-12-0607-048	宁夏将军	色普征额	奏为臣子宝恒奉旨在乾清门当差谢恩事	光绪二十七年八月二十日
2881	04-01-01-1047-061	宁夏将军	色普征额	奏为宁夏满营官兵饷银断支请防甘补垫发事	光绪二十七年八月二十日
2882	04-01-01-1046-038	宁夏将军	色普征额	奏报本年宁夏满营马匹数目事	光绪二十七年十一月初六日
2883	04-01-16-0271-039	宁夏将军	色普征额	奏为宁夏满营协领连泰请原品休致事	光绪二十七年十一月初六日
2884	03-18-009-000123-0005-0053		口口口	前宁夏将军名单	光绪二十八年三月二十六日
2885	04-01-12-0616-038	宁夏将军	色普征额	奏为恩赏平定粤匪捻匪回匪方略谢恩事	光绪二十八年六月初二日
2886	04-01-16-0274-031	宁夏将军	色普征额	奏为保荐镶黄正白两旗协领常连防御庚辰送部引见事	光绪二十八年八月十二日
2887	04-01-16-0274-026	宁夏将军	色普征额	奏为现届军政考验宁夏满营八旗官员事	光绪二十八年八月十二日
2888	04-01-16-0274-029	宁夏将军	色普征额	奏为镶黄正白两旗协领常达请赏加二品顶戴事	光绪二十八年八月十二日
2889	04-01-16-0274-021	宁夏将军	色普征额	奏为佐领礼哈等员请留任事	光绪二十八年八月十二日
2890	04-01-12-0620-040	宁夏将军	色普征额	奏为臣子宝恒赏三等侍卫谢恩事	光绪二十八年十月十六日

续表

序号	档号	官职爵位	责任者	题　名	原纪年
2891	04-01-01-1053-056	宁夏将军	色普征额	奏报年终查核宁夏满营马匹数目事	光绪二十八年十月二十六日
2892	04-01-16-0275-082	宁夏将军	色普征额	奏报副都统成鹤回旗奔丧起程日期事	光绪二十八年十一月十二日
2893	04-01-16-0275-083	宁夏将军	色普征额	奏为副都统成鹤回旗守制请旨派署事	光绪二十八年十一月十二日
2894	04-01-12-0622-055	宁夏将军	色普征额	奏为臣子宝恒赏假来宁省亲恩并起程回京日期事	光绪二十八年十二月十六日
2895	04-01-12-0624-055	宁夏将军	色普征额	奏为恩赏赏福字福字谢恩事	光绪二十九年二月初五日
2896	04-01-16-0276-026	宁夏将军	色普征额	奏为兼署宁夏副都统谢恩事	光绪二十九年二月初五日
2897	03-0210-4578-055	宁夏将军	色普征额	奏谢赏福寿字恩折	光绪二十九年二月初五日
2898	04-01-12-0624-013	宁夏将军	色普征额	奏请以瑞珵坐补镶白正蓝两旗满洲协领员缺事	光绪二十九年二月二十八日
2899	04-01-16-0276-062	宁夏将军	色普征额	奏为三年任满请陛见事	光绪二十九年三月二十七日
2900	04-01-16-0277-079	宁夏将军	色普征额	奏为正蓝旗满洲佐领达礼哈患病原请病假事	光绪二十九年闰五月十二日
2901	04-01-16-0278-006	宁夏将军	色普征额	奏为蒙古佐领玻罗里年老患病请准其原品休致事	光绪二十九年六月十七日
2902	03-5957-116	江宁将军	信格	奏为代奏在籍守制宁夏副都统成鹤因病请假调治事	光绪二十九年七月二十四日
2903	03-5742-010	江宁将军	信格	奏为回旗守孝宁夏副都统成鹤旧疾复发呈请代奏赏假事	光绪二十九年七月二十四日

续表

序号	档号	官职爵位	责任者	题　名	原纪年
2904	03-7139-054	宁夏将军	色普征额	奏报查核宁夏满营马匹数目事	光绪二十九年十一月初四日
2905	04-01-01-1060-069	宁夏将军	色普征额	奏为年终查核宁夏满营马匹数目事	光绪二十九年十一月初四日
2906	04-01-16-0276-012	宁夏将军	色普征额	奏为荐举镶黄正白两旗满洲协领常连请旨择用事	光绪三十年二月二十五日
2907	04-01-12-0635-015	宁夏将军	色普征额	奏为恩赏赏福寿字谢恩事	光绪三十年二月十九日
2908	03-0210-4580-021	宁夏将军	色普征额	奏谢赏福字之恩折	光绪三十年二月十九日
2909	04-01-01-1067-066	宁夏将军	色普征额	奏为遵旨派队驰往蒙古阿拉善旗地迎剿匪徒事	光绪三十年三月二十二日
2910	04-01-01-1067-042	宁夏将军	色普征额	奏为宁夏马队前往天兴元剿匪及保护三盛公教堂事竣遣撤归伍事	光绪三十年四月十二日
2911	04-01-18-0055-087	宁夏将军	色普征额	奏为宁字练军常操已逾五年拟请择优酌保事	光绪三十年五月初六日
2912	04-01-16-0280-045	宁夏将军	色普征额	奏为镶红旗佐领德尔翰图请原品休致事	光绪三十年五月初六日
2913	04-01-16-0283-009	宁夏将军	色普征额	奏为记名协领常连等训练常操不辞劳怨遵旨择尤酌保请分别奖叙事	光绪三十年十月初八日
2914	04-01-16-0283-008	宁夏将军	色普征额	奏为长孙稚子俟什本蒙恩赏给一品荫生谢恩事	光绪三十年十月初八日
2915	16-01-001-000078-0005	宁夏将军	色普征额	为查明甘肃宁夏遭犯常保义等在配逃走事致走刑部等	光绪三十年十一月二十一日

续表

序号	档号	官职衔位	责任者	题 名	原纪年
2916	04-01-16-0283-003	宁夏将军	色普征额	奏为恭逢皇太后万寿恩赏福寿字等物谢恩事	光绪三十年十月二十七日
2917	04-01-16-0283-002	宁夏将军	色普征额	奏报到卸交署副都统事务日期事	光绪三十年十月二十八日
2918	04-01-16-0283-001	宁夏副都统	成鹤	奏报到任日期并谢恩事	光绪三十年十月二十八日
2919	03-5964-047	宁夏副都统	成鹤	奏报回任接印日期事	光绪三十年十月二十八日
2920	03-0210-4581-025	宁夏副都统	成鹤	奏报回任宁夏副都统缴印日期折	光绪三十年十月二十八日
2921	03-5964-046	宁夏将军	色普征额	奏交卸兼署宁夏都统印务日期事	光绪三十年十月二十八日
2922	03-6053-072	宁夏将军	色普征额	奏报年终循例查核宁夏满营马匹数目事	光绪三十年十一月初四日
2923	04-01-01-1067-010	宁夏将军	色普征额	奏为年终查核宁夏满营马匹数目事	光绪三十年十一月初四日
2924	04-01-16-0283-043	宁夏将军	色普征额	奏为正蓝旗佐领孟赛人病不愈请旨原品休致事	光绪三十年十一月二十五日
2925	04-01-16-0286-006	宁夏将军	色普征额	奏为恩赏福寿字谢恩事	光绪三十一年正月二十六日
2926	03-0210-4581-110	宁夏将军	色普征额	奏谢赏福字恩折	光绪三十一年正月二十六日
2927	04-01-16-0286-073	宁夏将军	色普征额	奏为恭逢慈禧皇太后万寿恩赏大缎等物谢恩事	光绪三十一年二月初十日
2928	04-01-16-0286-063	宁夏将军	色普征额	奏为宁夏镶红旗骁骑校员缺以领英瑞前锋端昌拟定正陪分别补放事	光绪三十一年二月初十日
2929	04-01-16-0287-115	宁夏将军	色普征额	奏为拣选春簿等拟定正陪请补骁骑校员缺事	光绪三十一年八月十七日

续表

序号	档号	官职爵位	责任者	题　名	原纪年
2930	03-6053-108	宁夏将军	色普征额	奏报年终循例查校宁夏满营马匹数目事	光绪三十一年十一月初六日
2931	04-01-30-0457-003	宁夏将军	色普征额	奏报年终循例查校宁夏满营马匹数目事	光绪三十一年十一月初六日
2932	03-5969-036	宁夏将军	色普征额	奏请以英元补放宁夏满营骁骑校并他那记名事	光绪三十一年十一月初六日
2933	04-01-16-0288-060	宁夏将军	色普征额	奏为拣选英元他那定正陪补清补晓骑校员缺事	光绪三十一年十一月初六日
2934	04-01-16-0288-061	宁夏副都统	成鹤	奏为三子萨壁蒙恩以侍卫用谢恩事	光绪三十一年十一月初六日
2935	04-01-12-0648-015	宁夏将军	色普征额	奏恩赏福寿字谢恩事	光绪三十二年二月十六日
2936	03-0210-4583-045	宁夏将军	色普征额	奏谢赏福字恩折	光绪三十二年二月十六日
2937	03-18-009-000125-0005-0051		载湉	为宁夏副都统成鹤此缺著志锐补授事	光绪三十二年三月十九日
2938	03-5457-114	宁夏将军	色普征额	奏为宁夏副都统成鹤因病请假事	光绪三十二年三月十九日
2939	16-01-012-000059-0017	宁夏将军	色普征额	为报明甘肃宁夏八旗各营光绪三十二年二月份发遣为奴逃犯并无脱逃之处致事刑部	光绪三十二年三月三十日
2940	04-01-14-0100-013	宁夏将军	色普征额	奏为三年任满请陛见事	光绪三十二年四月初九日
2941	16-01-012-000059-0018	宁夏将军	色普征额	为报明甘肃宁夏八旗各营光绪三十二年三月份发遣为奴逃犯并无脱逃之处致事刑部	光绪三十二年四月二十九日
2942	03-7217-062	宁夏将军	色普征额	奏为拟请酌裁宁夏驻防额马拨充中小学堂经费事	光绪三十二年闰四月初八日

续表

序号	档号	官职爵位	责任者	题名	原纪年
2943	04-01-38-0193-044	宁夏将军	色普征额	奏为设立宁夏驻防中小学堂请酌裁额马拨充经费事	光绪三十二年闰四月初八日
2944	04-01-16-0290-101	宁夏将军	色普征额	奏请以常连暂行护理宁夏副都统印务事	光绪三十二年闰四月十八日
2945	03-5460-091	宁夏将军	色普征额	奏为委任协领常连暂行护理宁夏副都统事	光绪三十二年闰四月十八日
2946	16-01-012-000059-0019	宁夏将军	色普征额	为报明甘肃宁夏八旗各营光绪三十二年四月份发遣为奴逃犯并无脱逃之处咨致刑部	光绪三十二年闰四月三十日
2947	03-0210-4583-106	宁夏将军	色普征额	奏常连为接护宁夏副都统而谢恩折	光绪三十二年六月十九日
2948	04-01-16-0292-035	宁夏将军	色普征额	奏为常连奉旨护理宁夏副都统谢恩事	光绪三十二年六月十九日
2949	03-5972-131	宁夏将军	色普征额	奏为代奏新护宁夏副都统常连谢恩事	光绪三十二年六月十九日
2950	03-5972-088	伊犁将军	马亮	奏为代奏索伦营领队大臣朴授宁夏副都统志锐起程北上日期事	光绪三十二年七月二十四日 *
2951	16-01-012-000059-0020	宁夏将军	色普征额	为报明甘肃宁夏八旗各营光绪三十二年闰四月份发遣为奴逃犯并无脱逃之处咨致刑部	光绪三十二年八月二十日
2952	04-01-16-0292-074	宁夏将军	色普征额	奏为宁夏满营正蓝旗满洲御花里雅诺逊患病呈御事	光绪三十二年八月二十六日
2953	03-6053-136	宁夏将军	色普征额	奏报年终循例查核宁夏满营镶蓝旗马匹数目事	光绪三十二年十一月初二日
2954	04-01-16-0291-049	宁夏将军	色普征额	奏为宁夏满营镶蓝旗佐领多克吉先年老患休呈致事	光绪三十二年十一月初二日

续表

序号	档号	官职爵位	责任者	题　名	原纪年
2955	04-01-16-0291-055	宁夏将军	色普征额	奏为现届年终循例查核宁夏满营马匹数目事	光绪三十二年十一月初三日
2956	04-01-16-0291-077	宁夏将军	色普征额	奏为子宝恒蒙恩补授正蓝旗满洲公中佐领谢恩事	光绪三十二年十二月十三日
2957	04-01-30-0189-038	调补宁夏副都统	志锐	奏报到任日期并谢恩事	光绪三十三年正月初六日
2958	03-0210-4584-075	新授宁夏副都统	志锐	奏恭报接任宁夏副都统日期折	光绪三十三年正月初六日
2959	03-5975-102	宁夏将军	色普征额	奏为代护理宁夏副都统常连报交卸日期事	光绪三十三年正月初六日
2960	04-01-16-0293-004	宁夏将军	色普征额	奏为护理宁夏副都统常连交卸篆务日期事	光绪三十三年正月初六日
2961	04-01-12-0654-070	宁夏将军	色普征额	奏为恩赏寿字谢恩事	光绪三十三年二月初三日
2962	03-5975-104	宁夏副都统	志锐	奏报到任日期事	光绪三十三年三月初二日
2963	04-01-12-0654-008	宁夏将军	色普征额	奏报臣子宝恒请假未宁并由宁夏起程回京日期事	光绪三十三年三月二十二日
2964	04-01-18-0056-014	宁夏将军	色普征额	奏为本届军政恩展恩缓事	光绪三十三年四月初九日
2965	04-01-16-0293-073	宁夏将军	色普征额	奏为宁夏满营佐领孟委病往因旧当差事	光绪三十三年四月初九日
2966	03-5619-007	宁夏副都统	志锐	奏为新政频频变未变形格势禁极宜改良谨陈管见事	光绪三十三年四月初九日
2967	03-7403-019	宁夏副都统	志锐	奏为禁绝鸦片之法重征税不如贱售卖事	光绪三十三年四月初九日
2968	04-01-18-0056-004	宁夏将军	色普征额	奏为练军改习新操更番训练事	光绪三十三年五月十八日

清代宁夏驻防八旗研究

序号	档号	官职爵位	责任者	题 名	原纪年
2969	16-02-006-000053-0046	宁夏将军	色普征额	为报明江苏吴县遣犯陈年廷转解到甘肃宁夏驻防为奴事致法部	光绪三十三年六月三十日
2970	03-5488-113	宁夏副都统	志锐	奏为痼疾增剧恳请开缺就医事	光绪三十三年七月二十日
2971	04-01-16-0295-029	宁夏副都统	志锐	奏为痼疾增剧请开缺择地就医事	光绪三十三年七月二十日
2972	03-9290-012	宁夏将军	志锐	奏为应诏陈言化除满汉畛域事	光绪三十三年七月二十日
2973	04-01-16-0295-028	宁夏副都统	志锐	奏为特参镇标所属墙子路都司王国鼎行止不端请旨革职事	光绪三十三年七月二十日
2974	04-01-16-0295-063	宁夏将军	色普征额	奏为奉旨回京当差谢恩并移交印信即行起程各情形事	光绪三十三年九月初四日
2975	03-5980-058	宁夏副都统	志锐	奏报暂行接署宁夏将军印信日期事	光绪三十三年九月初四日
2976	04-01-16-0295-066	宁夏副都统	志锐	奏为暂行接署宁夏将军印信并乞饬催新任将军增祺来宁事	光绪三十三年九月初四日
2977	04-01-16-0295-064	宁夏将军	色普征额	奏为查明告休佐领孟贲病痊请起复当差实在情形事	光绪三十三年九月初四日
2978	03-18-009-000126-0003-0026		载滢	为台布著补授宁夏将军增祺著补授正黄旗蒙古都统事	光绪三十三年九月十九日
2979	05-13-002-000358-0042			为增祺现在补授正黄旗蒙古都统派出听戏著即撤下新授宁夏将军台布听戏著派入在袁励准之次事	光绪三十三年九月二十一日
2980	03-7222-043	署理宁夏将军副都统	志锐	奏报宁夏驻防中小学堂创建并开支经费情形事	光绪三十三年十月十五日
2981	04-01-30-0189-039	署理宁夏将军副都统	志锐	奏请以仁永拟正延年拟陪请补宁夏满营正红旗满洲骁骑校等事	光绪三十三年十月十五日
2982	03-9292-013	署理宁夏将军副都统	志锐	奏为化除满汉畛域宜筹善后以存种族宜释积忿以固人心事	光绪三十三年十月十五日

附录三　中国第一历史档案馆藏有关清代宁夏驻防八旗圣旨奏折索引表 A

序号	档号	官职爵位	责任者	题　　名	原纪年
2983	04-01-38-0195-050	署理宁夏将军副都统	志锐	奏为宁夏驻防创设中小学堂开办情形事	光绪三十三年十月十五日
2984	03-5982-061	署前任宁夏将军副都统	志锐	奏为前任宁夏将军色普征额因病出缺代递遗折事	光绪三十三年十月二十日
2985	04-01-16-0295-109	署理宁夏将军副都统	志锐	奏为前任宁夏将军色普征额因病出缺代递遗折事	光绪三十三年十月二十日
2986	04-01-26-0092-030	陕甘总督	升允	奏为审明宁夏驻防旗人吴进保伤本夫吴奇先因奸戕命按律定拟事	光绪三十三年十一月初四日
2987	03-7337-090	陕甘总督	升允	奏为审明宁夏旗人车克奇先因奸用枪毙本夫案按律定拟事	光绪三十三年十一月初四日
2988	09-01-05-0058-021		陆军部	为刷印本部议驳开宁夏林致宁夏佐领孟赉一折事致宪政编查馆片	光绪三十三年十一月十四日
2989	03-6053-165	署理宁夏将军副都统	志锐	奏报年终循例查核宁夏满营马匹数目事	光绪三十三年十一月十五日
2990	03-5983-054	署理宁夏将军副都统	志锐	奏为奉旨暂行兼护宁夏将军谢恩事	光绪三十三年十一月十五日
2991	03-5620-040	署理宁夏将军副都统	志锐	奏为拟请变通设下议院为设咨议员办法事	光绪三十三年十一月十五日
2992	04-01-01-1083-026	署理宁夏将军副都统	志锐	奏为循例查核宁夏满营额设差操马匹数目一律足额事	光绪三十三年十一月十五日
2993	04-01-16-0294-059	署理宁夏将军副都统	志锐	奏为暂行兼护宁夏将军篆务谢恩事	光绪三十三年十一月十五日
2994	05-13-002-0000984-0181		礼部	为开缺宁夏将军色普征额病故给赐恤银两照例办理并送黄表纸等项一并送部事致内务府等	光绪三十三年十二月十六日

续表

序号	档号	官职爵位	责任者	题　名	原纪年
2995	03-0210-4586-006	新授宁夏将军	合布	奏报接任宁夏将军日期折	光绪三十三年十二月二十七日
2996	03-5498-027	宁夏将军	合布	奏报补授宁夏将军到任日期谢恩事	光绪三十三年十二月二十七日
2997	03-5985-007	宁夏副都统	志锐	奏报交卸兼护宁夏将军印信日期事	光绪三十三年十二月二十七日
2998	04-01-12-0659-091	宁夏将军	合布	奏为恭报抵任接印日期事	光绪三十三年十二月二十七日
2999	03-7070-123	会议政务处		奏为会议宁夏副都统志锐奏化除满汉领域各折片事	光绪三十三年
3000	03-7223-057	宁夏副都统	志锐	奏请整顿新疆俄文学堂敬陈管见事	光绪三十四年二月初六日
3001	04-01-18-0056-040	宁夏将军	合布	奏为到任查阅宁夏满营兵操盘查库款点验军械事	光绪三十四年二月初十日
3002	03-6183-022	宁夏将军	合布	奏为到任校阅宁夏满营官兵操演阵式等事	光绪三十四年二月初十日
3003	04-01-16-0296-099	宁夏将军	合布	奏为恩赏满营福字谢恩事	光绪三十四年二月初十日
3004	04-01-16-0296-075	宁夏将军	合布	奏为据实直陈勘休任领孟贵委无残废送部验看奏请开复录用事	光绪三十四年二月初十日
3005	03-0210-4586-037	宁夏将军	合布	奏谢赏福字恩折	光绪三十四年二月初十日
3006	04-01-38-0196-009	宁夏将军	合布	奏为调取补用知县常永庆为俄文教习在兰州省城开设学堂等情形事	光绪三十四年二月初十日
3007	04-01-01-1088-038	宁夏将军	合布	奏请饬陕甘总督宽为筹解饷银事	光绪三十四年二月十二日
3008	03-6183-031	陕甘总督	升允	奏为遵旨拨给宁夏满营马枪事	光绪三十四年二月十二日
3009	04-01-16-0298-019	宁夏将军	合布	奏为恩赏福字宁夏满营谢恩事	光绪三十四年三月十七日
3010	03-0210-4586-060	宁夏将军	合布	奏为赏寿字谢恩折	光绪三十四年三月十七日

续表

序号	档号	官职爵位	责任者	题　名	原纪年
3011	03-7148-058	宁夏副都统	志锐	奏请饬邮传部制定章程严禁代报积弊事	光绪三十四年三月二十三日
3012	03-6183-023	宁夏副都统	志锐	奏请筹宁夏满营饷银事	光绪三十四年三月二十四日
3013	03-7223-062	宁夏副都统	志锐	奏为兰州开设俄文学堂公同选派学员并核定学堂经费事	光绪三十四年三月二十四日
3014	03-9293-029	宁夏将军	台布	奏为化除满汉畛域敬陈管见事	光绪三十四年四月十六日
3015	04-01-22-0067-006	宁夏将军	台布	奏为化除满汉畛域敬陈管见事	光绪三十四年四月十六日
3016	04-01-01-1087-043	宁夏副都统	志锐	奏为五印度人员进口游历流弊官防请防北洋大臣转饬关道节制事	光绪三十四年四月十六日
3017	04-01-01-1087-044	宁夏将军	台布	奏为直隶督臣杨士骧所奏裁去驻防二字于满汉畛域未见有益请亦免此办法事	光绪三十四年四月十六日
3018	03-5621-025	宁夏副都统	志锐	奏为据奏裁围场狂防办法仍是佃户种地旗兵食租请速饬免除另为措置事	光绪三十四年五月二十二日
3019	04-01-18-0056-007	宁夏将军	台布	奏为办理改练洋操实在情形事	光绪三十四年七月十六日
3020	04-01-37-0147-018	宁夏将军	台布	奏为修建万寿宫将军副都统衙门工程紧要请准动款兴修事	光绪三十四年七月十六日
3021	04-01-35-1082-031	宁夏将军	台布	奏请拨款修筑简署事	光绪三十四年七月十六日
3022	04-01-16-0298-153	宁夏将军	台布	奏为甄别旗营拟陪防御晓骑校英元性情粗扩迂近无赖请旨撤销御御记名事	光绪三十四年七月十六日
3023	04-01-05-0202-013	宁夏将军	台布	奏为开垦马厂官荒以使旗丁归农谨先将设局办理情形具陈事	光绪三十四年十月二十四日
3024	04-01-01-1090-001	宁夏将军	台布	奏为凉州十旗兵丁两次控呈副都统玉琨兑扣兵饷等请查办事	光绪三十四年十月二十四日
3025	04-01-01-1090-025	宁夏将军	台布	奏为官员兵丁已戒再吸者作何惩办请旨降严事	光绪三十四年十月二十四日
3026	04-01-16-0297-076	宁夏将军	台布	奏为宁夏满营镶白旗佐领孟缺选开复佐领名委请旨坐补事	光绪三十四年十月二十四日

续表

序号	档号	官职爵位	责任者	题 名	原纪年
3027	04-01-01-1087-005	宁夏将军	合布	奏为查核宁夏满营额设马匹数目事	光绪三十四年十二月二十七日
3028	03-5725-157			呈宁夏驻防记名都统固呢堪之子与车登多尔济之子应莳官爵位之比较单	光绪朝
3029	06-02-004-000153-0231		宗人府黄档房	为请查明前任宁夏将军宗室钟泰现病故之女系第儿女子何年月日时生即日呈报以凭核小传知正蓝旗第五族事	光绪朝
3030	04-01-03-0191-025			奏请饬下四川督臣等迅拨本年宁夏满营兵饷事	光绪朝
3031	04-01-03-0192-024			奏为甘省遵筹宁夏满营军火事	光绪朝
3032	04-01-30-0146-006			奏为宁夏满营城垣坍塌损坏请借拨银两委员估修事	光绪朝
3033	04-01-03-0190-036			奏为宁夏满营官兵俸饷等项请照折减初章支给事	光绪朝
3034	04-01-35-1085-071			奏为宁夏满营历年积大修盖兵房用过银两请准开销免扣还事	光绪朝
3035	16-02-012-000028-0007		廖口口	投送宁夏将军等处公文单	宣统元年正月十七日
3036	04-01-16-0299-062	宁夏将军	合布	奏为恩赏赏石印大清会典一部谢恩事	宣统元年二月二十四日
3037	04-01-01-1104-052	宁夏将军	合布	奏为宁夏驻防戒烟净尽情形事	宣统元年二月二十四日
3038	04-01-01-1104-054	宁夏将军	合布	奏为推广戒烟办法事	宣统元年二月二十四日
3039	04-01-01-1104-053	宁夏将军	合布	奏请朝廷下令毅然禁种罂粟严定惩罚革偃风行收效必束敬偃管见事	宣统元年二月二十四日
3040	04-01-01-1104-057	宁夏将军	合布	奏为填戒烟表册凡吸烟药者与服食戒之可省去调查者一律令共服戒药疑事	宣统元年二月二十四日
3041	04-01-01-1104-055	宁夏将军	合布	奏为正蓝旗佐领孟贵骁骑校文丁阴挠禁令聚众抗官请旨一并革职事	宣统元年二月二十四日

续表

序号	档号	官职爵位	责任名	题　名	原纪年
3042	04-01-30-0459-005	湖广总督	陈夔龙	奏为动放湖北盐库练兵新饷支给宁夏满营新军闰饷事	宣统元年三月二十日
3043	04-01-01-1104-056	宁夏将军	台布	奏为续请推广戒烟办法披陈实在情形事	宣统元年四月二十日
3044	04-01-38-0199-039	宁夏将军	台布	奏为酌改宁夏满营学堂程度以资教育事	宣统元年四月二十日
3045	04-01-16-0300-081	宁夏将军	台布	奏为拟将宁夏满营镶白旗满洲佐领孟贵与正蓝满头牛汞佐领庚辰对调等缺文事	宣统元年四月二十日
3046	04-01-38-0199-040	宁夏将军	台布	奏为宁夏满营咨送学生专习俄文事	宣统元年四月二十日
3047	04-01-16-0301-096	宁夏将军	台布	奏为宁夏满营佐领春兴年老患病请准原缺休致赏食全俸事	宣统元年七月十六日
3048	04-01-12-0677-140	宁夏将军	台布	奏为特参镶蓝旗云骑尉如环等员戒烟无法请分别革降事	宣统元年七月十六日
3049	06-01-001-000462-0153	正红旗第三族族长宗室	崇培等	为正红旗第三族宁夏将军宗室台布之子承荫头品荫生请勘原有二品荫生改荫宗室庆龄事	宣统元年九月
3050	04-01-23-0226-012	宁夏将军	台布	奏报宁夏满营开垦马厂荒地现在渠工告成请撤局改屯并请奖任奖出力人员事	宣统元年十月二十四日
3051	04-01-16-0302-095	宁夏将军	台布	奏请催以拟正崇溥伊兰缺拟陪崑升等记名事	宣统元年十月二十四日
3052	04-01-17-0190-001	宁夏将军	台布	奏为保荐副都统志锐年富力强才堪重用事	宣统元年十月二十四日
3053	04-01-16-0302-096	宁夏将军	台布	奏为子靖满本旨赏给一品荫生谢恩事	宣统元年十月二十四日
3054	04-01-16-0302-094	宁夏将军	台布	奏请以秀山调补右翼步营防御拣选六人拟定正陪以备防御之选事	宣统元年十月二十四日
3055	04-01-16-0302-093	宁夏将军	台布	奏为防御舍里骁校保昌烟习太深戒断复请革职事	宣统元年十月二十四日
3056	04-01-12-0680-082	宁夏将军	台布	奏为举荐甘肃宁夏府知府赵惟熙学识洞通请破格录用事	宣统元年十月二十四日

续表

序号	档号	官职爵位	责任者	题名	原纪年
3057	04-01-12-0680-080	宁夏将军	台布	奏为骁骑校仁永勤苦耐劳请降品赏以知县分省补用事	宣统元年十月二十四日
3058	06-01-001-000462-0170		陆军部	为办理宁夏将军宗室台布之子承荫头品荫生靖勋原有三品荫事改荫生致送宗人府	宣统元年十月二十八日
3059	04-01-16-0302-099	宁夏副都统	志锐	奏请陛见事	宣统元年十月三十日
3060	06-01-006-000083-0017		宗人府右司	为宁夏将军正红旗宗室台布请将其子奉旨改荫头品荫生之靖勋原有三品荫生改荫伊族任庆毓请旨事	宣统元年十一月初八日
3061	04-01-16-0303-016	宁夏将军	台布	奏为云骑尉如环吸烟革职身无子嗣其胞弟如才堪以承袭事	宣统元年十一月十三日
3062	04-01-01-1104-060	宁夏将军	台布	奏请以崇惠拟正朴放满营正蓝旗蒙古骁骑校员缺纬克奇拟陪先记名事	宣统元年十一月十八日
3063	04-01-01-1096-051	宁夏将军	台布	奏为查核差操马匹数目事	宣统元年十一月十八日
3064	04-01-01-1104-058	宁夏将军	台布	奏为开报戒烟经费并请实力戒官及严防伤禁种情形事	宣统元年十一月十八日
3065	04-01-16-0303-022	宁夏将军	台布	奏请准永寿承袭云骑尉事	宣统元年十一月十八日
3066	06-01-002-000913-0129		宗人府右司	为正红旗宗室台布请将其子靖勋之原有三品荫生庆毓已经奉旨行各该管事	宣统元年十二月十一日
3067	04-01-22-0068-026	宁夏将军	台布	奏为拟定放荒开垦章程事	宣统元年十二月二十八日
3068	06-02-004-000240-0139		宗人府	为宁夏将军正红旗宗室台布之子靖勋奉旨改荫头品荫生原有三品荫生请改荫台布族任庆毓请旨事	宣统元年
3069	06-02-004-000240-0140		宗人府	为宁夏将军正红旗宗室台布之子靖勋奉旨改荫头品荫生原有三品荫生庆毓请改荫台布族任庆毓请旨事	宣统元年

续表

序号	档号	官职爵位	责任者	题　名	顺纪年
3070	06-01-001-000462-0296		□□□	为奏请正红旗第三族宁夏将军宗室台布之子靖勋原有三品荫生改荫庆毓事	宣统元年
3071	06-01-001-000462-0229		□□□	为奏请正红旗宁夏将军台布之长子靖勋改荫事	宣统元年
3072	04-01-16-0304-008	宁夏将军	台布	奏为常连奉旨护理宁夏副都统谢恩并报接任日期呈请代奏事	宣统二年正月十二日
3073	04-01-16-0304-013	宁夏将军	台布	奏为拣选宁夏满营蒙古骁校一缺拟定正陪呈请恭请钦定事	宣统二年正月二十一日
3074	16-02-006-000054-0015	宁夏将军	台布	为报明奏发甘肃宁夏将军衙门为奴遣犯以多秀柏寿拟定陪补放骁骑校管事致部	宣统二年五月二十日
3075	04-01-16-0305-007	宁夏将军	台布	奏请以多秀柏寿拟定陪补放骁骑校事	宣统二年五月二十四日
3076	03-7484-029	宁夏将军	台布	奏为任满请陛见事	宣统二年十月初五日
3077	03-0211-4589-087	宁夏副都统	志锐	奏接杭州将军印务折	宣统二年十月初十日
3078	03-7561-114	宁夏将军	台布	呈渠工出力人员择优请奖清单	宣统二年十一月二十日
3079	03-7448-109	宁夏将军	台布	奏为宁夏满营佐领凌春等年老体病恳请休致事	宣统二年十一月二十日
3080	03-7561-038	宁夏将军	台布	奏为渠工出力人员请仍照原前批给奖等事	宣统二年十一月二十日
3081	16-03-033-000041-0009	宁夏将军	台布	为报明宁夏八旗各协领现有遭犯子宣统二年十一月份并无脱逃事致法部	宣统二年十二月初七日
3082	03-0211-4590-010	新授宁夏副都统	恒龄	奏到宁夏副都统任折	宣统二年十二月初十日
3083	03-7485-023	宁夏副都统	恒龄	奏报到任接理宁夏副都统事务日期谢恩事	宣统二年十二月初十日
3084	03-7485-022	宁夏将军	台布	奏为护理宁夏副都统常连交卸日期事	宣统二年十二月初十日
3085	16-03-033-000041-0010	护理宁夏副都统	常连等	为报明宁夏八旗各协领现有道犯子宣统二年十月份并无脱逃事致部	宣统三年正月初九日

续表

序号	档号	官职爵位	责任者	题　名	顺纪年
3086	16-03-033-000041-0011	宁夏将军	台布	为报明宁夏八旗各协领现有遗犯于宣统二年十二月份并无脱逃事致法部	宣统三年正月二十七日
3087	16-03-033-000041-0016	宁夏将军	台布	为报明宁夏八旗各协领现有遗犯于宣统三年正月份并无脱逃事致法部	宣统三年二月二十九日
3088	16-03-033-000041-0022	宁夏将军	台布	为报明宁夏八旗各协领现有遗犯于宣统三年二月份并无脱逃事致法部	宣统三年三月二十八日
3089	03-7486-095	宁夏将军	台布	奏为八旗蒙古协领恒年老病重请原品休致等事	宣统三年四月二十七日
3090	03-7486-100	宁夏将军	台布	奏为八旗蒙古协领恒年老病重请原品休致等事	宣统三年四月二十七日
3091	16-03-033-000041-0025	宁夏将军	台布	为报明宁夏八旗各协领现有遗犯于宣统三年三月份并无脱逃事致法部	宣统三年四月二十九日
3092	03-18-009-000127-0001-0018		溥仪	为常连莘补授宁夏副都统事	宣统三年五月十七日
3093	03-7486-187	宁夏将军	台布	奏报宁夏副都统恒龄丁忧回籍冶途起程日期事	宣统三年五月二十八日
3094	03-7486-188	宁夏将军	台布	奏报宁夏副都统恒龄丁忧回籍冶途起程日期事	宣统三年五月二十八日
3095	16-03-033-000041-0026	宁夏将军	台布	为报明宁夏八旗各协领现有遗犯于宣统三年四月份并无脱逃事致法部	宣统三年五月二十九日
3096	03-7487-146	宁夏将军	台布	奏为代奏绰哈泰暂护宁夏副都统接印任事日期并谢恩事	宣统三年六月十二日
3097	03-7487-147	宁夏将军	台布	奏为代奏绰哈泰暂护宁夏副都统接印任事日期并谢恩事	宣统三年六月十二日
3098	16-03-033-000041-0042	宁夏将军	台布	为报明宁夏八旗各协领现有遗犯于宣统三年六月份并无脱逃事致法部	宣统三年闰六月二十七日

续表

序号	档号	官职爵位	责任者	题名	原纪年
3099	16-03-033-000041-0032	宁夏将军	台布	为报明宁夏八旗各协领现有遭犯于宣统三年五月份并无脱逃事致事法部	宣统三年六月三十日
3100	03-7461-043	宁夏副都统	常连	奏报接任宁夏副都统印务日期事	宣统三年七月初一日
3101	03-7461-044	宁夏副都统	常连	奏报接任宁夏副都统印务日期事	宣统三年七月初一日
3102	03-7488-120	宁夏将军	台布	奏请以哈福先坐补满营八旗蒙古协领事	宣统三年七月十一日
3103	03-7488-124	宁夏将军	台布	奏请以哈福先坐补满营八旗蒙古协领事	宣统三年七月十一日
3104	03-7488-117	宁夏将军	台布	奏为赏给加级抵销处分谢恩事	宣统三年七月十一日
3105	16-03-033-000041-0043	宁夏将军	台布	为报明宁夏八旗各协领现有遭犯于宣统三年闰六月份并无脱逃事致事法部	宣统三年七月二十五日
3106	03-7488-099	宁夏将军	台布	奏报代奏绰哈泰交卸护理宁夏副都统日期事	宣统三年八月二十一日
3107	03-7488-100	宁夏将军	台布	奏报护理宁夏副都统绰哈泰交卸日期事	宣统三年八月二十一日
3108	03-7461-090	宁夏将军	台布	奏请以经文调补右翼步营防御惠元照例坐补防御事	宣统三年八月二十五日
3109	03-7488-119	宁夏将军	台布	奏请以经文调补右翼步营防御惠元照例坐补镶蓝旗满洲防御事	宣统三年八月二十五日
3110	03-18-009-000127-0001-0015		□□□	应放宁夏副都统各项人员名单	宣统三年
3111	04-01-30-0193-052			奏请以王子等补授宁夏满营正白旗蒙古佐领等缺事	无朝年

437

责任编辑：赵圣涛

封面设计：胡欣欣

图书在版编目（CIP）数据

清代宁夏驻防八旗研究 / 张航 著 . —北京：人民出版社，2023.2

ISBN 978－7－01－024003－9

I. ①清⋯　 II. ①张⋯　 III. ①八旗制度－研究－宁夏－清代　 IV. ① D691.2

中国版本图书馆 CIP 数据核字（2021）第 234978 号

清代宁夏驻防八旗研究

QINGDAI NINGXIA ZHUFANG BAQI YANJIU

张 航 著

人民出版社 出版发行

（100706　北京市东城区隆福寺街 99 号）

中煤（北京）印务有限公司印刷　新华书店经销

2023 年 2 月第 1 版　2023 年 2 月北京第 1 次印刷

开本：710 毫米 ×1000 毫米 1/16　印张：27.75

字数：400 千字

ISBN 978－7－01－024003－9　定价：109.00 元

邮购地址 100706　北京市东城区隆福寺街 99 号

人民东方图书销售中心　电话（010）65250042　65289539